ブルース・ホフマン
ジェイコブ・ウェア

神と銃のアメリカ極右テロリズム

田口未和訳

みすず書房

GOD, GUNS, AND SEDITION

Far-Right Terrorism in America

by

Bruce Hoffman and Jacob Ware

First published by Columbia University Press, 2024

Japanese translation rights arranged with
Columbia University Press through
Tuttle-Mori Agency, Inc., Tokyo

JとM、そしてヘイトと不寛容に苦しむすべての人たちへ

目次

凡例

一　本書は *God, Guns, and Sedition: Far-Right Terrorism in America* by Bruce Hoffman and Jacob Ware (Columbia University Press, 2024) の全訳である。ただし分量の関係で、原書にある膨大な文献一覧は小社のホームページに掲出した。https://www.msz.co.jp/book/detail/09737/

一　［　］内は引用文中などに原著者が挿入した補足である。〔　〕内は訳者による補足である。

一　本書には白人至上主義者などの発言や文章が数多く引用されており、そこには黒人に対する差別用語が含まれることが多い。原書ではその差別用語をそのまま再現せず［N-word］の表記で置き換えている。N-word は黒人に対して使われる蔑称「ニガー」などを指す。日本語版ではそれを［Nワード］と表記した。また本書が引用する資料には一部非公表となっている個所がある。著者らはその個所に［REDACTED］と挿入しており、日本語版本文ではそれを［一部削除］と表記した。

はじめに

私たちがこの本への取り組みを始めたのは、新型コロナウイルス感染症（COVID－19）の蔓延により世界中でロックダウンが実施された二〇二〇年四月から一か月が過ぎたころだ。暗く、危険に満ち、先の見通しが不確かな時期だった。それより数年前からすでに広まっていた陰謀論が、インターネット上やソーシャルメディアでさらに拡散し始めていた。とりわけ、ユダヤ人、アジア人、有色人種、移民に対する誹謗中傷は、これまでにないレベルに達した。そして、私（ブルース・ホフマン）自身が、深刻な憎悪犯罪《ヘイトクライム》の標的になった。アナリストとしての原点に戻るべき時がきた。

私は一九八一年、ランド研究所の治安・地域紛争調査研究プログラムにテロリズム・対テロリズムの新米アナリストとして参加した。はじめて任された「担当《アカウント》」が暴力的極右運動だった。プログラムに参加した他のメンバーが、当時もっと顕著だった左翼、エスノナショナリズム、分離主義のテロ活動のどれかをすでに担当していたので、私はあまり注意を向けられていなかった脅威に重点的に取り組むことにしたのだ。結果として、それが私の専門家としての、ヨーロッパにおけるネオナチとネオファシスト集団の脅威に関する最初の出版物と一連の追加レポート、学術記事に結実した[1]。しかし、それからまもなく、私の研究対象は当時アメリカで目につき始めていた同様の運動へとシフトした。

一九八〇年代半ばには、米エネルギー省は暴力的極右運動の拡大と国内での暴力行為への不安を強めていた。核兵器の研究・製造・保管施設の多くが、これらの活動が増している州に位置していたことから[2]、同省はランド研究所に詳細な脅威評価の実施を委託した。一九八六年から一九九五年にかけて、私は数多くの調査プロジェクトを率い、アメリカにおける極右テロの危険に関するいくつかの報告書や記事を執筆または共同執筆した[3]。一九八八年に刊行し、本書でも引用しているそうした報告書のひとつで、将来、アメリカ国内で大量の犠牲者を伴うテロ攻撃を起こす可能性が最も高いのは、これらの極右テロリストたちだと名指しした[4]。そして、一六八人の死者を出した一九九五年のオクラホマシティ連邦政府ビル爆破事件の数週間後に発表した別の報告書で、この国の暴力的極右主義者たちの脅威が続いていることを再び強調し、それにどう対処するかについての政策を提言した[5]。

　アメリカでの極右テロの歴史的なパターンと将来の暴力行為の可能性については、一九九八年に出版された私の著書『インサイド・テロリズム』〔日本語版のタイトルは『テロリズム――正義という名の邪悪な殺戮』上野元美訳、原書房、一九九九年〕の初版でも集中的に論じている。しかしその後、二〇〇一年九月一一日に、あの同時多発テロが起こった。その結果、多くのテロリズム分析者がそうだったように、私の注意はアルカイダ、のちにはＩＳＩＳ、そのさまざまな関連集団に向いてしまった。

　そうこうするうちに、二〇一一年にノルウェーのオスロとウトヤ島、二〇一五年にサウスカロライナ州チャールストン、二〇一八年にペンシルヴェニア州ピッツバーグ、そして二〇一九年にニュージーランドのクライストチャーチ、カリフォルニア州パウウェイ、テキサス州エルパソで一連のテロ事件が起こり、二〇世紀終盤の二、三〇年間に極右の暴力を煽り立てたのと同じ、血なまぐさいイデオロギーと憎しみに満ちた思考がまだ消滅しても和らいでもいないことが明らかになった。

そこで私は、外交問題評議会の同僚で友人でもあるジェイコブ・ウェアに、一緒にこの本を書かないかと提案した。二〇二〇年一〇月に、ミシガン州のグレッチェン・ウィットマー知事（民主党）を誘拐し処刑しようとした武装民兵団の企てが発覚し、さらに二〇二一年一月六日には連邦議会議事堂襲撃事件が起こり、私たちの取り組みの緊急性は増した。

本書執筆の過程では、研究機関だけでなく、多くの有能な同僚や友人の協力と支援を得ることができた。

まず、外交問題評議会のリチャード・ハース、ジェームズ・リンゼイ、シャノン・オニール、パトリシア・「トリッシュ」・ドルフからの支援と励ましに心から感謝したい。リチャードとジェームズは、丁寧に原稿を読んでくれた。彼らの詳細なコメントのおかげで、私たちの分析と文章の両方が大幅に研ぎ澄まされ改善された。シャノンは最終稿をチェックしてくれた。ジェイコブも私も、出版社と出版に関するトリッシュの膨大な知識に大いに助けられた。また、評議会ではシェルビー・カロム・デイヴィス慈善基金の寛大な支援を受けるという幸運に恵まれた。デイヴィス家のみなさんには、シェルビー・カロム基金とキャサリン・W・デイヴィス・シニア・フェローシップ・イン・カウンターテロリズム・アンド・ホームランド・セキュリティに対し、デイヴィス女史の評議会との長い歴史を尊重し、継続的に援助してくださっていることにお礼を申し上げたい。

世界的に有名なSITEインテリジェンス・グループのエグゼクティブディレクター、リタ・カッツは、インターネットとソーシャルメディア上の暴力的過激主義者のメッセージに関するSITEの報告書、そしてSITEの貴重な分析へのアクセスを許可してくれた。同じコロンビア大学出版会から出版されたリタの著書『聖人と兵士――インターネット時代のテロリズムの内幕、シリアから連邦議会議事堂まで（*Saints and Soldiers: Inside Internet-Age Terrorism, From Syria to the Capitol Siege*）』は、本書とともにぜひ読んでほしい一冊だ。

国家安全保障会議の対テロリズム担当ディレクターであるジョン・T・ピカレッリ博士にも非常にお世話になった。博士のコメントが本書最終章の政策提言を形作り、大いに強化してくれた。そして、査読をしてくれた四人の匿名のみなさんへの感謝も忘れてはいけない。彼らの指摘や提案もこの本の改善につながった。

ジョージタウン大学のユダヤ文明センター、大学院の安全保障研究プログラムの多くの優秀な学生たちの協力を得ることもできた。アダム・ヒラリー、モリー・ジャスコット、メーヴィッシュ・カーン、ラディカ・シャー、ヘロイーズ・ウィアート、イェビン・ワン、そしてとくにクリアリー・ワルド。調査の手伝いとサポートをありがとう。

この本はコロンビア大学出版会の出版チームの懸命な働きのおかげで形にすることができた。原稿を編集してくれたロバート・フェルマン、製作の指揮をとってくれたマイケル・ハスケル、世界の歴史・政治の担当編集者カエリン・コブとアシスタントのモニク・ラバンに、特別の感謝を捧げたい。私たちの代理人であるエリック・ルプファーがいてくれて本当によかった。彼はどんな文筆家も望むであろう、最も忍耐強く、支援を惜しまない、有能なエージェントだ。また、本書の宣伝で重要な役割を果たしてくれたミーガン・ポスコにも感謝している。

個人的に、この本の執筆中ずっと、議論や批判を通して、そしてただそこにいてくれた古くからの多くの友人たちにもお礼を言いたい。クリストファー・アダムジク、ジョセフ・バーナード、ピーター・バーゲン、デヴィッド・ブラナン、ダニエル・バイマン、コリン・クラーク、マーク・コクレーン、クリストファー・コスタ、リチャード・イングリッシュ、ジョスリン・フローレス、ブリタニー・フリード、ジョシュア・ゲルツァー、マリー・ハーフ、シーマス・ヒューズ、エド・フサイン、セス・ジョーンズ、故ウォルター・ラカー、ロバート・リトワク、ショーン・マギー、エレン・マクヒュー、ベサニア・マイケル、アミ・ペダズール、フェルナンド・レイナレス、エリザベス・スタンレー、アンダース・ステファンソン、アンダース・ストリンドベリ、クリストファー・ウォール、アリソン・ワトソン、ガブリエル・ウェイマン、ティム・ウィルソン、そして、匿名を望むひとりの寛大な寄付者の方、これらのみなさんすべてのおかげでこの本の出版が実現した。これまでの二〇年間、私は合衆国陸軍士官学校テロリズム対策センターに、ジョージ・H・ギルモア・シニア・フェローとして参加するという特権を得られ、このすばらしい研究所の一員であることを誇りに思っている。まったく異なる分野の人々もこの本の出版に貢献してくれた。アンドリュー・ウムハウ、ブルース・クレッセル、アシル・サレ、アグニエスカ・クピエク、ヒシャム・バラカットに心からの感謝を伝えたい。

最後に、いつもながら、わが人生に最大の力と喜びを与えてくれるのは、妻と子どもたち、そのパートナーたち、それから孫たちだ。彼らがいなければ、私がしようと思うことは何も実現できないし、するだけの価値もない。

ブルース・ホフマン

二〇二三年七月、ルイジアナ州バトンルージュ、
およびワシントンDCにて

ノルウェーのオスロからほど近い島のサマーキャンプで、血に飢えた白人至上主義者が数十人の子どもたちを殺害した日、私は一六歳だった。この事件については本書でも取り上げている。隣国の住民のひとりとして、そして、殺された子どもたちと同年代で、同じ理想を持っていたひとりとして、この銃乱射事件は私を心の底から揺さぶった。この事件、そして、私の妹がフランスのトゥールーズへの遠足の間に聖戦士集団のテロリズムに遭遇しかけたこと、さらには学校での銃撃が頻発した初期の世代に属した私自身の経験が、世界をより安全で幸せな場所にするための戦いに参加し、自分の国をむしばむ癌細胞のような憎悪《ヘイト》——わが国の特徴として頻繁に言及されてきた——を取り除きたいという気持ちに私を駆り立てた。

ジョージタウン大学大学院に在学中、私の初期の対テロ研究は、もっと若い世代のネットワークを対象にしていた。おもに、私と同じ時期に成長した男女で構成される集団だ。ブルースの最初の著作から三七年後にハーグのテロ対策国際センター（ＩＣＣＴ）から出版された私の最初の報告書は、やはり極右運動を対象としたもので、ネオナチ集団のアトムヴァッフェン・ディビジョン（Atomwaffen Division）の脅威を評価した。このグループのメンバーがアメリカでのいくつかの殺害事件に関与した[6]。二〇一九年になり、本書で取り上げる暴力的極右運動の脅威が差し迫ったものとなり、クライストチャーチ、パウウェイ、エルパソなどでの暴力事件が続いたころ、名高いブルース・ホフマンと一緒に働く機会に恵まれた。それからまもなく、本書のプロジェクトがスタートした。本書を執筆していた期間の私は、同じ学術分野の第一人者と一緒に働く者にはつきもののインポスター症候群〔周囲から高く評価されても、自分ではそのような評価に値していないと過小評価する傾向〕に陥っていた。しかし、経験不足だからこそ、貴重な視点を提供できるのだと思えるようになった。この本は私たちそれぞれの世界観の違いを反映している。執筆チームとしての私たちの強みは、現実主義と理想主義を融合させられたこと、歴史研究での経験の深さに加えて、現代のオンライン文化を巧みに使いこなせることにある。

ホフマンがすでに挙げた名前（そのうち何人かは当然ながら、重ねて私からも名前を挙げさせていただく）に加えて、このプロジェクトで重要な役割を果たしてくれた何人かに私から感謝の言葉を捧げたい。私のまだ短いキャリアは、すばらしい師、教師、指導者に恵まれてきた。使い古されてきた「私が知るすべてのことは彼らに教わった」という言葉が、私の場合には気恥ずかしいほどにぴったり当てはまる。時系列で次の方たちに感謝の気持ちを伝えたい。エリザベス・グリム、ジェローム・B、シーマス・ヒューズ、ダニエル・バイマン、セス・ジョーンズ、レベッカ・パターソン、ファラ・パンディス、ジョン・キャンベル大使、マイケル・ホロウィッツ、ジョシュア・クルランツィク、クリス・タトル、コリン・クラーク。バート・シュアマンには、はじめての大きな機会を与えてくれたことに、ローラ・エルスワースには、ヘイト撲滅活動に参加するチャンスを与えてくれたことに感謝している。私はまさに「巨人の肩の上に立ち」、先人たちから学び、成長の糧としている。

ジョージタウン大学、とくに安全保障研究プロジェクトとユダヤ文明センターには、計り知れないほどお世話になった。ジョージタウンのわが相談役、イェビン・ワン、ペイトン・リッター、ジア・ココタキス、エラ・ブッシュ、そして私の優秀な学生たちすべてに、とくに感謝している。クリアリー・ワルド、私たちの原稿に注意を払ってくれてありがとう。それから、セント・アンドリュースの町とそこにある輝かしい大学にも、私に与えてくれたすべてのことに感謝する。心のある場所こそ故郷であり、私の心は永遠にスコットランドにある。

また、私はすばらしい友人たちにも恵まれてきた。彼らは理論を検証し、仮定に疑いを持ち、結論に異議を唱えた。ダニエル、エミリー、グレイソン、ジャレッド、フィン、ウィル、グレース、マット、クリスティン、アレックス、ギャビン、カム、ギブス、ハンナカ、クリス、キャスパー、レックス、ミリー、トム、リヴ、ガス、ニック、ウィル・R、ジャック、エミリー、ホープ、エレン、他の多くの友人たち、本当にありがとう。パブロ・ブルムとアミル・アスマルとは、この本のテーマについて議論を続けることを楽しみにしている。他のみんなにも、これから何度も会いたいと思っている。バートン・ガーバーには、特別に感謝の言葉を捧げたい。君の人生に私を招き入れてくれて、そして力添えと刺激を与えてくれてありがとう。わが家族とペンシルヴェニアのチームのみなさんにも、プロジェクト進行中の辛抱強い支えと、数十年におよぶ愛をありがとう。

外交問題評議会のすばらしいチームにも感謝の気持ちが尽きない。誰もがこんな人がいてくれたらと望むであろう、私たちの恐れを知らぬリーダーで最高の上司のシーラ・シュワルツにお礼を言いたい。リチャード・ハース、ジェームズ・リンゼイ、シャノン・オニールは、原稿を強化し、私に機会を与えてくれた。ラドミラ・ジャコヴィッチは温かく見守ってくれた。エベネゼル・オバデア、ウパマニュ・ラヒリ、テリー・ムランは、思い切り笑わせてくれた。クリス・ブロツキーは偉大なる師だ。トリッシュ・ドルフとアーニャ・シュメマン、ジェニー・マラモ、そして彼らのチームは、忍耐強くプロジェクトの世話を焼いてくれた。シネット・アドウスは、尊敬できる仕事熱心な共犯者だ。エリック・ルプファー、ミーガン・ポスコ、そしてコロンビア大学出版会の類まれなるチームのみなさん、私たちとプロジェクトを信じてくれて本当にありがとう。

そして、暴力を生き残ったすべてのみなさんの勇気、強さ、変わらぬ支援に、感謝を申し上げたい。とくにハンナ・K。あなたが私自身の癒しと贖罪の旅を支えてくれたことを決して忘れない。私の命を救ってくれたアンソニー・パーセルにも感謝している。

しかし、最も深い感謝の気持ちは次のふたりに捧げたい。最初にブルース。私の知的探求の指針であり、師であり友人だ。私に賭けてくれて、そして、複数の機関と肩書きでの、何年もの信頼と指導をありがとう。いつの日かきっと、私があなたの信頼に値する人物ではなかったと気づく日がくるだろう。それまでは、この仕事への私の貢献とこれまでの数多くの協力が、あなたの信頼に値するものであったことを願っている。

最後にサラ。君は晴れた日にも嵐の海でも、絶え間なく光り輝く私の灯台だ。パンデミックの間も、病気のときも、トラウマに苦しんでいるときも、仕事でスランプに陥ったときも、支えと愛と前向きさと編集と温もりを与え続けてくれてありがとう。君はすべての微笑みをもたらす力であり、すべてのけんかのきっかけを与えてくれる。君はいつも私の人生の光だ。

ジェイコブ・ウェア

二〇二三年七月、ワシントンDCにて

第1章　加速主義の再生

「私たちは連邦議事堂を襲撃する。これは革命だ！」
テネシー州ノックスヴィルのエリザベス

二〇二〇年夏、アメリカの極右のインターネットフォーラムでは歓喜のメッセージが飛び交っていた。[1]新型コロナウイルス感染症の蔓延、そして、武器を持たないアフリカ系アメリカ人がまたひとり、警官に殺されたことが引き金となった抗議の広まりと全米での騒動というワンツーパンチが、アメリカを打ちのめした。しかし、国全体が絶望に包まれていたこの時期に、アメリカの人種差別主義者、強い偏見の持ち主、反ユダヤ主義者、白人至上主義者、反政府過激派たちが、この新たな機会を喜んでいた。彼らが好んで利用するチャットアプリ「テレグラム」への憎悪に満ちた投稿や、フェイスブック上での煽動的な呼びかけは、決然とした行動でアメリカをひざまずかせる時がきた、と訴えていた。

その年の四月、多くの州の知事が新型コロナウイルス感染防止策として外出禁止令《ステイホーム》を出したことに対し、ドナルド・トランプ大統領がツイッターへの投稿で、これらの州を「解放」し、合衆国憲法修正第二条の権利〔銃所持の権利〕を守る必要があると訴えた。その投稿は、「ブーガルー（boogaloo）」運動——大衆の蜂起をきっかけに内戦を引き起こし、アメリカ政府の転覆を目指す運動――の主導者たちを奮い立たせた。(2) フェイスブック上の彼らのグループでは、「おい、大統領がブーグ投稿してるぜ」というのが典型的なメッセージだった。(3) フェイスブックが二〇二〇年六月末にブーガルー運動を促進するグループと投稿を削除するころには、グループのメンバーは七万二〇〇〇人を超えていた。(4) 彼らは「big igloo」や「big luau」のような別の表現を使ったり、自分たちを「boojihadeen」と呼んだりして、「われわれ人民が正義のために立ち上がり革命を起こす必要」を説いた。「われわれの自由が止められたり黙らされたりするのを許すことはできない。組織化し、腰を上げ、アメリカを取り戻そうではないか！」別の誰かは、「長く待ち続けてきた時がきた。指示に備えよ」と宣言し、また別の誰かは、「Big Luau が起こると耳にした。それにふさわしい服装をしようと思っている」のメッセージとともに、弾丸を込めたライフル銃の写真を投稿した。(5)

暗号化と匿名化を取り入れた「テレグラム」上の投稿は、さらにあけすけだった。その四月に新型コロナウイルス感染症による死者数が急増すると、ある評判の悪いユーザーグループが、「世界はあなたの目の前で崩壊しようとしている」と訴えた。(6) 数日後、別のグループは、指導的立場の公人や他の社会的「エリートたち」に、「本物の恐怖」を与えるための機が熟したと煽り立てた。(7) 五月には、また別のネオナチ系オンラインチャンネルが、「重要なのは、「システム」の信用を落とし、他の問題に忙殺させて、君たちを厳しく取り締まる余裕をなくさせることだ」と助言した。(8) そして、警官による黒人男性ジョージ・フロイド殺害への抗議が全米に広まるにつれ、アメリカのネオナチ組織はこう論じた。「君らがアメリカに住んでいるのなら、今こそ事を成すべき完璧な時だ［…］無法地帯を見つけ、何人かで集まっている「Nワード」〔この意味については凡例を参照のこと〕を探し出し、隠れたポジションから銃をぶっ放し［…］そして逃走する[9]」

投稿したりツイートしたりするだけの者もいれば、アメリカの崩壊を早めるために行動へと駆り立てられる者もいた。二〇二〇年の大統領選挙の一か月前、フェイスブックを通じてつながった反政府過激派のあるグループが、ミシガン州知事グレッチェン・ウィットマーの誘拐を企てた[10]。FBIの宣誓供述書によれば、首謀者のひとりでアダム・フォックスという四〇歳の男はこう言ったとされる。「今の嘘いつわりのない考えを言うなら［…］私はただ世界を熱くしたいだけだ。冗談なんかじゃない［…］かまうものか。ただただ、もううんざりなんだよ。失ったものを取り戻すには、これが必要だってだけだ［…］すべてを滅ぼさなきゃならない。いいか、すべてを転覆させるのさ[11]」。彼が望んだのは、ウィットマー知事の誘拐が、他州にいる同じ志を持つ過激派たちを刺激し、それぞれの州の知事を同じように誘拐し、いかさま裁判を開いて反逆罪で裁くように煽り立てることだった[12]。フォックスはこう言い放った。「いくつかの州で憎むべき暴君を排除しなければならない。誰もが暴君を倒さなければならない[13]」

二〇二一年一月六日、同様の目的に煽られた暴徒が連邦議事堂を襲撃し、マイク・ペンス副大統領を捕らえて二〇二〇年の選挙結果を無効にさせようとした。襲撃に加わった何人かは、丈夫なプラスチック製の拘束具――法執行官が手錠代わりに使うコード――を手にして議事堂内をうろついている姿が写真に撮られている。ナンシー・ペロシ下院議長や他の民主党の大物議員たちを捕虜にして、おとなしくさせるために使おうとしたらしい[14]。しかし、その日に起こった出来事を記録した、目に焼きつく数多くの映像のなかでも、とくに衝撃的だったのは、議事堂の正面のモールに建てられた首吊り縄の下がる処刑台の写真だった[15]。その光景は、白人至上主義者のウィリアム・L・ピアースが一九七八年に刊行したディストピア小説『ターナー日記（*The Turner Diaries*）』に描かれた、「ロープの日」を想起させた。腐敗し、私腹を肥やす、リベラル派の政治家らが、過ちを清算させられるのだ[16]。大胆でドラマティックな暴力行為によって混乱と無秩序を引き起こし、大変動と革命への道を切り開くという考えは、セス・アーロン・ペンドリーという、もうひとりの暴徒の動機にもなる。彼は一月六日の連邦議事堂でのデモに参加してから半年後、バージニア州アッシュバーンにあるアマゾンのウェブサービスデータセンターの爆破を計画して逮捕され、容疑を認めた。司法省の起訴状によれば、ペンドリーは「インターネットの約七〇パーセントを崩壊させ」、それによってＦＢＩやＣＩＡなど重要な政府機関のデジタルコミュニケーションを停止させようとした[17]。その結果として長期的な混乱と無秩序状態が引き起こされることを期待し、アメリカを支配していると彼が信じる「寡頭勢力」を挑発して「反応を引き出し」、最終的には「アメリカの人々に、「独裁」と彼が信じる体制を倒すための行動を促そうと」した[18]。

　皮肉にも、以上のような行為のすべては、加速主義と呼ばれるマルクス派の革命戦略に従っている。加速主義はまた、数十年前から存在する、暴力による混乱を権力掌握の手段として使う白人至上主義者の戦略を現代的な形にしたものでもある。カール・マルクスとフリードリヒ・エンゲルスが『共産党宣言』で最初に明言したものではあるが[19]、アメリカでは一九八〇年代にジェームズ・メイソンが発行していたニュースレター『シージ（*Siege*）』によって、白人至上主義革命の概念としての加速主義が最初に表面化した。現在はデンバーで静かに暮らしているメイソンは、ウィリアム・ピアースの最も献身的な支持者のひとりであり続けている。アメリカの白人至上主義運動ではほとんど忘れられ、主役になったことはないが、悪名高いネオナチのオンラインフォーラム「アイアン・マーチ（Iron March）」のユーザーによって、現在の極右過激派の権化としてよみがえった。二〇一五年、このプラットフォームは二〇〇三年刊行のメイソンの著作集をデジタル版にして再発行した。加速主義の実際の概念は、一九九ページにようやく現れる。そこでメイソンは、「この国はこれから狂っていくのではなく、すでに狂っている。社会の終焉が加速している。社会の基盤そのものが完全にむしばまれている。[…]これこそが、あなたがこれまでずっと聞かされてきたなかで、最も励みになる言葉ではないのか?」と論じている。二〇〇三年版への序文には、「この分岐点で、社会の害悪は止められない。深淵に向かってますます加速するのみである」と記されている[20]。

この現代的な概念において加速主義は、白人至上主義者、白人国家主義者、人種差別主義者、反ユダヤ主義者、排外主義者、反政府過激派などからは、革命への呼びかけとして受け入れられている。彼らは、現代のリベラルな欧米諸国はあまりに腐敗していて無能なので、もはや回復不可能であり、新しい社会と統治手段の創出のためにいったん破壊しなければならないと強く信じている。加速主義の支持者たちは、西洋が崩壊の瀬戸際にあると考えられる現在、民主主義を崖っぷちから突き落とし消滅させるためには、暴力的な反乱が必要だと主張する。その破壊を早めることによってのみ、白人が支配する社会と新たな秩序が現れる。人種的マイノリティ、ユダヤ人、リベラル派、外国からの侵入者、権力エリート層への暴力的な攻撃を通して、分断と二極化を促進し、既存の秩序の劇的な崩壊を生み出して第二の内戦を誘発することが、加速主義の常用手段となる[21]。二〇二〇年に発表されたある分析結果は、「加速主義者はとくに危険である」と指摘した。

なぜなら、彼らは個人(「一匹狼」)または小集団による大量の犠牲者を出す暴力が、自分たちの望む人種間戦争の引き金になりうると信じるからである。そうした攻撃は、白人人口に「本当の」敵を認識させ、革命のための蜂起に参加させ、政治システムを破壊する行動に駆り立てることを意図している。加速主義者はこうした攻撃を容易にするために組織化し、「リーダー不在の抵抗」の原則に従い、個人や小集団に呼びかけて、中央のリーダーシップなしでの革命的な暴力行為を実行させる。(22)

これこそまさに、二〇一九年三月にニュージーランドのクライストチャーチにあるふたつのモスクで銃乱射事件を起こしたブレントン・タラント、その数週間後にカリフォルニア州パウウェイのシナゴーグで攻撃におよんだジョン・アーネストが意図したことだ。五一人を殺害し、四〇人を負傷させた自分の攻撃によって他の暴力行為を誘発するという目的をタラントは明確にしていた。彼はこう書いた。

暴力、報復、そして、ヨーロッパ系住民と現在ヨーロッパの土地を占領している侵入者たちの間にさらなる分裂を引き起こすこと。ヨーロッパの歴史で果てしなく続いた戦争において、自分たちの土地や同胞のために戦い、命を落としたヨーロッパの男女の仇を討つこと。彼らの戦いは、あつかましくもこの地にやってくる外国のクズどもに土地を分け与えるだけで終わった。わが同胞の政治的な敵どもを挑発して行動を起こさせること［…］直接的な行動の結果を示し、あとに続こうとする者たちのための道を照らすこと。それは、先祖の土地を侵略者の支配から解き放とうとする者、永続する文化を創出したいと望む者たちを導き、彼らはひとりではないと教える「のろし」となる道である。過激で力強い、革命的な行動が起こりうるような、恐怖と変化の雰囲気を醸成すること。歴史の振り子に勢いを加え、欧米社会をさらに混乱させ二極化させること。それによって最終的には、現在の西洋思想を支配する、虚無的で、快楽主義的、個人主義的な狂気を破壊する。(23)

アーネストも同じように明快だった。「少なくともひとりのヨーロッパ人は、ユダヤ人に押しつけられた不正に対して立ち上がる意志を持っている」。彼は攻撃前に「公開書簡」を書き、銃撃の直前にインターネットサイトに投稿した。

僕の行為に鼓舞され、他の人たちも立ち上がるだろう。［…］僕は名声を求めたりはしない。権力を求めもしない。ただ、他の人々を刺激し、この最大の助けが必要とされるときに、自分が属する人種を守るという名誉と特権を得る兵士になり、可能であれば家族を持ちたいと思っている。［…］血でつながったわが兄弟たちよ。僕の犠牲が無駄ではなかったことを証明してほしい。この書簡を広め、同じ思いを胸に刻み、書き込みをしてほしい。立ち向かえ、ロバート・バウワーズを忘れるな、ブレントン・タラントを忘れるな［…］

僕たちに残された時間はわずかだと気づいていない人たちがいるかもしれないので、こう述べておく。今すぐに革命を起こさなければ、僕たちがそれに勝利する見込みはなくなってしまう。目標はアメリカ政府が銃を押収し始めることだ。そうすれば、人々は銃を所持する権利を守ろうとするだろう。さあ、内戦の始まりだ。(24)

クライストチャーチとパウウェイでの攻撃を引き起こし、二〇二一年一月六日にワシントンDCで再び表面化した加速主義者の戦略は、決して新しいものではなく、その冷酷な悪意を持つ思想の歴史は数十年前までさかのぼる。このテロ戦略は実のところ、過激で混乱を生じさせる、極右の暴力の長い伝統の一部である。実際に、本章で述べてきたソーシャルメディアへの投稿、危険な計略、暴力的な事件のそれぞれが、ピアースが『ターナー日記』のなかでつねに支持を表明していた加速主義の戦略が危険なまでに維持されていることを明らかにしている。(25) その理由を理解し、これらの事件をより大きな背景のなかに位置づけるには、二〇二一年一月六日の事件を、一九七〇年代後半に始まり、一九八〇年代に勢いを増した運動の軌跡のもうひとつの節目として見る必要がある。その進展は一九九五年のオクラホマシティでの爆破事件を契機とする全国的な法的取り締まりの強化によっていったん失速したものの、二〇〇八年の大統領選挙でバラク・オバマが勝利したこと、さらには同じ年に全米を驚かせた金融・経済危機により、新たな目的とともに息を吹き返した。そして、二〇一〇年代にはソーシャルメディアという武器を手に入れ、アメリカを分裂させ続けている過熱した政治的レトリックと政治の二極化によってさらに力をつけた。

現在、加速主義はアメリカが新たな内戦に向かいつつあるという恐怖を引き起こしている。高名な政治学者のバーバラ・F・ウォルターは、二〇二二年刊行の著書『アメリカは内戦に向かうのか』〔井坂康志訳、東洋経済新報社、二〇二三年〕のなかで、「受け入れがたいまでに、内戦はすぐそこまで来ている」と述べている。その原因は、政治的過激主義と二極化、社会・文化的トライバリズム、陰謀論を受け入れる大衆、銃の拡散と完全武装した民兵、そして、政府およびリベラルな欧米民主国家への信頼失墜の悪しき混合だという。ウォルターが言及している重要なファクターのひとつが加速主義であり、彼女はそれを「現代社会はもはや救いようがなく、終焉を早めなければならないという終末論的な信念、あるいは新秩序を実現するためにこそ、終焉を前倒しすべきとする考え」と表現している[26]。国家安全保障会議の元スタッフで、北アイルランドと中東の党派間の紛争に詳しいスティーブン・サイモンとジョナサン・スティーブンソンも同じように、アメリカは簡単に内戦に突入しかねない状況にあると述べている。彼らによれば、アメリカは「今、「不安定な平衡」状態にあるように見える。これは物理学の用語で、物質にわずかなずれが生じた状態に他の力が加わると、もとの位置から遠くまで動かされることを表す[27]」。つまり暴力行為を煽ると、アメリカを加速主義の目標である混乱と無秩序に追いやる可能性が生じる。しかし、最も陰鬱な評価は、カナダ人ジャーナリストのスティーブン・マルシェのものだろう。彼は二〇二二年の著書『次の内戦——アメリカの未来予測』のなかで、新たなアメリカの内戦は不可避であり、「アメリカ終焉の時は間違いなくやってくる。問題は、どのような形でやってくるかだ」と述べている。「アメリカは、通常なら暴力の歴史を持つ貧しい国々で見られるような一種の党派紛争に陥るだろう。それは、世界の最も長い民主主義の歴史と最大の経済を誇る国には本来なら似つかわしくないものだ」[28]

以上のような主張は、過剰で人騒がせかもしれないが、こうした恐怖には多少の真実が含まれる。たとえば、メリーランド大学の民主主義・市民的社会参画センターと『ワシントン・ポスト』紙が実施した二〇二一年の調査では、民主党員の三分の一とそれよりわずかに多い割合の共和党員が、政治的目的のための暴力の行使は「ある程度は正当化される」と考えていた。この質問がたずねられるようになってからの二〇年間で、最も高い数字である[29]。そのほんの五年前には、同じ質問に対して肯定した回答者は、どちらの党もわずか八パーセントだった[30]。そして、一年後にはもっと多くの共和党員（前年の三六パーセントに対して四一パーセント）が再び、政治的動機による暴力を「ある程度は正当化される」と回答した。多少なりとも心強く思えるのは、この質問が再びたずねられたときに、肯定的に回答する民主党員の割合が一〇パーセント減少したことだ。「全体として、最新の調査結果は、一月六日の暴動から丸一年経って、全米の党派対立がいかに過熱しているかを反映している」。『ワシントン・ポスト』紙は二〇二二年の調査についてそう指摘し、「民主主義への疑念が高まるにつれ、結束への希望が大きく後退した」と記した[31]。こうした不安は、この年の終わりにいっそう深まる。一月六日の連邦議事堂襲撃に関する下院特別委員会が、トランプ大統領と側近のジョン・イーストマン弁護士の起訴を検討するように司法省に付託する案を全会一致で可決し、仕事を終えた[32]。『ワシントン・ポスト』紙とＡＢＣニュースの共同世論調査では、アメリカ人の一〇人にほぼ九人（八八パーセント）が、ますます進む政治の二極化が政治的動機による暴力のリスクを高めたことを懸念し、一〇人のうち六人がこの状況について「非常に不安に思う」と回答した(33)。

しかし、世論調査も予測も予言ではなく、手段を持たない動機は取るに足りない……。そう考えられたらいいのだが、個人が所持する銃器の数という点で、アメリカは世界でも飛び抜けていることを忘れてはいけない。アメリカの人口は世界全体の四パーセントを占めるにすぎないが、世界の銃器の四〇パーセントを保有している。この国では個人所有の銃器が四億丁あると推計される。ひとりが一丁以上の銃を所有している計算だ。アメリカの民間人の銃の所有率は、世界の他の上位二五の国を合わせた率よりも高い。アメリカでは一〇〇人につきおよそ一二一丁の銃があり、人口に対する割合で二位のイエメンでは五三丁である(34)。確かに、二〇二〇年だけでも、アメリカでは記録が残るどの年よりも多い一七〇〇万丁の銃を個人が購入した(35)。サイモンとスティーブンソンは、アメリカにおけるこの個人所有の武器の増加のために、「二〇世紀後半の民兵組織の理論家によって支持された「リーダー不在の抵抗」、現在では極右反権威主義のブーガルー運動支持者――アロハシャツを着た者たち――に典型的に見られることの戦略が、なおさら現実味を帯びてくる」と考える(36)。実際に、合衆国憲法修正第二条の権利の最も熱烈な擁護者には、新たな内戦への期待を口にする人々も含まれる(37)。そして、一九九〇年代初期の民兵運動を活気づかせ、二〇〇一年九月一一日の同時多発テロが起こるまではアメリカ国内で最悪のテロ攻撃だった、一九九五年のオクラホマシティのアルフレッド・Ｐ・マラー連邦政府ビル爆破事件を動機づけたのは、この銃所持の権利を守ろうとする強い意志だった。

バーバラ・ウォルターの考えでは、「国内の軍拡競争を促す実存的恐怖」と銃購入の増加は、蜂起の勃発を予想するうえでの重要な指針となる。それが内戦へ、さらには大量殺戮にさえエスカレートする可能性もある。彼女は急き立てられたようにこう説明する。「アメリカが大量虐殺の危機に瀕していると言いたいわけではない。だが、急速な民兵の増大や［…］さらに民兵が思い切った挙に出て、不安が激しくかき立てられる事態ともなれば、右翼テロは目的達成へまっしぐらに突き進むだろう」。結果として、アメリカで「権威主義的政府への支持が高まる」可能性もあるという。ウォルターはアメリカが、CIAの権威ある『反乱の分析ガイド』が定義するところの「全面的な反乱段階」の瀬戸際にいると考える。それが、「受け入れがたいまでに、内戦はすぐそこまで来ている」ことを意味するのだという。[38]

そして、たとえアメリカが実際の内戦を避けられるとしても、国を不安定にし、既存の分断をさらに深め、政府が市民を守る能力を著しく損なう政治的暴力が増すような、さまざまな暗いシナリオを想像するのはむずかしくない。外交問題評議会の会長を務めたリチャード・ハースは二〇二三年の著書で、アメリカの民主的な規範が崩壊していくことについて書き、北アイルランドの長期におよんだ「トラブルズ（The Troubles）」〔北アイルランド紛争の婉曲的な呼称〕に似たものがアメリカにもやってくる可能性に触れた。ハースはこう警告している。「もし恐れるべきモデルがあるとするなら、北アイルランドと「トラブルズ」がそれだろう。一九六〇年代後半に始まり三〇年にわたって続いた紛争には、複数の武装集団、警察、兵士が関与し、三六〇〇人ほどの死者を出し、地方経済の生産性が著しく低下した」。[39] ハースはその悲劇的な紛争の致命的な影響を、身をもって経験した。二〇〇一年から二〇〇三年まで北アイルランドの和平プロセスを推進する特使を務め、その後は関係各派間の交渉を率いて二〇一四年のストーモント合意に導いたからだ。[40] そして、内戦と煽動を最も熱烈に支持してきたアメリカの白人至上主義の指導者たちは、この北アイルランドの例と有力なテロ組織「暫定アイルランド共和軍」（ＰＩＲＡ）は、模倣するだけの価値があると発言した。アメリカの暴力的極右の地下活動で初期のリーダーのひとりだったロバート・マイルズは、一九八〇年代のオンラインフォーラムで、「ファフニール」〔北欧神話に登場する怪竜〕というコードネームを使い、こう記した。「まもなく、われわれ自身の「トラブルズ」が広まるだろう。ＩＲＡ〔ＰＩＲＡに同じ〕の活動パターンがすぐにこの国でも見られるようになるだろう［…］すぐに、アメリカでアイルランドが再現される[41]」

本書はこの加速主義の長い歴史を掘り起こし、その起源を説明し、過去四〇年間に引き起こされた暴力と、集団暴力が内戦に発展する可能性を分析する。本書ではアメリカの「極右テロリズム」を、おおまかに次のように定義している。それは、重なり合いながら規模を拡大していく多数の活動者、活動、思想的派閥が、アメリカにかつての平穏な日々を取り戻したいという望みのもとに結束することを特徴とする脅威、というものである。彼らにとっての平穏な日々とは、人々を人種、性別、宗教、さらには出身地域で分類し、白人男性が最高層を占める階層で定義される時代である。これらの活動者が「テロリスト」になるのは、そのミッションを追求するために人々を殺傷する暴力を使う覚悟ができているためだ[42]。

本書では、このテーマに関する他の著作に見つかる主張に、重要な修正を施すことも目的とする。それは現在の暴力的極右過激主義の性格は、比較的新しい現象であるとする主張である。この点に関しては、この雑多な運動の重要な側面、とくにデジタルテクノロジーとソーシャルメディアを使いこなし、加速主義のような戦略をとるなどの特徴については、二一世紀アメリカの暴力的過激派の運動に特異なものとして描写されることが多かった。実際には、こうした流れは新奇なものではなく、一九七〇年代以降に勢いをつけ、ソーシャルメディアによってほとんど超音速で力を増してきた運動と脅威の最新の形態にすぎない。現在のテロリズムの最も重要なふたつの傾向――インターネット上での過激化と勧誘、そして一匹狼、個人や小集団が実行する個別の暴力行為（いわゆるローンウルフ攻撃）がより広い運動に役立っていること――は、実をいえば四〇年前のアメリカの暴力的極右過激派が先例をつくった。本書では、二〇一九年に西欧各地で発生した暴力的極右過激主義の波と、二〇二一年一月六日にアメリカ連邦議会議事堂を襲った暴動は、政治的暴力の新しい戦略の成功、あるいは計画と運がたまたま結びついた結果ではなく、一九八〇年代初期の運動先駆者たちによるアメリカ政府転覆のための戦闘計画が、長い時間をかけてゆっくりと進展してきた結果であることを示そうと考えている。

本書はしたがって、アメリカの暴力的極右過激主義の成長を、二〇二一年一月六日の議事堂攻撃とそれ以降の動きを含めて総合的に物語る。目的は、現在の極右テロの脅威――チャールストンの歴史ある教会へのディラン・ルーフの攻撃から一月六日の議事堂襲撃まで――が、数十年前から進展してきたこの運動の歴史における最新の火種にすぎないと示すことである。つまり、現在のアメリカの暴力的極右は、これまでの流れから逸脱した存在ではなく、継続的な運動として見られるべきである。ただし、新しい「思想的収束」と呼ばれる傾向のなかで、この運動は現在、白人至上主義、反政府主義、人種差別主義、反ユダヤ主義、排外主義、膨大な陰謀論などのさまざまなイデオロギーを集結させている。本書はまた、アメリカにおける極右テロの歴史に組み込まれた重要なテーマの多くを描き出す。たとえば、この運動が最先端のコミュニケーションテクノロジーを採用していること、「リーダー不在の抵抗」や「ローンウルフ戦略」を先駆的に取り入れたこと、その思想と暴力を特徴づけるようになった戦術と標的、運動支持者の多くに見られる人格的特性、アメリカの国内政治とのしばしば共生的な関係、軍隊や法執行機関への浸透や人員の勧誘などである。こうしたテーマのそれぞれが、テロ対策を考えるうえで重要な意味合いを持つ。

さらに、他の多くの形態のテロリズムとは違って、現在のアメリカの暴力的極右過激主義の脅威は、組織というより個人によってもたらされる。これは、部分の総和が全体よりも間違いなく大きくなる種類の運動である。したがって、本書はこの運動に勢いと活力を与えてきたそれぞれの時代を象徴する個人にも目を向ける。ルイス・ビーム、ウィリアム・ポッター・ゲイル、ロバート・マシューズ、ティモシー・マクヴェイなどのかつて名を馳せた極右活動家、そして、ディラン・ルーフ、ロバート・バウワーズ、ジョン・アーネストなどの最近の人物には共通する部分がある。彼らを追うことによって、ここ数年で繰り返し表面化してきた過激化と暴力の思想的な軌跡が明らかになる。この脅威の深刻化は、現代社会の不幸な徴候などでは決してなく、自分たちの憎悪と反民主主義の世界観をアメリカ社会に投影しようとしてきた極右過激派たちが組織的に計画してきたものだ。この悪の系譜をたどることにより、本書はアメリカのリーダーたちがこの脅威を抑え込むために必要となる対抗手段も明らかにしていく。したがって、本書は現在の過激化と暴力に対抗し、今後の世代に抵抗力を持たせるための一連の短期的、中期的、長期的手段を提案する。この総合的対テロ戦略を実行するには、インターネットを思いのままに活用する過激主義者と戦う手段、新しい過激化を防ぐための長期的イニシアティブを構築し支持する努力、そして、極右テロを計画した首謀者の起訴をむずかしくしている現状を改善する新たな法律の制定が必要となるだろう。

次章からの四章は、アメリカの暴力的極右過激主義の過去四〇年間の軌跡、とくにこの異質な分子が交じり合う運動を活気づかせる結びつきと収束の軌跡を追跡する重要な出発点となる。第2章では、暴力的なネオナチ集団「オーダー」の出現を詳述し、多くの白人至上主義コミュニティや組織との関係を年ごとに追跡する。第3章では、重要な分岐点となる一九八八年のフォートスミス裁判につながった出来事の概要を記す。この裁判では、一四人の白人至上主義者が、アメリカ政府転覆を企てた罪で起訴されたが無罪になった。第4章では、一九九〇年代初めの民兵運動の急速な拡大をひもとき、一九九二年にアイダホ州北部で起こった連邦当局と白人至上主義の男性一家との対決、翌年のテキサス州での宗教的カルトへの悲惨な結果に終わった連邦軍による急襲に焦点を当てる。そして第5章では、再びティモシー・マクヴェイの過激化と、一九九五年のオクラホマシティでの悲劇的な爆破事件の影響について考察する。マクヴェイは勲章を授与された戦争の英雄だったが、現代のアメリカで最も多くの死者を出した国内テロリストになった。本書の意図は、前半の章で取り上げる初期の極右運動の歴史と、後半を構成する現在の状況の間に橋をかけることである。その過程で、意図せずして長く記憶にとどめられてきた誤った認識や概念のいくつかを正していく。たとえば、人種差別的なディストピア小説『ターナー日記』や、一九八〇年代の最も重要な極右テロ計画のいくつかに目を向ける。

次に、第6章では、バラク・オバマの大統領選出まで時間を早送りし、それがアメリカの暴力的過激主義に与えた影響を分析するとともに、過激化、勧誘、動員に役立てられた新しいコミュニケーションツールの出現についても考える。第7章では、ドナルド・トランプの大統領選での勝利がアメリカの暴力的極右に与えた影響を分析する。そして第8章では、二〇二〇年以降の混乱の時期に再び話を戻す。おそらくこの数年間は、アメリカ社会の暴力的過激派集団だけでなく、より広い社会への影響の大きさによって決して忘れられない時期となるだろう。本書は、この脅威に対抗するための数々の対テロ政策を提案して締めくくる。

二〇二〇年の大統領選挙の投票結果は最終的には正式に認められ、権力移行が妨げられることはなかったものの、二〇二一年一月六日の議事堂襲撃に参加した一〇〇〇人を超える暴徒が逮捕され、起訴された者のうち少なくとも半数が、罪を認めるか有罪を言い渡された[43]。二〇二二年の中間選挙は概ね平和的に進められたが、現在のアメリカにおける極右テロの脅威はまだ衰えていない。これから本書で論じていくように、一月六日の事件につながった長い歴史的軌跡、陰謀論が拡散し続けていること、そして、アメリカ政治の主流や公の議論のなかに人種差別主義、反ユダヤ主義、排外主義の思想がますます入り込んでいることを考えれば、政治的動機による新たな暴力行為の可能性――銃乱射、重要インフラへの攻撃、爆破、その他の攻撃――は、否定することも無視することもできない。

第2章　戦闘計画

一九九一年九月一六日。「今日、ついに始まった！　何年も続けられた議論、話だけで終わっていた何年もの年月を経て、われわれはついに最初の行動を起こした。われわれはシステムと戦う。もう言葉だけの戦いではない」

『ターナー日記』より

この四〇年の間、『ターナー日記』の広告は終末論的な問いかけを繰り返してきた。「彼らがやってきて、あなたの銃を取り上げたら、あなたはどうするか？」しかし、この本の著者ウィリアム・ルーサー・ピアースは、合衆国憲法修正第二条の権利の熱心な擁護者というだけではなかった。人種差別的な憎悪《ヘイト》集団を監視しているアラバマ州モンゴメリーの南部貧困法律センター（SPLC）によれば、(1)「ナショナル・アライアンス（National Alliance）」──「テロリスト、銀行強盗、将来の爆撃犯らをメンバーに含む集団」──の創立者およびリーダーとして、彼は「二〇〇二年に死亡するまでの三〇年ほどの間、アメリカの最も重要なネオナチ」であり、「この運動の最も凶暴な反ユダヤ主義の理論家《イデオローグ》」だった。(2)

アメリカの白人至上主義者を、粗野な田舎者や無学の労働者《レッドネック》とするそれまでのステレオタイプに反して、ピアースはヒューストンの名門であるライス大学を一九五五年に卒業し、ニューメキシコ州のロスアラモス国立研究所で働いたあと、カリフォルニア工科大学で学び、コロラド大学で物理学の博士号を取得した。一時期、オレゴン州立大学で教鞭をとったこともある。しかし、強硬な反共産主義と人種差別的で反ユダヤ主義的な信条のために、彼の生活は徐々にフルタイムでの政治活動とヘイトモンガリング〔憎悪を煽る情報操作〕にシフトしていった。一九七四年、ピアースは「ナショナル・アライアンス」を設立した。[3] この組織が掲げた目標は、現在も支持者を増やし続けている。「われわれの周囲に非白人がいてはならない。白人の居場所を広げるため、周囲に開かれたスペースを保たなければならない。〔…〕この白人の居住空間を実現し、いつまでも白人の場所にしておくため、必要なことは何でもする。困難や一時的な不快な状況にひるんではならない。なぜなら、われわれ白人種が生き残るには、それが絶対に必要だとわかっているからだ[4]」

名誉毀損防止同盟（ＡＤＬ、以前は「ブナイ・ブリス名誉毀損防止同盟」として知られていた）は、一〇〇年以上前に「ユダヤ人に対する誹謗中傷をやめさせ〔…〕万人に対する正義と公正な扱いを確保する」目的で設立された。[5] ＡＤＬは一九九八年と二〇〇〇年の二度にわたって、ナショナル・アライアンスを「今日のアメリカではずば抜けて危険なヘイト集団」と表現した。ナショナル・アライアンスがこのように特筆されたのは、ピアースがアンドリュー・マクドナルドという仮名を使って書いた、『ターナー日記』によるところが大きい。[6]

アメリカの暴力的極右過激主義に対して、『ターナー日記』ほど広範な影響を持続的に与えてきた書物はない。[7] 出版から五年のうちに、『ニューヨーク・タイムズ』紙は、人種間戦争と革命についてピアースが書いた終末論的な著作は「反ユダヤ運動のバイブル」になったと報じた。そして一九八四年、これから本書でも取り上げるように、極右過激派は実際にアメリカ政府に対して宣戦布告するのである。[8]一九八五年版の裏表紙には、ＦＢＩが「『ターナー日記』を、「人種差別的右派のバイブル」と名指しした」と書きこまれていた。[9]しばしば繰り返されたその主張は、ピアースが宣伝目的で書いたものである可能性が高い。[10]それでも、一九九一年のＦＢＩの覚書は『ターナー日記』について、将来を暗示するかのように、「「クリスチャン・アイデンティティ運動」とも呼ばれる右派白人至上主義運動の指導層と一般支持者の両方に受け入れられている重要な作品であり基礎となる文書」と表現している。[11]『ターナー日記』に触発されたティモシー・マクヴェイが、一九九五年にオクラホマシティ連邦政府ビル爆破事件を起こすころまでには、[12]少なくとも二〇万部、おそらく五〇万部ものペーパーバック版が売れていた。[13]ナショナル・アライアンスの出版部門であるナショナル・ヴァンガード・ブックスが流通させた『ターナー日記』は、[14]ときには書店で見かけることもあったが、[15]おもな販売経路は、銃器展示会に出店する個々の販売業者や、毎年ラスベガスで開催される「ソルジャー・オブ・フォーチュン会議」のような場所、さらには『ショットガン・ニュース』誌や他の銃雑誌、今はもう存在しない『ソルジャー・オブ・フォーチュン』誌などに掲載される広告を通した通信販売だった。[16]

『ターナー日記』は、市民を食い物にする政府が「コーエン法」を施行して、市民が合法的に取得した銃器をすべて押収し始めたことにより、タイトルにもなっている名の主人公が「同胞の愛国者たち」とともに自衛のために地下に潜らざるをえなくなってからの二年間の逃走生活を描く。八〇万人以上の市民が逮捕されたあと、アール・ターナーという三五歳の電気技師が、革命を兼ねた人種間戦争の陣頭指揮をとる「組織」に参加し、協調的テロ活動に乗り出す。彼らの計画には、役人、ジャーナリスト、著名なユダヤ人の暗殺、アフリカ系アメリカ人、ヒスパニック系住民、その他の人種的マイノリティの無差別殺人、商業旅客機の撃墜、地域の水道への毒の混入、公共施設の爆破などが含まれる。さらに注目すべきは、「ロープの日」だ。組織はこの日、「政治家、弁護士、実業家、テレビのニュースキャスター、新聞記者や編集者、判事、教師、学校関係者、「民間のリーダー」、官僚、牧師など」の、「人種的反逆者」に分類される人々を大量に絞首刑にする。[17] さらに第六章では、ワシントンDCのダウンタウンにあるFBI本部を自爆トラックで爆破する。「昨日一日と今日のほとんどの時間、われわれはテレビで、救援部隊が死傷者を建物から運び出す映像を目にした」。これは『ターナー日記』のなかで、一九九五年のオクラホマシティ連邦政府ビル爆破事件と背筋が寒くなるほど類似している、とくに重要な部分だ。同書はこう続く。「これはわれわれに、耐えがたいほど重い責任を負わせる――」

というのも、爆弾の犠牲者の大部分は、われわれと同様に、「システム」の病んだ哲学や人種の破滅をもたらす目標には傾倒していない歩兵にすぎないからだ。

しかし、罪のない数千の人々を傷つけることなく、「システム」を破壊できる方法はない――絶対に。それは、われわれの肉体にあまりに深く根を張った腫瘍なのだ。そして、「システム」に破壊される前に「システム」を破壊しなければ、われわれの生きた肉体から腫瘍を切除しなければ、われわれ白人種は絶滅するだろう。[18]

ターナーはその後、「オーダー」と呼ばれるこの組織のなかのエリート部隊に徴兵される。「オーダー」はアメリカの核兵器庫を占拠してミサイル攻撃を始め、ニューヨーク市とテルアビブを壊滅させるが、旧ソ連の破壊には失敗する。ソ連はアメリカに対して報復攻撃を始め、ターナーはそれをこう表現する。「すさまじいが、むらがある。ソ連は残っている兵器すべてをアメリカに対して撃ちまくるが、攻撃能力は十分ではない。ワシントンＤＣやシカゴなどのアメリカの大都市のいくつかは破壊を免れた」。その結果、ターナーは核兵器を搭載した小型飛行機で、ペンタゴンへのカミカゼ攻撃をするように命じられる。エピローグでは、ターナーの殉教の結果を記録している。アメリカの最終的な敗北と崩壊だ。オーダーはやがてヨーロッパを征服し、一連の化学兵器、生物兵器、放射能兵器を解き放ち、中国を打ち負かし、「ウラル山脈から太平洋、北極海からインド洋まで、地球の表面の四〇〇〇平方キロを超える範囲を効果的に殺菌する」。「白人世界の夢がついに実現」し、ターナーは「自分が属する人種が生き残り繁栄し［…］オーダーが永続的にその賢く善意の支配を地球上に広げることに偉大な貢献をした」と、この本は締めくくる。(19)

ピアースは『ターナー日記』を書いた目的について、そのなかで描いているような暴力的な人種革命のための青写真やモデルを何であれ提供するつもりはなかった、と否定している。(20) しかし、数多くの機会に、この小説はまさにその役割を果たしてきた。つまり、模倣と競争を刺激し——しばしば悲劇的な結果をもたらしてきた。『ターナー日記』で描かれた戦闘計画を採用した者のなかには、反共産主義者、反政府主義者として生涯を貫いた煽動者ロバート・マシューズもいた。マシューズは『ターナー日記』の核となる人種差別主義、反ユダヤ主義、排外主義、煽動という信条を受け入れた、多くの白人至上主義者の期待の星のひとりだ。ほかにも、ウィリアム・ポッター・ゲイル、リチャード・ガーント・バトラー、ゴードン・カール、ジェームズ・エリソン、ケリー・ノーブル、ルイス・ビームなどの著名な人物がみな、一九八〇年代にこの運動が出現するうえで重要な役割を果たした。

ロバート・マシューズは、一九五三年にテキサス州の田舎で生まれ、フェニックスの平凡な下位中産階級の家庭で育った。一一歳で好戦的な反共産主義の極右団体「ジョン・バーチ協会」に入会し、共和党の組織である「ヤング・リパブリカンズ」のメンバーになり、五年後にはモルモン教に改宗した。その団体について、まだティーンエイジャーのうちに、「アリゾナ自由の息子たち」を共同設立した。[21] この団体について、この分野の第一線の研究者として知られるジェフリー・カプランが編集した権威ある『エンサイクロペディア・オブ・ホワイト・パワー』は、「極右のモルモン教徒とサバイバリストで構成される、憲法原理主義者の武装地下組織で、真のアメリカ主義の腐敗と彼らが認識するものへの抵抗運動を繰り広げている」と表現している。[22] この組織の活動は暴力としてはほとんどが低レベルのもので、はじめて注目されたのは、地方のテレビ局に奇襲攻撃らしきものを仕掛けたときだった。この人質立てこもり事件は期待どおりの宣伝効果があり、ＦＢＩの注意も引いた。マシューズは一九七三年に脱税で有罪となり、六か月間の保護観察を経てアリゾナを離れ、ワシントン州で新しい生活を築くことにした。[23] 一九八四年に彼はこう述べている。「私は当時も今と同じように、われわれアメリカ人はこの地球上に散らばる最も臆病で情けない生き物に成り下がってしまった、と主張していた」。彼はワシントン州北部のメタラインフォールズに移り住み、[24] 父親の援助を受けて、やがて八〇エーカーの土地を買った。[25]

マシューズは典型的なアメリカの辺境開拓者を絵に描いたような人物だ。ワシントン州へやってきたときにはポケットに二五ドルしかなく、「懸命に働き、独りでいることを望み、いつの日か自分の小さな農場を持つという夢」だけがあったという。やがてアリゾナ州にいた家族も彼を追って、この未開の北部森林地帯の楽園へと移り住んだ。マシューズは鉱山とセメント工場で職を見つけ、結婚し、自分の殻に閉じこもった。時間があるときには西洋社会を滅ぼす害悪の影響について学ぶことに没頭した。第一次世界大戦後の西洋の没落を嘆いたオスヴァルト・シュペングラーの著作や、ウィリアム・ゲイリー・シンプソンの『西洋人はどちらに向かう？』を、重要な資料として挙げている[26]。シンプソンの本はこの点でとくに注目に値する。ウィリアム・ピアースのナショナル・ヴァンガード・ブックスから出版されたこの本は、アマゾンでは「二〇世紀の白人世界を襲った病の元凶を、ユダヤ人による世界的陰謀と白人種に対する協調的な攻撃に帰する〔…〕並外れて深い考えを持つ思想家によって」書かれた本と紹介され、要約には続けて、「人種として白人に属するすべての人が、この本を自分のコレクションに加えたいと望むだろう。おそらく、英語で書かれた人種哲学の最良の本であるといえるだろう」と書いてある[27]。マシューズはこのころにはすでにピアースの信奉者にもなっており、ナショナル・ヴァンガード・ブックスの別のベストセラー、ピアースの『ターナー日記』にも魅了された[28]。マシューズは白人至上主義、人種差別主義、反ユダヤ主義のこの泉から、たっぷり学んだと認めている。金髪で青い目の息子を養子にしたことで、驚くべき啓示が得られた、とのちに振り返った。

白人アメリカ、いや、われわれの人種全体が、白人男性が立ち上がり流れを変えないかぎり、絶滅への道へ向かうのだと気づいた。息子を愛すれば愛するほど、物事が劇的に変化しないかぎり、彼が私の年齢になるころには自分の国でよそ者になってしまうのだとわかった。メキシコ人、ムラート〔白人と黒人の混血〕、黒人、アジア人が支配的な国にいる、金髪で青い目のアーリア人〔…〕これは偶然の結果ではない、この国にはその状況を現実にするために日夜、協調して活動している異質な者たちの小グループが存在するのだと、私は知った[29]。

しかし実際には、マシューズがこの見解に至ったのはそれよりずっと前のことだ[30]。そして、彼が移り住んだワシントン州のこの地域に魅了されたのは、単純にそこが孤絶した地だからでも、荒々しい美しさがあるからでもなかった。たとえば、この地域の銀鉱山――マシューズが職を見つけた場所――は、かつて南部連合の開拓者を引きつけた土地であり、一世紀以上前に南北戦争にまで発展した彼らの人種差別的で煽動的な感情を、その子孫たちがまだ受け継いでいた(31)。この地域は実際のところ、各地から筋金入りの白人至上主義者たちが集まってくる土地であり、カリフォルニアの五六歳の元航空技師で聖職者のリチャード・ガーント・バトラー師もそのひとりだった(32)。

生涯を反共産主義者として過ごしたバトラーは（彼の父親は共産主義思想を広めたのも、悪意ある世界的なユダヤの陰謀家たちだと非難していた）、第二次世界大戦中は陸軍航空隊に所属し、その後、ロサンゼルス近郊のモンテベロに落ち着いた(33)。一九六〇年代初めに、彼はその町で、ふたりのカリフォルニア人の影響を受けた。ウィリアム・ポッター・ゲイルという退役陸軍大佐と、ウェスリー・スウィフト博士だ。スウィフトはメソジスト派の牧師だったが、その後、イエス・キリスト・クリスチャン教会の指導者になった(34)。ゲイルはダグラス・マッカーサー将軍のもとで、フィリピンでの抗日ゲリラ作戦の指揮をとった。マシューズやバトラーと同じように、共産主義への憎悪からジョン・バーチ協会に参加したが、それより重要なこととして、一九七〇年に「ポッセ・コミタトゥス（Posse Comitatus）」という、緩やかに組織された反政府民兵運動を創始した(35)。ラテン語で「郡民の力」を意味するこの運動の支持者たちは、郡より上のレベルのすべての政府を否定し、金本位制に戻ることを主張し、連邦および州の所得税に反対し、連邦準備制度の存在を拒絶し、連邦司法制度が地方の法廷に優越することを非難する(36)。

ゲイルはバトラーをスウィフトに紹介した。スウィフトは現在、彼の教会のウェブサイトで、「アメリカにおけるクリスチャン・アイデンティティ運動の初期の最も重要な人物」とされている(37)。狂信的な反共産主義者で、かつてはクー・クラックス・クラン（ＫＫＫ）のオーガナイザーとして知られたスウィフトは、非暴力かつユダヤ肯定主義のアングロ・イスラエリズムに由来し、一九世紀半ばのイギリスに現れた非常に特異な聖書の解釈を説いた。[38]古代イスラエルの失われた一〇支族を構成するのはアングロサクソン人であり、ユダヤ人ではないとするアングロ・イスラエリズムの核となる信条を、スウィフトは攻撃的な反ユダヤ主義、白人至上主義のドグマに変えた。[39]クリスチャン・アイデンティティ運動の支持者たちは次のように主張する。

- イエス・キリストはユダヤ人ではなくキリスト教徒である。
- イスラエルではなくアメリカが、「約束の地」である。
- ユダヤ人ではなく白人アーリア人こそが、聖書に登場するイスラエルの支族の子孫であり、したがって真の「選ばれた民」である。
- ユダヤ人は世界経済とメディアの支配、さらには有色人種に力を与えることにより、白人キリスト教世界を攻撃するために地上にやってきた詐欺師、文字どおりの悪魔の子孫である。
- したがって、アーリア人とユダヤ人は善と悪の二元的な戦いを繰り広げなければならない。それがいつの日か、決定的な世界の終末へとつながるだろう。[40]

スウィフトの指導のもと、バトラーはイエス・キリスト・クリスチャン教会の牧師に叙任され、一九七〇年のスウィフトの死後はリーダーの役割を引き継いだ。[41]師のスウィフトと同様に、バトラーは「二種の種」教義の熱心な信奉者だった。伝統的なカルバン主義に、モルモン教のいくつかの要素とアイデンティティ理論の核となる信条を組み込んだこの教義は、アダムとイヴはアベルをもうけたが、同じ日のうちにイヴは悪魔（エデンの園の蛇に姿を変えていた）と交わり、今度はユダヤ人のカインが生まれた、とする。クリスチャン・アイデンティティ神学によれば、ユダヤ人は神の子ではなく悪魔の使者である。したがって彼らは反キリストだ。実際には、この宇宙全体のすべての非白人はユダヤ人の子孫であり、『創世記』第二章八節で言及される「野の獣」である。(42)

一九七三年にアイダホ州に移り住んでからわずか一年後、バトラーは「アーリアン・ネーションズ」を設立し、すべての白人至上主義運動のための統括組織とした。(43)『ターナー日記』で詳述されているアメリカの宗教的、人種的浄化が、このイデオロギーの中心となる特徴だ。たとえば、「アーリア人国家綱領」の第八条は、「その行動が一般の利益に反する者すべてと、容赦なく戦わなければならない」としている。(44)アーリアン・ネーションズの一九八〇年代の小冊子のひとつで、バトラーはこう説明した。「われわれはどんな血の犠牲を払ってでも、人種国家を成立させる。祖先が血の犠牲を払って自由を勝ち取ったように、われわれも同じことをしなければならない」。『これがアーリアン・ネーションズ』と題したその論説は続けて、「現在の腐敗したアメリカの、悪意ある、品位を落とす政治家たちのリーダーシップ」を非難する。「あまりにも多くの異質な人種、文化、神々がまき散らす、耐えがたい悪臭に覆われた環境のなかで、大勢の白人が自分たちの偉大な文化、遺産、文明が徐々に消えていくのを、無力に、絶望的な思いで見守っている(45)」

アイデンティティ神学をアーリアン・ネーションズの目標や目的と結びつけることで、バトラーは人種差別主義者、反ユダヤ主義者、ネオナチ、白人至上主義者、過激な納税拒否者、反連邦主義者、サバイバリストを、ひとつの運動にまとめようと考えた。(46)「クリスチャン・アイデンティティの原則は、政府、非白人、同性愛者、ユダヤ人に対する暴力行為に神聖な正当性を与える」と、トロント大学のタニヤ・テルフェア・シャープは説明する。「さらには、私たちの民主的な統治の基礎は、アメリカ社会を自分たちの悪の目的のために支配し操作しようとするユダヤ人、資本主義者、その他のエリートたちが共謀する世界的陰謀の産物であると断定する。クリスチャン・アイデンティティはこのように、宗教と聖書を使って、白人でアングロサクソンのキリスト教徒以外の人々への暴力を正当化する」(47)。あるいは、FBIの元副長官補で、エリート部隊「人質救出チーム」の初代指揮官だったダニー・O・コールソンは、「アイデンティティ理論の恐ろしいところは、憎しみを宗教的義務に変え、殺人それ自体を信仰の証となる行動として神聖化したことだ」と振り返った(48)。

アーリアン・ネーションズの政治的目標は、イエス・キリスト・クリスチャン教会による聖書の解釈によってさらに正当化された。そして、卓越した聖職者としてのバトラーの権威がその正当化を後押しした。「聖書にはこう書いてある。「血は流され〔…〕したがって戦いは避けられないだろう(49)」」。バトラーは、剣と王冠があしらわれたアーリアン・ネーションズの象徴的な十字架を表現した赤と青と白のステンドグラスの窓の下、いくつものナチの鉤十字とキリスト教の十字架で飾られた説教壇から、そう説いた(50)。一九八〇年代から九〇年代にかけて配布された入会申込書のなかで、バトラーはアーリアン・ネーションズの信条の精神的基礎をさらにこう説明した。「よそ者たちが洪水のように、われわれの祖先の土地それぞれになだれ込み、われわれの遺産、文化、子孫の血そのものを奪い取ろうとしている。祖先が享受した自然な「生活の秩序」を取り戻すことで、すべての力、繁栄、自由が再びわれわれのもとに戻り、永遠の正義をこの地上に確立するだろう(51)」。『これがアーリアン・ネーションズ』では、アーリアン・ネーションズの政治的プログラムの宗教的基礎を次のように明言した。

われわれはこう信じる――今日、闇の子どもたち（現在はユダヤ人として知られる）と、光（神）の子どもたち、すなわちアーリア人の、聖書で語られる真のイスラエルの子どもたちの間に戦いが生じている。『ヨハネの黙示録』第一二章一〇～一一節。

われわれはこう信じる――個人としても集団としても、神に求められ指示を与えられた人民として、われわれは人種を守り抜く。われわれはこう信じる――人種国家には権利があり、国家それ自体とそこに住む者を守る義務があると［…］神の人種として、われわれは神の目的と計画を実現する責務を負ってきた［…］

われわれはこう信じる――最後の審判の日はやってくる。自分たちのルーツと特別な運命に立ち戻るヤハウェの人々のすさまじい力によって、強奪者は放り出されるだろう。近いうちに審判の日がやってきて、天上と同じようにキリストの王国（政府）が地上にも築かれる日が来ると、われわれは知っている。「この王たちの時代に、天の神は一つの国を興されます。この国は永遠に滅びることなく、その主権は他の民の手に渡ることなく、すべての国を打ち滅ぼし、永遠に続きます」「いと高き者の聖者らが王権を受け、王国をとこしえに治めるであろう」「支配者はすべて、彼らに仕え、彼らに従う」。『ダニエル書』第二章四四節、第七章一八節、第七章二七節。(52)

この時期のアーリアン・ネーションズのニュースレターに掲載されたある記事では、その存在理由《レゾンデートル》が神に与えられた使命であるという側面が強調された。「白人だけの国？――どこが悪い？」のなかで、神にロイ・B・マスカー師は、アメリカの白人キリスト教徒が、「父と神、ヤハウェの命令にそむき、神に与えられた国が現在の私たちがいるような、雑多な種の入り混じった汚水槽になるのを許している」と説明している。「［…］しかし、新しい、白人だけの国を建設することが、われわれに与えられた責務なのだ！　われわれはそうするように命じられた！　聖書がそれを求めている！　アーリア人の絶対的な力の前に立ちふさがる者に災いあれ！」[53]

こうした後押しによって、一九七五年からマシューズが故郷と呼ぶようになった土地は、アーリアン・ネーションズの教義が受け入れられやすい環境となり、それは、ナチスドイツが「生存圏（lebensraum）」と呼び、ナショナル・アライアンスが同様に「白人の居住空間」と名づけたものを確立するのに好都合だった[54]。同じ志を持つイエス・キリスト・クリスチャン教会の信徒や退職者のコミュニティは、すでに数年前からそこに移り住んでいた。土地は比較的安く、一エーカー当たり二〇〇ドルほどで[55]、税金も安く、まばらにしか人が住んでいなかった。そして何よりも、そこは望ましい同質的な地域だった[56]。バトラーはヘイデン湖のすぐ北のリムロック・ロードからわき道に入った、カー・ダレーン国有林の端にある二〇エーカーの土地を購入した[57]。「白人種の国際本部[58]」にふさわしくなるように、彼は一〇〇席ある礼拝堂、会議室兼共同食堂、演説者が大勢の観衆に話しかけられる屋外の観覧台、印刷所、宿舎の建設に乗り出した。そして、そのすべてを見下ろす監視塔に武装した警備員を常駐させ、敷地の周囲を高さ一八〇センチの有刺鉄線のフェンスで囲み、攻撃用の番犬を放った。近くには、バトラー自身の、美しい花を植えた簡素な家があった[59]。威嚇するような、背の高いポンデローサ松やその他の常緑樹を周囲に植え、入り口には守衛詰所と高さを上げられるフェンスがあり、「白人同胞に限る！」の警告標識が目立っていた[60]。外部からの隔絶は、法執行機関、メディア、公民権団体、その他の政府組織、そして好奇心に駆られた大衆の詮索を避けるためだった[61]。

バトラーが何より大切にしているものと、アーリアン・ネーションズの統一というミッションが最も目に見える形で具体化したのは、一九八〇年代に毎年恒例の「夏の会議と「Ｎワード」銃撃」として宣伝されたものだ。[62] シカゴ大学の歴史学者キャスリーン・ブリューによれば、七月に開かれる[63]この特徴的な行事は、「組織としての会議、教会での礼拝、夏のピクニックを兼ねたもの」で、全員参加の会議の間に発せられる人種差別的な痛烈な非難から、大皿で提供される山盛りのスパゲッティを食べながらの、よりくだけた会話とネットワークづくりへと、気楽に移動した。[64] 一九八〇年代初めの最盛期には、一〇〇〇人を超えるクー・クラックス・クラン（ＫＫＫ）やネオナチ団体から、おそらく五〇〇人もの参加者が白人至上主義のさまざまな側面についてのワークショップに登録し、サバイバル技術を身につけ、あるいは準軍事的な訓練を受けた。[65] 障害物コースでは、参加者が最後に「神と国家と人種のために！」と宣言しながら、イスラエルのメナヘム・ベギンのポスターに自動小銃を発砲していた、と繰り返し報道された。[66] しかし、多くの参加者にとっての本当のハイライトは、クライマックスの「聖なる十字架の点灯[67]」だった。一九〇〇年代初期からＫＫＫの集会で行なわれていたお決まりの行事だ。[68] アーリアン・ネーションズの独自の行事では、「この世界の光であるイエス・キリスト」を意味する伝統的な背の高い十字架と、羅針盤の四方位と白人種の歴史的な優位と遺産の普遍性を象徴するもっと小さい四つの十字架が用いられた。[69]

一九八三年の会議は、アーリアン・ネーションズにとってもアメリカの白人至上主義運動全般にとっても、最も意義深く重要なものになった。この会議は運動の暴力的で煽動的な性格と、実際のテロリズムの脅威をあらわにした。[70] 会議のほんの数週間前、ゴードン・カールという六三歳の農夫が殺されていた。彼はポッセ・コミタトゥスのノースダコタ州支部の古くからの会員だった。この事件は、のちにポッセの内部の者たちが「今世紀の最初にして唯一の政府に対する武装抵抗[71]」と表現した、ロバート・マシューズ率いる抵抗運動の表向きの火種となった。

カールは、暴力的極右過激主義の多様な側面を代表する人物だった。やはり第二次世界大戦に従軍して叙勲を受けた退役軍人で、ノースダコタ州の田舎にあるヒートンの町で育った。まだ幼いころから、白人、黒人、ユダヤ人、キリスト教徒はそれぞれまったく異質な人々で、つき合ったり交わったりしてはならないと教えられた。一九二〇年代から三〇年代の人口も少ないヒートンというちっぽけな町では、そうする機会などおそらくほとんどなかったはずだ。その環境が、彼の分離主義者としての信念を強化した。戦争中にはヨーロッパと太平洋戦線でB－25爆撃機の砲手を務めたが、それが彼の見解を修正したり変えたりすることはほとんどなかった。それどころか、一九四五年にドイツが降伏したころには、自分が今まで戦っていた戦争は避けられるものだったと信じるようになっていた。そして、銀行家、ユダヤ人、資本主義者ら、正体のぼんやりした陰謀団が、戦争から利益を吸い上げるためにフランクリン・D・ルーズベルト大統領を自分たちの陰謀に引き込んだのだと考えるに至った。ヘンリー・フォードが一九二〇年に発表した反ユダヤ主義の長文の冊子『世界のユダヤ人網』〔（電子復刻版）包荒子訳、デジタルアーカイバー、二〇一七年〕——帝政ロシア時代に絶大な影響力を持った反ユダヤ主義の文書でユダヤ陰謀説を論じた『シオン長老の議定書』（または『シオン賢者の議定書』）を宣伝する内容だった——をじっくり読むことで、カールの悲観的な世界観はさらに強まった。一九六〇年代までには、ジョン・バーチ協会との短い蜜月期間を経て、草の根の過激な納税拒否運動に関わり、それがやがてポッセ・コミタトゥスでの活動に結実した。[72]一九六七年、彼は内国歳入庁（IRS）に手紙を送り、それが彼の将来の辛苦の元凶となる。このときから、彼は「『共産党宣言』の第二の綱領項目に従い、サタンのシナゴーグには一〇分の一税を支払わない。[…]二度と再び、キリストの敵を助けたり慰めたりはしない」と誓った。[73]

一九七三年、カールは正式にポッセ・コミタトゥスに参加し、翌年にはテキサス州のとりまとめ役に任命された。その三年後にIRSがついに彼の不正を突き止めた。カールは逮捕され、裁判にかけられ、所得税未納で有罪になる。[74] 控訴したが退けられ、一年の刑期のうち八か月をカンザス州レヴンワースの連邦刑務所で服役した。彼の仮釈放の条件は、それ以降は所得税を支払うことに同意するとともに、ポッセや同じように連邦や州の法律に反対している他の組織と関わらないことだった。彼はこうした条件のどれにも従うつもりはまったくなかった。その後、とくにIRSが彼の八〇エーカーの土地（家族が所有する農場の四分の一に相当する）に担保権を設定したことにより、新たな対決の舞台が整った。一九八一年三月、IRSは担保にした土地を競売にかけた。同じ月、カールの逮捕令状が発行された。町を去る前に、彼は「所得税は悪魔の戒律だから従うわけにはいかない」と宣言した。カールと妻はおもにアーカンソー州に滞在し、そこでは「コヴェナント・ザ・ソード・アンド・ジ・アーム・オブ・ザ・ロード（the Covenant, the Sword, and the Arm of the Lord）」（CSA）というキリスト教のサバイバリスト団体の施設を訪ねている。夫妻は一九八二年にノースダコタ州に戻った。彼の連邦当局との追いつ追われつのゲームが暴力に発展するのは、時間の問題だった。[75]

一九八〇年代初めには、ポッセ・コミタトゥスの地方支部が国内のほぼすべての州に開設されていた。運動はどんどん過激になり、とくに土地の差し押さえにより農夫への打撃が大きかった中西部でその傾向が顕著だった。地方、州、連邦の法執行官が、銃の所持や土地使用の違反に対して召喚状を発行し、土地差し押さえを実施すると、ポッセの支持者は執行官を攻撃した。[76] カールのような何人かのメンバーは、郡より上のレベルの税務当局や政府に武力で対抗する正当性の根拠を、聖書のなかに見いだすのがつねだった。[77] それは、一九八三年に再び逃走していた間に、彼がリチャード・バトラーや、他のさまざまな友人、支持者、ジャーナリストに送った一六ページの手紙からも明らかだ。カールは自分自身を「キリスト教徒の愛国者」と表現し、「目標はわれわれの国をキリスト教の慣習法のもとに戻すことであり、それが、預言者を通して伝えられた神の啓示が、神の法として、われわれのために聖書のなかに維持されてきたことを示すもうひとつの方法になる」と書いた。カールは一九八三年二月一三日に、彼と妻、息子のヨリー、友人三人が、「家に帰る途中で待ち伏せ攻撃にあった」経緯を詳述した。ノースダコタ州メディナのすぐ北の道路の封鎖地点で、カールを逮捕しにきた四人の連邦保安官——および郡の保安官代理ひとりと地元の警察官ひとり——に対して、カールとヨリーはセミオートマチックの223口径ルガーミニ14で武装し、状況は緊迫した。「叫び声や喚き声が飛び交い、銃声が響いた」と、農民から過激派に転じたカールは振り返った。[78] さらなる銃撃が続き、硝煙が消えたときには、ノースダコタ州の連邦保安官ケン・ミュアーと、保安官代理のロバート・チェシャーが倒れて死んでいた。もうひとりの連邦保安官代理と郡の保安官代理、警察官は負傷した。ヨリーは腹を撃たれ、少しあとで近くの診療所で逮捕された。カールは家に戻り、服を着替え、いくらかの弾薬をかき集め、一九六六年型AMCランブラーに乗り込んで姿を消した。[79]

その後、カールの支持者は彼の手紙を広告ビラに仕立て直し、捕まった場合の弁護費用を賄う資金集めに使った。しかし裁判のことまで考えているのは支持者だけで、カールは信念のために命を捨てる覚悟ができていた。彼は手紙のなかで、保安官の殺害は戦争中に自分と仲間を守るために敵を殺したのと何も変わらないと主張した。「私はただ放っておいてほしかっただけだ。人生を、自由を、幸福の追求を楽しめるように。それが、祖先が私たちに望んだことだろう。国がよそ者の手に渡ってしまったとわかったあとでは、もうそれが不可能になった」。彼は自分を、憎むべき強力な勢力と手を結んだ搾取的な政府による迫害の犠牲者とみなし、「ユダヤ人の共産主義のマニフェストを受け入れ、それをわが国の成文法に組み入れ、わが国の憲法とキリスト教の慣習法（それは聖書に記された神の法にほかならない）をゴミ箱に放り捨てた「キリストの敵たち」」によって守勢に立たされ、戦わざるをえなくなった愛国者なのだと考えた。カールの考えでは、アメリカは「征服され占領された国、ユダヤ人に征服され占領された国」だった。したがって、白人のキリスト教徒は「神の王国の住民と、悪魔の王国の住民の間」の生死をかけた戦いに巻き込まれ、彼はすべてを神の手に委ねることにした。手紙の最後にはこう記している。「これからどこへ向かうのか、自分でもわからない。しかし、もう少し祈りを捧げてから、神が導くところへ行こうと思う。戦いを続けるために生きるか、それが神のご意志であれば死を迎えるか、少なくとも今のうちに、みなに別れの言葉を告げておきたい(80)」

カールは長い逃亡生活を続け、テキサス州を横切り、最後にはアーカンソー州へと舞い戻る。FBIの大々的な追跡のターゲットとなりながら、四か月間はうまく逃れていたが、最後には、ポッセのメンバーでサバイバリストのレオナード・ギンターの家に隠れているという重要な情報が漏らされた。それは完璧な隠れ場所だった。ギンターはコンクリートの掩蔽壕にも等しいものに住んでいた。隣人に語ったところによれば、やがてくると彼が信じた、聖書に書かれている「この世の終わり」の到来に備えてのことである。「しかし、それより先にロシアがこの国を乗っ取るだろう」と彼は説明していた(81)。

一九八三年六月一三日、四〇人のFBI捜査官、連邦保安官、アーカンソー州警察、地元の法執行官が、救急車と消防車を伴って、その住居を包囲した。再び銃撃戦が始まり、結果としてカールと郡保安官のジーン・マシューズが死亡した。その前に、カールが負傷しただけなのかどうかが不確かだったため、捜査官らは催涙ガス弾、発煙弾、ディーゼル燃料を煙突から落として、彼をあぶり出そうとした。

ところが、炎が上がって手に負えなくなった。なかには数千もの高速弾が備蓄されていたのだ。のちに発見されたカールの黒焦げになった死体は、頭蓋骨に銃弾の穴が開いていた。マシューズがルガーミニで武装したカールから二発の銃弾を撃ち込まれて倒れる前に、何とか彼を仕留めていた。[82]

カールはすぐに、陰謀渦巻く暗い世界観を共有する者たちから殉教者として称賛された。政府は自分たちに宣戦布告をしたのだと、彼らは固く信じていた。[83] そして、同じ考えを持つ少なくともふたつの過激派組織にとっては、今こそ反撃の時だった。それから数週間後に開催されたアーリアン・ネーションズの年次会議は、この革命を計画し連携するための理想的な舞台を提供することとなる。アーカンソー州の田舎町マウンテンホームで活動していたCSA――カールと妻が以前に訪問したサバイバリストのコミュニティ――のリーダー、ジェームズ・エリソンも、同じ思いを胸に、車に荷物を積み込むと二日かけて北のアイダホ州に向かった。[84] エリソンは年次会議に招かれ、閉会の辞を述べる予定だった。[85]

エリソンは田舎の牧師から白人至上主義者に転向するという、一九八〇年代のこの運動によく見られたリーダーシップの典型に従った。テキサス州サンアントニオ出身のエリソンは、聖書を教える教師から原理主義の牧師になった。FBIの記録によれば、一九七六年、三五歳のときにアーカンソーとの州境にあるミズーリ州ポンティアックから北西に一一キロほど離れたブル・ショールズ湖沿いに、孤立した二二〇エーカーの農地と以前リゾートだった土地を購入した。[86] エリソンはそこを聖書に出てくる古代のふたつの地名にちなんで、ザレファス・ホレブ・コミュニティ・チャーチと名づけ、薬物依存の若者や、入信していた宗教カルトから逃れてきた若者たちのリハビリセンターにした。[87] しかし、エリソンの教会に叙任された牧師でCSAのスポークスマンになったケリー・ノーブルによれば、数年のうちに、エリソンは自称「オザーク高原のジェームズ王」[88]として支援者に崇拝され、この共同体をそれまでの「田舎の静かなコミュニティ教会」から、「暴力的な右翼の武装白人至上主義団体」へと導いた。[89]その変化は、エリソンが受けたと主張する神の啓示によって促進された。「バベルの塔より高いところまで達した」堕落と放縦のために、神がアメリカの都市に懲罰を与えにやってくるという啓示である。そのビジョンを繰り返し語るなかで、エリソンはこう述べた。「アメリカにとっての唯一の希望は［…］キリスト教徒が都市を離れ、教会を組織し、そして［…］国の孤絶した地域に避難場所を築き、艱難の時期がやってきたときのための場所を人々に用意することである」[90]。あるＦＢＩの評価報告では、ＣＳＡは次のように表現されていた。

> 非伝統的な宗教で、信仰療法を用い、意味不明の異言を発し、社会はまもなく混乱状態に陥って崩壊し、アメリカは経済の破綻または核戦争に苦しむと予言する。結果としてカオスが到来し、パニックに陥った大衆は食料や保護を求めて国中をさまよう。準備を整えていない者は、準備を整えている者にとっての脅威となる。［…］こうした状況への準備のため、この団体は食料や武器を備蓄し、軍事・サバイバル訓練をしている。[91]

一九七八年と七九年だけでも、このコミュニティは五万ドル相当以上の銃器、弾薬、軍装備品を購入した。「すべてのメンバーが拳銃とライフル、装備一式を支給され」、射撃と戦闘スキルの訓練を受けた、とノーブル師は振り返る。[92]ＦＢＩはのちに、ＣＳＡを「アメリカで最もよく訓練された民間の武装集団」[93]と表現した。[94]そのころまでにＣＳＡの拠点に暮らしていた一〇〇人から一二〇人の男女と子どもたちは、エリソンから「地上の苦難の際に神に従う人々のための箱舟を作るように」と言い渡された。[95]彼らは、「やがてくる戦争は、神の統治に向けてのひとつのステップ」だと教えられた[96]。一九八一年、エリソンは、このコミュニティはそれ以降、「コヴェナント・ザ・ソード・アンド・ジ・アーム・オブ・ザ・ロード」（CSA）の名称で呼ぶと定めた。エリソンは支持者たちにこう告げた。「コヴェナントはアダムからキリストまで、神のすべての約束を表す──」

とりわけ、神がこの最後の瞬間にわれわれに与えた約束を意味する。また、神があなたたちに個別に与えた約束、あなたたちが神と交わした、あるいはお互いに交わした約束、この団体と交わした約束も意味する。ソードはエデンの園の時代からの神の審判すべてを意味するが、とりわけ、まもなくアメリカに下される審判を意味する。アームとは神が最後の審判を施すためにお使いになる人々である。われわれもその一部だ[97]。

これは、CSA自体の白人至上主義の立場と完全に一致する。CSAは少なくとも一九七九年からは、アイデンティティ教会の教義に従っていた[98]。ノーブルはこの変革の結果をこう語った。「白人至上主義者であるわれわれは、他の人種やアメリカの白人の大義を裏切る者たちは、将来の混乱のなかで滅びることが運命づけられていると信じるようになった。われわれは精神的にだけでなく人種的にも選ばれた民だった」。反ユダヤ主義が彼らの信仰の中核であり、ZOG（シオニスト占領政府）は彼らの避けられない敵だった。「ユダヤ人はわれわれ白人種に対して宣戦布告した。ユダヤ人は人種の混合を促進し、それによって神の純粋な種を汚そうとしている」とエリソンは説いた[99]。ノーブルが説明しているように、「右翼運動に参加する他の人たちと同じように、われわれは世界で生じている問題、ポルノ、道徳の欠如、アメリカの経済状況、白人の権利よりもマイノリティの権利が優遇されていること、学校からの神の排除、これらすべての責任はユダヤ人にあると非難した。われわれの大部分は個人的にはユダヤ人をひとりも知らなかったが、彼らは神の敵なのだと［…］いつの日か一撃を食らわし滅ぼさなければならない敵なのだと確信するようになった」[100]。

この起こりうる事態に備え、ＣＳＡの共同体は木材の販売、廃品ビジネス、建設プロジェクト、通信販売の出版社の設立を通して自活した。彼らが宣伝した出版物には、『シオン長老の議定書』『アドルフ・ヒトラーの聖典（*The Holy Book of Adolf Hitler*）』『ニグロと世界危機（*The Negro and the World Crisis*）』『シオニスト陰謀の人物録（*Who's Who in the Zionist Conspiracy*）』『ユダヤ人――一〇〇の事実（*The Jews: 100 Facts*）』『キリスト教徒軍基礎訓練マニュアル（*Christian Army Basic Training Manual*）』などの反ユダヤ主義の代表作が含まれた[101]。しかし、ＣＳＡの商業活動にはそれだけではなく、よりあくどい側面があった。このグループの鉄砲鍛冶は合法的に購入したセミオートマチックの銃火器――イスラエル製のウージー、中国製のＡＫ‐47、ドイツ製のヘッケラー＆コッホのアサルトライフル、アメリカ製のＭＡＣ‐10とＭＡＣ‐11――を、不法な全自動のサブマシンガンにするのを得意とし、それらの販売から相当の利益を手にした。ＣＳＡが提供するさまざまな訓練コースからも、さらなる収入を得た。そのなかでもとくに悪名高かったのは、この組織の四ブロックにまたがる模擬タウン、通称「シルエット・シティ」で行なわれた市街戦訓練コースだった[102]。ＦＢＩアカデミーの訓練施設として名高い架空の町「ホーガンズ・アレイ」[103]を手本に、ＣＳＡ版ではアフリカ系アメリカ人やユダヤ人、さらには胸に「ダビデの星」をつけた警官などの標的が現れる[104]。前述のＦＢＩ分析の説明によれば、ＣＳＡのコースには、「編成についてのインストラクション、サバイバル技術、民兵活動などの訓練項目があった。そして、銃火器の扱いや射撃技術、撃退法、食料の入手、パンジ・スティック〔先端をとがらせた竹や木の断片〕や有刺鉄線などの障害物を建てて略奪者を遠回りさせる［ママ］〔阻止する deter と書くべきところを detour と書いている〕方法、市街戦、野営に必要な技術、国有林でのサバイバル法、自国の防衛、キリスト教の武術、キリスト教の軍事に関する真実、核攻撃を生き残る方法や税徴収への抗議など」も教えられていた[105]。カールはこうした訓練コースいくつかの修了者で、訓練にかかる費用は通常五〇〇ドルほどだった[106]。

ノーブルは、エリソンがアーリアン・ネーションズの年次会議から、新たなエネルギーと新たな目的とともに帰ってきたことを覚えている。「さまざまな右翼団体からやってきた一三人の男たちがアイダホで会った」。CSAのリーダーはそう話し始めた。「われわれはカールがアーカンソーで連邦捜査官に見つかったときのことを話し合った。私は自分もそこにいられたらよかったのだが、と話した。剣はさやから抜かれ、攻撃の準備は整った」。計画が立てられた、とエリソンは続けた。紙幣の偽造、銀行強盗、現金輸送車の襲撃など、左翼の過激派がやってきたようなことを通して、革命の資金を調達する。著名な資本主義者、ユダヤ人、その他の「抹殺する必要がある人々」の攻撃対象リストが作成された。そして、そこに名前が載っている人物を、アフリカ系アメリカ人や連邦捜査官ともども暗殺するように、アーリアンの戦士たちを鼓舞するための段階評価制も考案された。「「沈黙の戦士たち」についての話題も出た。単独で犯罪を実行し、それについては誰にも話さない者たちだ」。さらには、作戦の情報が漏れないように、ふたりから五人ほどの少人数で構成される自主的なグループも存在した。「会議の終わりには」と、エリソンは厳粛な面持ちで締めくくった。「私が参加者全員に紙を配布して署名を求め、彼らはみな署名した。そこで、私は彼らに、これで君たちはアメリカ合衆国に対する陰謀を企て反乱を起こしたのだ、と告げた。革命が始まったのだ！[107]」アーリアン・ホールでバトラーが開いたこの内密の会議については、別の話もある。署名した人たちの多くが、自分たちはただ郵送リスト用に名前と住所を提供しただけで、反乱の戦闘計画に同意したわけではないと思っていた、というものである。それでも、少なくともこの一九八三年の年次会議に参加した数人は、対話と口論の時間は終わったという、撤回不能の結論に達した。ロバート・マシューズもそのひとりだった。(108)

一九八三年七月、三〇歳になったマシューズは、白人至上主義運動の期待の星だった。バトラーに存在を印象づけ、アーリアン・ネーションズのファミリーにも十分に溶け込み、自分の養子にはクリスチャン・アイデンティティの牧師に洗礼を授けてもらった。マシューズはそのひと月前にワシントン州スポーケンで開かれたアーリアン・ネーションズの集会で、バトラーの護衛隊の最も積極果敢なメンバーとして、頭角を現してもいた。筋骨たくましく、少年のような見かけのマシューズは、背は高くないが、人を従わせる威厳と魅力的な人格の持ち主だった。(109) 当時の彼を知る人は、「驚くほどのカリスマ性があった」と評しており、(110) カールの殺害を受け、運動の憎悪に満ちた煽動的なレトリックを具体的な行動に移すのにふさわしい人物だった。マシューズは一九八三年の会合で、ある演説者の激励の言葉にとくに心を動かされた。その演説者というのが、アーリアン・ネーションズの「無任所大使」で、以前はテキサス州のクー・クラックス・クラン（KKK）の「グランド・ドラゴン」として知られたルイス・ビームだった。

ピアースは例外として、ビームほど現在の白人至上主義運動に大きな影響を与えた人物はおそらくいないだろう。ビームは勲章も授与された陸軍の退役軍人で、ベトナム戦争では一八か月におよぶ遠征でヘリコプターの砲手として戦った。彼はテキサス州の湾岸地方にある人種差別の根強い企業城下町で育った。まだ小学校に通っていたころからすでに、徹底した人種差別主義者だったようだ。(111) クラスメイトは、ビームが第四学年のときにＫＫＫのメンバーであることを自慢し、自分たちまで勧誘しようとしたことを覚えている(112)。ビームは一九六八年に、不満と幻滅を抱えてベトナムから帰還した。彼は国旗を燃やす反戦活動家たちを罵り、アメリカ政府内の「共産主義者たち」がベトナムの自軍を牽制して、自分と仲間の兵士たちを勝つ見込みのない戦争に送り込んだ、と非難した。すぐに地元のＫＫＫ支部に入会し(113)、数年後には、政府に対する自分の怒りは「ベトナム戦争後ストレス障害」のせいだと責め立てた。「救いはない、あるはずがない」と、彼はある論説で訴えた。

われわれは永遠にベトナムの水田と空に捕らわれている。戻ることも進むこともできない。連中に放り込まれた場所に、ただ永遠にとどまっている［…］

ストレスの定義とは、われわれをあそこに送った連中全員と、帰還したわれわれに唾を吐いた連中に向けて機関銃をぶっ放したいと望むことなのではないか。あるいは、ストレスとはもっとシンプルに、ずたずたになった死体の代わりに正義を叫んでも、誰にも聞いてもらえないことだろうか？　あるいは、ストレスとは、五万七六七三人の体にどれだけの血が流れているかを計算しようとするような、数学的な機能のことだろうか？(114)

一九七一年、ビームは進歩派のラジオ局とヒューストンの社会主義労働者党の事務所を爆破した容疑で起訴されたが、投獄は免れた(115)。その後、「クランの会員を兵士に変える」ためにテキサスで一連の軍事訓練コースを組織した(116)。ビームはそうした施設を少なくとも四か所で運営していた。ベトナムの水田を思わせる広さ五〇エーカーの「キャンプ・プラー」では、ティーンエイジャーと子どもたち——八歳の子もいたと伝えられる——が、「絞殺、マチェーテを使った断頭、飛行機のハイジャック、自動小銃の射撃」を教わった。ビームのＫＫＫでのランクが「グランド・タイタン」から「グランド・ドラゴン」に上がると、彼はクランのメンバーのために、さらにふたつのエリート特別部隊を編成した。「テキサス・エマージェンシー・リザーブ」と反移民の「クラン・ボーダー・ウォッチ」である。また、テキサス州キリーンのフォート・フッドでクランの勧誘活動と、デヴィッド・デュークをゲストに招いた集会も組織した。デュークはルイジアナ州の「ナイツ・オブ・ザ・クー・クラックス・クラン」の口のうまい創設者兼リーダーだ[117]。デュークは新しいタイプのヘイトモンガー〔憎しみを煽る者〕の代表だった。スーツとネクタイ姿で、教養のある雄弁な人物という印象を与え、黒人を攻撃するというよりも、白人キリスト教徒の権利を擁護したいのだと主張した[118]。これは、現在のオルタナ右翼に見られる、より広範な傾向の前触れだったことがのちにわかる。たとえば、二〇一七年のシャーロッツヴィルでのデモや他の抗議運動では、ネオナチがポロシャツとチノパンツ姿で現れた[119]。

一九七九年、ビームは中国の鄧小平副総理が滞在していたヒューストンのホテルに入ろうとして、再び逮捕された。鄧小平を殺害して、ベトナム戦争中に中国が北ベトナムを支援したために戦死した「一〇万の米軍兵士」の復讐を果たそうとしたのだ[120]。テキサス州の傑出したＫＫＫのリーダーとして、ビームは一九八一年二月、ガルベストン湾沖で操業していたベトナムの漁師たちにテキサス支部が嫌がらせをした際に、中心的な役割を担って注目を集めた。しかし数か月のうちに、連邦裁判所がそうした活動を特別に禁じる裁定を下したことと、許可なく連邦の土地で準軍事訓練を実施した軽犯罪でのビームの有罪判決が重なり、彼はグランド・ドラゴンの地位を辞し——表向きは休暇をとるとして——アイダホ州に向かった。二か月後、ビームは家族とともにまだそこにいて、ヘイデンレイクにあるアーリアン・ネーションズの本部で暮らしていた。彼がやってきたことは、カー・ダレーンのＦＢＩ地方支部の注意を引き、すぐに監視下に置かれた。一九八二年、バトラーはビームをアーリアン・ネーションズの「無任所大使」に任命した[121]。この新しい役割は、エネルギッシュな元クランにぴったりで、すぐにコロラド、フロリダ、ミズーリ、テネシー、テキサスの各州にアーリアン・ネーションズ支部が開設された[122]。

ビームはヘイデンレイクでサバイバル用品とキャンプ用品を売る商売を始め、コーヒーを飲み、幼い娘のおむつを取り替えることにほとんどの時間を費やしたと言っている[123]。実際には、彼がアイダホで過ごした時間は、将来の白人至上主義者の暴力だけでなく、現在のテロリズムの軌道にも長期的な影響を与えることになる。ビームの永続的な貢献は、「リーダー不在の抵抗」として知られた、秘密の地下運動による闘争という忘れられかけた概念に再び光を当てたことだ。共同編集していた『インター・クラン・ニュースレター・アンド・サバイバル・アラート』の一九八三年発行の号で、ビームは第二次世界大戦中に戦略諜報局（OSS）——CIAの前身——にいたユリウス・ルイス・「ピート」・エイモス大佐が開発した戦争へのアプローチ原則を説明した[124]。戦時中の諜報員で冷徹な戦士だった大佐は、階層的に組織された伝統的なパルチザン部隊や他の抵抗勢力に、ソ連側が浸透し制圧する能力に憤慨し、こう結論した。「われわれに「リーダー」は必要ない、必要なのは優れたアイデアだ。これらのアイデアがリーダーを生む。大衆がアイデアを生み、そのアイデアがリーダーのインスピレーションとなる。したがって、われわれはアイデアを生み出し、それについて休むことなく考える人々に、それを伝えなければならない[125]」

この言葉はビームの耳に心地よく響いた。彼と仲間の白人至上主義のリーダーたちは、政府への情報提供者や潜入捜査官らが彼らの運動に入り込んでいることに、つねづね苛立っていた。アーリアン・ネーションズの新しい無任所大使は、この「リーダー不在の抵抗」の概念に夢中になった。これは「どの組織も潜入され、暴かれ、破壊される可能性はあるが、他の組織には影響がおよばないということだ［…］組織の効率的で効果的な運営は［…］もちろん［…］中央の方向性にかかっている。つまり、優れた組織であることと、トップから資金を得られることを意味する」。ビームはひとつだけ大きな障害を見つけた。「一見、こうしたタイプの組織は非現実的に見える。それは、相互のコミュニケーションや中央からの指示がないときに、どう協力するのかという当然の疑問が生じるからだ(126)」。それからほんの数週間後のアーリアン・ネーションズの年次会議までには、彼はその課題への解決策も用意していた。

ヘイデンレイクに集まった参加者の心に、ゴードン・カールの運命が重くのしかかった。ビームの感動的な演説で、このノースダコタの農夫は現代のウィリアム・トラヴィスとデヴィッド・クロケット――専制政府に対するアラモ砦での戦いで、究極的な犠牲を払った勇敢な戦士たち――だと称賛された。ビームは、「腕を伸ばして敬礼するヴァイキングの儀仗兵が立つヴァルハラの門へと」、カールが昇天する姿を表現してみせた(127)。会議の参加者たちに向けて、ビームは単刀直入にはっきりと訴えた。「われわれは戦争状態にある」と、彼は宣言した(128)。ある参加者はのちに、ビームの言葉を聞いたマシューズの目に涙が光っていたのを思い出した(129)。「私が今ここにいるのは、あなたたちにこう伝えるためだ。われわれがこの国を取り戻さなければ、私が考えるかぎり、誰もそれを手に入れない。銃の撃鉄が引かれ、弾丸は薬室におさまっている。［…］われわれは戦って生き抜くか、すぐに死を迎えるかのどちらかだ。私が悪党どもを殺すのをあなたたちが助けないなら、あなたたちは自分の子の命乞いをすることになるだろう。それが聞き入れられることはない(130)」

ワークショップ、セミナー、全体行事に加えて、白人至上主義運動のリーダーと古参運動員の合わせて一三人が、性急な若いメンバーとともに、バトラーのリビングに――重装備の護衛に囲まれて――内密に集まった。エリソンがのちにノーブルに語ったところによると、集まった者たちは「行動の時がきた」という考えで合意に至った(131)。浮かび上がった戦闘計画には、ビームの「リーダー不在の抵抗」戦略と、出現しつつあったコンピュータ・ネットワーキング技術を利用して運動の内部連絡の安全を確保し、彼らが始めることで合意した改革を支えるという提案の両方が反映されていた(132)。コンピュータ化された電子掲示板システム(BBS)で結びついた「リーダー不在の抵抗」は、リアルタイムでの秘密の連絡が保てるという願ってもない利点を彼らの運動にもたらし、連邦当局の監視の目と耳から効果的に計画を隠すことができた(133)。

この技術上の進歩がそれだけでどれほど重大だったかを正しく評価するのはむずかしい。オフィスではどこもまだタイプライターが主流で、ファックスが職場に導入されてまだ日が浅かった(134)。デスクトップ・コンピュータはほとんど知られておらず、高価すぎた。これら初期のマシンはメモリの容量が限られ、処理速度も遅く、やがて家庭の必需品になるものとは大きく違う。たとえば、アップルⅡeの六四kのメモリの起動システムは、一九八三年に一二六〇ドルだった。現在の価値では三三一五ドル相当だ(135)。そして、BBSのデータを従来の電話線で送信するモデム(変調復調器)は、その二年ほど前に利用できるようになったばかりで、ようやく手の届く価格になったところだった(136)。

したがって、ビームが創設した「アーリアン・ネーションズ・リバティ・ネット」はまさに革命的で、テロリストの過激化と、勧誘、資金集め、最善のやり方についての情報交換、運営の計画と実施のためにデジタルコミュニケーションを利用し始めるきっかけをつくったと考えて間違いないだろう。ワールド・ワイド・ウェブ(WWW)以前の時代には、インターネットはずっと小規模で、無線通信やブロードバンドではなく初期のダイヤルアップ接続を用いていた。アップルのネットワークソフトウェアを搭載したビームのシステムは、テキストのみの通信で、通常の電話回線にダイヤルアップのモデム三〇〇ボー[137]を接続して情報を送った。[138]データの通信速度は、「文字を読むスピードよりはるかに遅い」と表現された。[139]アーリアン・ネーションズ・リバティ・ネットが稼働するまでに、一年近くの作業を必要とした。「リーダー不在の抵抗」についてのビームの記事に詳しく書かれているように、[140]彼はこの新しい進歩について、一九八四年春の『インター・クラン・ニュースレター・アンド・サバイバル・アラート』で発表した。「アメリカのノウハウが、この国を愛する人たちに、不適切な運命からこの国を救い出せるような技術を提供してきたのかもしれない」と、彼は熱く語った。

かつては政府と大企業が占有していたコンピュータが、今ではその力と能力を普通のアメリカ人にも与えている［…］

知識は力なりと言われてきた。確かにそうだ。コンピュータはその使い方に熟練した人たちに、過去の支配者たちが夢にも思わなかった力を提供する［…］

できるなら想像してみてほしい。一台ずつコンピュータを与えるだけで、愛国的な運動のすべての指導者と戦略家が結びつく。そして、こうも想像してみてほしい。この国の愛国者は誰でも、このコンピュータを自由に活用することで、これまで蓄積されてきたすべての知識と指導者たちの知恵から利益を刈り取ることができる。「いつの日か」とあなたは言うだろうか？　今日ならどうだろう？　そうしたコンピュータはすでに存在し稼働している。われわれはここに、アーリアン・ネーションズ・リバティ・ネットの誕生を発表する。二〇八―七七二―六一三四に電話し、コンピュータが話すのを聞いてみてほしい。

「コンピュータとアメリカの愛国者」と題したこの記事は、購入の際に役立つ助言を共有し、ログオンの手順を詳しく説明した。ビームはさらに質問がある人たちのために、電話番号と私書箱を知らせた。「ようやく、神と自分たちの人種を愛する者たち、国に奉仕しようと奮闘する者たちが、これまではシオニスト占領政府やアーリア人を滅ぼそうとしてきた者たちに独占されていた、最新技術を利用できるようになる」(141)。彼はそう約束した。

アーリアン・ネーションズが資金を出したアーリアン・ネーションズ・リバティ・ネットには、鍵となる目的が五つあった。第一に、新しい支持層を開拓し、若いコンピュータ「ハッカー」たち――当時新たに使われるようになった呼称――にアプローチして、より広い白人至上主義の支持基盤を築くこと。第二に、西ドイツなどのヨーロッパ諸国やカナダへのヘイト文書の郵送制限を回避すること。第三に、より広範囲のネットワークづくりを奨励し容易にするために、同じ考えを持つ国中の「愛国者グループ」を割り出すこと。第四に、革新的な資金集めのメカニズムにすること。「アーリアン・ネーションズのコンピュータ・ネットワークは、北米大陸の同胞に真実と知識を提供するように構築される」。バトラーは寄付集め集会のひとつでそう説明した。「みなさんは、「なぜコンピュータ〔…〕テクノロジーなのか?」と疑問に思うかもしれない。答えは簡単だ。印刷、ラジオ、飛行機、自動車などとまったく同じように、それがわれわれアーリア人のテクノロジーだからである。われわれの人種を父なる神の「基本法」へと引き戻すために、神に与えられたわれわれ独自の技術を利用しなければならない」。最後に、政府の干渉、指示、監視を受けずに、運動のプロパガンダを広める安価ですばやく簡単な方法であること。サイトには、もともとは印刷物にして発表していた資料も、「汝の敵を知れ」のようなタイトルをつけたファイルとともに、あらためて掲載した。「汝の敵を知れ」のファイルには、アメリカ国内のすべてのADLオフィスと、アメリカ共産党、そして、さらなる脅しをかけるかのように、「人種の反逆者」と「ZOGの情報屋」の名前のリストも掲載された。[142] おそらく、右翼組織による新たなオンライン技術の利用についての最初の警告として、ADLは一九八五年に、このネットワークが「間違いなく最も影響を受けやすい若い世代に、ヘイト・プロパガンダを広めようとしている」と忠告した。その報告は、暴力への直接の結びつきを指摘した。「さらに厄介なのは、ヘイト・グループを結びつける新しいテクノロジーの利用に伴い、テロ行為を実施する必要が彼らの一部で真剣に議論され、エスカレートしていることだ[143]」

すでに述べたように、一九八三年の会議でのビームの戦闘への呼びかけは、マシューズと深く共鳴した。このクランの元メンバーは明快だった。白人種が生き残るには暴力が不可欠なのだ。マシューズは新たな使命感と目的を胸に、ヘイデンレイクを後にした。[144] ジャーナリストのスティーブン・シンギュラーによれば、ビームの力強い言葉、そして、マシューズが集会や、おそらくバトラーのリビングルームでの内輪の集まりで耳にしたすべてのことが、「戦闘を開始し、戦争に勝つのは若者たちになるだろう」というマシューズの確信を深めた。マシューズは実際にはすでにこの結論に達していた。彼がアーリアン・ネーションズの本部を訪問したときに見聞きしたすべては、彼の決意を固めたにすぎない。たとえば、その年のもっと早い時期に、マシューズは「ホワイト・アメリカン・バスチョン（白人アメリカの砦）」という新しい組織を設立していた。アイダホ州北部の白人至上主義優勢の環境で友人や知人を勧誘し、その夏は、ふたりの仲間とともに自分の農場に組織の本部と居住棟を建設して過ごした。[145]

その一年後に書いた「最後の手紙」のなかで、マシューズはアメリカ政府打倒のためのテロ活動をする決断に至った理由を説明した。「私には他に選択肢がない。白人らしく立ち上がり、戦わなければならない。この一年、ワシントンの体制側と、祖先が発見し、探検し、征服し、入植し、建設し、命をかけて守ろうとしたものを取り戻す決意を固めた白人の同胞——その数はどんどん増えている——の間で、秘密の戦争が進行してきた」(146)

一九八三年九月、マシューーズはワシントンＤＣで開催されたナショナル・アライアンスの年次会議で発言した。複数の白人至上主義団体に加入し、人材確保に貢献することは、当時も今も、この運動ではめずらしくなかった。これらの団体にうまく潜入したジャーナリストのピーター・レイクはのちに、「陸軍、海軍、海兵隊の間の違いはあるものの——みな同じ国旗に敬礼するのと似たところがある」と説明した。(147)実際に、彼の言葉に耳を傾けた会議の出席者たちは知らなかったが、マシューーズのメッセージは、彼がそれから進もうとしていた暴力活動への軌道を予想させるものだった。「わが兄弟姉妹たちよ」の言葉から、彼は始めた。

> 北西部太平洋岸の、霧の濃い森林に覆われた谷と山から、私はみなさんに団結と行動を呼びかけ、アーリア人の再興と最終的な全面的勝利を先導するメンバーの義務を果たすように要求するメッセージを携えてきた。覚醒の徴候は北西部のあちらこちらに芽を出しているが、強健な農夫や牧場主の間だけにすぎない。[…]為すべき務めは簡単なものではないだろう。テレビの衛星放送用アンテナが、農耕地にも毒キノコのように次々と現れている。電子の姿をしたユダヤ人が最も辺境の地の農場や牧場の多くの居間へと滑り込んでいる。メタラインフォールズでは、われわれはユダヤ人の思考の鎖を断ち切った。[…]未来はこれからだ。さあ、男らしく立ち上がり、敵を海の向こうへ追い払おう！　男らしく立ち上がり、祖先の緑の墓地の上で聖なる誓いを立てよう。祖先が発見し、探検し、征服し、入植し、建築し、命をかけたものを取り戻すことを誓おう！　男らしく立ち上がり、わ

れわれの土地を取り戻そう！　星を見上げ、われわれの運命を宣言しよう！　メタラインフォールズでは、こう言って気勢を上げる。敗北などありえない！　勝利よ永遠なれ！(148)

三週間後、「アーリアの戦士たち(149)」の格好をした九人の男が、アーリア人種とその将来を象徴する白人の女の子の赤ん坊の周りを、手をつないで取り囲んだ。その場にふさわしい畏敬の念を込めた声で、彼らはマシューズが宣言した白人至上主義革命に忠誠を誓った。(150)「われわれはアーリアの自由な男として、揺らぐことのない誓いをここに立てる」。彼らはそう述べた。

祖先たちの緑の墓に、妻たちの腹にいる子どもに、神聖なる全知の神の玉座に懸けて、このサークルの兄弟たちと聖なる結束を果たし、この瞬間から死も敵も恐れないことを、同胞をユダヤ人から救い出し、アーリア人種に全面的勝利をもたらすために必要なことは何でもする聖なる義務を負ったことを、ここに宣言する。(151)

彼らはすぐに、カー・ダレーン支部を率いるＦＢＩ捜査官の注意を引いたが、この集団に特筆すべきことは何もなかった。彼らは「あなたの隣に住んでいる人」と変わらなかった、(152)というのがウェイン・Ｆ・マニス捜査官の感想だった。たとえば、グループで最年少のリチャード・ケンプは二〇歳で、カリフォルニア州サリナスの高校ではバスケットボールチームの花形選手だった。アンドリュー・バーンヒルは二七歳の元神学生で、ＣＳＡに加入したものの脱会して、モンタナ州のカジノでポーカーのディーラーになった。ブルース・ピアース（ウィリアム・ピアースとは親類関係ではない）は二九歳のケンタッキー州出身の気性の激しい放浪者で、モンタナ州に落ち着いて、前年にアイデンティティ神学に傾倒したばかりだった。一九八三年三月にアーリアン・ネーションズの本部に招待されただけで、彼はすっかり心を奪われ、家族をヘイデンレイクに移り住ませた。二か月後には、ピアースはマシューズが頭角を現したのと同じスポーケンでの会議で、バトラーを取り巻くボディガードの一員になっていた。ピアースはその場で、マシューズこそ白人至上主義運動がずっと待ち続けていたリーダーだと確信した。[153]

若くして禿げ頭の三二歳のランディ・デューイは「控えめな会計士」のように見えたが、[154]彼は空軍の退役軍人で、アイダホ州との州境からほど近いイースタン・ワシントン大学で歴史学を学んだ。デューイが親しくなったデンヴァー・パーメンターは、やはり成人してから大学で学んだ空軍時代の仲間だ。三一歳のパーメンターは陸軍で三年を過ごし、デューイからマシューズに紹介されたときには皿洗いや床掃除で生計を立てていた。その日マシューズの農場に集まった男たちのなかでは、リチャード・スクタリが最も多彩な経歴の持ち主だろう。三〇代半ばのスクタリは海軍の潜水士だった。そこで「爆発物を扱う訓練」を経験し、「接近戦や攻撃用ライフル、拳銃の射撃インストラクター」になったとされる。[155]スクタリはその後、北海の油田で深海潜水士として働き、一時期は建設会社を所有し、いくつかの武術に熟練した。バーンヒルとの友情を通して、彼はCSAのジム・エリソンのためにいくらかの仕事を請け負い、フロリダの自宅からスポーケンに飛んでマシューズと会い、この新集団に参加してみた。[156]

最年長は四三歳のデヴィッド・レーンだった。コロラド州オーロラ出身でアマチュアのゴルフチャンピオンのレーンは、デヴィッド・デュークの「ナイツ・オブ・ザ・クー・クラックス・クラン」、のちにはアーリアン・ネーションズの州組織者として白人至上主義コミュニティで名を上げた。彼は熟練のプロパガンディストでもあり、『サクラソウと牛飼いのガゼット（*Primrose and Cattlemen's Gazette*）』という無害なタイトルの新聞を、反ユダヤ主義の暴言を吐くプラットフォームに変えるのを助けた。[157]レーンは「一四ワード」として知られる白人至上主義者に人気のスローガンの命名者としても有名だ〔スローガンが一四ワードから成ることによる〕。あらゆる場所にいる白人至上主義者に対して、「われわれは同胞の生存と白人の子どもたちの将来を確かなものにしなければならない」という使命を宣言するスローガンだ。これは現在の白人至上主義のミーム〔インターネット上で拡散される情報〕、出版物、コミュニケーションのなかでは、単に「一四」として言及されている。[158] この集団のなかでただひとり服役したのは、ゲイリー・リー・ヤーブローというアリゾナ州出身の二七歳の男だった。海兵隊から無許可離隊したヤーブローは押し込み強盗で逮捕され、フローレンスのアリゾナ州刑務所で五年から八年の懲役刑を宣告された。彼が最初にアーリアン・ネーションズについて読み、主張を受け入れたのは、その刑務所でのことだ。刑期を終えるとアイダホ州に向かい、バトラーの個人警備およびヘイト本を出版している印刷所での仕事を得た。[159]

　年齢も背景もさまざまだが、これらの男たちはアメリカが間違った方向に進んでいるという信念によって結ばれていた。ビームとは違って、ベトナムで戦いはしなかったが、不必要に長引き、どんどん無意味になる海外の戦争に若者を送り込んで戦わせた政府に深く幻滅した愛国者だった。彼らの見解はビームと同じで、腰抜けの政治家たちが軍を抑えつけ、共産主義の拡散を止める機会を無駄にしたというものだった。人口構成の変化が著しいアメリカにいる白人男性として、彼らは多様化が進む人口のなかで疎外されているとも感じていた。とくに、アファーマティブ・アクションの推進や他の補償プログラムに反発し、自分たちが経済的に無視され不利な立場に追いやられていると感じた。[160]「大人として、彼らはアメリカを、移民、薬物、犯罪、そしてロナルド・レーガンの「トリクルダウン経済」からなる混沌たる悪の力に苛まれた土地と見るようになった」。犯罪学者のマーク・ハムはそう説明する。一九七二年に下院を通過した男女平等憲法修正条項は、必要な数の州に批准されれば男女の法的な平等を憲法で保障することになるはずで、白人至上主義者は激しく反対していた。フェミニズムは去勢とみなされ、そのため白人至上主義の重要な側面として、彼らは女性を料理や掃除、母親業という、古くからの限定された役割に押し戻そうとした。ハムによれば、「男らしさと白人であることが、かつてないほど絡み合い、「本物」の白人の男になることは、過剰なほどに男らしくなることだった。このようにして、民兵神話は奪われたものを取り戻すための道になった[161]」

アーリア人種の勝利を実現するために「必要なことは何でもするという聖なる義務」への揺るぎない忠誠を誓い、八人の男たちはマシューズから計画の概要を聞いた。それは『ターナー日記』を丸写しにしたような内容だった[162]。そのときの彼らは、自分たちをただ「グループ」や「仲間」としか呼んでいなかったが、やがてピアースの小説に敬意を表して、「オーダー」の呼称を採用する[163]。あるいは、「ブリューダー・シュヴァイゲン」(「沈黙の兄弟」を意味するドイツ語)と呼び合うこともあった[164]。のちの入会者でやがてFBIの情報屋になるトマス・マルティネスと、ベテランFBI捜査官のウェイン・マニスによれば、ピアースの本はマシューズにとっての「聖書」になった。マニスはその一一月、この地域での白人至上主義運動の活動拠点を捜査する指揮をとるために、カー・ダレーンにやってきた[165]。小説が現実のオーダーのテロ活動に「青写真[166]」を提供するということ自体が、この集団がアメリカ政府を転覆させる暴動を引き起こすような大きな任務にいかに準備不足であったかを露呈している。「マシューズの信奉者の多くは、自分たちが法を守る市民としての平凡な日常を離れ、アメリカ政府を倒すために犯罪に乗り出そうとしているのだと理解し始めて、ショック状態にあった」と、マニスは驚嘆した。「計画には明らかに、武器を使い、彼らの攻撃と憎悪の対象である人々を殺害することが含まれるはずだった[167]」。しかし、オーダーの壮大な野心がどれほど空想的だったにせよ、それを達成するための暴力の効果を熱烈に信じる気持ちは完全に真剣だった。『ターナー日記』が暴力的蜂起のテンプレートとインスピレーションという二重の役割を果たしたのは、これが最後ではない。

結果として、オーダーが運営スキルと経験において欠いていたものは、単純に『ターナー日記』で補われ、彼らの六段階戦略に組み込まれた。第一段階はこの革命を実行するために自らを組織すること。次の「活動資金」を潤沢にするステップ——および、必要であれば武装強盗をすること——は、二か月前にバトラーのリビングルームで明らかにされた。[168] ロバート・マイルズは、そうした企てを成功させようと思えば、豊富な資金が必要になると熱心に主張していた。ミシガン州のKKK支部のグランド・ドラゴンだった「牧師のボブ」は、白人至上主義運動の年長の指導者として尊敬を集めていた。裁判所が命じた学校での人種分離禁止に抵抗してスクールバス爆破を企てたとして六年間服役し、それが必然的に、マイルズのような人種差別主義者が広めた「アーリアの戦士」の独自のコミュニティに、正真正銘の重みを与えた。他の代表的なリーダーの多くと同様に、マイルズは聖職者としての権威を身にまとい、ミシガン州の田舎町コオクタに所有する七〇エーカーの農場に設立した救世主イエス・キリスト・マウンテンチャーチを監督した。[169] それは実質的にバトラーのイエス・キリスト・クリスチャン教会の中西部版で、同じように信徒を集め連携する役割を果たした。ADLはこの教会の精神を、「暴力、白人至上主義、反ユダヤ主義、人種差別主義、そして連邦政府への敵意」と表現している。[170] その七月、マイルズはバトラーの家で、黒人解放軍の左翼のテロリストが、ウェザー・アンダーグラウンドの残党が再編成した「五月一九日共産主義団体」とともに、ニューヨーク州ナイアックでブリンクス社の現金輸送装甲車を襲って一六〇万ドルを強奪した二年前の事件に言及した。五八歳の牧師はこう述べた。「もしわれわれがあの左翼の連中の半分でも男なら、やはり装甲車を攻撃するだろう」[171]。こうしてマシューズと仲間たちは、必要な「活動資金」を得る最善の方法は武装強盗だと結論した。第四段階は、メンバーの数を増やすこと。第五段階は運動の最も陰湿な敵の暗殺によって、作戦を開始すること。第六段階は、『ターナー日記』に描かれているような専任の秘密工作員による「武装ゲリラ作戦」[172]で最後を飾る。

しかし、それから一五か月も経たないうちに、マシューズは死亡した。彼の信奉者の二四人がすぐに逮捕された。彼らは恐喝と陰謀の六七の容疑で起訴され、ひとりを除いて全員が有罪になった。[173]そのうち一〇人が二〇年から終身の懲役刑を宣告された。著名なユダヤ人の暗殺——たとえばヘンリー・キッシンジャー元国務長官、有名な世界的銀行の経営者一族の御曹司であるエリー・デ・ロスチャイルド、有名なテレビプロデューサーのノーマン・リア、非ユダヤ人では、ニューヨークの著名な銀行家のデヴィッド・ロックフェラー、南部貧困法律センターの共同設立者で主任検察官のモリス・ディーズなど——でテロ活動にはずみをつけるという壮大な計画は、どれひとつ実現しなかった。その代わりに、一九八四年六月一八日、オーダーの殺し屋が、デンバーのラジオトーク番組の司会者で何かと論争を巻き起こすアラン・バーグを殺害した。[174]ユダヤ人のバーグは自分の番組で、さまざまな白人至上主義支持者にけんか腰のインタビューを行ない、グループの怒りを招いていた。バーグの殺害では誰も有罪にならなかったが、デヴィッド・レーンとブルース・ピアースは当初、ひとつの裁判でそれぞれ四〇年と一〇〇年の懲役刑を、別の裁判でさらに一五〇年の懲役刑を宣告された。[175]レーンはバーグのラジオ放送の間に、局に怒りの電話をかけてきたひとりだった。[176]組織が運営資金を確保するための初期の努力さえ、完全に失敗に終わった。スポーケンのビデオ・ポルノショップの強盗では、わずか三六九ドルしか手に入らなかった。[177]マシューズがシアトルの銀行から盗んだ現金の束に隠されていた起爆性のある染料のパックが彼の目の前で爆発し、紙幣は台無しになるか消えない汚れがついた。[178]

しかし、マイルズの助言を心に留め、現金輸送車にねらいを定めることで、オーダーの資金集めは次第にうまくいくようになった。そうした三つの強奪で、マシューズと仲間たちは四〇〇万ドルを超える現金を集めることができた。[179]一九八四年七月にカリフォルニア州ユカイア近くで、ブリンクスの現金輸送装甲車を襲ったときには、一度に三六〇万ドルという最大の儲けを得た。[180]七人の武装犯が給与とボーナスとして四万ドルずつの取り分をポケットに入れたあと、[181]マシューズは略奪した現金の一部を何人かの白人至上主義運動のリーダーに分配した。ミズーリ州シェルシティ郊外にあるイスラエル教会の牧師で、「二種の種」理論の提唱者であるダン・ゲイマンは、一万ドルを受け取った。バトラーとアーリアン・ネーションズは少なくとも四万ドル。ウィリアム・ピアースは五万ドルを贈られたらしい。ノースカロライナ州の「白人愛国者党」創設者で指導者のフレイジャー・グレン・ミラー・ジュニアは二〇万ドル。そして、カリフォルニア州のトム・メッガーには、彼の「ホワイト・アーリアン・レジスタンス」のために三〇万ドルが渡されたといわれ、同じ額がマイルズのミシガン州の共同体にも渡った。[182]

それでも、盗んだ現金の大部分は、回収されないまま、行方がわからなくなった。全体の三分の二は消えてしまったようだ。たとえば一九九七年の時点で、ＦＢＩはユカイアで盗まれた現金のうち六〇万ドルしか追跡できなかった。[183]マシューズやオーダーの他のメンバーは、儲けの残りを合法的なビジネスにさまざまな形で使い、分配し、隠し、洗浄したと思われる。たとえば、政府の情報屋のふたりは、マシューズがデンバーの弁護士に少なくとも一〇〇万ドル、おそらくは二〇〇万ドルもの金を運動のための投資費用として渡したと言っている。[184]そして、ユカイアでの強盗後にバトラーに渡った金額に加えて、盗んだ現金の一〇パーセントはアーリアン・ネーションズに寄付されたようだ。マシューズの別の信奉者は、北西部太平洋岸の農場にこっそり埋められていた一〇万ドルを掘り起こし、ビームに渡したと言っている[185]。さらに、マシューズはオレゴン州ポートランドで代理母と精子バンクプログラムを立ち上げ、アーリア人種の生殖を促進したと伝えられる[186]。

しかし、組織の解体につながったと思われるのは、その偽造ビジネスだった。忠誠の誓いの儀式が行なわれてから二か月もしないうちに、ブルース・ピアースは素人の技術で製造した最初の偽五〇ドル札を使おうとして、ワシントン州ユニオンギャップで逮捕された。彼は保釈中に行方をくらましたが、FBIはすでにピアースをしっかりと監視下に置いていた[187]。ユカイアでの現金輸送車強盗の間にマシューズがうっかり残した武器は、モンタナ州のアンドリュー・バーンヒルが合法的に購入したものだったため、それがもうひとつの手掛かりを提供した[188]。

九月までに、一〇〇人を超えるFBI捜査官がオーダーの捜査に動員された。その半数近くは、それまでは小さかったカー・ダレーン支部に配属され、約四〇人がマシューズ、パーメンター、ヤーブローらの最後に特定できた住居の監視に精を出した[189]。翌月、ヤーブローは彼の家に続く森のなかの未舗装路に林野局の車があるのを見かけた。FBI捜査官が変装しているのだろうと正しく推察した彼は、トラックに向けて銃を発砲し、捜査官をトラックから動けなくした。ヤーブローはなんとか逃げおおせることができたが、彼の家の捜索で重要な証拠が見つかった。この時点で、オーダーの主要メンバーの全員が逃亡中だった。自分たちに迫るFBIの捜査網をかいくぐろうと、マシューズ、ヤーブロー、スクタリ、フランク・デシルヴァ（まだ入会まもないメンバー）は、オレゴン州に逃亡した[190]。

その後、一九八四年一一月、マシューズがグループに勧誘したトマス・マルティネスが、フィラデルフィアで偽札を使おうとして逮捕された。彼はFBIの情報提供者になることに同意し、まもなく西海岸に向かってポートランドにいたマシューズと合流した[191]。一九八四年一一月二四日、FBIは彼らが滞在していたモーテルを急襲した。マシューズとヤーブローは銃撃で逃げ道を切り開こうとした。マシューズは逃げたが、ヤーブローは逮捕された。しかし、マシューズの包囲網はどんどん狭まった[192]。必死の抵抗で、マシューズは容赦なく迫ってくる政府に向けて、最後に言葉での攻撃をぶちかました。アラン・バーグの伝記作家スティーブン・シンギュラーは、その文面を目にして、「アール・ターナーは誇らしく思っただろう」と述べた[193]。一九八四年一一月二五日付でオーダーが公式に発した「宣戦布告」は、南半球からの移民や、合法化された中絶を攻撃した。銀行家とユダヤ人に加えて、資本主義者と共産主義者を非難した。カールの英雄的行為は称賛され、「彼を背中から撃った政府の捜査官」は非難された。その時代によく耳にした主張を思い出させる言葉で、マシューズは次のように宣言した。

暴徒が動かす政府に支配されることを、われわれはもう諦観していられない。今日この日から、われわれはワシントンの体制がすべてのアーリア人を合法的に代表する正統なものだとは考えない。アーリア人はテルアビブと彼らのワシントンにいる追従者によって押しつけられる、強要と狡猾な専制に従うことを拒絶する。われわれは、人民の多数がロボトミーを施され、無気力になって盲目的に従う状態に置かれてきたと認識している。われわれは決して人種の集団自殺に参加したりはしない。

同じように冗舌な、「アメリカ議会への公開書簡」も追記された。そちらは選挙で選ばれた代議員たちが「アメリカにしてきたこと」を非難し、各人に責任をとらせるのだと不吉な誓いを立てた。マシューズもピアースもスクタリもデューイも、他の三人の署名者の誰も、ベトナムには従軍しなかったが、「犠牲になった五万五〇〇〇人のアメリカ兵を裏切った」議員たちへの復讐をまだ誓っていた。「反米イスラエル・ロビー」は、憲法修正第二条の権利を脅かしているとして酷評された。興味深いことに、「アラブの友人たち」とは利害が一致した。その彼らに対して、アメリカ政府は「敵に転じた」と非難された。書簡は再びベトナム戦争に言及し、不吉な警告で締めくくった。「その日が来たら、われわれは君たちが右に振れるか左に振れるかをたずねはしない。ただ、君たちの首根っこを押さえて振り回すだろう。〔…〕以上の言葉とともに、戦闘を始めよう」[194]。その二週間後にはすべてが終わっていた。

一二月七日午前四時、およそ一〇〇人のFBI捜査官がウィドビー島の二階建ての木造家屋を取り囲んだ。ワシントン州のピュジェット湾の河口にあるバケーションエリアだ。FBIのシアトル支部が、マシューズがそこに隠れているという情報を受け取っていた。彼はウージーの九ミリ短機関銃、数千の弾薬、ガスマスクを持っていた。FBIの交渉人がマシューズに投降するように説得を試みた。「私は善良な兵士だった。恐れを知らぬ戦士だった。名誉の死を遂げ、ヴァルハラにいる兄弟たちのもとへ行く」。オーダーのリーダーはそう答えた。包囲は長引き、翌日の午後、FBIはマシューズを家のなかから追い立てようと、催涙弾の使用に踏み切った。二五〇以上のガス弾がマシューズの逃げ込んでいる二階に向けて撃ち込まれたが、無駄に終わった。FBIのSWATチームは目がくらむ特殊閃光手榴弾で一階に入り込むことに成功したが、機銃掃射を受け、撤退を余儀なくされた。日が暮れると、FBIは現場に照明を当てるためにヘリコプターを呼んだ。マシューズはこのヘリを撃ち落とそうとして、さらに銃撃してきた。その後、SWATの進路を照らして攻撃を支援するために、照明弾が家屋の一階に撃ち込まれた。木造家屋に火がつき、すぐに炎に包まれた。マシューズは家から出ることを拒み、彼が約束していたように――その場で死亡した[195]。

「右翼は今、第二の重要な殉教者を得た」[196]。ノーブルはそう述べた。

第3章　人種間戦争

一九九一年一〇月二八日。「[…]政治テロの主たる目的のひとつは、つねに変わらず、当局に報復させ、より抑圧的にさせ、それによって人口の一部を疎外してテロリストへの共感を生み出すことである。もうひとつの目的は、人々の安心感と政府は無敵であるという思い込みを打ち砕くことにより動揺を生むことである」

『ターナー日記』より

短いながらも暴力的な活動を展開した「オーダー」の存在は、大きな陰謀が文字どおり北から南まで、東海岸から西海岸まで広まっていることをさらけ出した。グループが現金輸送車襲撃と偽造紙幣づくりで得てばらまいた資金を追跡するだけで、ＦＢＩはロバート・マシューズとアーリアン・ネーションズが拠点にしたアイダホ州の田舎からはるか遠くまで延びるネットワークを特定した。受益者にはミシガン、ミズーリ、カリフォルニア、ノースカロライナ、アーカンソー、バージニアなどの州にいる著名な白人至上主義者と彼らの組織が名を連ねた。以前は連邦当局が、孤立した個人活動が目立つヘイトモンガーや過激な人物の雑多な集まりとみていたものが、今では連携を深め、深刻な脅威とみなされるようになった。

マシューズが焼死した木造家屋の周辺の土地は、それから二週間ほど経って、アラバマ、カリフォルニア、コロラド、アイダホ、オレゴン、ワシントン各州の連邦検察官が資料を突き合わせ、政府の対応を協議したときには、まだくすぶっていた。検察官たちはとくに、マシューズの戦略とオーダーの活動が、『ターナー日記』のなかの戦闘計画に酷似していたことに警戒心を強めた。同時に進められたFBIの捜査で見つかった証拠のなかには、ワシントン州北東部のペンド・オレイル川にある巨大な水力発電ダムの設計図があった。小説のなかでも公共施設への攻撃が大きく扱われていたことから、この発見はさらに不安を掻き立てた。アーリアン・ネーションズ・リバティ・ネットの技術的に最先端のふたつの掲示板の存在が明らかになったことで、運動が野心的に連携し、より広範囲での陰謀を企てていたことがはっきりした。(1) 連邦捜査官たちは同様に、オーダーのメンバーから押収した、入手は簡単だがハイテクな機器――コンピュータ、プログラム可能な無線スキャナー、トランシーバー、音声ストレス分析器――の数々に驚いた。当時の他の国内テロリストたちの所持品には通常は見つからないものだ。(2) 一九八五年一月、連邦保安官事務所のスタンレー・E・モリス所長はこの運動について、その支持者たちは「違法行為を愛国心に見せかけ［…］、警察と敵対するが、自分たちを敬虔で神を畏れる者とみなし［…］自由を語るが悪意に満ちた人種差別的、宗教的な偏狭さを支持している」とコメントした。(3) その三か月後に起こったミズーリ州の静かな道路上での対立は、モリスの評価の鋭さを証明することになる。

一九八五年四月一五日、ジミー・リネガーとアレン・ハインズというふたりの州警察官がミズーリ州ブランソン郊外の、アーカンソー州との州境からすぐ北の交差点の両側で、通常の交通違反取締業務に就いていた。午後一時四五分、リネガーはネバダ州のナンバープレートをつけた茶色の一九七五年型シボレーを停止させた。運転者はマシュー・マーク・サミュエルズ名義のオレゴン州の運転免許証を見せた。ハインズのパトカーがすぐそばに停めてあったので、リネガーはその無線を使って、免許証の情報を通信指令係に伝えた。指令係はそれを当該法執行機関のコンピュータ・データベースに入力した。すると、警告サインが表示され、サミュエルズが偽名である可能性を知らせた。リネガーはハインズにこっちにくるように合図して、ふたりは少しの間、どう対応するか話し合い、それからパトカーを出て、注意深くシボレーに近づいた。リネガーは運転席側へ、ハインズは助手席側へ。バンの運転席でふたつのサイドミラーを通して状況を注視していたのは、アイダホ州アソルから来た男で、本名はデヴィッド・テイトといい、改造したフルオートマチックのＭＡＣ－10サブマシンガンを不法所持していた。前年の六月にアラン・バーグ殺害に使われたのと同じタイプの銃だ。(4)

テイトはまだ二二歳だったが、すでに白人至上主義にどっぷり浸っていた。家族がカリフォルニア州からアイダホ州へ、バトラー師と彼のイエス・キリスト・クリスチャン教会のすぐ近くをわざわざ選んで引っ越したとき、彼はまだ子どもだった。一家はヘイデンレイクから北へ車で三〇分ほどの距離にあるカリーウッドに酪農場を購入し、熱心な教区民になった。テイトと彼の兄弟はバトラーの「アーリアン・アカデミー」に参加した。場所は、アーリアン・ネーションズのリーダーの事務所の裏に停めてあった、改造トレーラーだ。そこは、他の熱心な信者の子どもたちが伝統的なＲ教育の独自バージョン――この場合は「読み、書き、算数、人種差別（reading, 'riting, 'rithmetic, racism）」――を学ぶ場となっていた。(5)テイトは数種類の武術を熱心に学び、アーリアン・ネーションズの警備責任者および非武装戦闘訓練の主任インストラクターを務めた。彼はいつも聖書と拳銃を持ち歩いていた。また、親友のゲイリー・ヤーブローと一緒にアーリアン・ネーションズの印刷所で働き、オーダーの偽造紙幣の製造に取り組んだ(6)。テイトもふたりの州警察官も知らなかったことだが、そのわずか三時間前に、シアトルの大陪審がテイトと二二人のオーダーのメンバーを連邦に対する不正利得罪で起訴していた(7)。

リネガーはテイトと手短に話し、それから彼に車から降りるように命じた。ハインズは運転席側のサイドドアが開くのを見て、リネガーとふたりでテイトを尋問するつもりで、車の後ろ側に回ろうと歩きだした。しかし、ハインズが目を離したその一瞬の隙をつき、テイトは地面に伏せ、手際よく横に転がり、銃を撃つ体勢を整えた。リネガーは突然、自分に向けられているテイトのMAC－10の銃身を見下ろしていた。サブマシンガンの銃弾が彼の防弾チョッキを切り裂き、保護されていない胴体部分を貫通する致命傷を与えた。ハインズとテイトは銃で交戦したが、州警察官に標準支給されるリボルバーでは、フルオートマチックのサブマシンガンの相手にはならなかった。ハインズの肩、腕、腰に三発の銃弾が撃ち込まれた。さらに多くの警官がやってくるのを恐れ、テイトは近くの森のなかに逃げ込んだ。それから六日間、ミズーリ州兵が操縦する武装ヘリコプター、地上の人間を熱で探知できる特別装備のFBI偵察機、そして、歴史を通していくつもの伝説をつくった、執拗に犯人を追う警察犬を導入した大掛かりな捜索が行なわれたが、テイトは逃げおおせた。しかし、奇妙な行動をとっている男がいるという市民からの情報を得て、警察と連邦捜査官はミズーリ州フォーサイスに向かった。犯行現場から一六キロほど離れた場所だ。そこでテイトは武器を持たず、やぶのなかに隠れていたところを見つかった(8)。

テイトの茶色のバンを捜索したところ、彼が機関銃、ライフル、拳銃、狙撃用ライフル、消音装置、数千の弾丸、手榴弾、ダイナマイト、ニトログリセリンを入れた一パイント容量のウイスキーのボトル一本という、ちょっとした量の武器類を運んでいたことがわかった。目出し帽、警察無線、さまざまな偽名を使った出生証明書四通も見つかった。警察とFBIは、彼がブランソンから九〇分ほどの、アーカンソー州マウンテンホームのCSAに向かっていたのだろうと推測した。テイトがその四、五年前にゲストとしてそこに招かれていたことを、FBIが知っていたかどうかはわからない。しかし、シアトルで起訴された二四人のオーダーの運動員のなかに、かつてCSAに所属していた者がふたりいたことは見逃されなかっただろう。そして、まったくの偶然ながら、やはり起訴されたフランク・デシルヴァという名前のオーダーのメンバーが、テイトを追跡する捜査網に引っかかった。デシルヴァはミズーリ州との州境からアーカンソー州に入ってすぐの、マウンテンホームに続く高速道路沿いにあるキャンプ場で逮捕された。これによって、CSAとのつながりの疑いが明らかになり、四月一六日、FBIはCSAリーダーであるジェームズ・エリソンの逮捕状を請求し、CSA本部を捜索した。容疑には、恐喝、誘拐、爆破、放火、殺人未遂に加えて、銃火器に関するさまざまな連邦法違反が挙げられた。司法長官のエドウィン・M・ミースが翌日アーカンソーに到着し、全米規模での連携が見られるようになった白人至上主義運動についての、規模を拡大した捜査の指揮をとった。(9)

四月一九日、約四〇〇人の重装備のFBI捜査官、連邦および州の法執行官がCSA本部を取り囲んだ。FBIはそこに備蓄されている武器についてはよく知っていた。機関銃、攻撃用武器、手榴弾、地雷、C－4プラスチック爆薬に加えて、少なくとも米軍支給の軽対戦車兵器も一基含まれていた。(10)FBI内部の脅威分析は、CSAのメンバーは「武装し、非常に危険」であると強調していた。(11)彼らが知らなかったのは、じつは四人のオーダーのメンバーがそこに隠れていて、そのうちふたりは翌四月二〇日のヒトラーの誕生日を、連邦捜査官との銃撃戦で派手に祝おうとしていたことだ。(12)ワシントンDCでは、

ＦＢＩ副長官のオリヴァー・「バック」・レヴェルが、自局の捜査官たちが「大勢の犠牲者を出す嵐のなかに歩み出そうとしている」状況を当然ながら心配していた。作戦の指揮をとる人質救出チーム指揮官のダニー・Ｏ・コールソンは、それを過剰な心配だとはねつけたが、部下たちを「肉挽き器」になるかもしれない場所に送り込むことが悲劇的な結果を生む可能性については深く考えていた。したがって、ＦＢＩの医療チームは緊急脱出用のヒューイ・ヘリコプターを借りる手配をした[13]。人員輸送用の装甲ヘリ一機も、まもなく始まる攻撃を支援するために要請された。コールソンがのちに語っているように、「ＦＢＩは史上最大の銃撃戦になることを想定していた」[14]。実際に、それこそエリソンが計画していたことでもあった[15]。

核による世界の終末が来ることを信じ、それに備えることを目的としたサバイバリストの共同体として[16]、ＣＳＡは五年は十分にもつほどの食料を備蓄し、それ以外にも、無制限にきれいな水が得られるようにし、ランプ用の灯油や料理と暖房のための木材をたっぷり準備して、完全な自給自足生活が送れるようにしていた。将来の何らかの対決を予想して、エリソンは装甲車両を準備させ、低空飛行の飛行機に対して使う重機関銃を備えさせた。「私は戦争の準備をしている。私が始めた戦争ではない。始めたのはやつらだ！　だが、私がそれを終わらせる」[17]。彼は自分の副官であるケリー・ノーブルにそう話していた。

張り詰めた四日間のにらみ合いの末に、エリソンの妻オリーを通して伝えられた神からの預言が包囲を終わらせ、エリソンと彼の信奉者は平和的に投降した[18]。投降したなかには一四歳くらいの少年もいて、敷地内を偵察中の連邦捜査官に出くわしたときにも、一歩も引かず自分の持ち場を固守していた。コールソンはのちに、「これほど若い少年がこれほどの憎悪を顔に浮かべているのは見たことがなかった」

と振り返った。人質救出チーム指揮官の同僚で友人のラリー・ボニーが、「別の場所、別のタイミングなら、彼らは瞬時にわれわれを殺すだろう。それを忘れてはいけない」と彼に思い出させた[19]

敷地内の最初の捜索で危険な軍需品を処理し、地雷や仕掛け爆弾を撤去したあと、FBIはあらためて徹底した捜索を実施した。見つかることを予想していた大量の武器、弾薬、爆発物、対戦車用ミサイルのほかに、シアン化カリウムの三〇ガロンのドラム缶があった。エリソンは最初、それは害虫駆除用だと主張していたが、のちに、本当は、いくつかの大都市の貯水槽を汚染させるつもりだったと白状した。エリソンはその後の連邦裁判所での宣誓証言で、CSAはミシガン州のヘイトモンガー、ロバート・マイルズからシアン化物を入手したと話した。白人至上主義の指導者であるルイス・ビームとリチャード・バトラーとともに、マイルズとエリソンはニューヨーク、シカゴ、ワシントンDCを標的候補として話し合っていた[20]。エリソンとノーブルのふたりがのちに認めた計画は、『ターナー日記』を地で行くような内容だった。「都市部に無秩序状態を生み［…］革命を起こす」という計画だ[21]。しかし実際には、それだけの量のシアン化物を上水道に投げ入れても、何も起こらなかっただろう。アメリカの水道施設の濾過処理システムで毒性は低下し、効果を失っていたはずだ。さらに、国内では標準的な、安全管理が不十分な未処理の貯水槽を汚染させることでさえ、首謀者たちは少なくとも六倍の量――一〇トン（一七五ガロン）――を必要としていただろう[22]。しかし、ノーブルや他の指導者たちが繰り返し神の介入を求め、それによって「死に値する者が毒に侵される[23]」ことが確実になると信じていたことは、彼らが大量殺人を正当化する殺人者の思考に陥っていたことを物語る。この点については、政府はそれまでまったく把握できていなかった。

それゆえ、状況をよく知るにつれ、当局の不安は増していった。CSAとの対立は暴力なしで解決されたものの、これはアメリカの白人至上主義過激派組織との二年間で三度目の対決だった。そして今回は、一匹狼の銃撃者ではなく、十分に準備をし、高度に訓練された、驚くべき殺傷力を持つ武器を蓄えたコミュニティ全体が相手だった。コールソンによれば、ＣＳＡが備蓄していた武器は、「中東のどのテロ組織も妬むだろう」ほどの充実ぶりだった。さらにコールソンは、ＦＢＩが回収したのは、ＣＳＡが実際に保有していた武器のほんの「ひとかけら」にすぎないと確信していた。巧妙に隠され、発見できなかったものが残っているはずだった。[24] 地理的に広範囲に散らばる多様な集団の間で、メンバーが重なり合い、緊密な関係を築く動きも、政府がそれまで考えていたよりもはるかに大規模で強固になっていた。また、もっと早く認識すべきことだったが、もうひとつの不安材料は、デンバーで裁判を待つ二四人のオーダーのメンバーは、計画された蜂起では歩兵にすぎず、リーダーたちがまだ野放しになっていたことだ。[25] 歴史家のキャスリーン・ブリューはこう説明する。「リーダー不在の抵抗という戦略は、リーダーを告発から守るという点でも、情報提供者に潜入された下部組織を切り離すという点でも、ある程度は意図されたとおりの効果があった」[26]。こうした状況を受けて、一九八五年、司法省は摘発作戦を立ち上げた。この運動の最上層部を標的にした、はじめての協調努力だった。[27] その後に起こった出来事が、そうした協調体制でのアプローチが必要とされることをはっきりと示した。

アーリアン・ネーションズは一九八六年の年次会議で、あらゆるレベルの法執行機関からの監視が強化されていることへの対応をまとめ上げた。七月一二日の週末に、三〇〇人から四〇〇人の出席者が集まった。参加者のなかには『ニューヨーク・タイムズ』紙が「白人男性が支配する北西部の故郷」――アイダホ州、モンタナ州、オレゴン州、ワシントン州、ワイオミング州にまたがる地域――と表現するものへの最も熱心な信奉者一五人の姿もあった。[28] 全米とカナダからやってきた者のなかには、ミシガン州コオクタのマウンテンチャーチのロバート・マイルズ、カリフォルニア州モデストのKKK州支部のリーダーであるビル・アルバース、アーカンソー州ハリソンのイエス・キリスト教会のトム・ロブ師、カナダのアーリアン・ネーションズの指導者、アルバータ州のテリー・ロングとトロントのジョン・ロス・テイラー、カリフォルニア州フォールブルックからはホワイト・アーリアン・レジスタンス（WAR）の創設者でリーダーのトム・メツガー、[29] 白人愛国者党の代表を務めるノースカロライナ州ローリーのジェリー・ラドフォード、アメリカの「スキンヘッド」として白人至上主義運動と協調し、カリフォルニア州サクラメントの白人学生連合のリーダーになったグレッグ・ウィズロー、[30] ロサンゼルスでアメリカ国家社会党を率いるスタン・ウィテク、そして、当時はウェストバージニア州ミルポイントに住んでいた、影響力絶大な『ターナー日記』の著者、ウィリアム・ピアースらがいた。[31]

会議はいつものように、煽動的なスピーチ、第三帝国への礼賛、そして、十字架を焼くという必要不可欠な儀式などが進行していった。人種差別主義、反ユダヤ主義、反移民感情が繰り返し公言された。「みなさんもよくご存じのとおり、今日、白人男性は事実上の政府から三級市民とみなされている」。バトラーは聴衆に訴えた。「したがって、この国の建国者の子孫として、その遺産を取り戻すことがわれわれの義務である」。彼はのちに記者たちに対し、この運動の目標は「メイフラワー号に乗ってやってきた祖先たちが望んだような国に戻すこと」だと説明した。アーリアン・ネーションズの指導者であるバトラーは、北西部の太平洋岸にさらに多くの白人家族が移住してきたことで、人種的に同質な故国を建設しているという自信が深まったと断言した。[32] 会議で販売されたグッズのなかには、メンバーの投獄などにより解散を余儀なくされた「ブリューダー・シュヴァイゲン」を称えるメダルもあった。これは、オーダーのメンバーが使っていたこの組織の別称だ。メダルの片面にはこう彫ってある。「わが友よ、君が倒れることがあっても、また別の友が姿を現し、君の代わりを務めるだろう」[33]。当局の知らないところで、ある後継グループ――ブリューダー・シュヴァイゲン第二突撃部隊、または第二オーダー――がすでに活動を始めていた。

一九八五年に発足したと思われるこの新しい組織は、アーリアン・ネーションズのメンバーを勧誘した。しかし、組織の成長とともに情報屋に潜入されやすくなった本物のブリューダー・シュヴァイゲンとは違って、新しい組織は意図的に規模を小さく保っていた。二組の夫婦――リーダーであるデヴィッド・ドアと妻のデボラ、エドワード・ホーリーと妻のオリーヴ――のほかに、エルデン・「バッド」・カトラーとケネス・シュレイという顔ぶれだ。当時、デヴィッド・ドアはバトラーの警備責任者で、バトラーがトマス・マルティネス（先述のようにＦＢＩの情報提供者になった人物）の抹殺を計画した罪で有罪になったあとにその地位を引き継いだ。ドアはマシューズが始めた偽造紙幣の製造を再開した。具体的には偽の二〇ドル札で、のちにホーリーがスポーケン・インターステートフェアで使おうとして、新組織の活動を揺るがす一連の逮捕のきっかけになるものだ。しかし、もとのオーダーとは対照的に、ブリューダー・シュヴァイゲン第二突撃部隊は本拠地から遠く離れることはなかった。一九八六年三月の最初の攻撃で、地元のユダヤ人実業家の命を奪おうとしたが、失敗に終わった。次には、同じ年の八月に自動車修理工場でパイプ爆弾を爆発させた。二週間後、ドアとエドワード・ホーリーは、政府への情報提供者になったと疑われるシュレイを処刑した。ドア夫妻がシカゴに行ったため短い小休止期間があったが、驚いたことに、夫妻がシカゴに向かったのは、「オプラ・ウィンフリー・ショー」にゲスト出演するためだった。彼らが戻ると、爆破攻撃が再開した。一九八六年九月一六日、カー・ダレーンのカトリックの神父の家がパイプ爆弾で損壊した。その神父はクートニー郡で活動を続けるアーリアン・ネーションズに対して、地域の反対運動を率いていた。その二週間後、地元のレストラン、電話会社のオフィス、金融会社、連邦ビルが同時に爆破された。それは、組織がふたつの銀行と、近くのポストフォールズにあるアイダホ州軍の武器庫を襲撃して強奪する計画から注意を逸らすためのものだった。しかし、作戦は大失敗に終わり、犯人全員が逮捕された。当局は組織に参加してから比較的日の浅いロバート・ピレスを説得して、他のメンバーに不利な証言をさせることに成功した。全員が有罪になり、八年から二〇年の懲役刑の判決を受けた。ピレスは第一級殺人と爆破に関連する三つの容疑で罪を認めた。彼はこれらの罪により終身刑を宣告されたが、捜査協力に応じたため、連邦証人保護プログラムのもとに置かれ、一〇年間服役した時点で仮釈放が認められた(34)。

この組織の初期のテロ活動は、地元住民とアーリアン・ネーションズの敵対者を郡から追い出すことが目的だった。ドア夫妻はこの大量移住を引き起こすことで資産価値が下がり、それによって他の白人至上主義者がこの地域に移り住みやすくなると考えた。しかし、より重要なのは、ドアがかつてのマシューズと同じように、バトラーは言葉だけで行動を起こさなかったが、長く待たれていた人種間戦争を開始する時がきたと確信していたことだ。連邦裁判所でのピレスの証言によれば、この目的のために、ドアは連邦判事、ＦＢＩ捜査官、地域のリーダーたち、さらにはバトラーその人さえ暗殺の標的としてリストアップしていた。初代オーダーと同様に、ブリューダー・シュヴァイゲン第二突撃部隊でも、紙幣の偽造は全米規模の人種間戦争と反乱の資金を得るという野心的計画の要だった(35)。

オーダーの崩壊が運動を衰退させ、他の暴力主義、分離主義の白人至上主義者たちへの抑止力としてはたらくかもしれないというＦＢＩの当初の楽観的な考えは、八月一日にさらなる打撃を被った。イリノイ州のロスヴィルという小さな町の銀行で、四万四〇〇〇ドルが強奪された。乗り捨てられた車のなかに見つかった証拠——車の登録者はロバート・マイルズの娘マリオンだった——から、FBIは強盗犯のひとりはマリオンの婚約者トマス・ハレルソンだと結論した。アーリアン・ネーションズのメンバーとしてよく知られた元受刑者だ。この強盗事件はすぐに、盗まれた金がオーダーの後継組織によるさらなる暴力や煽動活動に使われるのではないかという不安をもたらした。FBIの悪名高い「最重要指名手配犯」リストに加えられたハレルソンは、一九八七年二月一九日にノースダコタ州ドレイトンで逮捕された。ハレルソンは裁判で有罪判決を受けて服役し、二〇〇三年に仮釈放が認められた(37)。

同じころ、アリゾナ州では、また別の反政府狂信者の集まりが連邦当局の注意を引いていた。一九八六年一二月、FBIは「アリゾナ・パトリオッツ」という組織の六人のメンバーを逮捕した。彼らはユタ州オグデンのIRS事務所、FBI支部、サイモン・ウィーゼンタール・センター（ホロコースト研究センター）、ロサンゼルスの過激派「ユダヤ防衛同盟」のふたつの事務所、そして合法的に中絶手術を実施している複数のクリニックとフェニックスのシナゴーグの爆破を計画していた。FBIがこの組織の他の計画を暴いたあとにも、さらなる逮捕が続いた。そうした計画には、オーダーの戦略を手本にした、ネバダ州ラフリンからラスベガスに向かっていたカジノの売上金輸送車の襲撃、アリゾナ州知事のブルース・バビットや、名字がユダヤ系のアリゾナの連邦判事、東海岸に住むユダヤ系の銀行家の暗殺、さまざまな連邦政府ビルの爆破、橋の破壊、少なくとも二州での重要なインフラへの攻撃が含まれた(38)。

彼らの起訴はこの組織に対する二年におよんだFBIの捜査を締めくくるものとなった。

「アリゾナ・パトリオッツ」のメンバーはまず一九八二年に、州の運転免許証と車両の登録規制に関する根拠のない訴訟を意図的に起こし、裁判制度を麻痺させようとした。組織の創立者は元俳優のタイ・ハーディンという男だった。陸軍の兵士として朝鮮戦争で戦ったハーディンは、一九六〇年代の西部劇ドラマ『ブロンコ』でタイトルにもなった主人公を演じて、まずまずの名声を得た。クエンティン・タランティーノ監督の二〇一九年の映画『ワンス・アポン・ア・タイム・イン・ハリウッド』でレオナルド・ディカプリオが演じた主人公は、部分的にハーディンをもとにしている。しかし、一九七〇年代のどこかで、彼は俳優としてのキャリアをあきらめ、アリゾナ州プレスコットに移り住んだ。「ユダヤ主義者によるハリウッド支配」と彼が感じたものへの反感から、ＩＲＳとは税金に関してたびたび対立し、そうした背景もあって、彼は「自由の戦士」兼「超原理主義的福音主義のキリスト教の牧師」に転身した。(39) 映画やテレビ番組のオンラインデータベース「ＩＭＤｂ」のハーディンのページにある彼の言葉を集めたセクションには、本来ならピアース、ビーム、バトラーなどの煽動者の発言や表現を思わせるような、痛烈な批判の言葉もあった。「わが国全体に反乱と人種差別の問題が起こる可能性は十分にある」。ハーディンは激しく非難した。

国境のゲートは何年も前から開きっぱなしで、路上の飢えた不法移民人口は大きな騒音になるかもしれない。われわれは何よりもまず、みなアメリカ人として、わが国の憲法とキリスト教徒の遺産を国内外の敵から守ることに身を捧げている。世界主義者は神の創造物に敬意を払わず、彼らの世界完全支配への強欲と野望はいまや、目が開いている者なら誰にでも明らかだ。戒厳令が実施され、国土安全保障省の連中は、合衆国憲法を守る決意を固めた何百万もの武装した愛国者たちから、必死に自分たちの身を守ることになるだろう。(40)

アリゾナ・パトリオッツはこのように、陰謀論を売り込むポッセ・コミタトゥスや他の一九八〇年代の反政府／白人至上主義団体と似た性格を帯び、国の宗教的・人種的純潔の問題にとりつかれ、同じ陰鬱な世界観を共有した。およそ二〇〇人のメンバーの一部は、ポッセ・コミタトゥスの創立者ウィリアム・ポッター・ゲイルが彼のカリフォルニアの牧場で開催した、一九八四年七月の会合の参加者四四人に含まれていた。そのときの会合で、政府の煽動的な官僚を非難し、アメリカ議会の解体を要求する共同声明に署名がなされた[41]。バトラーも署名者のひとりで、それから二、三週間後、彼はアリゾナ・パトリオッツの代表団をその年のアーリアン・ネーションズ会議に招待した[42]。しかし、オーダーの足跡をなぞった両グループと同じように、このパトリオッツの一部を構成する一派は、いつまでも声明と戦闘の呼びかけばかりで行動に発展しないことにうんざりしていた。彼らは、ハーディンもバトラーと何も変わらないのだと結論を下した。独自の道を突き進んだこれらの過激派は、アリゾナ州キングマン近くに三二〇エーカーの牧場を所有する片腕の男のもとで、軍事・サバイバル訓練を開始した。男は元ＣＩＡ傭兵のジャック・マクスウェル・オリファントという人物と思われる[43]。この組織がアリゾナ州のコロラド川にあるふたつのダムと、サウスダコタ州のミズーリ川にあるもうひとつのダムの破壊を計画したときの設計図をＦＢＩが発見したのは、この場所だった[44]。キャスリーン・ブリューは、連邦政府の役人がオリファントと仲間たちのことを、「爆弾を持った洞穴人」と表現したと記している。しかし、彼らの殺人の意図を見誤るべきではない[45]。アメリカの暴力的極右過激派に詳しい別の研究者、エヴェリン・Ａ・シュラッターは、この組織は「白人至上主義運動を聖戦《ジハード》に変え、ユダヤ人をすべての悪の根源として描いている」と指摘した[46]。

　重罪で訴追されたにもかかわらず、懲役刑の判決を受けたのは、オリファントともうひとりの共謀者、二三歳で軍を不名誉除隊したモンテ・ロスだけだった。他のメンバーは保護観察処分になるか、不起訴になった。白人至上主義者に対する判決は、有罪になった他のテロリストたちより比較的軽い刑期になる傾向が定着し、オリファントもロスもそれぞれ四年の懲役刑という判決だった。[47] したがって、一九九〇年代にオリファントの牧場がまだ準軍事的・サバイバル主義者たちの訓練と関連活動のための拠点として存続していたのも、驚くことではない。[48]

ＦＢＩは一九八六年の秋までに、白人至上主義の脅威は弱まってはいないとこれまで以上に確信していた。オーダーはロバート・マシューズや彼の信奉者の投獄によって壊滅することはなく、実際には当初の目的である、未完の革命を前進させようと決意した後継者たちを生み出していた。さらに、運動のリーダーそれぞれが、アメリカ政府転覆の意図をさらに強めていた。イリノイ、コロラド、カリフォルニア、アイダホ、ノースカロライナ、アーカンソーなどの州で、摘発作戦に乗り出した連邦検事たちは、大量の宣誓供述書、裁判所から認められた盗聴の音声を書き起こしたもの、一〇人を超える秘密の情報提供者からの報告書を、大陪審での起訴の準備のために読み込んだ。ＦＢＩ捜査官がロバート・マイルズのミシガン州コオクタの教会と自宅に設置した盗聴装置からも、情報が得られた。その内容から、マイルズのマウンテンチャーチが、オーダーの作戦との連携の中心になっていることが明らかになった。イリノイ、ミズーリ、ノースダコタでの一連の銀行強盗は、幅広い煽動活動を支える資金集めのための協同作戦だとわかった。たとえば、投獄されたオーダーのメンバーを釈放させる交渉材料の手始めとして、少なくとも五都市で連邦政府ビルの爆破が計画された。ＫＫＫの組織が温めていた別の計画には、カリブ海のドミニカ共和国に侵攻して、白人至上主義の独裁政権を打ち立てるというものがあった。ＦＢＩの情報提供者――マシューズの愛人で彼の娘の母親のジラー・クレイグもそのひとりだ――の多くは、運動の三人の「将軍たち」――マイルズ、ビーム、元陸軍大佐でジョン・バーチ協会の古参の信奉者、反ユダヤ主義者のゴードン・「ジャック」・モア――の間で頂上会議も開かれ、そこでこれらの計画の多くが話し合われたと証言した。運動を率いる他のリーダーたち、たとえばノースカロライナのメッガー、ウィリアム・ピアース、フレイジャー・グレン・ミラーも、一九八六年一〇月二日付のFBIの宣誓供述書のなかで名前が挙げられていた。(49)

一九八七年四月二六日、司法省のアーカンソー州フォートスミスの検察団は、一四人の白人至上主義者に対する一連の起訴を発表した。この一四人は、煽動共謀、連邦の役人の暗殺や施設の爆破（デンバー、カンザスシティ、ミネアポリス、ニューオーリンズ、セントルイスの連邦控訴裁判所を含む）、公共設備の破壊、ゲリラキャンプの設立、上水道の毒物による汚染、盗んだ金の輸送、身分証明書の偽造を計画した罪で起訴された。白人だけの共和国を建設するという彼らの計画は、一九八三年半ばから一九八四年の間に着想されたと思われ、武装強盗と紙幣の偽造を通して資金を集めることになっていた。ドミニカ共和国侵攻計画、インディアナ州ブルーミントンのユダヤ地域センターへの一九八三年の爆弾攻撃、その翌年のアーカンソー州の天然ガスパイプライン破壊工作などにも言及された。(50)

煽動共謀罪は重く、大きな目的を持ってそう定められていた。もともとは南北戦争後に連邦政府の権威を受け入れることを拒絶した南部人を訴追するために法制化されたもので、一九一八年には国内の無政府主義者に対しても適用するため、合衆国法典第一八編第二三八四条（煽動共謀）として修正され、ふたり以上の人物が「合衆国政府を打倒、鎮圧、武力破壊すること、あるいは合衆国に対して戦争を起こすこと、政府の権限に武力で反抗すること、合衆国の法律の執行を武力で阻止、妨害、遅延させることを計画した」と判断された場合、二〇年以下の懲役、二万ドルの罰金を科される。(51) ビーム、バトラー、マイルズはこの罪で起訴された。それ以前にも、バーンヒル、レーン、アーディー・マクブリアティ、ブルース・ピアース、スクタリ、組織に武器を供給していたロバート・スモリーというアーカンソーの銃密売人、ＣＳＡメンバーのリチャード・スネル（アーカンソー州兵、テクサーカナの元警察官の質屋の主人を殺害した罪で死刑を待っていた）などのオーダーのメンバーが同じ罪で投獄されていた。スネルはＦＢＩ捜査官一名とアーカンソー州西部地区の連邦主任判事を標的にした暗殺計画でも、同じくＣＳＡに属するビル・ウェイド、その息子のレイ、ランバート・ミラー、デヴィッド・マクガイアとともに、共謀者として名前が挙がっていた。マクガイアは当時、ＣＳＡリーダーのジェームズ・エリソンの義理の息子だった。彼らはどちらも一〇年以下の懲役刑と一万ドルの罰金を科された。ゲイル、モア、メッガー、ウィリアム・ピアースなど、運動の他のリーダーたちは起訴を免れた[52]。

裁判は七週間におよび、一九二人の証人が証言した。検察側は一二〇〇を超える証拠物件を提出したが[53]、最初からつまずいた。まず、予備審問の結果、忌避が成立し、人種的に多様な陪審員団が、白人男性一〇人と白人女性ふたりという構成に変わった。女性ふたりはいずれもその後、被告と恋愛関係に陥った。少なくとも一方は、裁判の間に誘惑するような視線を交わしたのがきっかけで、その後、結婚した。「彼がしたことはすべて知っています。完璧な人間などいないでしょう」[54]。陪審員のキャロライン・スレーターは自分の恋愛相手であるマクガイアについてそう語った。

第二に、検察側のふたりの重要証人――ジェームズ・エリソンとフレイジャー・グレン・ミラー――は、自分は起訴を免れるか、他の罪での刑期を軽減してもらうために政府と交わした取引によって、信用を失った[55]。エリソンは被告側弁護人によってさらに信用を落とした。弁護人は、エリソンが自らを「オザーク高原のジェームズ王」と称し、神と直接交信できると主張し、一夫多妻の複婚を実践していたことを詳述した[56]。クー・クラックス・クラン・カロライナ・ナイツの創立者でリーダーだったミラーは、のちにこの組織を「白人愛国者党」として再編成した。彼は、仲間の白人至上主義者との接触を断ち、軍事訓練にも参加しないという以前の司法取引に違反したために起訴され、保釈金を支払って釈放された。元陸軍特殊部隊員として二度のベトナム従軍を経験していたミラーは、控訴裁判所で一審の判決が支持されたあと、地下に潜伏した[57]。「宣戦布告」と題した「白人愛国者」への公開書簡で、ミラーは「シオニスト占領政府（ZOG）」と「［Nワード］」、ユダヤ人、クィア、種々雑多な混血人種《モングレル》、白人種の裏切り者、卑劣な情報提供者」に対する「全面戦争」を呼びかけた。この公開書簡は「オーダー」の名前も呼び覚まし、ミラーは自分がその「忠実なメンバー」であることを誇らしく思うと宣言して、オーダーの「ポイント制」を白人の大勢の敵を組織的に抹殺するための手段として使うように訴えた[58]。

フォートスミス検察団による起訴が発表された四日後、ミラーと共謀者ふたりが、ミズーリ州オザークで捕まった。見つかったとき、彼らは破砕性手榴弾、C‐4プラスチック爆弾、自動小銃、拳銃など、さまざまな武器を不法所持していた。司法取引の条件のひとつとして、彼は組織の他のメンバーに不利な証言をし、他の犯罪に関連した活動についての情報を提供することに同意した。ミラーは脅迫状を郵送したとして連邦政府から告発されて有罪を認め、五年の懲役刑を宣告された[59]。三年後に仮釈放を認められるが、その後、二〇一五年にカンザス州のユダヤ地域センター兼高齢者施設の建物の外で、三人を殺害したとして死刑判決を受けた[60]。

第三に、煽動共謀は、憲法修正第一条の観点から有罪にするのがむずかしい。その共謀という側面のために、意図された犯罪はただその計画を話し合うだけで罪となるが、必ずしも実際の行動に移すわけではない。したがって、この告発はしばしば——この例でも被告側が主張したように——憲法修正第一条を理由に反論されることが多い[61]。バトラーの弁護士を務めたエヴェレット・ホフマイスターは冒頭陳述で、「本件での問題は、言論の自由の権利である。合衆国政府を別の政府に置き換えることは共謀ではない」と強調した[62]。実際に、FBIの人質救出チームを率いるダニー・O・コールソンは、検察側の戦略について最初から疑いを持っていた。そして、その懸念は正しかった。ホフマイスターはのちにこう振り返った。「大部分のアメリカ人は、政府が複雑な共謀事件を裁こうとするときには必ず疑念を持つ。[…]とくに憲法の言論の自由の権利に抵触すると考えられるものに関しては。フォートスミスの陪審員団も例外ではなかった[63]」

　陪審員団は一九八八年四月初旬に審議を開始したが、四日後に、評決にたどり着けなかったとモリス・アーノルド判事に申し入れた。判事は陪審員団が行き詰まったことを受け入れず、部屋に戻るように指示した。翌四月八日、陪審員団はすべての罪で無罪という評決とともに戻ってきた[64]。その決定は、被告の多くが〔弁護士をつけず〕自分自身で弁護をしていたために、より一層腹立たしいものだった[65]。「政府はこの運動にメッセージを送るつもりだった。結果的には、この運動が政府にメッセージを送った[66]」。被告たちを精神的に支えるために裁判を傍聴していた、全米のKKKを統括する牧師であるトム・ロブはそう語った。「私はZOGが今日ここで大きな敗北を喫したと考える」。ビームは興奮してそう訴えた。「誰もがいかさまを見破り、私がただやかましく声高にZOG反対を叫んでいたために罰されようとしていたとわかったはずだ」。バトラーはこの評決を、アメリカ人が「まだ言論の自由、集会の自由、結社の自由、信仰の自由を享受している」証拠だと称賛した。しかし、マイルズはそれほど楽観的ではなかった。記者のひとりから、今回の裁判が白人至上主義運動にどう影響したと思うかとたずねられ、彼はこう答えた。「それは誰にもわからない。何の運動だ?　このあとで何が残るというのか?[67]」

一九八八年のランド研究所の報告書――本書の著者のひとりが書き、フォートスミス裁判が終了した一か月後に発行された――は、この時代の白人至上主義運動が「驚くほどの粘り強さを見せ、連邦・州・地方の法執行機関からの厳しい監視の目を耐え抜き、（大勢のメンバーの逮捕などの）挫折から立ち直り、太平洋岸の北西部に白人だけの故郷を建設しようとし続けている」ことを詳述した。(68) キャスリーン・ブリューはそれから三〇年後に、実際に「白人至上主義の活動家は、煽動共謀の裁判での無罪判決を、将来の暴力への青信号として理解した」と書いた。(69)

数年におよんだ対立の深刻化、流血、あからさまなテロ行為のあとに、運動が突然不活発になったのは本当だが、同じ強力な組織と運動を率いるリーダーたちは、戦術を修正し、メッセージを洗練させ、新しい戦略を採用し、主張を広め、新たなメンバーを獲得する一方で、既存の支持基盤の強化に熱心に取り組んでいた。事実、バトラーがまだ裁判中だった一九八七年九月、アーリアン・ネーションズはユタ州に新たな「伝道・政治的前哨基地」を設け、モンタナ州およびカナダのオンタリオ州とアルバータ州にある既存の拠点の補助機関にすると発表した。バトラーは、自分たちの運動は、圧倒的に白人が多数の、ユタ州のモルモン教徒人口に働きかけ、テキサス州とワシントン州にも新しい拠点を築こうと考えていると説明した。(70)

もうひとつの、さらに期待が持てる支持層としてバトラーが働きかけたのは、おもに都市部にいる「スキンヘッド」たちだった。頭を剃り上げ、タトゥーを入れた若者たちの、緩く組織された過激派集団である。当時の代表的なスキンヘッド団には、シカゴのロマンチック・バイオレンス、ダラスのコンフェデレート・ハマースキンズ（のちのハマースキン・ネーションまたはハマースキンズ）、デトロイトのS

Sアクション・グループ、シンシナティのホワイト・アメリカン・スキンヘッド（WASH）、サンフランシスコ・ベイエリアのスキンヘッド・ギャング（BASH）、ジョン・メッガー（老練の白人至上主義者トム・メッガーの息子）が設立したサクラメントのアーリアン・ユース・ムーブメント（白人学生連合）などがあった。メッガーの組織は、全米の三〇の支部に三〇〇人に上る会員がいると主張していた。小規模なスキンヘッド・コミュニティも、フロリダ、ポートランド、ロサンゼルス、ダラス、デンバーなどで活動的だった。実のところ、ADLは、筋金入りのスキンヘッドの数は全国に数百人程度しかいないと見積もっていたが、一九八七年の報告書では、集団は急速に成長していると警告した。スキンヘッド集団は全般的に若く、規律がとれているとはあまり言えなかったが、その暴力賛美、ナチズムへの親近感、人種差別主義と反ユダヤ主義の姿勢は、主流の白人至上主義運動の関心を引いた(71)。

アイデンティティ理論に進化したアングロ・イスラエリズム運動と同じように、スキンヘッド現象はイギリスから始まった。一九七〇年代初めから、彼らは剃り上げた頭、多くのタトゥー、チェーンで飾られた衣服、軍装備品または黒いハイトップのドクターマーチンのブーツが特徴になった。過激な愛国心と反移民の立場は、「ナショナル・フロント」のようなイギリスの既存のネオナチグループのイデオロギーにぴったりあてはまったため、これらの既存組織が彼らを盛んに勧誘し始めた。スキンヘッドたちはすぐに、暴力と破壊行為で評判を得て、サッカーのフーリガン行為（ライバル同士のサッカーチームのファンの間の暴力）でも騒ぎを起こした。スキンヘッドたちはすでに、パキスタン人や他のアジア移民への無差別で理不尽な攻撃や、イギリス国内のさまざまな移民集団の自宅や店舗の爆破などで悪名をとどろかせていた。また、ロンドンなどイギリスの都市では、彼らの路上での乱闘や同様の暴力行為が日常化していた(72)。

アメリカのスキンヘッド集団も、排外主義、人種や宗教への偏見、ナチのシンボルや思想への傾倒という点で、イギリスの集団と共通していた。しかし、ＡＤＬによれば、アメリカのスキンヘッドたちは反ユダヤ主義の傾向がより強かった。実際、一九八〇年代を通じて、彼らはユダヤ人、アフリカ系アメリカ人、移民、その他有色人種への攻撃に明け暮れた。ミシガン、イリノイ、オハイオ、テキサス、フロリダ、カリフォルニアの各州で、身体的暴力や器物損壊から放火や強盗まで、さまざまな容疑で、スキンヘッドたちの逮捕が報告された。(73) イギリスの同類とのもうひとつの共通要素として、スキンヘッドたちと他の古くからいる年長のヘイトモンガーたちとの歩み寄りは避けられなかった。たとえば一九八五年、シカゴのスキンヘッド集団が、アメリカ・ナチ党が組織したデモ行進に参加した。二年後、同じシカゴのスキンヘッドたちが、「水晶の夜」〔一九三八年にドイツ各地で起こった反ユダヤ主義の暴動〕四九周年を祝い、ノースサイド地区のユダヤ人が所有すると思われる店舗の襲撃や破壊を行なった。(74) デトロイト周辺のスキンヘッドたちも、人種差別主義のロバート・マイルズがコオクタのイエス・キリスト・マウンテンチャーチで開く会合や会議に日常的に参加していた。そして、スキンヘッド団は一九八六年と一九八七年のアーリアン・ネーションズ年次会議にも出席していたと伝えられる。(75) すでに述べたように、一九八六年の会議に特別講演者として参加したグレッグ・ウィズローは、サクラメントのスキンヘッド団のリーダーだった。会議での熱のこもったスピーチで、ウィズローはこう宣言した。「男性も女性も子どもたちも、アーリア人の血を引かない者は例外なく、反論の余地なく、抹殺または排除されなければならない。次のリーダーシップを担うのは、無慈悲な捕食者の世代になる。過去のアーリア人の指導者や戦士が見劣りするようなリーダーシップになるだろう(76)」

同じころ、アーリアン・ネーションズのリチャード・ガーント・バトラーも、刑務所からの発信努力を強化していた。イエス・キリスト・クリスチャン教会の隔月刊のニュースレター『ザ・ウェイ』の一九八七年九月の創刊号は、服役中の仲間を特集した。編集者からの声明として、『ザ・ウェイ』の目的は、「イスラエルのアイデンティティについてのメッセージとそれに関連した歴史と政治について、関心を持つ受刑者に聖書研究の優れた資料を提供するとともに、鎖につながれたわが兄弟姉妹にとって重要なニュースや事件を知らせること」と説明した。(77)聖書の解釈と説明は、さまざまな法的助言とともに話し合われた。『ザ・ウェイ』は受刑者にも記事を寄稿して、自分たちの考えを共有するように奨励した。創刊号と次の号には、服役中のオーダーのメンバーであるデヴィッド・テイトとデヴィッド・レーンの記事が掲載された。(78)

ルイス・ビームは無罪放免になると身を潜め、彼がつねに必然とみなしていた白人至上主義革命のための強固な支持基盤を築くことに新たな努力を注いだ。その目的のため、『ザ・セディショニスト』という新しい出版物を創刊した。フォートスミスで彼自身に向けられた刑事告発に触発されたタイトルだ。ビームのニュースレターは一九八八年から一九九二年まで、四半期ごとに発行された。最終号では、新たな世代の白人至上主義者に向けて、ビームが一九八三年に最初に言及した「リーダー不在の抵抗」戦略を紹介した。(79)

裁判後の数か月に、白人至上主義運動が新しい人材の確保と組織存続のための方策に没頭していたのは、ふたつの別々の、だが関連する不安に駆り立てられたからだ。第一は、政府が自らの正当性を証明していれば、運動は実質的に首を切り落とされ、崩壊する可能性が高かったと気づいたこと。第二は、中心となる指導者が高齢になっていたことだ。バトラーはすでに七〇歳で、マイルズはそれよりほんの何歳か年下だった。(80)もし有罪になっていたら、どちらも残りの生涯を刑務所で過ごすことになっただろう。白人だけのアメリカという夢を存続させるなら、新しい支持層を開拓し、より幅広い若者層を引きつけることが必須となる。裁判が終わってからわずか数週間後にウィリアム・ポッター・ゲイルが死亡し、それによって彼の遺産について思いを馳せたことが、ひとつの啓示につながった。こうして彼のかつての考えが再び注目され、運動に新たな勢いを与えることになる。

すでに述べたように、ゲイルは第二次世界大戦に従軍し、フィリピンでマッカーサー将軍の参謀として、ゲリラ戦争と秘密作戦を自ら経験し知識を得た。一九五〇年に陸軍中佐の階級で除隊し、その後はさまざまな人種差別的、反ユダヤ主義的、煽動的活動にどっぷりと浸かった。ジョン・バーチ協会はゲイルには穏健すぎ、暴力を使おうとしないことへの不満を理由に脱退した[81]。それから三五年間、ゲイルと彼の共産主義者、ユダヤ人、有色人種、移民、アメリカ政府に対する不屈の聖戦に関してFBIが集めた情報ファイルは、数千ページにもなった[82]。

ゲイルは一九五五年に「フォー・アメリカ・インク（For America, Inc.）」と自称するグループを組織した。彼がFBI捜査官に話した内容によれば、その目的は、「共産主義ではなくアメリカニズムを教える」ことだった。このグループの設立以降、次々と過激な大義を掲げ、グループを渡り歩くゲイルの活動は、継続的にFBIの関心を引いた。たとえば一九五八年か五九年ごろ、彼はウェスリー・スウィフト師からイエス・キリスト・クリスチャン教会の牧師に叙任され、その後、スウィフトの助手になった[83]。ゲイルはアイデンティティ神学を心から信奉し、元妻によれば、アメリカは「共産党とイスラム教徒などの集団に乗っ取られる」と信じていたという[84]。FBIによれば、彼は一九五〇年代のキリスト教防衛連盟（CDL）の共同設立者のひとりで、この連盟のミッションには、ADLと全米黒人地位向上協会（ＮＡＡＣＰ）の活動の監視や、「国内にいるすべてのユダヤ人についての情報」収集も含まれた。[85]一九五九年の会員勧誘書は、アーリアン・ネーションズなどの組織がのちに支持者を集めるために使う主張を先取りしたものだ。「キリスト教徒よ、目覚めよ！」と、呼びかける手紙もあった。

ＮＡＡＣＰは「Ｎワード」を代表する。ＡＤＬはユダヤ人を代表する。それでは、あなたを代表するのは誰なのか！　真実を明かせば、反キリストのよそ者がこの国に侵略してきた。彼らはキリスト教的なものすべてに対する無慈悲な「戦争」によって、キリスト教文化を破壊しようとしている。［…］われら白人キリスト教徒の遺産が危機に瀕している。[86]

ゲイルは極右過激派の活動にたびたび関わったが、一九六〇年に転機が訪れる。この年、彼はいわゆる「カリフォルニア・レンジャーズ」を再興させた。三〇年後に全米各地に現れる民兵組織の原型である。彼は「緊急事態の発生から六時間以内に、二万人の完全武装し訓練を受けた男たちをロサンゼルスの通りに配置する」計画をあけっぴろげに語った。[87]ゲイルの言説はさらに過激にもなった。たとえば、信頼できる情報源がＦＢＩに伝えたところによれば、一九六三年五月三日にハリウッドのウィメンズクラブの聴衆の前で行なったスピーチで、ゲイルは「われわれはあまりにも長く語り続けてきたが、もうこれ以上は語るつもりはない」と宣言したという。「一〇〇人がひとり一〇〇〇ドルを寄付してほしい。そのあとはわれわれに任せてほしい。この仕事は今こそ成し遂げられる。これを理解できないとすれば、君たちはあまりに愚かで私のメッセージを聞く価値もないということだ。ここにいるのは戦う牧師である」[88]

ゲイルの散漫な話のなかに出てくる政治的暗殺を支持する言葉、そして選挙で選ばれた公人は「物理的に」その職務から排除されなければならないというあからさまな警告は、FBIのJ・エドガー・フーヴァー長官の注意を引き、一九六三年六月にゲイルについての覚書がホワイトハウスに送られた。[89] フーヴァーはケネディ大統領とジョンソン副大統領、ついでに言えば彼らの家族に危険がおよぶことはないと思っていたが、[90] その二か月後、司法省刑事局の責任者だったハーバート・J・ミラー次官補は、フーヴァーにゲイルの監視を続け、「彼のグループが政府の多くの官僚を暗殺しようとしているすべての情報を」集めるように進言した。[91] ゲイルは実際には単発で発生した重大な国内テロに関与した疑いで、すでにFBIの捜査対象になっていた。

アメリカの公民権運動の血に染まった歴史のなかで、一九六三年九月にアラバマ州バーミングハムで発生した一六番通りバプティスト教会の爆破ほど卑劣なものはまずない。この爆破で一一歳から一四歳までの少女四人が死亡し、二〇人以上が負傷した。[92] ゲイルはこの事件で疑いをかけられた。七月にまた別の人種差別的なスピーチを行ない、同じ月にミシシッピ州とアラバマ州を訪れていたためだ。[93] あるFBIの情報提供者が、同じ夏の、別の人種差別主義者の集会での、ゲイルの熱心なスピーチについて報告した。「われわれは、それ［共産主義者、ユダヤ人、有色人種からのこの脅威］に対して自衛しなければならない。［…］たとえ武器をとり、通りに彼らの血が流れることになったとしても」。[94] ゲイルはそう叫んだ。ゲイルが「一九六三年九月一五日」――爆破事件が起こった日――「またはその前後」にバーミングハムで目撃されたという情報により、彼のそれ以前の数か月間の動きと活動がFBIの注意を引いた。[95] 爆破事件へのゲイルの関与は最終的には否定され、犯行を計画したのはKKKの四人のメンバーとされた。たとえそうでも、FBIの情報連絡は、ゲイルを「武装した危険人物とみなすべきである」と繰り返し警告していた[96]。

実際に、ゲイルは一九六〇年代の白人至上主義運動のほとんどすべての活動に参加していたようだった。フーヴァー長官がホワイトハウスへの報告書のなかで説明したように、彼は「ユダヤ人は世界の、とくにアメリカの敵である」という考えにとりつかれていた[97]。一九六四年にはそれがゲイルの「ＡＷＡＫＥ作戦」の発表につながった。これは、「白人アメリカ福音派王国軍（Army of the White American Kingdom of Evangelists）」の頭文字だ。会員勧誘書には、「イエス・キリスト・クリスチャン教会の防衛部門」として紹介されているＡＷＡＫＥは、スウィフトに率いられ、ゲイルが頼もしい参謀を務めた[98]。この新しい組織での役割に加え、ゲイルはキリスト教防衛連盟（ＣＤＬ）とその軍事部門であるカリフォルニア・レンジャーズでも精力的な活動を続けた[99]。一九六四年のＣＤＬの宣伝チラシは、スウィフトとの緊密な連携、一三人から成る理事会、新たに「ロサンゼルスのダウンタウンのサウスオリーブ通り六一七番地にあるオフィスビルの三階全体」を賃借契約したことを、高らかに宣伝していた。ＣＤＬの全国部長でリーダーのリチャード・ガーント・バトラー（のちにアーリアン・ネーションズの創立者兼リーダーとして悪名を馳せる）によれば、その目的は「キリスト教徒を団結させて力強い勢力にし、王国建設の目標を達成して［…］アメリカ人の生活のすべての側面、とくに政府と教育にキリスト教を取り戻すこと」だった[100]。年会費は一二ドルで、志望者は「イエスはキリストであると信じる」「白人種」であるだけでなく、熱烈な愛国主義と明らかに煽動的な傾向というこの運動の矛盾するふたつの要素を支持することが求められ[101]、「キリスト教アメリカ主権合衆国の合法的に採用された成文憲法を支持する」と誓わなければならなかった[102]。

したがって、この当時、カリフォルニア州南部にＫＫＫに似た組織が現れたときに、ＦＢＩがスウィフトをそのリーダー、ゲイルを「主要メンバー」と特定したのも、驚くことではなかった。「見えない帝国のキリスト教騎士団（CKIE）」として知られたこの組織は、一九六三年にカリフォルニア州ランカスターで起こった黒人所有の会社への放火の容疑をかけられた。ロサンゼルス郡保安官事務所の保安官代理たちは、実際にこの事件への関与についてゲイルに尋問している。[103] それから数か月のうちに、CKIEは活動を停止したが、FBIロサンゼルス支局の情報分析によれば、のちにゲイルの「AWAKE作戦」として再び表面化した。[104]

しかし、ゲイルの最も重要で後々まで語り継がれる功績は、アイデンティティ神学の象徴である憎悪と不寛容を、課税に抵抗する反政府武装闘争に融合したことだ。一九六四年、ゲイルはカリフォルニア州法に基づいて、自分のミニストリー・オブ・キリスト教会を法人化した。登録書類にはロサンゼルス郡の郊外にあるグレンデールの住所が記載されていた。FBIはのちの分析で、この教会は実際には「地下軍隊」と呼ばれるアイデンティティ・グループだったものに平凡な響きの名称を用いて「隠れ蓑」にしたのだと結論した。両方の組織のリーダーとして、ゲイルはFBIの覚書のなかでは、「ユダヤ人と黒人への憎悪を支持し、FBI捜査官と内国歳入庁職員の暗殺や特定の判事の絞首刑に賛同する」人物とされ、それによってFBIのゲイルおよび彼と関連する多様な団体への注目が高まった。[105]

一九七二年、ゲイルはヨセミテ国立公園に近いカリフォルニア州のマリポーサという小さな田舎町のはずれに一〇〇エーカーの土地を購入し、そこに教会を移転した。[106] その後はFBIのサクラメント支局が、ゲイルを監視する責任を負った。数週間のうちに、捜査官たちはゲイルと彼の活動の評価を行なったが、それは以前よりさらに警戒を要する内容になった。新しい報告書は、ミニストリー・オブ・キリスト教会とアイデンティティ・グループがさまざまな違法活動に積極的に従事していることを詳述していた。煽動共謀、国家公務員の襲撃あるいは暗殺計画、反乱や暴動の煽動、アメリカ政府打倒の後押しなどだ。しかし、報告書にはより差し迫った脅威となる他の事例が多かったため、当時は見逃されていた、ひとつの重要な細目があった。ゲイルは「ポッセ・コミタトゥス」の結成を公然と呼びかけ始めていたのだ。地元の保安官の代理として法律を「執行する」役割を果たす市民の自警団的なグループだ[107]。

文字どおりには「郡民の力」を意味するポッセ・コミタトゥスの教義は、連邦と州の所得税をなくし、連邦準備制度の合法性を否定し、連邦法が州や、とくに地方の司法権に優越することに異議を唱えるため、郡のレベル以上のいかなる形の政府も拒絶した。たとえば、FBIが入手したポッセの宣伝ビラのひとつは、アメリカでは「議員が成立させた、法律の見かけをした規則はすべて、その土地の法を構成する」という「一般的な誤解」が存在すると説明していた。ゲイルによれば、「そのような憲法に違反する法律は無効であり、一般的な原則として、憲法は義務を強制せず、いかなる権利も与えず、いかなる局も開設せず、誰に対してもいかなる権力または権威も与えない」。アメリカの司法に関するゲイルの特異な解釈の要は、「誰も憲法に反する法律に従う義務を負わず、いかなる法廷もそれを強制してはならない」というものだ[108]。したがって、ポッセ運動の哲学は、ゲイルの次のような主張を中心に展開した。「共和国の形成以来、郡部がつねに住民にとっての政府が存在する場所だった。郡の政府は、真の政府である人民に最も近いという点で、われわれの共和国で最も権威ある政府である。郡保安官はアメリカ合衆国で唯一の合法的な法執行機関である。［…］郡の住民を、政府の役人を含むあらゆる人物の不法行為から守ることが、郡保安官の責任となる[109]」

ゲイルは最初から、アイデンティティ神学を、納税拒否や州と連邦の法の優越に反対する彼のメッセージに完璧に融合した。たとえば『アイデンティティ』と題した季刊のニュースレターで、ミニストリー・オブ・キリスト教会の傘下に「米国クリスチャン・ポッセ・アソシエーション」を結成したと宣伝した。ＦＢＩの一九七五年の報告書によれば、その目的は「アメリカのすべての郡にキリスト教ポッセを結成すべく、必要な支援と方向性を提供すること」だった。『アイデンティティ』には、保安官のポッセを構成する市民団体を、「ポッセ・コミタトゥス」の名称にしたと書かれていた。[110]

それに加えて、『内国歳入庁（の所得税）から自分自身を守るには』のような読者の気を引くタイトルの出版物を出すことで、[111]ゲイルは潜在的に無限の支持者に働きかけた。大勢の人が事業の破綻や所有する農場や自宅の差し押さえに直面している状況をとらえ、彼は白人至上主義運動の扉を、将来の支持者に向けて開いた。深刻な経済的状況によって、自分たちの苦境についての単純で還元主義的な説明を受け入れやすくなっていた人たちだ。ポッセ・コミタトゥスは仰々しい大衆主義的な表現で、自分たちが苦しみを背負わされているのはすべて、ユダヤ人、移民、ウォール街、福祉の不正利用、そして政府のせいだと非難した。白人至上主義の専門家であるダニエル・レヴィタスの説明によれば、ゲイルは「断固たる反ユダヤ主義、反共産主義、白人至上主義を、人民の究極の主権という魅力的な概念と結びつけて、複雑でアメリカ的な響きを持つイデオロギーを生み出した」。ゲイルは人種差別、反ユダヤ主義、排外主義を、税への抵抗と地方の権威の優越という過激な反政府イデオロギーと完璧に織り混ぜ、「生まれながらの「合法的な」権利は、（人種的に）腐敗した国の権利に勝る」という彼のビジョンに従って、白人種の優位を確立する手段にした。[112]

一九七〇年代に経済的に落ちこんだアメリカの農業や畜産業が中心のコミュニティではとくに、[113]税金の支払い拒否を正当化する根拠を与える法律用語は、これらの聴衆をさらに深く白人至上主義の環境に引き込む「ゲートウェイ・ドラッグ」の役割を果たした。人権活動家でクリスチャン・アイデンティティの専門家でもあるレオナルド・ゼスキンドは、のちにこのアプローチを思想的・神学的「コンベアベルト」と表現した。それによって「人々は社会的な問題への答えを探す政治的・宗教的グループと接触するようになる。政治的立場はそれほどはっきり分かれているわけではなく、つねに他のグループと重なり合う部分がある」という(114)。

ゲイルのアプローチは、そうでなければ魅力が限定され、したがって関心を持たれることなく衰退する危険があった運動に、新たな息を吹き込むことに驚くほど成功した。所得税の支払い拒否や、差し押さえ通知の無視を正当化する根拠を提供することで、一九七〇年代と八〇年代のアメリカでは、ナチ式の敬礼や十字架を焼くことよりも、簡単に幅広い聴衆の共感を呼んだ。最初のポッセ・コミタトゥスの支部は、一九七三年にオレゴン州のレーン郡に現れた。ポートランドから車で南に二時間ほどの場所だ(115)。一年もしないうちに、同州の他の五つの郡に広まり、ワシントン、アイダホ、アーカンソー、オハイオ、バージニア、ウィスコンシンの各州にも、ポッセ・コミタトゥスの活動の徴候が見え始めた(116)。一九七八年までには、ＦＢＩは二〇州ほどに七八のポッセの支部を特定し、推定される会員数は約一万二〇〇〇人に増えていた。アイデンティティ神学および白人至上主義の強硬な納税拒否や反政府感情との危険な取り合わせも、ゲイルが望んでいたとおりに融合し始めた(117)。実際に、第2章で取り上げたように、一九八三年の連邦捜査官との銃撃戦で死亡したノースダコタ州の農夫ゴードン・カールは、ゲイルのメッセージにどれほど人々を共感させる力があったかを示す例となる。

ポッセ・コミタトゥスとカールのような支持者を得て、ゲイルの夢——訓練を受け武装した民兵団に、政府の過剰な介入と憲法で認められた基本的権利の侵害に抵抗する準備を整えさせるという夢——が現実になった。ゲイルのそれまでの努力のすべて、たとえばカリフォルニア・レンジャーズ、ＣＤＬ、Ａ

WAKEなどは、牽引力を持てずに終わった。しかし、一九八〇年代初めにアメリカの農業の中心地を襲った暗い経済状況が、彼の言葉を喜んで受け入れてくれる聴衆を与えた。下落する農産物価格、悪天候、金利の高騰により、農夫たちは五〇年前の大恐慌以来、経験したことのない比率で破綻に追い込まれた。[118] そして、ゲイルは可能なかぎり、その状況を利用した。彼は「ウィリアム・P・ゲイル牧師」と名乗り、カンザス州ドッジシティのKTTLラジオで毎週、「ナショナル・アイデンティティ・ブロードキャスト」という番組を放送できるようになった。ある日の番組の台本を見ると、ゲイルが「これらの判事［…］これらの政府官僚、政治家たち」は、白人キリスト教徒のアメリカ人に、「相続した財産を黒人とアジア人に引き渡す」ように命じ、それによって、「地球上のあらゆるクズどもたちが移民法に違反して、あなたの土地にやってくるのを認めざるをえなくしている」と非難した。[119] 当時、極右の活動を通してより勢いを増していた加速主義哲学を代弁し、ゲイルは臆面もなく煽動という手段を擁護した。「私が暴力を教えていることについては、まったくそのとおりだ」。ゲイルは別の放送回でそう認め、「神がそのやり方で進めるように望まれたのだ。もうそろそろ、あなたたちも過激な白人にならなければならないと、誰かが教え諭してよいころだ」と力説した。[120] その目的のために、一九八二年三月、ポッセ・コミタトゥスはカンザス州ウェスカンの「サバイバル学校」に資金提供した。ゲイルは教員のひとりだった。納税拒否計画、人種差別主義、反ユダヤ主義のカリキュラムには、「車道、ダム、橋を破壊するために必要な適切な爆発物」についての指示も含まれた。[121]

ゲイルは彼が説いたとおりの生き方をした、と言わなければならない。バトラーや、自慢話ばかりの他の何人かの指導者とは違って、この元陸軍将校は前線に立って人々を導いた。六九歳という年齢で、他のほとんどの六〇代はすでに引退生活に入り、ゴルフコースやメンズクラブのカードテーブルに入り浸っているなか、ゲイルは一九八六年一〇月、共謀の画策、収税妨害、そして連邦判事や内国歳入庁職員に脅迫状を郵送した容疑で、七人の信奉者とともに逮捕された。首謀者たちはやはりゲイルの反政府組織である「コミティー・オブ・ザ・ステーツ」のメンバーとされた[122]。彼が創始した一連の自称「キリスト教愛国者」団体のなかで、最も新しいこの組織の発足を祝う一九八二年の説教で、ゲイルは将来のもっと大きな結果を伴う暴力の種をまいた。「あなたの周りで敵の政府が動き回っている」と、彼は説明した。「犯罪政府がこの国を荒らしている。その発生源と拠点はワシントンＤＣにあり、彼らがあなたたちの税金を使って、この国のあらゆる都市に連邦政府ビルを建設している[123]」

ゲイルは一九八七年一月に有罪判決を受け、一年の懲役刑を言い渡された。しかし、彼があれほど軽蔑していた政府は、彼に同情を示した。健康状態の悪化のため、ゲイルは判決を不服として控訴する間、懲役を免れた。そして、それから一五か月後、肺気腫からの合併症で死亡した[124]。ゲイルはカールやマシューズのように暴力的極右過激派の偶像になることも、リチャード・ガーント・バトラーやロバート・マイルズなど他の指導者のように名声を得ることもなかったが、運動により大きな影響を与えた。「子どもたちが成熟していくように、彼が作った勢力は右翼過激派を現在まで刺激し続けてきた[125]」。研究者のダニエル・レヴィタスはそう観察する。同様に、歴史家のエヴェリン・シュラッターは、軍を除隊した一九五〇年から、ゲイルは休むことなく働いて、民兵運動の成長と人気を確かなものにしていったと指摘した。それがおよそ三〇年後にアメリカに根を下ろす。この理由だけでも、シュラッターはゲイルを、「一九八八年に死亡するまで、アメリカで最も影響力を持った右派の人物のひとり」と表現する[126]。

高まる反政府感情と納税忌避感情を利用して、彼は一九六〇年代後半にポッセ・コミタトゥスを設立し、一九七〇年代を通じて運動を拡大しその基盤を広げた。クリスチャン・アイデンティティ理論をそれに融合させることで、ゴードン・カールのような怒れる武闘派を生み出した。彼らは政府の過剰な権限行使に抵抗するとともに、人種的、宗教的純潔を熱狂的に支持した。重要なこととして、ゲイルは反政府の武装した民兵という概念を広めることに成功した中心人物のひとりでもあった。その概念が現在、自らを再編し、より幅広く地理的に多様な支持基盤を獲得しようとする運動にとっての重要性を増している(127)。

ゲイルを長く突き動かしていた暗い世界観は、それぞれの悪意ある目的のために世界支配をもくろむ秘密勢力と手を結んだユダヤ人が、世界的な陰謀の中心にいるというものだった。それを考えれば、彼自身の父方の祖父母がユダヤ人だったというのは何とも皮肉なことだ。ゲイルも彼の父親も、その事実を必死に隠し、つねに否定していた(128)。

第4章　危険な武装勢力

「全体像がこれほどはっきり見えたことはない［…］われわれは本当に、神がご自身の偉大な構想を実現させるための道具なのだ」

『ターナー日記』より

新しい人材と支援を確保するために幅広い層への働きかけができない過激派の運動は、社会の関心を引けず、その存続すら危険にさらす。アメリカの白人至上主義の注目すべき特徴のひとつは、改革を受け入れる能力があることだ。こうした煽動的な運動すべてにあてはまることだが、組織の再活性化には、触媒となる出来事がしばしば必要になる。二〇世紀初めには、偶然の状況が重なってクー・クラックス・クラン（ＫＫＫ）が復活した。同様に一九九〇年代にも、反政府武装民兵運動が再興し成長した。

ソーシャルメディアとマスコミュニケーションの力で、暴力的過激派の影響力がおよぶ範囲は広がりアクセスが容易になるが、それより一世紀前に、ＫＫＫは少なくとも四〇〇万から五〇〇〇万の会員数（会費を納める会員数）を誇ることができた[1]。一九一〇年代と二〇年代のＫＫＫは、実際には南部より北部に支持者が多く、地方より都市部での人気が高かった。南北戦争では北軍側で戦った北部オハイオ州の会員数が最大の四〇万人だった。同じく北部州のペンシルヴェニアでは、フィラデルフィアだけで三万人以上の会員がいた。(2) 歴史家のリンダ・ゴードンによれば、会員は「教育レベルの高低を問わず、専門職者、実業家、農業従事者、賃金労働者など多様性に富んだが、下位中産階級と熟練労働者階級の人たちが最も核となる支持層を形成していた」という。(3) 将来の大統領のハリー・S・トルーマンと将来の上院議員で連邦最高裁判事のヒューゴ・ブラックもクランに属し、現役の知事も十数人、下院議員や上院議員が数十人、州や地方の官僚が数百人はいた。クランは一九二四年と一九二八年の両党の全国大会に代表を送り、共和党のカルヴィン・クーリッジが一九二四年の大統領選挙で勝利をつかむのを助けた。また、悪名高い一九二四年移民法の成立に影響を与え、ロビー活動もした。この法律は、ユダヤ人、イタリア人、アジア人がアメリカに定住するのを阻止する目的で考案されたもので、一九六五年まで効力を保った。(4) 一九二五年八月八日には、力と人気を誇示するかのような演出で、KKKの数万人の男女会員が特徴的な白いローブとそんがり帽といういで立ちで——ただし頭巾はしない状態で——ワシントンDCのペンシルヴェニア通りを行進した。(5) KKKの二〇世紀に入ってからの再興とアメリカ社会の主流に入り込む驚くべき能力は、一九一五年の数か月の間に現れたひとつの映画とリンチ殺人の産物だった。

南北戦争後の再建期に現れた最初のKKKは、驚くほど短命に終わった。一八六六年に六人の元南部連合国軍兵士がテネシー州の田舎町プラスキに共済組合として設立したのが始まりで、すぐに攻撃的に政治的・反動的な使命を掲げるようになった。二年以内に、「クラバーン」と呼ばれる自立した地方支部が南部全体に設立された。南部連合国軍のネイサン・ベッドフォード・フォレスト将軍が全国的指導者、あるいは「グランド・ウィザード（最高指導者）」に選出され、おもに解放奴隷を標的にエスカレートした暴力が各地で発生したものの協調行動によるものではなかった。再建期の暴力の規模は信じがたい数の犠牲者を出した。恐ろしい残虐行為を一例だけ挙げるなら、ルイジアナ州では一八六八年の四月から一一月の大統領選までの間に、黒人が大多数を占める一〇〇〇人以上が殺され、一八七一年の選挙までにさらに二〇〇〇人が死傷した。テロリズム専門家のダニエル・バイマンは、「これらの殺害の残虐さを考えれば、おそらく実際にはそれよりはるかに多くの死者がいただろう」と推察する。[6]

一八七〇年、連邦政府が介入した。「執行法」として知られる最初の法的措置が、ユリシーズ・S・グラント大統領の一期目の任期中に議会を通過した。選挙や投票の妨害は連邦法違反となり、合衆国憲法で保障されたこれらの基本的権利を奪おうと企てることも同様だった。グラント大統領は司法省を設立し、捜査と起訴に連邦政府がより強い役割を果たすことを認める法案にも署名した。実際に「司法省の第一の主要任務は憲法修正第一三条、第一四条、第一五条で保障された公民権を確実に守ることだった」。[7]翌年、議会はクー・クラックス・クラン法を成立させた。これも、この運動と戦うために特別に考えられた法律だ。この法は大統領に、人身保護令状の停止を命じる権限と、国内の法と秩序の維持に米軍を動員する権限を与えた。さらに、法の適性手続きを得る権利や法の下での平等な保護を求める権利を個人から奪うことを目的とした陰謀に対して、連邦検察官が訴追する権限を強化した。こうして、創設から数年の間に、アメリカの最も悪名高い国内発祥のテロ運動は実質的に鎮圧されたものの、残念ながら暴力は必ずしもＫＫＫとはつながりを持たない他のグループによって継続されていく。[8]

最初のＫＫＫの支持層がおもにアメリカ南部州の元奴隷所有者や分離独立論者で、地理的に限定されていたことから、その最初の後継組織もまた、国内の他の地域では魅力に乏しく、それほど好意的には受け入れられなかった。しかし、その状況は南北戦争の終結から五〇年後、Ｄ・Ｗ・グリフィス監督の名作映画『國民の創生』の公開によって、変化することになる。

デヴィッド・ウォーク・グリフィスは南部が生んだ人物だ。南北戦争以前の時代のロマン主義に浸り、「失われた大義」の寓話的な伝説をそのまま金言として受け入れる傾向があった。ケンタッキー州で生まれ育ったグリフィスは、自分の父親を崇拝していた。父親は南北戦争の高名な戦場指揮官で、南部連合国軍の大佐の地位に昇り詰めた。並外れた弁舌の才のために「うなりのジェイク」または「雷ジェイク」として知られ、州議会議員を務め、常習的なギャンブラーでもあった。デヴィッドが一〇歳のときに死亡し、そのために残された家族は貧困に苦しんだ。母親と息子は家族所有の農場から近くのルイヴィルに移り、そこでデヴィッドは書店で職を得た。家計が苦しかったため高校を卒業することはできなかったが、書店での仕事を通じて生涯の文学好きになり、物語を語ることも好きになった。若いグリフィスは脚本家になりたかったが、俳優としてのほうが成功した。彼はセントルイスからサンフランシスコに移り、最終的にはニューヨークへ向かった。そこで一九〇八年、はじめて映画の監督を務めた。その二年後、ロサンゼルスの北に小さな村を発見したことで、グリフィスは映像制作に革命を起こし、各地を転々とする彼自身の生活も終わりを告げた。グリフィスが監督した『昔日のカリフォルニアにて』は、ハリウッドで全編を撮影した最初の映画として広く認められている(9)。

しかし、グリフィスの富と名声への切符は、トーマス・ディクソン・ジュニアの一九〇五年刊行の小説『クランズマン──クー・クラックス・クランの歴史ロマンス』の翻案だった。ケンタッキー大学の著名な歴史学者であるトーマス・D・クラークからは、「芸術的概念も文学的技能も」欠けていると評されたものの、それでも『クランズマン』は「人種差別的憎悪への傾向を広め、すでに社会的・政治的に混乱した時代にさらなる害をもたらした。ディクソンは実際に彼の小説で、南部の政治社会的風潮のなかの最も強力な潜在的勢力のひとつに声を与えた」[10]。この小説は、グリフィスのような移住してきた南部人を引きつけてやまなかった。グリフィスは、彼が穏やかな過ぎ去った日々とみなしていたものと同じくらい、田舎の子ども時代の家を恋しく思っていた。彼は画期的な三時間一〇分の長編映画の脚本を書き、製作し、監督した。南部の女性が解放奴隷に結婚を強要されそうになるが、その後、救い出され、最終的には南北戦争後の南部の勇敢な九人の男たちの手を借りて報復するという、人々の心をつかむ物語が展開する[11]。

その映画『國民の創生』はそれまでに製作された最も長く、最も高価な作品で、一一万二〇〇〇ドルの製作費がかかった。そして、一〇〇〇万ドルという驚くべき興行収入を得た[12]。グリフィスの革新的な演出、撮影、内容の濃い筋書きは、映画という媒体を永遠に変えた。二〇世紀のアメリカ映画批評家として第一人者のポーリン・ケイルは、「映画の主だった伝統のほぼすべてとほとんどのジャンル、さらにはメタファーの多くでさえ」、その起源は『國民の創生』にあると論じてきた[13]。これは、ホワイトハウスで最初に上映された動画にもなった。ディクソンがジョンズ・ホプキンズ大学の大学院生だったころの友人でクラスメイトのウッドロー・ウィルソン大統領は、この映画を「稲妻の速さで歴史を書いたようだ」と表現したらしいが、二〇一三年の伝記にはこの主張を裏づける証拠は見つからなかった[14]。

『國民の創生』は一九一五年二月に公開された。ちょうど、国内で最も不道徳で恥ずべき法的訴訟のひとつが悲劇的な結末を迎えようとしていた。それより二年前、アトランタの鉛筆工場の管理責任者で、傑出したユダヤ団体「ブナイ・ブリス・インターナショナル」のアトランタ支部長をしていたユダヤ人のレオ・マックス・フランクが、従業員だったメアリー・フェイガンという一三歳の少女を殺害したとして有罪判決を受けた[15]。凝り固まった反ユダヤ主義と、好色なユダヤ人男性が若いキリスト教徒の少女に欲情を抱いたという世間のイメージのため、陪審員団は全員一致で有罪の評決に至った。フランクは死刑を宣告され、一連の控訴を経て、この事案は一九一五年四月に連邦最高裁に持ち込まれた。最高裁は七対二の票でフランクの上訴を棄却した。しかし二か月後、ジョージア州知事のジョン・スレイトンがフランクの死刑判決を終身刑に減刑した。この減刑に対する激しい怒りがすぐに表面化し、有罪判決からちょうど二年の節目が近づくにつれ激化した[16]。

一九一五年八月一六日、「メアリー・フェイガン騎士団」、別名「自警団（Vigilance Committee）」のメンバーを運ぶ八台から成る車列が、ジョージア州マリエッタを出発し、一六〇キロほど離れたミリッジビルの州刑務所へ向かった。車にはマリエッタの名士も何人か乗っていた。上級裁判所の元判事や、元保安官、聖職者もいた。フランクはナイフを振り回す受刑者仲間に攻撃されて重傷を負い、刑務所内の診療所で回復途上にあった。男たちはその診療所からフランクを拉致し、フェイガンの生まれ故郷であるマリエッタまで連れていった。興奮した群衆が集まるなか、男たちはフランクを木から吊るした。ナイフで刺されて出血した首の傷に縄が巻かれたことで、再び傷口が開いて流血したフランクは、それから木から降ろされて踏みつけられたり蹴られたりした。陰惨な光景を撮影した写真には、フランクを殺した男たちの顔がはっきりと写っており、それから何年も地元では土産用の絵葉書として販売された。この殺害事件を担当した大陪審は、不起訴を決定した。ジョージア州の人気のある政治家で、新聞と雑誌の発行人でもあったトム・ワトソンは、すでに連邦下院議員を務め、のちには上院議員に選出されるが、彼は繰り返し、まさにこの種の自警活動を行なうように呼びかけていた[17]。ワトソンは、『ジョージア百科事典』では「白人至上主義と反カトリックのレトリックへの力強い支持[18]」と表現されたように、世間の感情をうまくとらえ、その後に行なわれたリンチ殺人を次のように正当化した。「この広大な土地に数百万の善良な人々がいる。彼らはユダヤマネーにも嘘にも毒されず、ジョージアの法律の勝利を熱狂的に歓迎する。どこにいても、女性たちの生活は安全である」[19]。別の反応を示す人たちもいた。フランクの殺害に刺激された著名なユダヤ人のグループは、ユダヤ人への名誉毀損を終わらせることに専念する新しい組織を結成した。その「ブナイ・ブリス名誉毀損防止同盟」はのちに、あらゆる形の憎悪への反対を表明する代表的な市民権運動組織に発展する[20]。

同じころ、ウィリアム・ジェームズ・シモンズというアトランタの住民が、この状況に関心を深めていた。アラバマ州の生まれで米西戦争で戦った自称「大佐」のシモンズは、兵士、メソジスト派の巡回牧師、靴下留め《ガーター》のセールスマン、歴史教師、さまざまな友愛会の有償のオーガナイザーなど、次々と職を変え、パッとしない経歴の持ち主だった。とりつかれたように人脈づくりをする楽観主義者で、一〇を超える友愛会とフリーメイソンの結社に属していた。彼は、一四年前にアラバマ州の田舎で福音を説いていた間に、白いローブを着たかつての騎士たちがアメリカの地図が背景に広がる夜空を馬で翔けていくビジョンを目にした、と主張した[21]。シモンズはのちに議会の公聴会で、『國民の創生』を観たことで、クランを再興させ、何年も前に彼の前に現れたビジョンを実現する決意が固まったと証言した[22]。

フランクの裁判とリンチによって掻き立てられた強烈な感情は、シモンズに完璧な概念実証を与えた。その結果、一九一五年一〇月一六日、彼は三三人の男性を集め、ジョージア州に対して「クー・クラックス・クラン騎士団」という新しい組織の支部の設立許可を求める嘆願書を提出した。そのなかには、最初のＫＫＫのメンバーも三人いた。シモンズの父親もこのオリジナルのＫＫＫに属していた[23]。タイミングも幸先がよかった。アトランタではその翌週に、『國民の創生』が公開される予定だったのだ。シモンズは自分の新しいクランの支部設立を新聞広告で発表するが、戦略的にその広告が『國民の創生』

を上映する映画館の上映時間一覧の横に掲載されるようにした。彼はクランの仲間たちとともに、プレミア上映に参加した。[24] 五週間後の感謝祭の夜、シモンズと一四人の信奉者は近くのストーンマウンテンの頂上に登った。背の高い木製の十字架の下に設置した祭壇に、アメリカ国旗、鞘から抜いた剣、聖書を並べると、十字架に火をつけて燃やした。「宗教改革をその最初から心配そうに見つめていた天使たちは「その夜」、ストーンマウンテン周辺にいて、天上に向かって「ホサナ」――「どうぞお救いください」――を叫んでいたに違いない」。シモンズは当時を思い出してそう語った。[25] まもなく、クランが支援するグリフィスの説得力ある映画の上映が、より多くのメンバーを引きつけるために使われるようになる。[26] シモンズによれば、その目的はノスタルジックであるとともに文化的でもあった。「初代のクランと、彼らが命の危険を冒して自分たちと子孫のために守ろうとした原則、伝統、団体の記憶をよみがえらせること」。一九一六年の会員募集のパンフレットにはそう説明されていた。

現在の男性たち、かつてのクランたちの愛国心と騎士道精神にあふれた活動を称賛する者たちが、「見えない帝国」、「クー・クラックス・クラン騎士団」を組織することで、これら先人たちに捧げるための、生きた、永続する記念碑を設立した。この組織は、純粋なアングロサクソンの文明の基本原則、理想、制度とそのすべての果実を永遠に保持することを固く信じる本物のアメリカの男たちで構成される、模範的な全国友愛会となる。[27]

この生まれ変わったクランは、以前のものとは重要な違いがあった。それは、従来の人種差別主義的、白人至上主義的要素を保つ一方で、かつてのクランが活動していた地理的範囲を超えて、新たなメンバーを増やそうとしていた。そのためシモンズは、とくにトム・ワトソンが使っていたような、強硬な反移民、反カトリック、反ユダヤのレトリックを取り入れた。[28]「われわれはユダヤ人を排除する。なぜなら彼らはキリスト教を信じないからだ。われわれはカトリックを排除する。なぜなら彼らはアメリカ合衆国の政府とは異質な制度への忠誠を誓うからだ。白人種の優勢を確実にするために、われわれは黄色人種の排除と「Ｎワード」の選挙権剝奪を支持する」[29]。シモンズはそう説明した。

シモンズのクランはこのように、現在の暴力的極右過激主義運動に見られる多くの特徴を共有していた。排他主義の独特な愛国心概念を支持し、反エリート、反知識人の傾向が強く、科学を軽蔑し、選挙で選ばれたほとんどの政治家と公職者を、堕落して利己的な者たちとみなし、都市は悪行がはびこる救いがたい汚水溜と考えた。都市部の多くでクランの人気が高かったにもかかわらず、である。[30] シモンズは、ニューヨーク市はやがて自滅し、「ちりと廃墟」しか残らないだろうと予言した。[31] シモンズはいつも、クランは愛国的な、法を遵守する運動であり、「知的で高潔な男性のための上質の結社」で構成される運動だと主張していた。[32]「われわれのローブは、人々に恐怖を与えるために着るのではない。白いローブは天使の息吹と同じくらい純真である」と彼は述べた。[33] しかし、再興した運動におけるシモンズのリーダーシップは、つねに薄っぺらだった。彼は行動の人というよりは夢想家で、一九二四年には無能さと非効率な組織運営のために、自分が築いた「皇帝」および「帝国の魔術師」の地位から排除された。内輪もめと権力争い、堕落、横領、さらにはシモンズの後継者も巻き込んだスキャンダルという問題が重なり、結果的に組織が麻痺して、この第二のクランの崩壊を招いた。[34]

ＫＫＫは大恐慌と戦争の時代をなんとか生き残ろうと必死にもがいた。税金の滞納でＩＲＳが先取特権を行使したため、一九四四年に正式な解体を余儀なくされたが、州と地方の支部の多くは活動を続けた。[35] その後、一九五四年の「ブラウン対トピカ教育委員会」裁判での連邦最高裁の画期的な判決が、運動に新たな命を吹き込んだ。宗教と偏見――プロテスタント主義と白人至上主義――の融合は、当然ながらつねにクランの教義の中心にあった。しかし、より重要なこととして、それは再建期の終わりからの、アメリカ南部での支配的な考え方を反映していた。ポスト再建期のジム・クロウ時代の法律が効力を失いつつあったこの重要な転換期に、最高裁の人種分離廃止の判決もあって、現状とそれを支えるジム・クロウ法を守ることが新たな緊急性を帯びた[36]。一九六〇年代には、これらの反動はこの時代の最も悪名高い暴力行為のいくつかに発展した。バーミングハムの一六番通りバプティスト教会の爆破――バーミングハムは公民権運動時代にあまりに多くの爆破事件が起こったために、「ボミングハム(Bombingham)」というありがたくないニックネームを与えられた[37]――と、NAACPミシシッピ州支部の役員で第二次世界大戦の退役軍人メドガー・エヴァーズの殺害は、どちらも一九六三年に起こった。一九六四年には、有権者登録を推進していた三人の公民権運動家、マイケル・シュワーナー、ジェームズ・チェイニー、アンドリュー・グッドマンが、ミシシッピ州で誘拐され、拷問の末に殺害された。翌年、ヴィオラ・リウッツォというミシガン州の公民権運動家がアラバマ州セルマで銃殺された。そして一九六六年には、ミシシッピ州のNAACPのリーダーだったヴァーノン・ダーマーも殺害された。いずれもKKKによる犯行だった。

リンドン・ジョンソン大統領に支持された公民権運動と有権者登録の高まりは、クランにさらなる勢いを与えた。たとえば、一九六六年には南部の五〇〇ほどの支部に二万五〇〇〇人を超える会員がいた。以前のKKK組織に比べれば少ないが、それでも相当な勢力だ[38]。しかし一九七〇年代になると、FBIの監視の目が厳しくなったことで、KKKは徐々に衰退していった。暴力事件は散発的になり、たとえば一九七九年、ノースカロライナ州グリーンズボロで、KKKとアメリカ・ナチ党のメンバーが、共産主義労働者党が計画した「クランに死を」集会で銃撃におよび、五人のデモ参加者が死亡した。KKKの会員数は一九七三年には五〇〇〇人にまで落ち込み、七〇年代の終わりまでにはほぼ倍増するものの[39]、一九八〇年代初めには、彼らより過激で暴力的、煽動的な新しい白人至上主義のグループが台頭した。ルイス・ビーム、フレイジャー・グレン・ミラー、ロバート・マイルズは、いずれもクランの元リーダーで、アメリカにおける白人至上主義運動の再活性化と長期的存続に重要な役割を果たしていく。

幅広い層に働きかけ、新たな人員と支援を引きつけるための新しい争点を探すことで、二〇世紀初頭のKKKは孤立した地域限定の組織から、全国規模の現象へと様変わりした。フォートスミス裁判での無罪放免後、クランのこの時代の後継組織もまた、運動に新しい勢いと熱を吹き込むという同様の探求に乗り出した。実際に、この差し迫った必要が、アメリカの白人至上主義の裾野を広げようとしたウィリアム・ポッター・ゲイルの長い努力を支えていた。

一九八〇年代初め、ゲイルは「組織化されない民兵」という自分のビジョンを明らかにし、アメリカ独立戦争後の「州委員会（COS）」の現代版の創設を支持した[40]。「連合規約」の下で、この短命に終わった当初の委員会は、議会の会期中などの時期に、貿易、商業、教育に関するさまざまな行政機能を果たした。ゲイルの考えでは、二〇世紀の自分たちの組織は、一八世紀から一九世紀初めの先人たちの組織を完全に合法化した、憲法で保護されたものであり、政府の専制と市民の基本的権利の抑圧に対する防衛権を付託されていた[41]。実際には、ゲイルのCOSはIRS職員を攻撃し、判事を脅し、クリスチャン・アイデンティティの核となる教義に執着していた[42]。FBIの機密文書によれば、ゲイルのCOSにはすでに機能していない「ミニットメン」（一九六〇年代の「秘密の民兵組織で、アメリカを外からの共産主義の侵略と国内での共産主義の浸透から守ることに専念した」[43]）のメンバー、クランズマン、「その他の極右過激派の反黒人、反ユダヤ、反政府組織の支持者」が含まれた[44]。

ゲイルはCOS民兵の「参謀長」となり、カリフォルニア州マリポーサに所有するマンナッサー牧場で二日間の軍事訓練を提供した[45]。FBIの報告によれば、訓練項目には待ち伏せ攻撃のテクニック、地雷の敷設、仕掛け爆弾の使い方などがあった[46]。ゲイルは一九八七年に、自分の「組織化されない民兵」の意図と軌跡を表現して、「爆発的に成長している」と自慢し、こう説明した。「今は水面すれすれのところにいる。だが、コンコード橋での銃撃はまだ始まっていない。まもなく発砲されるだろう。始まったときには、国王の執政官たちはイギリスに向かったほうがいい。さもないと首を吊られることになる。一七七六年と一七七八年にも君たちの先祖によって同じことが起こった。これは脅しか？　いや、違う。私の予言だ。その状況が迫りつつある。まもなくやってくる[47]」

ゲイルは彼の全国的な「組織化されない民兵」の夢が実現する前に死亡した。一〇年におよぶ努力にもかかわらず目に見える達成がほぼなかったものの、ゲイルの予言どおりに、彼が掲げた概念は生き残った筋金入りの運動家たちの間で勢いを得た。ブリューによれば、民兵のラベルを使った最初の組織は、一九八九年ごろに北西部太平洋岸に現れた[48]。しかしFBIによれば、一九六二年までさかのぼると、「アラバマ民兵ボランティア団」と称するグループが存在した。活動的なクランズマンで構成されたこのグループの表向きの名は「アラバマとウォレスのためのボランティア団」だった。この州の分離主義者の州知事ジョージ・ウォレスにちなんだ名だ。実際に、アラバマの公立学校での人種統合を阻止しようとするウォレスを支えることが、このグループの目的だった。このアラバマの民兵がゲイルのファイルに現れたことを考えると、彼は当時はあまり知られていなかった通称を知っていて、それを思い出したか、そこから着想を得たのだろう[49]。
しかし、民兵が白人至上主義運動の顕著な特徴になるのは、一九九二年と九三年に起こったふたつの出来事ですべてが変わってからのことだ。専制的な連邦政府が憲法修正第二条に違反し、憲法で保障された他の権利も制限していると深く疑うようになっていた人々にとって、アイダホ州で自給自足生活をしていたサバイバリストの元陸軍特殊部隊員を連邦当局が逮捕しようとして失敗したこと、そしてテキサス州の田舎にある宗教セクトの施設を包囲し残忍な攻撃をしたことは、彼らの最悪の懸念を裏づけた。ルビーリッジとウェイコの事件の両方が運動に新たな目的と勢いを与え、その後の数年に民兵組織に群がった者たちのスローガンになった。

型にはまった現代社会を拒絶し、権威を軽蔑し、この国の最も壮大な自然の景観のなかに安らぎと静けさを求めて西に向かう独立独歩の個人主義者については、アメリカの神話ともなって語り継がれてきた。それゆえ、一九八三年の夏、ランディ・ウィーヴァーは妻のヴィッキと三人の子どもたちとともに、荷物をまとめてアイオワ州シーダーフォールズからアイダホ州北部に細長く延びる地域の最西端、カナダ国境のすぐ南にある土地へ向かった。彼らが落ち着いたバウンダリー郡は[50]、一九八〇年の国勢調査によれば、人口が七〇〇〇人をわずかに超えるほどだった。当時も今と変わらず、住民はほぼすべて白人で[51]、それはウィーヴァー家にとって完璧な環境だった。彼らは聖書を厳密に解釈し、アングロサクソンでプロテスタントの白人とその支持者には、神から社会的な優位が与えられていると信じていた。筋金入りのサバイバリストのキリスト教徒として、ランディとヴィッキはロッキー山脈の安全で孤絶した土地に逃げ込むことで、やがてくる世界の終末を逃れようとしていた。ウィーヴァーはアイオワ州を離れる前に、地元の記者にこう語っていた。「聖書は、近い将来、ひとりの世界的指導者の支配の間に、神が悪魔の手を解き放ち、地球の人々に災難をもたらすと教えている」。そのため、ウィーヴァーは自分たちの将来の家の周りに自分と家族を守るための「殺人ゾーン」――三〇〇ヤードの防衛線――の創設に没頭した[52]。ベトナム戦争時代に工兵と特殊部隊員としての訓練を受けた元陸軍兵士のウィーヴァーは、そのために必要な知識と技術を持っていた[53]。

集中的に聖書を研究し、一九七八年に旧約聖書の預言に根差した終末論の神学を発見したのは、ヴィッキだった。すべてはシンプルで、ヴィッキには何が起ころうとしているかが、いまやはっきりしていた。フリーメイソンと「イルミナティ」として知られる一八世紀の秘密結社が、外交問題評議会、三極委員会、その他の「新世界秩序」を支える機関――「邪悪な金の亡者のユダヤ人」によって操作され支配されている――と連携して画策した世界的陰謀が、世界の苦難とやがてくる終末の原因になっている。神の純粋な「選ばれた民」として、ランディとヴィッキには生き残る責務があった。そうした信念が、ふたりをクリスチャン・アイデンティティへと向かわせた[54]。その理論に組み込まれた、神に認められた反ユダヤ主義と人種差別主義への彼らの道筋は、バトラーのアーリアン・ネーションズからやってきた使者によって容易になったかもしれない。その人物はランディが働いていたアイオワ州ウォータールーのジョン・ディアの農業機械工場を訪問したらしい[55]。ランディとヴィッキがルビーリッジの山腹に自分たちで建てた質素な山小屋は、ヘイデンレイクのバトラーの屋敷から北に車でわずか一時間の距離だった。そして、一九八六年のアーリアン・ネーションズ年次会議にウィーヴァーが参加したことが、六年後に悲劇的な結末を迎える一連の出来事のきっかけとなる[56]。

アイダホに移り住んで二年もしないうちに、ウィーヴァーは自分が連邦当局の捜査対象になっていることを知った。一九八五年二月には、ウィーヴァーがロナルド・レーガン大統領、アイダホのジョン・エバンズ州知事、法執行官を脅迫したとされる件で、シークレットサービスに尋問された。ウィーヴァーはアーリアン・ネーションズに属する人たちとの関係や、彼が山小屋に蓄積した武器弾薬の数についても質問された。罪に問われることはなかったものの、「あと二年で世界は終わり」、彼の家は「包囲され攻撃される」だろうというウィーヴァーの発言は、捜査官の注意を引いた。[57] しかし、連邦捜査当局とのいざこざを招いたのは、ウィーヴァーの政治的信念ではなかった。問題となったのは、彼の一家が繰り返し悩まされた経済的困窮だった。[58]

ウィーヴァーが軍事訓練を得意とし、過激な信仰の持ち主であることは周知の事実だったため、その翌年の夏、アルコール・たばこ・火器爆発物取締局（ATF）はカー・ダレーンの一連の爆破事件の捜査上で彼の名前にたどり着いた。最終的にはブリューダー・シュヴァイゲン第二突撃部隊に結びつけられる事件だ。今回もウィーヴァーは起訴されはしなかったが、同じ時期に、ATFはケネス・フェイドレーという情報提供者に一九八六年のアーリアン・ネーションズ会議の参加者について情報を集めるように指示していた。フェイドレーはその会議でウィーヴァーに紹介されていた。武器商人だと名乗ったフェイドレーは、暴走族に武器を供給しているのだと話した。彼らは、ウィーヴァーがはじめてヴィッキと子どもたちを連れていった一九八七年のイベントで再会した。ウィーヴァーがフェイドレーに経済的な苦境について不満をもらしたと知り、ATF捜査官はウィーヴァーを信頼できる情報提供者として引き込めるチャンスがあると考えた。しかし、ウィーヴァーを犯罪に巻き込むような種類の取引が起こるまで、それから二年待たなければならなかった。[59]

ますます過激な見解を持つようにはなっても、ウィーヴァーは実際にはアーリアン・ネーションズに加わらなかった。さらに、ウィーヴァーはこの組織の上層部、とくにバトラーのことを公然と批判した。しかし、この組織のイデオロギーと同調していたのは間違いない。彼は郡保安官を選ぶ共和党予備選に出馬し、地元の人々が望む法律だけを執行すると公約に掲げたが、敗北に終わった。ウィーヴァーはアーリアン・ネーションズの一九八九年の会合では、一般参加者から講演者に昇格もした。ルビーリッジ担当の司法省タスクフォースの説明によれば、そのときにウィーヴァーはフェイドレーに「「シオニスト組織政府」と戦うためのグループの結成」に関心があると告げた。新しいグループと自分の家族のための資金集めが目的と思われるが、ウィーヴァーはフェイドレーに、違法な改造をしたソードオフ・ショットガンを買わないかと持ちかけた。一九八九年一〇月、フェイドレーはそうした銃二丁の最初の引き渡しを得た。その取引でウィーヴァーは法を破り、したがってATFに彼を転向させるための材料を与えた。一九九〇年六月、捜査官たちはウィーヴァーに、「アーリアン・ネーションズのメンバーに対する捜査」への協力と引き換えに、この元特殊部隊員が不法な武器の所持による刑務所送りを免れるという条件を提示した。ウィーヴァーは「密告者」になるつもりはないと答えた。妻のヴィッキはその点を強調し、連邦政府が夫を罠にかけようとしているという主張を明確に示すため、その二週間後に「アーリアン・ネーションズとアングロサクソン人種のすべての兄弟たち」に、熱のこもった手紙を送った。ヴィッキはこう強調した。「私たちは敵と取引することはできません。これはイサクの息子たちに対する戦争です。ヤハウェ〔神〕、私たちのヤシュア〔イエス〕は、救世主であり私たちの王です。［…］ヤハウェの法に従う自由を失うくらいなら、私たちは死んだほうがましです！　ヤハウェ＝ヤシュアのご意志にお任せしましょう。私たちに運があれば、家に戻ることができるでしょう。そうでなければ、神を別の名前で称賛することでしょう(60)」

一九九〇年一二月一三日、連邦大陪審がウィーヴァーの起訴を決定した。司法省タスクフォースの報告書によれば、ＡＴＦ捜査官は「逮捕に向かった捜査官とウィーヴァーの子どもたちにとって、ウィーヴァーを自宅で逮捕するのは危険すぎるだろう」と考え、「自宅から離れた場所で、ウィーヴァーを不意打ちで逮捕する作戦を実行することにした」。ウィーヴァーは一九九一年一月一七日に逮捕され、翌日、罪状認否のため法廷に召喚された。彼の弁護人となったエヴェレット・ホフマイスターは、フォートスミス裁判でバトラーの弁護人を務めた人物だ。ウィーヴァーは無罪を主張し、保釈金を支払って保釈された。裁判は二月下旬に予定された。[61] その後、ヴィッキは夫を起訴した連邦検察庁に二通の手紙を送った。宛名は「バビロンの女王の下僕たち」とされ、「暴君の血が［…］流れるだろう」と警告した。そして、彼女と夫が「死ぬか生きるかに関わらず、あなたたちの邪悪な戒律に屈服することはない」と書かれていた。[62] ランディが出廷しなかったため、新たに別の起訴状と逮捕令状が発行された。[63]

それから一年半近くの間、保安官事務所はウィーヴァーに投降するように説得を試みた。保安官たちはウィーヴァーと家族がつねに武装して行動していると気づくとともに、ウィーヴァーが地元の保安官に接触していたこともわかった。ウィーヴァーは夫妻の信念を一〇年かけて形成した終末論的な表現を使い、自分を逮捕しようとする者は誰でも銃で撃ってやると脅した。司法省タスクフォースの報告書によれば、保安官による監視で、次のことが明らかになった。

> ウィーヴァーと子どもたちは近づいてくる人や車を見ると、自宅の山小屋につながる私道で銃を構えた。この時期に、ウィーヴァーは自分が平和的に投降することはなく、家族は自分を守る決意をしていると言い続けた。

保安局長は、ウィーヴァーの子どもたちに危険がおよぶような行動を起こしてはならないと命じた。一九九二年の春、保安官たちは山小屋と家族から離れた場所でウィーヴァーを逮捕する秘密作戦計画を立てた。[64]

このように保安官たちがウィーヴァー宅を監視していた一九九二年八月二一日、悲劇が起こった。六人の保安官チームがその場を離れようとしたときに、ウィーヴァーの飼い犬が彼らの三人を追い始めた。家族の友人のケヴィン・ハリス、ウィーヴァーの一三歳の息子サミー、その妹たちが後を追った。彼らはみな武装していた。騒ぎを聞いて、ランディも家から飛び出してきた。次に何が起こったかについては、ずっと議論の的になってきた。保安官側によれば、彼らは自分たちの身分を明らかにし、ランディに止まるように言った。銃が発砲され、数秒後に保安官代理のウィリアム・デガン、サミー・ウィーヴァー、犬が死んだ。しかし、ランディとハリスはずっと、保安官のひとりが最初に発砲し、犬を殺したと言い続けてきた。そして怒り狂ったサミーが保安官をねらって銃を撃ったが、保安官たちからの銃弾でサミーが倒された。ハリスはのちに、保安官たちは身分を明かさず、自分はサミーを守ろうとして彼らのひとりを殺したのだと主張した。いずれにしても、ハリスと生き残ったウィーヴァーの家族は山小屋に戻り、ルビーリッジの包囲戦が始まった。[65]

銃撃戦で死者が出て、まだ五人の保安官が山の斜面に釘づけになっている危険な状況を知り、保安局はFBIとその優秀な人質救出チーム（HRT）の支援を求めた。真夜中前に、アイダホ州警察のチームが、動けなくなっていた保安官たちを現場から退避させることができた。撃ち合いが始まってから一二時間も経っていた。HRTが到着すると、すぐに作戦を練り、狙撃手の配置と、人員輸送装甲車の使用が決まった。[66] HRT指揮官のコールソンはこのとき、ワシントンDCのFBI戦略的情報作戦センター（SIOC）で、承認を求めるファックスを受け取った。彼の最初の反応は心のなかでの自問だった。

「ばかなことを。頭がおかしいんじゃないのか？　私の手元に届いたのは、ＨＲＴであれ他のどこであれ、法執行機関がやるべき任務じゃない。これは軍の攻撃計画だ[67]」

　ＨＲＴの現場指揮官は、輸送車両の一台を使って山小屋に電話を届け、交渉を始めることを提案した。狙撃手を配置したのは、ウィーヴァーに同情的な誰かが山のどこかに潜んでいるか、ウィーヴァー自身が攻撃チームに不意打ちを仕掛ける可能性に備えてだった。ＨＲＴと保安局特別作戦部隊の両方の狙撃手が、殺傷能力のある武器を使用する際の特別なルールについて説明を受け、八月二二日の午後五時四五分ごろに配置についた。ＨＲＴのヘリコプターが上空を旋回し、ＨＲＴ狙撃手のロン・ホリウチが、ハリスと思われる男が山小屋からライフルを手に出てきたのを目にした。ヘリコプターに向けて撃とうとしているのだと思ったホリウチは発砲し、男に傷を負わせた。男はハリスではなくウィーヴァーだった。ウィーヴァーが山小屋に戻ろうとするのを見て、ホリウチは二発目を撃った。弾ははずれたが、開かれたドアのカーテンがかかる小窓を突き抜けてヴィッキに命中し、彼女はハリスの腕に倒れて死んだ[68]。

　逮捕の失敗と法執行機関の過剰な反応のニュースが近くのボナーズフェリーとネイプルズの町に届いた瞬間から、近隣住民や支持者たちがモラークリーク通りの端まで駆けつけた。そこで警察がバリケードを設けて、ルビーリッジのウィーヴァーの山小屋へ続く道を封鎖していた。最初のうちは二十数人ほどの抗議者が平和的に集まり、「真実を語れ」「信仰の自由を」「あなたの家が次の犠牲になるかも」などと書かれたプラカードを振るだけだった。しかし、うわさが広まるにつれ、群衆が膨れ上がり、明らかに攻撃的なネオナチのスキンヘッド、アーリアン・ネーションズの狂信者、クリスチャン・アイデンティティの支持者たちも集まってきた。彼らはコロラド、アイダホ、モンタナ、ネバダ、オレゴン、ユタなどの州、さらにはカナダからもやってきた[69]。推計二〇〇人の男女と子どもたちが、二四時間態勢で抗議行動を続けた。彼らはウィーヴァーの家を取り巻く非常線で任務についている警察と連邦捜査官に対してやじを飛ばしたり罵ったりし、「ZOGに死を」「FBIは地獄の火に焼かれろ」「今日はウィーヴァー一家！ 明日はわが家」「ケント州立大学を忘れるな。赤の広場。天安門広場。ミライ。ルビーリッジ」「政府は嘘つき／愛国者が死ぬ」「次はあなたの家だ」「FBIにはもううんざりだ」「クリスチャン対暴君」「家族をそっとしておけ、とっとと失せろ」「自由の乱用を止めよう」「三〇・〇六弾は連邦の犬たちの防弾ベストを楽々と貫通する」「シオニストの殺人者」などのプラカードを高く掲げた。(70) 運動の偶像的な殉教者たち——ゴードン・カールとロバート・マシューズ——の名前が、政府による迫害の歴史を語るスピーチのなかで、哀悼の意を込めて挙げられた。その迫害は今回ついに、献身的な母と愛する息子の死という結果を引き起こしたのだ。(71) いまや白人至上主義の有名人になったマシューズの未亡人デビーも、その場にいた。彼女の横には一〇歳の息子クリントが立ち、自分で用意した「ベビー・キラーたち！」と書かれたプラカードを掲げていた。(72) 場合によっては、抗議者の何人かと法執行官の区別をつけるのがむずかしかった。どちらも同じ戦術的装備を身に着けていたからだ。たとえば八月二五日、ウィーヴァー家にさまざまな武器をこっそり運び込もうとした五人のスキンヘッドたちが、同じ装備をした連邦捜査官に逮捕された。(73)

ヴィッキの死とハリスの負傷を知らないFBIは、交渉を始めようとした。司法省タスクフォースの報告書には、「反応はなかった」と素っ気なく書かれている。実際に、ウィーヴァーは一週間近く経った八月二八日金曜日になってようやく、元陸軍特殊部隊大佐のジェームズ・「ボー」・グリッツと話をすることに同意した。(74) ベトナム戦争での輝かしい軍歴を持つグリッツはその後、行方不明になった戦争捕虜の米軍兵士を捜索するための東南アジアへの秘密任務を率いた。シルヴェスター・スタローン主演の映画『ランボー』は、グリッツがモデルといわれる。グリッツはアメリカの過激派の間ではよく知られる人物だった。[75] ＦＢＩのウェイン・マニスによれば、彼は車で四時間ほど南に下ったアイダホ州カミアの山中に暮らす「反政府主義同調者」グループのリーダーだった。[76] また、一九八八年の大統領選でポピュリスト党の副大統領候補になり、一九九一年には、アイデンティティ理論の支持者として知られるピート・ピータースが運営する聖書キャンプで、こう宣言したらしい。「あなたたちが今日直面する敵は悪魔のような overthrow［ママ］であり、神の国であるアメリカ合衆国をアメリカ株式会社に変えようとしている［…］そして、悪魔がこの地上にいるかぎり、私たちを支配するシオニスト、それこそがあなたの敵である」。[77] 翌日、ウィーヴァーは、グリッツ、フェニックスのジャック・マクラムという元警察官（「パトリオット」や反政府過激派サークルで活動的だった）、ヴィッキの友人のジャッキー・ブラウン、そして地元の牧師ひとりが山小屋に入ることを認め、にらみ合いをどう解決するかを話し合った。交渉は八月三〇日に再開した。重傷を負ったハリスが最初に投降した。グリッツとジャッキー・ブラウンが彼に続いて、ヴィッキの遺体を抱きかかえて山小屋から出てきた。ランディも翌日投降し、一一日間続いたルビーリッジの包囲戦は終わった。[78]

ハリスとウィーヴァーはともに逮捕され、デガン保安官代理を殺害した第一級殺人の容疑、さらには連邦捜査官に対する攻撃と抵抗、暴力的対立を引き起こす陰謀を企てた容疑で起訴された。裁判は一九九三年四月一三日に始まった。ほぼ一か月の審議を経て、陪審員団はすべての罪に対して両被告の無罪を決定した。ウィーヴァーは、もうひとつの別の裁判では、法廷に出廷せず、保釈中に違法行為を犯した罪で有罪になった。それ以前の不法な銃火器の製造と、暴力行為での銃火器の使用、逃亡者をかくまったことについては無罪になった。ウィーヴァーは一八か月の懲役と一万ドルの罰金を言い渡され、三年の執行猶予を与えられた。裁判長はＦＢＩに対しても、証拠開示を怠り、裁判所の命令に従わなかったこと、また「被告の権利と裁判権に無関心」な点に関して批判し、罰金を科した[79]。『ニューヨーク・タイムズ』紙は、「もうひとつの連邦の失態」と題した批判的な論説記事を掲載した。

ランディ・ウィーヴァーは白人至上主義者だった。彼はアイダホの辺境の山腹にある小屋で、武器を蓄えて隠遁生活を送っていた。これらのことはアメリカでは違法ではない［…］先週、ウィーヴァーとハリスは保安官の殺害に関して無罪になった。裁判中、捜査を率いたＦＢＩは証拠を改ざんしたことを認めた。

森のなかには大勢の狂信者がいる。しかし、彼らの強迫観念を確かめる行動をとるのは連邦の法執行機関の仕事ではない。とくに相手が何らかの法に違反している証拠がない場合には[80]。

一九九五年八月、司法省はウィーヴァーと彼の三人の娘が持ち込んだ訴訟を解決した。ウィーヴァーは一〇万ドルの和解金を受け取り、娘それぞれには一〇〇万ドルが支払われた[81]。ハリスは別の訴訟で三八万ドルを受け取った[82]。この和解金の支払いは、立てこもり中のウィーヴァーの山小屋から道を下ったところに集まっていた人々が、すでに結論を下していたことを裏づけた。攻撃的で搾取的な政府は自らの市民と戦争をしているということだ。そして、ウィーヴァー家に降りかかった悲劇は、それまでは自国の憲法で保障された権利を失うことを不安に思っていたが、今は命を失う危険があると信じる人たちにとって――戦闘の呼びかけではないにしても――集結の呼びかけになった[83]。

アイダホ州の田舎のその舗装道路の端に自発的に集まった人々は、二〇世紀後半の白人至上主義を再活性化させ、改革していく。それは、七〇年前にジョージアのＫＫＫで起こったこととよく似ていた。突然、悪名と人気を得る多くの概念と同じように、誰かひとりの個人が運動の創設者として名声を与えられるわけではない。しかし、運動の中心となるひと握りの人たちが、ルビーリッジでの連邦当局の失態は自分たちにとっての好機になるとすばやく認識し――それを逃さず利用した。

ボー・グリッツは少なくともその場にいて、連邦政府がひとりの男とその家族や友人を圧倒的な力で抑えつけたところを目撃したと主張できただろう。「アメリカにとっての教訓は、これが誰にでも起こりうるということだ。われわれは官僚主義を変えなければならない」と彼は述べた[84]。ウィーヴァーと交渉してうまく投降させたあと、選挙の遊説に戻ったグリッツはさらに先へ進み、搾取的な連邦政府およびそれと緊密にからんでいる抑圧的な「新世界秩序（ＮＷＯ）」からの自衛のために、民兵の結成を呼びかけた[85]。遊説先のモンタナ州では、ＮＷＯの象徴である国連旗をずたずたに引き裂いて、観衆を喜ばせた。アイダホ州では支持者に向かって、自分がこの年の選挙で勝てなければ、四年後には「弾丸で自分たちの権利を守らなければならないかもしれない」と忠告した[86]。その三〇年後、トランプ大統領は連邦議事堂に襲撃しようとする自分の支持者たちに対して、同じような言葉で鼓舞する[87]。

コロラド州ラポート――フォートコリンズのすぐ近く――出身の、ピーター・Ｊ・「ピート」・ピータースというアイデンティティ神学の牧師も、同じような考えを抱いていた。かつて農務省の職員だったピータースは、一九八四年にロバート・マシューズが彼の教会でのふたつの会合に参加したことで、いくらかの悪名をとどろかせた[88]。彼はルビーリッジの抗議に集まった多様な支持者のなかですばやく自分のポジションを確保したが、事件が終わると、彼には方向性も集団を束ねる力も欠けていた。ウィーヴァーとハリスの投降から数日のうちに、「ヴィッキ・ウィーヴァーと息子サミュエルの殺害で明らかになった不正と専制に立ち向かう[89]」ための会議へのピータースからの招待状が、「アメリカの聖書」のメーリングリストに載る団体や関心を持つ他の国内団体に向かっていた[90]。

一九九二年一〇月二二日、コロラド州エステスパークのYMCA会議センターに、およそ三〇の州から約一五〇人が集まった。参加者のなかには、バトラーやビームのような根っからの人種差別主義者もいたが、ラリー・プラットのような熱心な憲法修正第二条の支持者もいた。プラットはアメリカ銃所有者協会の事務局長で、のちにはアメリカのクリスチャン・パトリオット運動の出現に重要な役割を果たす[91]。「男たちが集結した」。ピータースは誇らしげに振り返った。

これまでなら、彼らが同じ屋根の下で一緒に過ごすことなど普通はありえなかっただろう。神学的、哲学的な多くの点で見解が大きく異なり、彼らの教えも多くの点で互いに矛盾する。しかし、彼らはひとつの場所に集まっただけでなく、協力しさえした。なぜなら、彼らはみな、ウィーヴァーの家族になされたことは間違っていて、キリスト教徒の男として無視することはできないし、すべきではないという思いで一致したからである[92]。

実際に、それからの三日間、ネオナチ、クランズマン、アイデンティティ理論の信奉者、税金に反対する過激派、さまざまな草の根の組織を代表する「不安を抱える市民」が肩を寄せ合い、攻撃的で捕食的な連邦政府からの明白な脅威に対して、とるべき次のステップを話し合った[93]。ビームが基調演説を行ない、ルビーリッジでの一件について感情を込めて語った。「連邦の暗殺者たちによるウィーヴァー家への攻撃は、アメリカのすべての家族への攻撃だった。今回、連邦のテロリストたちは捜査官の仮面をかぶってランディ・ウィーヴァーのところにやってきた。次は、あなたのところにやってくるかもしれない。[…] 再び私のところに来るかもしれない」。この事件は始まりにすぎない、とビームは警告した。「もし連邦のテロリストどもに対抗する勢力が現れなければ、この国の誰ひとり安全ではない。政府のテロリズムは、無視したままではいつまでも消え去ることなく悪化するばかりだ。人間の血の味を覚えたライオンのように、彼らはさらに多くの、新しい犠牲者のところにやってくるだろう」(94)

ビームは次に、世界のエリートたちが国連を利用してアメリカの独立を損ない、アメリカ市民を専制支配の下に置こうとする大々的な陰謀を表現するために、「新世界秩序」というワードを強調した。まもなく、アメリカの極右とその生まれたばかりの民兵組織にとって、この脅威に対する決起が、運動のスローガンとなる(95)。再び、宗教と抵抗を融合させ、ビームは観衆に語りかけた。

新世界秩序へ続く道の建設に長く取り組んできた政府の連中は、ほぼそこに到達したと思い、喜びと興奮と期待でわれを忘れている [...]

ああ、しかし、その最後の数マイルは厳しい道のりになるだろう。ヤハウェの名にかけて [...] われわれはその最後の数マイルを愛国者たちの骨と血と失意で舗装させはしないと誓う。われわれがその道を、暴君の血と暴君の骨で舗装するのだ。そのとき、連中も失意とは何かを知るだろう [...]

われわれはこの国を闇と抑圧と専制の勢力に引き渡しはしない [...] われわれが戦う相手はキリストの敵である。敵の悪意は際限がない。権力欲に制限はない [...]

私を含め、この国にいる大勢の市民、今夜この部屋に集まった多くの者は、新世界秩序に抵抗しないまま死んだふりなどしない(96)。

ビームの聞く者を奮起させる闘争への呼びかけは、ピータースが「ロッキー山脈のランデブー」と名づけたこの会合に参加しなかった暴力志向の過激派には気づかれないままだったかもしれない。しかし、起業家精神にあふれたこの牧師はその会合を、「将来の闘争のための戦闘計画」と題した「特別レポート」としてまとめた。ピータースはそのなかに、ビームが一〇年ほど前に書いた「リーダー不在の抵抗」論説の全文を含め、新しい世代の反政府民兵組織からもアクセスできるようにした(97)。

活動家で著述家のデヴィッド・ナイワートは、ルビーリッジ事件が「池に投げ込まれた石となって、その波紋が大きな波に発展していく」ようすを表現した。彼はビームの熱弁とピータースのこの戦略の拡散を、「実質的に、愛国者が「民兵運動」を始めるための青写真」として挙げた(98)。実際には、エステスパークの会合がその後の好戦的で攻撃的な全米規模の反政府民兵運動の出現に果たした中心的役割については、研究者らの間で長く議論の的になってきた。たとえば、エヴリン・シュラッターはその役割をそれほど重視していない。彼女はアメリカの極右を専門にする名だたる研究者のなかでもとくにADLのマーク・ピッカヴェージの見解に触れ、すでに姿を現しつつあったこの現象の最も重要な人物は、ピータースの大げさに宣伝された「ランデブー」には参加しなかったと指摘した。シュラッターの考えでは、この会合は、のちに拡散して勢いを増した運動の「誕生の地」として、あとになってからメディアが飛びついて大げさに報じたにすぎなかった(99)。アメリカの人権活動家として、アメリカの極右過激派の研究では長い経験を持つケネス・スターンとレオナルド・ゼスキンドのふたりも、同様にこの会合の重要性を誇張するべきではないと忠告している（もっとも、スターンは「ランディ・ウィーヴァーの事件への反応としてビームが挙げた白人至上主義者の方針は、数年のうちに多くの民兵組織の構造モデルになるだろう」と指摘している(100)。そして、歴史家のキャスリーン・ブリューが論じているように、民兵組織は少なくともそれより三年前に北西部太平洋岸に出現しており、すでに積極的に「人材、資金、イメージ、イデオロギーを既存の白人至上主義運動と共有していた(101)」

しかし同時に、エステスパークの会合は、それまでのこの種の集会にはつきもののスピーチ、声明、白人至上主義の典型的なテーマとキャッチフレーズについての討論がなかったという点で注目に値した。実際に、この会合の普通と違った特徴のひとつは、同じ参加者たちが過去に参加していたような他のイベントでは目立った、あからさまに人種差別的、反ユダヤ主義的、排外主義のレトリックが表立って声に出されなかったことのようだ。その代わりに、「愛国者」――自警団が組織し臨戦態勢にあるアングロサクソンの白人キリスト教徒――の重要な役割が、聞く耳を持つ聴衆に説得力ある言葉で伝えられた。会合の最も重要なテーマは、敵の姿が明らかになったということだ。敵は、明白に攻撃的で略奪的な連邦政府であり、国連と結託した銀行家やエリートたちの陰謀団に支配され、ゲイルが早くから警告していたように、疑うことをしない愛国的なアングロサクソンの白人アメリカ人に「新世界秩序」を押しつけようと決意している(102)。そして、自国市民に対する連邦政府の邪悪な意図、とくに市民が憲法修正第二条の権利を行使しようとするときに向けられる悪意について、さらなる証拠が必要であれば、そのわずか数か月後にテキサス州ウェイコで起こる事件が、それを与えてくれた。「ブランチ・ダビディアン」と自称する宗教セクトの施設での一連の悲劇的な出来事である(103)。

自称預言者のデヴィッド・コレシュが率いるブランチ・ダビディアンは、人里離れたマウント・カルメル・センターに不法な武器を備蓄しているとして、連邦当局の捜査対象になっていた（新聞記事によれば、コレシュは強姦や幼い少女との婚姻などの罪も犯していたらしい(104)）。しかし、二月二八日に計画された強制捜索は悲惨な失敗に終わり、混乱のなか銃撃戦を引き起こし、ダビディアンの信徒六人とATFの捜査官四人が死亡した。この事件については、数多くの書籍、ドキュメンタリー、コメンタリーのテーマとなり、さらには六部構成のネットフリックスの連続ドラマにもなった[105]。五一日間続いた膠着状態は、一九九三年四月一九日に突然の劇的な終わりを迎えた。特別装備のM-60戦車二両が教団本部の中心となる建物の壁を突き破り、信徒たちを外に追い立てようと催涙ガスが噴射された。それで期待した結果を出せなかったため、FBIは陸軍のブラッドレー戦闘車四台を導入した。それから六時間、CS(催涙)ガス弾が繰り返し窓から撃ち込まれた。正午ごろ、建物の三か所で別々に火の手が上がり、急速に広まった。その後の猛火で七六人が死亡し、生き残ったのはわずか九人だった。火災の原因については今に至るまで激しい議論の的になっている[106]。

この事件は、ルビーリッジで失態を演じた同じふたつの連邦法執行機関の軍隊レベルの力に対して、同じように武器に関する違法行為で告発された一般市民が抵抗するという構図のようだった。数週間におよんだ対決の悲劇的な結末は、連邦政府にとってこれ以上ないほど不都合な時期に重なった。FBIが最終的な攻撃計画の準備を整えていたころ、ランディ・ウィーヴァーの裁判がアイダホ州ボイシで始まっていた。裁判の五日目、判事は陪審員団に、三二〇〇キロほど離れたウェイコで起こった悲惨なニュースを無視するように指示しなければならなかった[107]。テレビで伝えられた攻撃の映像と炎の結末は、疑心暗鬼と政府の介入への恐怖を呼び起こし、ルビーリッジの包囲戦とその後のフォートエステス会合の結果として、すでに勢いを得ていた暴力的抵抗への呼びかけをさらに強化することになった[108]。『ロサンゼルス・タイムズ』紙は二年ほどあとに事件を振り返り、事の成り行きを嘆いた。「ルビーリッジは——一九九三年にテキサス州ウェイコ近くのブランチ・ダビディアン教団本部で発生した、死者八〇人以上というもっと大きな犠牲を出した対決と同じように——反政府保守派にとって見境をなくした連邦の法執行官の象徴になった」[109]。アメリカの極右を専門にする少なくともふたりの歴史家が、同じ主張をしている[110]。「ランディ・ウィーヴァーとウェイコは、罪もないアメリカ市民の自由にとっての脅威となる、残虐な連邦の力の重要なシンボルになるだろう。民兵運動家は継続的にこれらの事件を政府の専制の例として利用してきた」[111]。シラキュース大学のデヴィッド・H・ベネット教授は一九九五年にそう書いた。同様に、歴史家のキャサリン・マクニコル・ストックは一九九六年刊行の著書で、「ルビーリッジ事件は、政府に不信を抱いてはいたが、そのときまではFBI捜査官が実際に自分たちの家に突入してきたり、妻や子どもを殺したりするなどとは信じていなかった大勢のアメリカ人を奮い立たせた」と説明している[112]。

ジョン・トローチマンというモンタナ州に住む男性は、自国の市民に対する連邦政府の邪悪な意図のさらなる証拠をもう必要としなかったひとりだ。この五〇歳の海軍の退役軍人はミネソタ州北西部の農場で生まれ育った。一九八八年、彼は兄のデヴィッドを追って、モンタナ州ノクソンに移り住んだ。この町からアイダホのヘイデンレイクまでは車で二時間もかからない距離だったため、トローチマンはアーリアン・ネーションズ本部を定期的に訪れるようになり、一九九〇年の年次会議ではメイン講演者になった[113]。アーリアン・ネーションズの「家族の日」に、彼と妻のキャロラインはランディとヴィッキのウィーヴァー夫妻と親しくなった。両家族はどんどん親交を深めていった。キャロラインは生活が苦しかったウィーヴァー家にたびたび食料を買って持っていき、ヴィッキがエリシャバを産んだときには助産師として助けた。トローチマンの息子カレブは、サラ・ウィーヴァーのボーイフレンドで、ルビーリッジの包囲戦の間には、ウィーヴァー家の山小屋から道を下ったところに集まる抗議グループのなかにトローチマン家の人々の姿もあった[114]。ジョン・トローチマンは、不法な武器の売買に携わったひとりだったと考えられている。ATFはウィーヴァーを説得してその情報を得ようとしていた[115]。トローチマンはルビーリッジ事件後のウィーヴァー家を支援するために「正義を求める市民連合（UCJ）」も設立し、ルイス・ビームとともに共同会長を務めた[116]。トローチマン家とウィーヴァー家の親しい関係は、一九八〇年代と九〇年代の白人至上主義コミュニティ内の社会的関係が「運動のなかで政治的関係を強めた」という、ブリューが自著で指摘した点を裏づけた[117]。

トローチマンはエステスパークの会合にも参加し、そこで将来の連邦政府との対決に備えて武装する必要や、「新世界秩序」の押しつけに抵抗する必要について信念が固まり始めたようだ[118]。クリスチャン・アイデンティティの主唱者だったトローチマンは、UCJのメーリングリストに載っている人たちや同じ考えを持つ同志のネットワークに働きかけ、「モンタナ民兵団」（MOM）という新しい種類の極右民兵組織の立ち上げに必要な支援を求めた。MOMは一九九四年二月に結成された。トローチマンは兄のデヴィッド、甥のランディの助けを得て、この民兵団を何よりもまず、憲法修正第二条の擁護に徹する組織として位置づけた[119]。前年一一月に制定されたブレイディ法は、すべての拳銃の購入と引き渡しに五日間の待機期間を義務づけるもので、一九九四年には攻撃兵器とされたセミオートマチックの長銃と大容量の弾倉が連邦法で禁止された[120]。これらの法は、極右過激派に属さない一般の人々の多くからは共感を得たが、憲法で保障された権利の侵害については深く懸念された[121]。「最初から、民兵組織は銃規制の方策を連邦による大々的な専制の前触れだと指摘していた」。当時、ADLの実態調査部門を率いていたトマス・ハルパーンはそう説明した。「民兵組織の見解からすると、連邦の専制に必要な対応は、迫りくる対決と彼らがみなすものに備えて、武器を備蓄し、準軍事訓練に取り組むことだった[122]」

ＭＯＭのような民兵組織にとって、憲法修正第二条の維持についての不安は、多様な支持者を引きつける効果的な磁石になることがわかった。スターンによれば、「トラック運転手、主婦、弁護士、医師、歯科医師、理髪師、会計士、食料雑貨店主ら」も、ＭＯＭのイベントに参加し、トローチマンの「銃規制の目的はただひとつ、人々の統制だ」という見解に同意した。(123) ひとたびＭＯＭの軌道に取り込まれると、これらの人々はアイデンティティ理論、やがて来る「新世界秩序」の被害妄想、アメリカ政府、ユダヤ人、銀行家、世界主義者などが組織する大掛かりな陰謀について知らされた。(124) ＭＯＭの八ページのパンフレットは、この組織の核となる目的を説得力ある言葉で紹介した。

民兵の力で国の軍事力とバランスをとることは、政府の力を市民に対して使うという政府の役人のいかなる計画とも対立する。したがって、法律が大多数の人々にとって不正であるときには、人々は反乱を起こすのが正しく、政府は一発の銃弾も発することなく敗北を認めるだろう。なぜなら自分たちの権利、解放、自由を守るという人々の意志を実行するために、民兵組織が油断せずに監視しているからだ。(125)

トローチマンはアメリカの愛国者と政府の間に起こるはずの対立を描写するときには、まったくの遠慮なしだった。「戦線が引かれた」。彼は繰り返し警告した。(126) この目的のために、ＭＯＭのイベントの販売テーブルでは陸軍のマニュアルを売っていた。それには、ブービー爆弾の設置、ゲリラ戦のテクニック、近接格闘、狙撃訓練、空からの攻撃に対する小型武器での防衛、サバイバル、脱出、逃亡などについて書いてあった。これらのマニュアルは、アメリカ人を従属させ、彼らから憲法で保障された権利と市民的自由を奪うことを目的とした多くの陰謀についての本と人気を競い合った。(127) 「ステットソン帽とランバーシャツの男たちが、『危機のアメリカ』や『今こそ戦闘準備を』などのビデオに目を向けていた」。イギリスの新聞の一九九四年の記事はそう報じた。その一方で、彼らの「妻たちは連邦政府がやってきたときに荒野で生き残るために理想的な、フリーズドライの食料の袋をのぞいていた[128]」

しかし、当時進んでいた暴力的極右過激派の再興にトローチマンが果たした最も重要で影響力ある貢献は、民兵組織を運動の最も重要な目標を達成するための最新の組織改革として提示することだけではなく、ビームの「リーダー不在の抵抗」戦略をより広く売り込んだことにあった。MOMの出版許可を得た二〇〇ページもあるマニュアル（七五ドルで販売された）は、ビームのいわゆる「幽霊集団」の概念をはっきりと支持していた。MOMのメンバーはこうして、連邦法執行機関の潜入や情報提供者から守るために、七人体制の小集団を個別に形成するように奨励された。この戦略のために、集団間の連絡は控えるように指示され、運営の安全が強調された。これは『ターナー日記』に書かれているように、各組織がつくりだす数十の小さな火種が、やがて煽動的な大火災を発生させるように考案されたものだ[129]。

一九九六年、「ワシントン州市民軍」のメンバーで構成される聴衆の前で、トローチマンはMOMの戦略を披露した。「敵の勢力がわれわれの裏庭にやってきたときに、何が［…］彼らを待ち構えているかがわからなければ［…］不意打ちという要素を味方につけることができる。誰もが表舞台に立つ必要はない。あなたの地域のグループと行動をともにしてほしい。勇気を持って。たまには、われわれではなく彼らに何が起こっているかを考えさせよう[130]」。驚くにはあたらないが、一九九〇年代の初めから半ばにかけて全米に現れた多くの民兵組織のなかで、MOMは「最も活動的」——で実際に効果的な——「民兵プロパガンダの種をまく組織」と評されてきた[131]。しかし、それより重要なのは、民兵組織という考えが、ようやくその真価を発揮する時代が到来したということだ。ストックが書いているように、

「一九九五年四月の上旬には、アメリカの三六の州で民兵組織が警戒にあたっていた。一万五〇〇〇人の男たちが訓練を受け、武器を集め、国際的な陰謀や、憲法で保障された武器を携帯する権利を説明した文献を配布した」[132]。この新しい運動のメンバーは次のような主要原則に従った。

・第一に、メンバーはつねに連邦政府を恐れるべきである。選挙民に対する説明責任にもかかわらず、連邦政府はつねに腐敗する可能性があり、人々ではなく自らの利益を追求しようとする。
・第二に、腐敗した専制的な中央政府の脅威に対抗するために、人民は政府を威圧するため、あるいは極端な場合には革命を実施するため、武装すべきである。
・第三に、革命を起こせるように、人民は民兵に組織されなければならない。
・最後に、政府が人民を抑圧しようとするときにはまず、抵抗できないように武装解除から始める。民兵組織は、連邦政府がすでに腐敗して専制的になり、革命の時が急速に近づいているという考えに至るだろう[133]。

ダン・シューメイカーは一九九四年に出版された『アメリカの民兵のためのハンドブック（*U.S. Militiaman's Handbook*）』で、暴力的抵抗と反乱のメッセージを明白に記した。「誰が敵なのか」と題した第三章では、「合衆国憲法と合衆国の民兵にとっての最大の脅威は、国内の政府からやってくる。連邦、州、地方政府は現在、合衆国憲法を回避あるいは廃止し、合衆国民兵の存在を消し去ろうとしている」と書いている[134]。あるいは、別の民兵組織のニュースレターは、ずばりとこう警告した。「合衆国政府はアメリカ国民に対して宣戦布告した」[135]

抵抗の時がすぐそばまで迫っていた。

第5章　リーダー不在の抵抗

「ひとつには、「システム」に抵抗するわれわれの努力は計り知れないほど信頼性を増した。しかし、それより重要なのは、われわれが政治家と官僚たちに教えたことだ。彼らは今日の午後、彼らの誰ひとりとして、われわれの手の届かないところへ逃げおおせることはできないと知った。彼らは有刺鉄線と町の戦車の背後に集まることもできれば、田舎の別荘のコンクリートの壁と警報装置の後ろに隠れていることもできる。それでも、われわれは彼らを探し出して殺すことができる。アメリカのどんな防弾装甲リムジンも彼らの安全を保障できない。それが、彼らにとって忘れられない教訓になったはずだ」

『ターナー日記』より

今日では、近年のアメリカ史のなかでテロリズムが深刻な脅威ではなかった時期を思い起こすのはむずかしい。そのなかで、一九九〇年代初めは例外といえる。当時、ＦＢＩは一連の公式報告書で繰り返し、国内外のテロリストの脅威との戦いで成功を収めていることを強調していた。ウィリアム・S・セッションズFBI長官は、一九九三年に発行されたFBIの一一年におよぶテロ対策の成果を振り返る報告書の前文に、「この報告書が準備されている時期のアメリカは、比較的テロリズムの脅威から解放されていた。一九八三年末以降、アメリカ国内での国際的テロの発生はわずか一件であり、国内テロも劇的に減少した」と書いた。(1) 報告書のなかで言及された成果のひとつは、極右過激派による暴力の減少だった。「右翼組織は一九八〇年代半ばが活動の絶頂期だった」。報告書はそう指摘し、それ以来、急速に衰退してきたと説明した。(2) この継続的な衰退については、一九九四年のFBIの国内テロに関する年次報告書にも記載されている。(3) 実際に、極右からの何らかの脅威として言及されていたのはただひとつ、ワシントン州タコマでNAACP事務所が二度爆破された事件で、犯人は取るに足りないスキンヘッドのギャングで、死亡者はいなかった。(4)

FBI——および実質的には他のすべての法執行機関と国の情報機関——の関心は、組織化された集団に向けられ、既存の、あるいは特定可能なテロ組織や指揮統制とは独立して活動する個人や二、三人から成る小集団ではなかった。いわゆる一匹狼からの脅威についての懸念が深まるのは、それから二〇年ほどあとのことで、おもにアルカイダやイスラム国が追求するテロ戦略に対するものだった。したがって、現実世界のアール・ターナーが人の殺傷を含む破壊的なテロを行なう可能性については、その時代の公式の国内テロ分析にはまだ現れなかった。一九九一年の湾岸戦争で戦い、勲章を獲得した元軍人の二七歳のティモシー・マクヴェイが、一九九五年四月にそのすべてを変える。(5)

「オクラホマシティのダウンタウンにあるアルフレッド・P・マラー連邦政府ビル爆破事件の重要性

は――アメリカとアメリカ人にとって――どれほど誇張してもしすぎることはない」。『オクラホマ・トゥデイ』誌が編集した『一九九五年四月一九日午前九時二分――オクラホマシティ爆破事件の歴史記録』はそう始まる。[6] この事件で、一九人の子どもを含む一六八人が死亡し、八五〇人が負傷した。FBIはこの事件を「わが国の歴史で最悪の国内テロ」と表現した。[7] 二〇〇一年九月一一日の同時多発テロまでは、アメリカ国内で最も多くの犠牲者を出した事件だった。二五〇〇キロほどの硝酸アンモニウムと燃料油（ニトロメタン）の混合物と、「ソーセージ風」[8] に梱包されたトヴェックスという発火用ゼラチン質の含水爆薬を積んだライダー社製のレンタルトラックが、工学的分析によれば、「二階分の高さがあるむき出しの柱四本のうち三本を側面から破壊」し、九階建ての建物の半分を「段階的に崩壊させた」[9]。高さ約二〇メートル、長さ約二〇〇メートルのマラービルが建っていた場所で、がれきの下から最後の遺体を回収するまで二週間かかった。[10]

ニューヨーク州北部で育った平凡な少年時代からオクラホマシティへやってくるまでの、マクヴェイの長い旅についてはよく知られ、ジャーナリストのルー・マイケルとダン・ハーベックが二〇〇一年に出版した共著『アメリカのテロリスト――ティモシー・マクヴェイとオクラホマシティ爆破事件（*American Terrorist: Timothy McVeigh and the Oklahoma City Bombing*）』にも詳しく書かれている。しかし、マクヴェイの大人になってからの生活とテロリストになる道筋に『ターナー日記』が果たした圧倒的な役割に注目してみると、また新たな側面が浮かび上がる。FBIの人質救出チームを率いていたダニー・O・コールソンは、オクラホマシティの爆破犯の正体が明らかになる前から、この事件を起こした者は、次の理由から「『ターナー日記』を福音書とみなしていた」可能性があると推測していた。

この本は、トラック爆弾の作り方として、一般的な材料、硝酸アンモニウムの肥料、燃料油だけを使い、盗んだダイナマイトで威力を強化し、盗んだ配達トラックのなかに隠しておくという方法を、詳しく見事に説明している。筆者のウィリアム・ピアースのレシピに従えば、マラービルを倒壊させられるほどの爆弾ができあがる。［…］「ターナー」と彼の友人は架空のＦＢＩのビルを始業直後の午前九時一五分に爆破し、犠牲者の数を最大化した。マラービルは午前九時二分に爆破された。(11)

マクヴェイがこの本の存在を知ったのは、高校卒業後まもなく、一九八六年秋に地元の二年制のビジネスカレッジを数か月で退学したころだったと思われる。彼はおもに銃専門誌を中心に、その後は雑誌で広告されていたさまざまな本を使って独学するというプロジェクトに夢中で取り組んでいた。「戦闘の心構え」を支持する本や、さまざまなサバイバルテクニックを詳しく教える本に加えて、マクヴェイはピアースのディストピア小説を見つけた。彼はのちに、この本が憲法修正第二条の権利を支持していることと、背表紙のキャッチコピー（しばしば広告のなかで繰り返された）――「彼らがやってきて、あなたの銃を取り上げたら、あなたはどうするか？」――が目に留まったと話している。(12) それから一〇年以上経ってから、マクヴェイの妹ジェニファーがデンバーの連邦裁判所で証言した内容によれば、マクヴェイは彼女にもこの本を読むように促し、とくに背表紙の同じ言葉に彼女の注意を向けさせた。(13)

マクヴェイの人生の次の大きなターニングポイントは、一九八八年五月にやってくる。この年、彼は陸軍に入隊した。基礎訓練の同じ班に、テリー・ニコルズというミシガン州の田舎出身のかなり歳上の新兵がいた。ニコルズとマクヴェイは憲法修正第二条の権利を守ることに同じように執着し、一三歳の年齢差はあったものの、親友同士になった。ジョージア州のフォートベニングで基礎訓練を終えると、ふたりは第一歩兵師団――有名な「ザ・ビッグ・レッド・ワン」〔左肩に黒地に赤文字の「1」の部隊マークをつけたことからそう呼ばれた〕――に配属され、カンザス州のフォートライリーで特別訓練を受けるように命じられた。同じ訓練に参加した他の兵士のなかに、アリゾナ出身のマイケル・フォーティアがいた。三人は八人で構成される分隊に入り、いずれも標的射撃を好んだことから友情を深めていった。フォーティアはのちに、マクヴェイが『ターナー日記』を称賛し、彼にも読むように一冊くれたことを思い出している[14]。どうやらマクヴェイは、フォートライリーで一緒だった他の兵士たちにもこの本を薦め、押しつけていたらしい。少なくともふたりの上官からは、人種差別主義的な書物を配ることはもちろん、宿舎にそれを持ち込むことさえやめるように忠告された[15]。

　この件を別にすれば、マクヴェイは軍隊ではうまくやっていた。軍曹に昇進し、フォートライリーに到着したばかりの新しいブラッドレー歩兵戦闘車の射撃手を任じられた。当時の兵士仲間のひとりは、「どんな大尉も中尉も、自分の指揮する小隊にマクヴェイを一〇〇人欲しいと望んだことだろう」と振り返った[16]。一九九一年一月、マクヴェイはクウェートの解放を目指す侵攻軍の一員としてサウジアラビアに向かった。戦闘が始まってから六週間後、第一次湾岸戦争は終結した。戦闘で目覚ましい働きをしたマクヴェイは青銅星章、陸軍賞賛章、そして誰もが欲しがる歩兵戦闘章などを授与された。実際に、彼は陸軍の精鋭が集まる特殊部隊に加わるという夢を実現させる寸前までいった。アメリカに戻ってフォートブラッグへ行き、厳しいグリーンベレーの選抜プロセスに進むように命じられたものの、それまでの戦闘と、あっという間に戦争を終結させた電光石火の猛攻の疲れで、過酷な身体的、精神的な試験メニューに耐えることができなかった。結局、脱落してフォートライリーに舞い戻った[17]。

　彼は二年前にはじめて基地にやってきたときとは、すっかり別人になっていた。かつて彼を支えていた熱意とやる気まんまんの態度は消え去った。落胆し、苦々しい思いをし、以前よりもはっきりと人種差別的になったといわれる。自由時間には、地元の銃器ショーで『ターナー日記』を売り始めた。[18] これによっておそらく、彼の名前がＫＫＫの郵送リストに載り、一年間のお試し入会の招待状が送られた。マクヴェイは二〇ドルを支払って会員になり、のちに自分が入会したのは、ひとつには無料の「白人の力（WHITE POWER）」Ｔシャツが欲しかったからだと述べている。マイケルとハーベックには、そのＴシャツを着たことは一度もなく、クランの人種差別的な強迫観念よりも、個人の自由、とくに憲法修正第二条に関連する権利のほうへの興味が大きかったと語った。したがって、マクヴェイは会員資格を更新しなかった。[19] しかし、同じころに彼がときおり［Ｎワード］を使っていたことがわかっており、アフリカ系アメリカ人の兵士にはつまらない任務を割り当てる傾向があった。[20] マイケルとハーベックは刑務所にいるマクヴェイへの取材から、彼の「敵は黒人ではなく、さらなる銃規制法を押しつけてくる政治家たち」だという結論に達した。[21] しかし、爆破事件から二五年の節目となる二〇二〇年に発表された記事のなかで、『バッファロー・ニュース』のふたりのジャーナリストは彼らの考えを変えた。マクヴェイは自分が人種差別主義者だったことはないと繰り返し否定していたが、マイケルとハーベックは、「彼の言動はその主張と相いれない」という結論に至った。[22]

マクヴェイの陸軍への幻滅は、それから数か月の間にさらに深まった。それが、アメリカと政府の信条――彼がそのために戦ったもの――に対する感情にも流れ込んだ。イラク軍の兵士たちを殺したことも、明らかに彼を苦しませた。憲法修正第二条の権利の制限に見られるような、個人の自由の価値を引き下げる政治的公正の文化の広まりと彼がみなすものについても同じだった。結果として、彼は一九九一年の末に軍を離れ、ニューヨーク州の故郷の町ペンドルトンに戻った。軍での経歴が雇用のチャンスを高めるだろうという強い期待は、もうひとつの深い失望に変わった。彼は断続的にいくつかの仕事に就き、一時はバッファロー動物園の警備員として働いた。一九九二年二月に地元紙の『ロックポート・ユニオン・サン&ジャーナル』の編集者に送った手紙を読むと、彼がしだいに気むずかしくなっていったようすがわかる。『ターナー日記』にも書かれているいくつかの主張を繰り返し、三年後に起こす悲劇的な事件をほのめかすかのように、マクヴェイは次のような不吉な言葉を書き連ねた。「犯罪は手に負えなくなっている。犯罪者は罰を恐れていない」「税金なんてお笑い種《ぐさ》だ」「政治家は手に負えない」「アメリカの衰退は深刻だ」「内戦が迫っているのか?」「現行システムの改革のためには血を流さなければならないのか? 私はそうならないことを望むが、それが現実になるかもしれない[23]」

マクヴェイにとってニューヨーク州北部に戻ってからの生活は、挫折と何かの引き金になるような出来事の連続だった。催涙ガスの缶を持っていたとしてひとりの女性が逮捕されたとき、彼は地元議員に手紙を書き、銃の携帯を制限する連邦法がいまや殺傷力のない自衛の道具にまで適用されていると苦情を述べた。自分がニューヨーク・ステート・スルーウェイ公社〔ニューヨーク州を横断する有料道路を管轄する〕で職を得られなかったのは、応募書類にニューヨーク市以外の配属を希望と書いたために、「機会の平等とかいうくだらない方針」が適用されたせいだと文句をつけた。連邦保安官事務所で雇ってもらえなかったのも、少数派を優先的に雇用するという方針のせいだと同じように文句をつけた。彼はいまや反政府の本や雑誌に没頭し、すでに述べたように、その考えを妹のジェニファーとも共有した。ジェニファーにとって最も重要な一節と思った箇所には、親切にもマーカーを塗って目立たせることもよくあった。一九九七年の裁判でジェニファーは、ルビーリッジでの包囲戦が憲法修正第二条の権利の侵害についての兄の最悪の恐れを裏づけたと証言した[24]。マクヴェイの過激化する考えは、全米ライフル協会の会員資格を更新しないという決断にも表れている。この団体は憲法修正第二条の擁護について穏健すぎると考えたのだ。一方、彼は反政府、納税拒否、人種差別的文献の配布を続けた。また、自分が働く警備会社の上司に、『ザ・ホワイト・パトリオット――世界のアーリア人種の声　これがクランだ！』を一冊渡した[25]。

マクヴェイはニューヨーク州の高い税率にもうんざりするようになった。政府の規制の下ではなく、「神の法、自然の法」の下で生活したいと宣言し、一九九三年二月、あらゆる機会に州民に課税したり、どこへ行くにも通行料を支払わせたりしない州を探そうと、ニューヨークを出発した。フロリダ州にいる間に、父親が国防総省から届いたマクヴェイ宛の手紙について知らせてきた。それは、マクヴェイがまだ軍にいる間に受け取った、一〇五八ドルの過払いの給与の返還を求める内容だった。その手紙への返信で、彼は政府と税の両方を激しく非難した。「私の金で肥えて豊かになるのは、さぞ気持ちのよいことだろう。私から税金や財産を吸い上げ、その税金で自分たちの存在を正当化し、連邦の職員の給与を払っている。わかっているのか？　そのあくどい仕事のせいで、私が失業に追い込まれたのだ」[26]。マクヴェイが読み、精力的に広めたすべてのことを証明するかのように、テキサス州ウェイコのブランチ・ダビディアン教団本部で、デヴィッド・コレシュの信奉者と連邦の法執行官との間に五一日間続く包囲戦が始まるのは、そのわずか数日後のことだった[27]。

それまでは方向が定まっていなかったが、マクヴェイにとって進むべき道はただひとつになった。彼は自分の車に反政府の文献、バンパーステッカー、その他の手回り品を積み込んで、ウェイコに向かった。しかし、ブランチ・ダビディアン本部から五キロ近く離れた検問所までしかたどり着けなかった。戦術装備で身を固めた重武装の連邦捜査官たちの姿は、国内の法執行作戦というより、彼も参加していた海外での軍事攻撃のための準備を思い出させた。ミシェル・ラウチは南メソジスト大学でジャーナリズムを専攻する学生で、その年の春休みは大学新聞用に教団の包囲を取材していた。彼女はたまたまATFの検問所近くでマクヴェイと出くわし、彼はインタビューに応じた[28]。マクヴェイの裁判で、彼女はマクヴェイが売っていたバンパーステッカーに目が留まったと証言した。それらのステッカーには、「あなたの銃を恐れる政府を恐れよ」や「政府の乗っ取りから通りを守ろう」、「銃を持つ男はアメリカ市民、銃を持たない男は臣民」などのフレーズが書いてあった。ラウチの記事で引用されたマクヴェイのコメントも、同じ見解を反映していた。「政府は人々が所持する銃を恐れている。なぜなら、政府はつねに人々をコントロールしなければならないからだ。銃を取り上げれば、人々に何だってできる」。彼はそう説明した。マクヴェイの考えでは、アメリカは「ゆっくりと社会主義政府へと変わって」いた。「政府は大きく、強大になり続け、人々は政府の統制に対して自己防衛しなければならない[29]」

マクヴェイの妹がのちに証言するように、この時点から、「銃規制、ルビーリッジ、ウェイコ、憲法にまつわること」への執着が、彼のすべてになった[30]。それは、マクヴェイの放浪生活のなかで、ほぼ毎日のように強化された。そのころには、銃器ショーが行なわれる町まで旅しては、『ターナー日記』を他の反政府主義、サバイバル主義、憲法修正第二条に関する文献、バンパーステッカーとともに売り歩くようになっていた。彼は定期的に、同じ考えを持つ陰謀論支持者たちや熱心な憲法修正第二条の擁護者と交流した。夜は、ラジオのさまざまな愛国者向けトーク番組で政府に対する偏執症的な不満を聞いて過ごし、それがさらにマクヴェイの暗い世界観を固めた[31]。ブランチ・ダビディアンの立てこもりが悲劇的な結末を迎えるのは、一九九三年四月、マクヴェイが「ワネンマッヒャーの世界最大の銃とナイフショー」と宣伝されたイベントに参加するためタルサに到着した数週間後のことだ。さまざまなショーで頻繁にマクヴェイと連絡をとっていた銃器取引業者は、彼が新世界秩序の妄想にはまり込んでいたことを覚えていた。マクヴェイは、この惑星はやがて超国家的な政府の支配下に置かれ、世界警察によって唯一の世界通貨の使用を強制されるだろうと話していたという。[32]

当時、マクヴェイはアリゾナ州キングマンで、マイケルとロリのフォーティア夫妻と一緒に暮らしていた。フォートライリーにいたころからの友人のマイケルは、マクヴェイの裁判で、自分たちはこの新世界秩序に対する恐怖を共有していたと証言した。「ふたりとも、国連は精力的にひとつの世界政府を形成しようとしていると信じていた」「そのために、彼らはいくつかの目的を果たさなければならず、そのひとつがアメリカ国民を武装させないため、武器を取り上げることだった。われわれはそれを新世界秩序と呼んでいた。それについては、ふたりでかなり話した」[33]。ロリも同じように、マクヴェイは国連が「アメリカを乗っ取る」計画を立てていると確信していたと証言した。[34]

マクヴェイの次の立ち寄り先は、陸軍時代のかつての相棒、テリー・ニコルズがミシガン州の田舎に所有する農場だった。[35] 一九八九年に除隊してから、テリーと兄のジェームズはさらに反政府のコモンロー運動にはまり込んでいた。アメリカの通貨は価値がなく、この国の法制度は無効で、いかなる課税も政府の権限がおよぶ範囲を超えているという見解の運動だ。マクヴェイはここではじめて、手製の爆弾の実験をしては楽しんでいた農場の労働者から即製爆弾の作り方を学んだ。そして、ウェイコでの火災による結末をニュースで知ったのが、まさにこのときだった。彼とニコルズはこの一九九三年四月一九日、ちょうど、進行中の包囲戦を確認するためにテキサスに向けて出発する準備をしていた。マクヴェイはキングマンのフォーティアの家に戻ることにした。[36] マイケルはのちに、彼とマクヴェイは、「連邦政府が意図的に教団の人たちを攻撃し、火をつけたのは意図的ではなかったかもしれないが、間違いなく彼らが火災の原因をつくり、ウェイコの人々を殺した可能性がある」と確信していたと証言した。[37] フォーティアの記憶は、ロリ・フォーティアとジェニファー・マクヴェイの証言ともぴったり一致する。ジェニファーは兄が「非常に怒っていた」(38)と話した。「彼はきっと政府があそこにいる人たちを殺したのだと思っていたのでしょう。ガスを送り込んで、それから彼らを焼死させたのだと」。彼はとくにATFとFBIが大勢の死に責任があると非難し、「誰かが責任をとるべきだ」と言い張ったらしい。(39)

マクヴェイはそれから五か月、キングマンに滞在した。再び警備員の仕事を見つけ、地域の銃器ショーに自分の販売テーブルを出して、薄給を補った。あるショーで、彼は『ウェイコ、大きな嘘』というタイトルのビデオを買った。(40)リンダ・トンプソンという民兵運動支持者が製作したものだ。彼女の主張は、政府の嘘と攻撃についてのマクヴェイの最悪の疑念を裏づけた。(41)別のショーでは自分の考えを要約してくれるTシャツを一四ドルで買った。前面にはエイブラハム・リンカーン大統領の写真と「SIC SEMPER TYRANNIS（暴君にはつねにこうする）」のフレーズ（ジョン・ウィルクス・ブースが大統領を暗殺したあとに叫んだ言葉）がプリントされていた。(42)背中側には、血の涙を流している「自由の木」と、トマス・ジェファソンの「自由の木は愛国者と暴君の血で再生しなければならない」という有名な宣言がプリントされていた。彼はATFのロゴと、そこにふたつの弾丸が貫いた穴に見えるものがついた野球帽も見つけた。マクヴェイはその帽子が気に入って、自分でも売り始めた。また、ヴィッキ・ウィーヴァーの死に責任があるFBIの狙撃手の名前と住所が入った名刺も配り始めた。マイケルとハーベックによれば、マクヴェイは誰かがその狙撃手を殺してくれるか、ついでに、ルビーリッジかウェイコの現場にいた連邦捜査官なら誰でもいいので殺してくれることを望んでいた。(43)

これで、マクヴェイの方向性が過激主義から暴力的行動主義に進んだことがわかる。「合衆国政府はアメリカ市民に対して宣戦布告し、われわれの権利を積極的に奪っている」。彼はフォーティアにそう言った。そして、ゴードン・カールとランディ・ウィーヴァーの身に起こったことに言及して、政府が彼を探しにくる日に備えて準備をしていた、と告げた。彼は自宅周辺に銃を隠し、裏庭に防御壁を建てた。本人の話によれば、「ウェイコのときのような急襲があった場合に、弾丸をブロックする」ように考えられたものらしい。[44] 一九九三年七月四日の独立記念日が近づいたころ、彼とフォーティアは民兵団を結成して迫りくる新世界秩序に抵抗するという考えを話し合った。マクヴェイは車でロサンゼルスまで行き、銃器ショーで配布するメンバー募集のチラシを印刷してもらった。[45] それから数か月後、マクヴェイは手製爆弾を作っていた。大きな石を真っぷたつにできるほどの威力のあるパイプ爆弾もあった。[46]

一九九四年九月一三日、ビル・クリントン大統領が「凶悪犯罪防止および法執行法第一一条」に署名して法を成立させた。この包括法案の条項のひとつ、「公共の安全および娯楽的銃器使用における保護に関する法律」——通称「攻撃用銃器《アサルトウェポン》規制法」——は、大容量の弾倉や、ほかにも八種類の特定の特徴（発火炎抑制装置《フラッシュサプレッサー》、折り畳み式銃床、サイレンサーを装着した銃身など）を持つセミオートマチックの銃器の製造、販売、輸送、所持を違法化した。[47] これが、マクヴェイにとっては我慢の限界を超える一撃になった。彼の頭のなかでは歴史が繰り返していた。独立戦争以前のアメリカで、イギリスが植民地住民の自由を抑圧していたのとまったく同じことを、今はアメリカ政府がしていた。実際に、一〇年近く前には、連邦議会が「ブレイディ拳銃防止法」を成立させていた（「ブレイディ法案」という通称は、ロナルド・レーガン大統領の報道官で、一九八一年の大統領暗殺未遂事件のときに流れ弾に当たり重傷を負ったジェームズ・ブレイディの名にちなむ）。この新法は一九六八年の「銃器規制法」を修正するもので、銃器の購入に際して五日間の待機期間を設け、連邦機関による購入者の犯罪歴の調査を義務づけた。[48] マクヴェイはバンパーステッカーにも使われたひとつのメッセージ、「銃が違法になったら、アウトローになってやる」にすっかり同意していた。[49] 実際に、それから六年後、死刑執行を待つ間に、マクヴェイは自分がボブ・パポヴィッチに送った手紙のことをイギリス人のジャーナリストに話した。パポヴィッチはミシガン時代の友人で、死刑囚監房にいるマクヴェイのところに面会に来たことがあった。その手紙のなかで、マクヴェイはこの法律のことを、「「なぜ」の方程式に欠けていた最後のピース」と表現している。「なぜ」については、マクヴェイはこれを、「自分がマラー連邦政府ビルを爆破した理由」だと説明した。

進行中の連邦による抑圧を正すために、非暴力による抑制と均衡を待ち、何の結果も得られないとわかったあと、攻撃用兵器禁止法が成立して、それから全米にうわさが広まった。銃器の押収のために、ウェイコのときのような急襲が一九九五年の春に予定されていると［…］。そうした不安を被害妄想だとして否定する者たちは、事実を直視し、ウェイコ急襲は幻想ではなかったとよく考える必要がある。あれは本当に起こった出来事だ。

この状況から、私は攻撃に転じる決断に至った。他の者たちが連邦の絶対的権力の暴走を止めることに失敗したところで、政府の権力の乱用をストップさせるためだ。[50]

マクヴェイはすぐに、「政府に対して行動を起こす」という自分の決断を、フォーティアに手紙で知らせた。数週間後には、フォーティアの家にやってきた。リビングに座ったマクヴェイは、マイケルとロリに「連邦政府ビルを［…］爆破する」計画を冷静に話した。[51] テリー・ニコルズはすでに参加することに同意しており、マクヴェイはマイケルにも加わってほしいと言った。フォーティアは反対し、「家の前に国連軍の戦車でもやってこないかぎり」、そんな大それた犯罪に走ることはないと言った。[52] しかし、マクヴェイは納得せず、フォーティアは最後には考えを変えるだろうと思った。[53] 結局、フォーティアは計画に加わることはなかったが、マクヴェイに対する友情は変わらず、この陸軍時代の相棒を可能なかぎり助け続けた。

マクヴェイは自分の計画を推し進めていった。同じ月のうちに、彼とニコルズはカンザス州マリオンの採石場へ行き、南京錠がかかったロッカーに侵入した。そこでトヴェックスの「ソーセージ」型爆薬七箱と、電気雷管五〇〇個、導線八〇巻を盗んだ。さらに、ふたり別々に、地元の肥料店で大量の硝酸アンモニウムを購入し始めた。一〇月半ばまでには一八〇〇キロほどを確保できた。硝酸アンモニウムは一般的に使われる肥料だが、爆薬の主原料にもなる(54)。一〇月末、マクヴェイは自分たちの計画の詳細をフォーティアに伝えた。二年後のマクヴェイの裁判のなかでも、とくに聞く者の心をつかんだ証言で、フォーティアは自分の陸軍時代の仲間のふたりが、攻撃しようとしている標的とその理由を明らかにしたときのようすを語った。「オクラホマシティの連邦政府ビルだ［…］なぜなら、そこからウェイコへの攻撃の指令が出ていたから(55)」。マクヴェイは死刑が執行される二か月ほど前の二〇〇一年四月にフォックスニュースに送った手紙でも、この攻撃を正当化する理由を強調していた。「国中で何度か実行された強制捜査は、かつてないほど攻撃的になっていた。それが、連邦政府とそのさまざまな機関に見られる特徴的なパターンになった」とマクヴェイは断言した。

どの点から見ても、連邦捜査官は「兵士」となって（軍隊式訓練、戦術、技術、装備、言語、服装、組織、思考様式を用い）、彼らの行動は暴走していた。したがって、この爆破は、これら連邦の部隊と連邦ビル内にある指揮統制センターに対する先制（または先を見越した）攻撃でもあった。攻撃的な勢力が特定の作戦基地から継続的に攻撃をしかけてくるときには、その敵に対して先制攻撃をしかけるのが賢明な軍事戦略だ(56)。

マクヴェイとニコルズは、アルフレッド・P・マラー連邦政府ビルが、以前にも反政府過激派組織の攻撃計画に巻き込まれたことを知らなかったようだ。一九八三年一一月、コヴェナント・ザ・ソード・アンド・ジ・アーム・オブ・ザ・ロード（CSA）の三人のメンバー（リーダーのジェームズ・エリソンを含む）が、アーカンソー州にあるこのサバイバリスト集団の拠点からオクラホマシティまで移動し、同じビルを偵察した。彼らの計画は少し離れた場所に停車したトラックからロケットを撃ち込んで、建物を破壊するというものだった。このエリソンの壮大な計画は、『ターナー日記』を参考にしたものだ。そして、動機もマクヴェイと同じで、復讐と革命だった。エリソンは同年六月のゴードン・カール殺害の恨みを晴らすとともに、「第二のアメリカ革命」になるだろうと彼が自慢していた反乱を引き起こそうともしていた。「政府を刺激して注意を引くには、多数の犠牲者が出るような何かが必要だ」。エリソンは自分の信奉者たちにそう語っていた。しかし、第二のアメリカ革命を煽るためのエリソンの正気とは思えない計画のどれもがそうだったように、このときの計画も実現することはなかった。[57]

マクヴェイは、連邦政府への自分の不満に注意を引くという同じ目的を達成するために、誰かを殺す以外の方法はなかったのか、と弁護士にたずねられたとき、ほぼまったく同じ説明をしたとされる。「それでは、自分の言いたいことをわからせることはできなかっただろう」。マクヴェイは『ターナー日記』の文章をそのまま真似て、そう答えたという。[58]「われわれの主張をわからせるには、犠牲者が必要だった」。『ダラス・モーニング・ニュース』紙が一九九七年に始まるマクヴェイの裁判の一か月前に公開した、弁護士とクライアント間の接見での会話の内容をまとめた秘密の文書を見ると、[59]マクヴェイのこの主張は、彼が一九九四年一〇月後半にマラービルの爆破計画についてフォーティアに説明した内容とぴったり一致する。フォーティアは、マクヴェイが「三角形」の図を描いて、爆発物を含む五五ガロンのドラム缶に、建物を破壊する威力を与えるために「指向性を持たせる」方法を説明した、と証言した。「彼はこう説明した」とフォーティアは続けた。「三角形の底辺はビルの方向に向ける。それが爆風の向かう方向だからだ」。マクヴェイの意図は――二一年前のエリソンのものと同じで――、この攻撃によって「アメリカ国内に一斉蜂起を引き起こし、願わくはいくらかの人間にどっちつかずの態度をやめさせ〔…〕連邦政府に対して行動を起こさせる」ことだった。そこで、マクヴェイは午前一一時に爆弾を爆発させる計画を立てた。フォーティアが、なぜこの時間を選んだのかたずねると、マクヴェイは「誰もがランチに出かける準備をしている時間だから」と答えた。彼は映画の『スター・ウォーズ』を引き合いに出して、人々の命を犠牲にすることを正当化した。フォーティアはこう続けた。「彼はこれら大勢の人をみな、映画のなかの突撃隊員であるかのように考えていた〔…〕。彼らは個人としては罪がないかもしれないが、悪の帝国の一部なので、連帯責任があるのだと」[60]

その同じ一〇月、フォーティアと会ったあとで、マクヴェイは実行日を決めたと宣言した。「ウェイコ事件と同じ日付に連邦ビルを爆破したいと言っていた」と、フォーティアはのちに証言した[61]。その日付、一九九五年四月一九日が、アメリカ独立戦争が始まる契機となったレキシントン・コンコードの戦いから二二〇周年の日だったことも、気に入ったようだった。マクヴェイがアメリカ史のその時期――さらには独立宣言とパトリック・ヘンリーのような勇敢な愛国者――に魅了されていたことは、陸軍時代のフォートライリーの兵舎ではよく知られていた。実際に、マクヴェイは自らを名高いミニットメンたちの現代の権化とみなしていた。専制的な政府から自分たちの不可侵の権利を守ろうとひるむことなく武器を取った男たちだ[62]。死刑執行を待つ間、マクヴェイはイギリス人ジャーナリストにもこのたとえ話をしていた。「健康な成人男子、愛国者は誰もが、自分自身の自由を守る責任がある。独立戦争のときのミニットメンたちと同じだ」[63]。そして、ミニットメンたちと同じように、マクヴェイも自由のために死ぬ覚悟ができていた。一九九四年一二月、彼はフォーティアに、「爆破の成功を見届けるためには、自分も車のなかにとどまらなければならないと思う」と話していた。さらに議論したあと、フォーティアは友人に、自爆攻撃という考えを捨てて、マクヴェイが引き起こそうとしていた革命に参加し続ける道を選ぶように説得しようとした[64]。

一二月半ば、マクヴェイとフォーティアはキングマンからオクラホマシティ経由でカンザス州に車で向かった。途中でライダー社のレンタルトラックを追い越したとき、マクヴェイが何気なく、あれよりもっと大きい、荷室が別になったトラックを爆破用に借りるつもりだと話した[65]。彼らはオクラホマシティでマラー連邦政府ビルの前を通りかかった。マクヴェイがそこへやってきたのは二度目だった。建物の外の歩道に三メートルほどの荷積みスペースがあるのを確認し、自分が思い描いているトラックを停めるのに十分だと思うか、とフォーティアにたずねた。フォーティアは「三台は収まると思う」と答えた。マクヴェイはずっと、この建物を下見したときには二階に託児所があることには気づかなかったと主張していた。彼は通りを進んだところにある、逃走車を停めておく場所もフォーティアに見せた。爆弾のタイマーをセットしてから爆発までの短い時間に現場から逃走するための車だ[66]。

同じ月、マクヴェイは妹に、自分はもう「プロパガンダ段階」にはいないという、謎めいた言葉を残した。裁判の証人席で彼女はその意味について、兄が「チラシ配りの段階は終わり［…］行動段階に入った」のだと説明した。数週間後、マクヴェイは彼女に別の手紙を送り、用心するように忠告した。政府は彼女の電話を盗聴しているかもしれない。マクヴェイは妹に、「『ターナー日記』の裏表紙を見る」

ように促した。それからまもなく、最後の手紙が届いた。「もう戻らない［…］永遠に」と書かれていた。(67)

マクヴェイは一九九五年四月一六日にオクラホマシティに戻ってきた。逃走用の目立たない車、さびついた黄色の一九七七年型マーキュリーマーキーを、マラービルから少し離れた場所に停め、ニコルズに電話して迎えにくるように頼んだ。翌日、カンザス州ジャンクションシティのライダー・レンタル店で二〇フィートの貨物トラックを引き取った。四月一八日は、硝酸アンモニウムを入れた一〇八個のバッグを自分で貨物室に積み込んで過ごした。その日はそれから、ニコルズの助けも借りて、簡単に手に入れたニトロメタンの燃料油のタンク、トヴェックス、その他の爆弾材料を準備した。(68) その後、ふたりは車で近くのギアリー州立公園まで行き、材料を混ぜて爆弾を作った。容器はアルファベットのTの形に配置した。マイケルとハーベックに話しているように、マクヴェイは破壊の効果が大きくなる手製の成形爆薬の作り方を見つけだしていた。バッグ一七個分の燃料に浸した硝酸アンモニウムも加え、爆風の威力をさらに強めて政府ビルの方向に向かわせることができるものだ。マクヴェイはそれから、自分が考え出した二重信管の起爆装置を接続した。度を過ぎた用心深さで、第三のバックアップ用回路まで作った。最悪の事態に陥ったときに、トラックを自爆爆弾に変えるのだ。「朝のオクラホマシティで轟音を立てる爆発は間違いなく彼の命を奪うだろうが、そんなことはマクヴェイにはどうでもよかった」。『バッファロー・ニュース』の記者はそう説明する。「彼にとって自分の命は、世の中に知らしめようとしている教訓のためのほんの小さな代償にすぎなかった」(69)

四月一九日午前八時四〇分ごろ、オクラホマシティの駐車監視員のひとりが、ライダー社のトラックがマラービルから数ブロック離れたNW五番通りをゆっくりと走っていくのを見かけた。その一七分後、マクヴェイはトラックを停め、五分で爆弾に到達する導火線に使い捨てライターで火をつけた。九時ちょうど、彼は標的から一ブロック離れた赤信号で停止し、第二の、爆弾まで二分の導火線に火をつけた。それから連邦政府ビル沿いにある積載スペースにトラックを停め、すばやく外に出てドアをロックすると、落ち着き払って歩き去った。NW六番通りから路地に曲がったところで、爆発音が聞こえた。その爆発は、マラービル周辺の一六ブロックの範囲に影響を与えた。周辺の建物は激しく損壊し、のちに取り壊しが必要になる。爆弾は深さ二メートル、長さ八・五メートルほどのクレーターを残した[70]。

マクヴェイがオクラホマシティから一二〇キロほど離れたときに、州警察官が後部のナンバープレートがないという理由で彼の車を止めた。マクヴェイは「暴君にはつねにこうする」のTシャツの上に薄手のウィンドブレーカー風のジャケットを着ていた[71]。チャールズ・J・ハンガーというその警察官は、勤続二〇年を超えるベテランで、マクヴェイがズボンの後ろポケットから財布を取り出そうとしたとき、左腕の下が膨らんでいることに気づいた。「私は彼に両手を出して、ジャケットのファスナーを下げ、ゆっくりと脱ぐように指示した」。ハンガーはのちにそう証言した。当時、オクラホマ州では弾丸を込めた銃器を運ぶことは違法だった。ハンガーはさっとマクヴェイのそでの膨らみを手で押さえ、両手を挙げて後ろを向くように言った。そして、自分の拳銃をマクヴェイの頭にしっかりと押しつけた。マクヴェイに手錠をかけると、彼が身に着けていた肩掛けホルスターからグロックの四五口径セミオートマチック拳銃を取り外した。のちになって、マクヴェイの銃には、強力なホローポイントのブラックタロン弾が込められていたことがわかる。ハンガーはマクヴェイをオクラホマ州ペリーにあるノーブル郡刑務所に連行し、そこで、マクヴェイは銃の不法所持と、ナンバープレートの不提示および損害賠償保険法違反の容疑で逮捕された[72]。

爆破からわずか数時間で、捜査官たちは最初の重要手掛かりを得た。ライダー社のトラックから登録番号入りのアクセルのかけらを回収し、そのすぐあとには、リアバンパーとフロリダ州のナンバープレートも見つかった。彼らはそこからジャンクションシティのレンタル店にたどり着き、マクヴェイが疑われるのを避けるために複数の州で使用していた偽名を突き止めていった。マクヴェイは四月二一日の朝、銃の不法所持とナンバープレート不提示に関する容疑での審問のため、ノーブル郡裁判所で判事の前に立った。保釈金が設定されようとしていたとき、地元の保安官のところに電話がかかってきて、連邦治安判事がマクヴェイの逮捕令状に署名し、FBI捜査官が彼を拘留するためにペリーに向かっているると知らせてきた。フロイド・ジムス特別捜査官がマクヴェイに、なぜFBIが彼と話したがっているかわかるかとたずねると「オクラホマシティで起こったことについてでしょう」とマクヴェイは答えた。[73]

一九九五年八月一〇日、マクヴェイは一一の連邦法違反の罪で起訴された。そこには「人を殺し、連邦の所有物を破壊する目的での大量破壊兵器の使用、人を殺害するためのトラック爆弾の使用、犠牲者を出す結果を伴った連邦の資産の悪意ある破壊」が含まれた。それ以外の八つの罪は、爆死した連邦の法執行官に対する第一級殺人に関連したもので、八人の捜査官それぞれの死に対して適用された。[74] 裁判の場所をデンバーに変更してほしいという彼の弁護士からの要求が認められ、一九九七年四月二四日、マクヴェイの裁判が始まった。裁判の初日、陪審員の少なくとも半数は、爆破事件で子どもをなくした親たちの証言を聞いて泣き崩れた。爆弾は二階にあった託児所のすぐ下で爆発していた。[75] マクヴェイは一九九七年六月二日、すべての訴因で有罪となり、一一日後、陪審員団は死刑判決を妥当と判断した。彼は一九九七年八月一四日に死刑判決を受け、控訴が棄却されたあと、二〇〇一年六月一一日、インディアナ州のテレホート連邦刑務所で死刑が執行された。[76] ニコルズは終身刑となり、マイケル・フォーティアは懲役一二年の判決を受け、一〇年服役したあとで二〇〇六年に仮釈放された。[77]

『ターナー日記』は裁判中に大きな注目を集めた。政府側の冒頭陳述は、この本がマクヴェイに与えた影響力の大きさに照準を合わせた。連邦検事補のジョセフ・ハーツラーは、マクヴェイが「この本を読んで聖書のように信じ」、「オクラホマシティでの爆破計画とその実行のための［…］青写真にした」と表現した。[78]証人のなかでも、マクヴェイの妹と親友が、彼がこの本にとりつかれていたと語った。[79]検察側の最終弁論では、マクヴェイが一編の小説に魅了され、それを本当に「信じ込んでいた」と、二度も言及された。[80]確かに、マクヴェイが逃走車の前の座席に残した封筒には、この本のなかの、彼がとくに共感したページ数枚を丁寧に切り離したものが入っていた。そのなかには「人々の安心感と政府は無敵であるという思い込みを打ち砕くことにより動揺を生む」加速主義の教えを書いたページもあった。[81]

マクヴェイは、ルイス・ビームが三年前にエステスパークのスピーチで呼びかけた、「リーダー不在の抵抗」の戦士を象徴する存在だった。彼は特定の組織には属さず、どんな指揮系統の構造にも加わらず、誰の命令にも従っていなかった。その代わりに、自分自身の攻撃計画を練り上げて実行した。ただし、ニコルズが積極的に協力し、フォーティアも多少は協力した。ビームはエステスパークに集まった聴衆に、革命への最後の数マイルを「愛国者の骨と血と失意で舗装させはしない［…］暴君の血と暴君の骨で舗装するのだ」、そして、アメリカは結果的に「失意とは何かを知る」ことになるだろうと約束していた。[82]マラー連邦政府ビルの爆破で、マクヴェイは、ひとりの個人がもうひとりかふたりからの助けを得て何が達成できるかについて、ビームの期待を上回ったといえるだろう。この爆破でマクヴェイが求めていた「犠牲者」を出すことは達成された。それは、ビームや『ターナー日記』を書いたピアースなどの代表的な活動家が長く支持していたものでもあった。さらに、マクヴェイはそれを、わずか五〇〇〇ドルほどの費用で作った手製爆弾を使って成し遂げた[83]。爆破から数日後のインタビューで、ピアースは自分の本がマクヴェイの青写真になったとは思わないと否定したが、この本がそのような攻撃を煽ることを目的としていたことは認めた。「私には娯楽小説を書いている時間はない。人々に物事を説明するために書いている」と彼は述べた[84]。ピアースの説明は間違いなくマクヴェイの共感を呼んだ[85]。もっとも、ふたりが追い求めた革命が実現することはなかった[86]。

　ビームは他の誰よりも、彼の論説や革新がそれまでの一五年間に培ってきた白人至上主義運動にとってのオクラホマシティ爆破事件の意味合いを理解していた。一九九五年五／六月号の『ジュビリー』紙（カリフォルニア州で発行されているクリスチャン・アイデンティティの新聞[87]）で、ビームは彼自身の「リーダー不在の抵抗」戦略が引き起こした「恐ろしい爆発と意味のない犠牲」を非難した。この前置きのあと、彼は本題に入った。当局は憲法修正第二条の自由を奪い、民兵や他のクリスチャン・パトリオットのグループを抑圧するために、この爆破事件を最大限に利用して協調努力を解き放つだろう、と彼は警告した[88]。ビームの懸念は正しかったことがわかるが、この反政府過激主義のパラレルワールドがマクヴェイのような怪物を生み出すまでに進化していたことについて、ＦＢＩがどこまで知り、理解していたかについては見当違いに過大評価していた。

　この章の冒頭で詳述した楽観的な脅威評価と、一九六〇年代から七〇年代にかけての国内の公民権団体や反戦団体に対するスパイ活動の発覚に引き続いて厳しい法的規制が導入されたことが、この脅威に関するＦＢＩの理解が薄っぺらなものになった大きな理由だった。これら暴力的民兵組織とその煽動的な意図に対して一九八〇年代に上げた一連の成果が、おそらくＦＢＩに、この脅威をまだ掌握できているという誤った自信を生み出したのだろう。しかし、オクラホマシティの爆破事件で、その仮定が完全に砕け散った。白人至上主義運動が変化したと気づくまでに時間がかかったのは、そうした従来の階層的に組織されたグループの特定と根絶が効果を上げたことが理由だっただろう。運動がビームの「リーダー不在の抵抗」タイプの一匹狼アプローチを取ったことは、伝統的な指揮統制型の組織に属する大勢の個人の集まりからの脅威が消え去ったことを意味しない。しかしFBIは、この運動の最新の形態――再編成する能力を生き残りの中核にするようになった――についての情報を集める自らの能力が、国内の情報収集のガイドラインによって妨げられていると考えた。[89]「これらの民兵組織の多くが自由に暴力を奨励し、個人や政府官僚への直接・間接の脅威をつくり出していた」。FBIのオリヴァー・「バック」・レヴェル副長官補は、爆破事件後にそう不満をもらした。「さらに、彼らは自分たちが奨励する暴力が実行に移されるかどうかを精査しようともしない。彼らの憎悪に満ちたレトリックはあらゆるところにばらまかれている。ところがFBIはこの公の情報を集めてファイルに含めることすら認められない」。言い換えれば、犯罪を指し示す明確な証拠がないかぎり、FBIはこれほどの深刻な脅威についての情報を集めることができなかった。つまり、暴力行為がすでに実行されているか、差し迫っていることが明らかでなければならない。結果としてレヴェルは、FBIは民兵組織をしっかり監視しており、心配する必要はないというホワイトハウスのレオン・パネッタ首席補佐官の確信を、公の場で二日に二度も訂正しなければならなかった。「私はただ、それが真実ではないと知っていたので［…］そう言っただけのことだ」[90]。レヴェルはそう当時を振り返った。これは事態の深刻さを示す告白として注目される。なぜなら、一九九六年までにはアメリカのほぼすべての州に民兵運動が広まっていたからだ[91]。南部貧困法律センターは少なくとも四四一のそうしたグループを特定し、メンバー数は一二〇〇万人を超えると主張したが[92]、実際の数字は五万人ほどではなかったかと思われる[93]。

同時に、ＦＢＩが過去の失敗から学んでいたことは間違いなかったはずだ。ルビーリッジとウェイコの大失態を繰り返す可能性は、それからちょうど一年後にモンタナ州の農村部で起こった事例ではうまく避けられた。「フリーメン」と呼ばれるグループは、一九九〇年代のアメリカの暴力的な極右過激主義のあらゆる要素を組み合わせているように見えた。メンバーはアイデンティティ神学を信じ、迫りくる世界の終末を待つサバイバリストで、自分たちが築くもの以外のすべての政府に対して暴力で抵抗した。したがって、彼らは自分たちを「主権を持つ市民」とみなしていたが、ＦＢＩの説明によれば、彼らは「この国に暮らしてはいるが、アメリカ合衆国からは切り離された、あるいは「独立」していると信じる反政府過激派だった。結果として彼らは、裁判所、税務署、交通局、法執行機関を含む、いかなる政府の権威にも応じる必要はないと信じていた」[94]。

フリーメンのような自称「主権を持つ市民」は、したがって、慣習法にだけ縛られる。さまざまな不正行為を容易にしたり、自分たち、あるいはその不正行為に異議を唱えたり妨害したりする個人や当局を脅せるようにでっち上げられた法的規則である。ＦＢＩはこれを「ペーパー・テロリズム」と名づけた。これによって判事、裁判所員、地方の公職者、法執行官らは、ばかげた訴訟やその他の疑わしい法的手続きに振り回された。決して成功することはない戦略だが、司法や行政の通常手続きの妨害、嫌がらせ、混乱をもたらすという目的には役立った[95]。

一九九六年三月、ＦＢＩはさまざまな連邦法違反で指名手配されていたふたりのフリーメンを逮捕した。容疑には、郵便詐欺や銀行詐欺、暴力犯罪に関する委員会の間に銃器を所持していたことなどが含まれた。グループの残りの十数人のメンバーは、彼らが「ジャスタス・タウンシップ」――ジャスタスは、聖書のなかでイエス・キリストのあまり目立たない信奉者のひとりに対して使われた名前――と呼んでいた牧場にある家屋に立てこもった。それに対して、ＦＢＩはあえて対決的な反応を示さなかった。以前の包囲を特徴づけた道路の封鎖、狙撃手、装甲車両、まぶしい照明、立てこもり家屋の周囲に設置して音楽を鳴り響かせるスピーカーなどは何も用いなかった。その代わりに、交渉人と行動科学の専門家を頼りにした。八一日後、立てこもっていた一六人が投降して事件は解決した。その後、グループ創立者でリーダーのルロイ・Ｍ・シュヴァイツァーと七人のメンバーが、さまざまな連邦法違反で裁判にかけられ、有罪判決を受け投獄されたことで、このグループは実質的に消滅した。[96]翌年、ＦＢＩはまた別の、独立した「テキサス共和国」と名のる主権市民グループとの同様の対決でも、うまく対処できた。ただし、投降を拒否して逃亡したひとりは、彼を追跡していた捜査官との銃撃戦で死亡した。そのときの殺害に関しては、ルビーリッジやウェイコの事件後に起こったような怒りを引き起こすことはなく、逮捕と投獄で活動不能になったグループは消滅した。[97]

これら民兵組織の運命は、マラー連邦政府ビル爆破事件後に見られた運動の参加者数と勢いの全般的な衰退の徴候を表すものだった。[98]オクラホマシティの事件後、多くの人々がいったん立ち止まり、「これは本当にわれわれが望んでいることなのか？」と自問したようだった。ＦＢＩの国内テロ対策の責任者だったロバート・ブリッツァーは、一九九八年のインタビューでこう述べた。「国を守ること――これらの多くの民兵組織は自分たちが国を守っていると信じているが――と、自国民の殺害に手を染めることは、まったく別のことだ。だからこそ、こうした組織の数が減っている」[99]。しかし、民兵組織の脅威が弱まっていたとしても、ふたりか三人、あるいは完全にひとりだけで、どれほどの破壊と影響を引き起こせるかを示したマクヴェイの例は、すでにそれに刺激され、悲劇的な効果を模倣しようとする者を生み出していた。

一九九六年の夏季オリンピック大会は、この大会の歴史、アメリカの起業家精神、そして、アメリカが自由世界のリーダーというだけでなく世界で唯一の超大国であるという確固たる地位を誇らしく祝福する場となるはずだった。近代になって生まれ変わった国際スポーツ大会の一〇〇周年を称え、「センテニアル・オリンピック」と宣伝されたこの大会は、驚いたことに、オリンピックの発祥地であるギリシャのアテネを破ってアトランタが開催地に選ばれた。過去のすべての大会で必要だった政府からの助成金を受けず、このオリンピックは完全に民間の資金によって運営された。古くからこの町の経済を牽引してきたコカ・コーラのようなスポンサー企業が、史上最も贅沢な大会にするために一七億ドル近くを寄付した。市内には新しい野球場が建設され、多くの大学や歴史的な黒人大学にも、新しい集合住宅や寮、複合運動競技場、その他のスポーツ施設が増設された。しかし、大会を振り返っての評価のなかには、この大会の大盤振る舞いの最たるものは、アトランタのセンテニアル・オリンピック公園だったと指摘するものもあった。「ダウンタウンのはずれにあった二一エーカーの荒廃した目障りな土地が、オリンピック大会の間に娯楽と人々の交流のためのまばゆいばかりの集合場所に変わった」[100]。大会のための「タウンスクエア」とみなされた公園は、残忍な爆破事件が起こった場所でもあった。祝祭行事に参加していたジョージア州の女性が爆破の犠牲になり、現場に駆けつけようとしたトルコ人のカメラマンが心臓発作を起こして死亡した。

日付が七月二七日土曜日に変わって一時間ほど過ぎたころ、ステージではアメリカのソウル／R&Bバンドのジャック・マック・アンド・ザ・ハート・アタックが、一万五〇〇〇人の大観衆の前で演奏し、誰もが無料のコンサートと祭りの雰囲気を楽しんでいた。午前一時ごろ、警察に匿名の電話があり、センテニアル公園に爆弾が置いてあり、あと三〇分で爆発すると警告した。あわただしく開始された捜索で、パイプ爆弾三個が入った軍装備品のようなバックパックが音響タワー近くのベンチ下に見つかった。数分後、まだコンサートの観客を避難させている途中で、爆発が起こった。死亡したふたりのほかに、一〇〇人以上が負傷した。当初、疑いをかけられたのは、爆弾を発見したリチャード・ジュウェルという地元の警備員だった。彼は英雄として注目を浴びることを望み、法執行機関で働くという野心もあったため、自分が設置した爆弾を自分で発見するふりをしたのだとされたが、[101]のちに潔白だと証明された。このまったく見当違いの思い込みから、ＦＢＩはこの事件を小ばかにして「バッバ爆弾（Bubba Bomb）」と呼んだ。[102]捜査官たちが本当の爆破犯――クリスチャン・アイデンティティと反中絶民兵組織に属する二九歳のエリック・ルドルフという男――を特定するまでに一年半もかかった。[103]その間、ルドルフはほかに三件の爆破事件を起こしていた。中絶手術を手掛けるアトランタ郊外のクリニックを標的にした一九九七年一月の爆破事件では、五〇人以上が負傷した。その一か月後には、ＬＧＢＴＱの支援者が集まるアトランタのナイトクラブが爆破され、五人が負傷した。そして、一九九八年一月二九日、アラバマ州バーミングハムの家族計画クリニックが標的になった。この事件では警察官ひとりが死亡し、看護師ひとりが重傷を負った。[104]これら一連の攻撃のそれぞれで、「神の軍隊《アーミー・オブ・ゴッド》」の名で犯行声明が出された。しかし一九九七年に、連邦の調査官が、センテニアル公園から回収した爆発物のかけらと、その年の初めの中絶クリニックとＬＧＢＴＱのナイトクラブの爆破で使われたものが同じであることを突き止め、同一人物の犯行だと確信した。目撃者も現れ、バーミングハムのクリニックから男が速足で歩いてきて、ノースカロライナ州のナンバープレートがついたグレーのニッサンのピックアップトラックに乗って走り去ったと証言した。その車の登録者がルドルフで、ＦＢＩはこの事件の最初の大きな手掛かりを得た。[105]

名前と住所がわかり、捜査官たちはルドルフの住居と隣接する所有地に集まった。ルドルフが借りていたトレーラーの貨物室のなかに、爆破事件それぞれと結びつく証拠が見つかった(106)。

ルドルフもマクヴェイと同じように陸軍にいたことがあったが、育った背景はまったく違っていた。マクヴェイはニューヨーク州北部でカトリック教徒として育てられ、愛国心に燃えて入隊し、申し分のない軍でのキャリアを築いていたが、しだいに幻滅し、やがて、かつては仕えることを誇りに思っていた政府に反旗を翻した。ルドルフはフロリダ州で生まれ、ノースカロライナ州で育った。人種差別主義者、反ユダヤ主義者で、同性愛を嫌悪し、アイデンティティ神学を支持し、中絶の合法化に強硬に反対した。彼が軍に入隊したのは、殺害と破壊のスキルを高めるためだった。子ども時代から、ルドルフはクリスチャン・アイデンティティと白人至上主義のイデオロギーにどっぷり浸っていた。たとえば、第九学年〔中学三年に相当〕のときの学期末レポートで、ホロコーストは実際には起こらなかったと論じた。母親は、ルドルフがまだティーンエイジャーのうちから、彼と兄弟のひとりをミズーリ州シェルシティにあるダン・ゲイマン師のイスラエル教会に連れていき、アイデンティティ神学を学ばせた。第2章で述べたように、ゲイマンは、ロバート・マシューズが「オーダー」の強盗で得た現金の一部を受け取っていた。ルドルフはゲイマンの娘のジュリーとデートまでしていた(107)。それからまもなく、彼は陸軍に入隊し、やがてケンタッキー州のフォートキャンベルで、エリート部隊として知られる第一〇一空挺師団に配属された。彼が刑務所で書いた回顧録によれば、陸軍での経験が反逆を起こす隠れた動機になったという。「二〇歳で、自分の命を国への抵抗に捧げた」と彼は書いた。

若く世間知らずだった私は、軍隊で能力を発揮することで大義に奉仕できると思っていた。確かに、私はアメリカ人が自分の国を取り戻すために立ち上がると思っていた。「内部崩壊」や国連の乗っ取りや「すべての銃器の押収」をただ待つだけでは満足しなかった。ジョージ・ワシントンなら何をするだろう、と自問してみた。彼なら戦うだろう！　私には戦争が迫っているのがわかっていた。だから、そのための準備をしたかった。そこで、一九八七年の春、ノースカロライナ州フランクリンの軍の登録事務所へ行き、陸軍に入隊した。

言うまでもなく、誰の命令のもとで自分が奉仕するかについては、何の幻想も抱いていなかった。私に関するかぎり、憲法は数十年前に放り捨てられ、中央政府は反逆者たちの手に落ちていた。政治レベルで命令を下す者たちは、私のリーダーではなかった。武器と小部隊の戦術についての知識を得て――可能なかぎり短時間でできるかぎりの訓練を受け――早々に除隊するというのが、私の計画だった。本当の戦争がやってきたときに、準備が整っているように。(108)

彼は陸軍の精鋭部隊であるレンジャーに入りたかったが、マクヴェイが特殊部隊の選抜からもれたように、ルドルフも希望をかなえられなかった。陸軍で学びとろうと思っていたさらなるスキルを学ぶ機会は奪われたが、元レンジャーの自分の指揮官が意欲的な教師になってくれるとわかった。その上官から、ルドルフは釘のようなどこにでもある材料を榴散弾として使って簡易爆発物を作る方法を教えてもらった。(109) 彼がオリンピック公園で使った爆弾は、六センチほどの長さの四ドルの床材用の釘を約二・七キロ分、タッパーにきっちりと詰め込んでいた。(110) ルドルフはすでに野外活動には熟練していたが、第一〇一空挺師団にいる間に、SERE訓練（生存、回避、抵抗、脱走）も受け、のちに効果的に利用することになる。(111)

一九八八年には、ルドルフは軍で学ぶことはもうないと考えていた。彼は悪質な態度と不服従、上司への敬意に欠けた言葉遣い、任務放棄、保安検査後手続き違反、そしてマリファナ使用により、複数回忠告を受けていた。最終的に、ルドルフは一九八九年一月に除隊した[112]。軍隊は実際のところ、彼がアメリカで嫌悪するようになったすべてのことを確信させた。彼の考えでは、軍はアファーマティブ・アクションを優先して、優秀さを二の次にした。これは、アメリカ社会をむしばむ悪制度だと思われた。彼はのちにこう説明している。「陸軍は戦争のために築かれた機関なので、私はいつも、士官には弱く能力のない者を排除する権限があると考えていた。現実はそうではなかった。ワシントンの陸軍は、国全体をむしばんでいたのと同じ平等主義に感染していた[113]」

バーミングハムでの爆破事件のあとに、ＦＢＩはナンバープレートからルドルフが車の所有者であることを突き止め、数日後、彼の逮捕を求める刑事告訴状が発行された。一九九八年四月、爆発物の悪用による連邦法違反の五つの訴因が当初の容疑に加えられ、オリンピック公園、中絶クリニック、ＬＧＢＴＱのナイトクラブの爆破すべてに適用された[114]。これらの罪により、ルドルフはＦＢＩの「最重要指名手配犯一〇人」のリストに含まれ、五年におよぶ追跡が始まった。結局、彼は二〇〇三年五月三一日に、ノースカロライナ州の農村部の町マーフィーで逮捕された。新米の地元警察官が、食料雑貨店の裏にあるごみ箱をあさっている男を見かけた。ごみ箱に頭を突っ込んでいたその男が、ルドルフだった[115]。三八歳になっていた逃亡者は、二〇〇五年四月一三日、アトランタとバーミングハムでの爆破に関して罪を認め、控訴の権利を放棄した。彼は仮釈放の可能性のない、寿命よりはるかに長い終身刑を言い渡され、コロラド州にある最高警備の刑務所、ＡＤＸフローレンス連邦刑務所に収監され、テリー・ニコルズや他の数多くの悪名高い国内外テロリストたちとともに、「爆破犯監房」に入れられた[116]。

ルドルフはマクヴェイと同じように、自分の行動が引き起こした死と破壊について後悔していなかった。[117] アメリカ政府に対して、中絶の合法化を許し、ＬＧＢＴＱの権利を容認するどころか保護までし、さらには政府内部が腐敗し品位が低下していると非難した。建国の父たちの愛国的な行動の例を引き合いに出し、ルドルフは「歴史上のさまざまな時期に、善意の男女は、合法的に構成された権力が道徳的な境界線を逸脱していると判断せざるをえないときには、その統治権を剝奪した」。一九七三年の連邦最高裁による中絶を合法とする画期的判決は、そうした境界線を越えた瞬間だった。「中絶は殺人だと信じているので、私はそれを止めるための武力行使は正当化されるとも信じている」と、ルドルフは宣言した。彼はさらに、「同性愛を合法化する協調的努力」と、「社会に対して、同性愛を自然な男女の関係と同じ、正常な合法的行為であると受け入れ、認めるように強制する「挑戦的な」試み」にも抗議した。ルドルフによれば、「この暴挙を止めるために、あらゆる努力をし、必要であれば暴力を使うことが求められた」。最後に、彼はオリンピック公園爆破の動機と根拠を詳しく語った。「何年もの間、私はこれらの問題について時間をかけて真剣に考え、一九九六年になって行動を起こす決心をした」

一九九六年の夏、世界がオリンピック大会のためにアトランタに集結した。ワシントンの体制の保護と援助のもとで、数百万の人々が世界的社会主義の理想を祝福するためにやってきた。〔…〕オリンピックの目的はこれらの卑劣な理想を促進することだが、七月二七日の攻撃の目的は、中絶をその求めに応じて認めるという不愉快な決定をしたワシントンの政府を混乱させ、怒らせ、動揺させることだった。

計画は、大会を中止させる、あるいは少なくとも不安材料をつくって、開催場所周辺の通りを空っぽにして、大会に投資された巨額の金を無駄にさせることだった。[118]

死傷者と破壊、そして、不幸にも彼のアメリカとアメリカ人に対する怒りに触れるはめになった人々に苦痛を与えたことを除いて、ルドルフは目的を何ひとつ達成できなかった。しかし、マクヴェイと同じように、ひとりの個人が解き放てる暴力、引き起こせる苦痛、そして、そうしたトラウマとなるような出来事がアメリカ人に与える心理的影響の大きさを、はっきりと示して見せた。[119] マクヴェイはのちに、「ひとりの男がこの種の地獄をつくり出せるというのは、恐ろしいことではないだろうか?」と語っている。[120] マクヴェイもルドルフも、特定の組織には属しておらず、指揮系統の上層部からの命令に従っていたわけでもなかった。彼らはどの組織とも連携せず、個人として独自に行動していた。しかしながら、二〇世紀の終わりに目立って広まった思想的背景に自分たちの暴力をはっきりと位置づけた。生得論的な考えを持つ過激派の心に深く根づいていた思想である。[121] 南部貧困法律センターの記録では、オクラホマシティ事件後の一〇年間で国内テロが約六〇件発生するが、そのうち死者が出たのは数件だった。[122] マクヴェイが待ち望んだ革命は起こらず、ルドルフのオリンピック大会の妨害や、アメリカでの中絶合法化の撤廃を目的とする常軌を逸した試みが失敗したように、これらの個別に発生した暴力のどれひとつとして、犯人の壮大な目的を達成することはなかった。しかし、これらの事件でさらなる暴力への渇望が満たされることもなかった。

二〇〇一年九月一一日のあまりに大きな同時多発テロと、アフガニスタンとイラクに対する攻撃と戦争の陰に隠れ、アメリカの暴力的極右組織からの国内テロはほとんどやんだかに見えた。しかし、はじめて黒人が大統領に選ばれた二〇〇八年の選挙と、同じ年の金融危機による景気後退が、やがてまったく新しい世代の煽動、騒擾、暴力を勢いづかせる。

第6章　再燃した人種差別

「われわれはもう、システムを直接破壊するのではなく、システムへの一般大衆の支持を失わせることに集中している」
『ターナー日記』より

二〇〇九年一月二〇日、新たに就任した初のアフリカ系アメリカ人の大統領が、ナショナルモールに集まった約一八〇〇万人という記録的な大観衆の前に立った(1)。希望と変化の偶像的イメージを前面に押し出した選挙運動の締めくくりとして、バラク・オバマ大統領の最初の就任演説は、属する党派の違いを越えたアメリカ人としてのアイデンティティに訴え、結束を呼びかける内容だった。「今日この日、私たちがここに集まったのは、恐怖ではなく希望を、争いと不和ではなく目標のもとにひとつになることを選んだからです(2)」。大統領はそう宣言した。

二〇〇八年の大統領選でのオバマの勝利は、アメリカの投票記録を塗り替えた。この四年後に、オバマは再びその記録を更新する。しかし、国内の人種差別主義者と強い偏見を持つ者たちにとって、この結果はアメリカで起こっているすべての悪いことを浮き彫りにした。アメリカ初の黒人大統領の選出

――彼を中傷した者たちの一部は、オバマはキリスト教徒ではなくイスラム教徒で、さらにはアメリカ生まれですらないという誤った主張をしていた――は、圧政と選挙での不正が再び根を下ろした最新の証拠を提供した。「怒りに駆られた大勢の白人アメリカ人が答えを求めている」。白人至上主義のインターネット掲示板「ストームフロント（Stormfront）」を開設したドン・ブラックは、選挙の翌日に、「彼らに見せてやろう。われわれは敗北しない」と書いた。元KKKリーダーのルイジアナ州議員で、古くからの人種差別主義者として知られるデヴィッド・デュークも、同様の呼びかけをした。「われわれはヨーロッパ系アメリカ人として、自分たちの遺産、自分たちの自由、国民としての生存のために結集しなければならない。そうしなければ、そして、今すぐに本物の運動、われわれの権利と遺産を守るための運動を始めなければ、われわれにとって重要で不可欠なすべてのものを失うだろう」(3)

オバマの選出以前から存在し、その後も存在し続けた、オバマは本当はアメリカ市民ではないとする、いわゆる「バーサー理論（birther theory）」は、おそらく最も際立った人種差別的反応だっただろう。オバマが二〇〇四年に上院議員選に出馬したときからすでに、インターネット上の陰謀論者たちが、この候補は信仰する宗教を隠していると中傷しようとした。その二年後には、同じような根拠のない中傷として、オバマの出生証明書は偽物で、彼はアメリカ生まれではなくケニアで生まれたので、大統領選に出馬する資格がないとする説が言い立てられた（合衆国憲法によって大統領はアメリカ生まれでなければならないと定められている）。これらの非難は、影響力を高めていたフォックスニュースや、ニューヨークの不動産業界の大物でテレビのリアリティ番組のスターでもあったドナルド・J・トランプも煽り立てた(4)。その効果は絶大で、混血の候補への脅迫が急速に増加した。その結果、二〇〇七年五月三日、ジョージ・W・ブッシュ政権の国土安全保障長官マイケル・チャートフは、民主党予備選が始まる九か月前に、他のどの候補より早く、政府が提供する個人警護として、シークレットサービスの特務部隊によるオバマの保護――コードネーム「変節者《レネゲード》」――を承認した。(5)

党の大統領候補指名に有望な黒人候補が登場するまで、極右テロの脅威は一〇年間、ほぼ休止状態に近かった。アメリカの対テロ戦略は、二〇〇一年九月一一日にあまりにも衝撃的な形で具体化された、サラフィ・ジハード主義の脅威にすべて振り向けられた。その後の一八年間、この外国からの脅威に集中した国内の安全保障政策が、国土を安全に保っていた。確かに、九・一一以降は、外国からの組織化されたアメリカ本土への攻撃計画が成功したのは、二〇一九年一二月六日、フロリダ州のペンサコーラ海軍航空基地に対する攻撃が最初だった。アラビア半島のアルカイダ提携組織に勧誘された潜伏スパイが、基地に侵入して三人を殺し、八人を負傷させた。九・一一からの数年間は、一九九五年のオクラホマシティ連邦政府ビル爆破や、その翌年のアトランタのセンテニアル・オリンピック公園事件に代表されるような国内テロは、遠い過去の出来事と広く考えられるようになっていた。

しかし、オバマの大統領選での勝利は、新たな敵意と誹謗中傷の爆発を引き起こした。南部貧困法律センターの記録によれば、選挙から数週間の間に、「人種差別的憎悪によると思われる誹謗中傷や脅しが数百件あった［…］が、ほとんどは暴力に発展しなかった」(6)。民兵組織や他の反政府組織は、選挙後に急増し、マクヴェイが起こした爆破事件直後に失ったものを再構築した。たとえば、オバマの一期目の任期の終わりまでには、アメリカで活動する反政府民兵運動と他のいわゆる「パトリオット（愛国者）」組織の数は、それまでのピークだった一九九六年の八五八組織を上回り、一三六〇という新たな記録を打ち立てた。(7)さらに注目すべきことに、二〇〇九年には「オース・キーパーズ（Oath Keepers）」という合衆国憲法の独自の歪んだ解釈を守ろうとする全米規模の民兵組織と、「スリー・パーセンターズ（Three Percenters）」という、アメリカ独立戦争でわずか三パーセントの入植者しか戦いに参加しなかったという誤った主張を想起させる名称の組織が結成された[8]。

一九八〇年代から九〇年代にかけてと同じように、これらの民兵組織とパトリオット組織の多くには退役軍人が加わっていた。オース・キーパーズはおもに現役または退役した軍人と法執行官で構成されていた。創設者は、陸軍の元パラシュート降下兵でイェール大学ロースクール卒の、エルマー・スチュワート・ローズという男だ。グループのウェブサイトで説明されているように、オース・キーパーズは次のことを誓う。

すべての軍と警察が宣誓する、「国内外のあらゆる敵から憲法を守る」という誓いを遂行する。憲法そのものの第六条によって義務づけられるこの宣誓は、憲法に対してであって、政治家に対してではない。オース・キーパーズは、憲法に反する命令、すなわち、アメリカ国民からの武器の押収、令状なしの捜索、陪審裁判を受ける権利を与えずにアメリカ人を「敵性戦闘員」として拘留する、などの命令には従わないと宣言する[9]。

現役と予備役の兵士、州兵、他の軍役経験者の勧誘を最優先にすることで、オース・キーパーズは「槍の先端」として自分たちを位置づけることを目指した。アメリカ政府が一八七八年のポッセ・コミタトゥス法に違反して、個人の市民的自由を奪うために国の正規軍を動員するようなことがあれば、先陣を切って戦うのだ[10]。ベトナムからの撤退後に現れた反政府運動の多くを思い出させるような、これらの新しい民兵組織は、アフガニスタンやイラクでの実戦経験や通信、後方支援での経験を持つ個人の流入の結果として、数と脅威の両方の面で強化された。ジャーナリストで活動家のデヴィッド・ナイワートは、新たに結成されたオース・キーパーズについてこう語った。「突然、退役軍人や武器を扱う本格的訓練を受けた人々の参加が増えて、これら民兵運動が取り入れた訓練はティーパーティー以前の運動を特徴づけた失敗ばかりの喜劇のようなものから、真剣な目的を持つ本格的訓練へと変化した」(11)。圧政と認識されるものへの防衛戦力として自らを確立しようとするオース・キーパーズの努力は、アルカイダが欧米から世界の「ウンマ（イスラム共同体）」を守るためにムスリムのエリート先遣隊を創設しようとしたこととよく似ている。

オバマ政権の始まりは、一期目の任期を複雑にしただけでなく、国の結束に課題を突きつけるふたつの出来事と重なった。第一は、オバマ政権の発足に先立って発生し、おそらくは彼の勝利にも貢献した金融危機で、社会に不安感が広まり、それ以前の経済不況の時期と同じように、政府の中心的機関や手続きへの信用と信頼を損なうような陰謀論を煽った。第二は、それに関連した、共和党内での「ティーパーティー」運動の出現とその人気の高まりだ。財政面での保守主義、国家の負債の削減、小さな政府というティーパーティー運動が掲げた政策は、連邦政府の能力への疑いを目立たせ、一部においては、そのポピュリスト的で反連邦主義のメッセージは、政府の不当な越権行為とリベラルな文化規範の押しつけへの新たな恐怖を生み出した。どちらの状況も、ワシントンDCはもはや普通のアメリカ人労働者や、とくに白人の中産階級・下位中産階級のことなど気にかけていないと論じる、新たなポピュリズムに火をつけた。これらの感情は当然ながら、さらなる二極化を加速させ、大衆の反発を生む肥沃な土壌になることがわかった(12)。それは、すでに黒人が国家の最高位に就いたことで動揺していた人たちにとって好都合な状況を与えた。このサークルには、政界の公職者や主流の候補が数多く含まれるようになった。「個人的には、私たちは岐路に立っていると考える」。インディアナ州の共和党上院議員候補でティーパーティー運動の支持者だった人物は、二〇〇九年にそう述べた。「私たちには最後のチャンスが残っている。二〇一〇年がそれだと私は信じている。いいですか？　私たちは投票を通してそれを達成できる。私かどうかは別として、新たな議員を得ることができる。私は新しい顔が見られることを神に祈っている。そうでなければ、私は自分の銃を掃除して、大舞台の準備をするだろう。私は真剣だ。あなたたちもそうであると信じている(13)」

オバマの一期目が始まってわずか三か月後、国土安全保障省は極右組織による勧誘と暴力が危険なレベルで増加していると警告する情報評価を行なった。その報告書では、一九九〇年代初めとよく似た状況が起こっていると指摘された。国内の民兵運動と反政府感情がこれまでになく高まり、オクラホマシティやアトランタなどでのテロ行為を誘発した時期である。「一九九〇年代を繰り返すような環境要因の結びつき」について、国土安全保障省はこう警告した。

より厳しい銃火器の規制を求める法律への関心が高まり、退役軍人の帰還に加え、不確かな経済的見通しと外国からの影響が増しているという認識が、右翼過激派、とくに白人至上主義と民兵組織の活動を勢いづけているかもしれない。これらの要因が変わらないかぎり、右翼過激派はさらに力をつけると思われる(14)。

この評価は、インターネットが暴力と破壊行為をたきつける可能性について、はっきりと警告していた。ルイス・ビームが約束したように、同じ考えを持つヘイトモンガーや反政府過激派の間のコミュニケーションが容易になることに加えて、同胞を傷つけようという意志を持つ者たちにとって、爆弾作りのマニュアルやその他の参考資料がすぐに見つかり、簡単に手に入るようになる。

流出した国土安全保障省の報告書は、保守派のコメンテーターや立法議員に攻撃された。彼らは、その報告書は思想的偏見に毒され、軍の人員や退役軍人を政治的脅威として特定しているとして非難した(15)。国土安全保障長官のジャネット・ナポリターノはその後、報告書を撤回し、退役軍人らに対して正式に謝罪せざるをえなくなった(16)。二年後、その報告書を中心になって書いた分析官のダリル・ジョンソンは、あるインタビューで、国土安全保障省とオバマ政権が政治的圧力に屈したために、出現しつつあった深刻な脅威をよりよく理解し、対策をとるための好機を逸してしまったと嘆いた。国土安全保障省は自らの報告書を否定しただけでなく、ジョンソンが率いていた分析班は解体され、彼のチームは別の場所に配置転換されて、提供する予定だったブリーフィングと訓練は中止になった(17)。「私を不安にさせるのは――」と、ジョンソンはのちに説明した。

それは、わが国が内部から、自国の過激な市民に攻撃されているという事実だ。最近になって小規模な攻撃が続いている。[…] これらの事例が増え始めている。しかし、議員や政治家、国の指導者たちは、この状況をあまり心配していないように見える。そのため、私の最大の不安は、国内の過激主義者が何らかのきっかけで大胆になり、大量の犠牲者を出す攻撃を実行するまでになることだ。なぜなら、彼らは国内からの脅威については誰も警戒していないと気づくだろうから。このことを考えると、私は夜も眠れない(18)。

二〇一一年七月二二日、白人至上主義者の三二歳の男が、ノルウェーのティリフィヨルド湖にあるウトヤ島でフェリーからゆっくりと降りた。ウトヤ島では毎年、ノルウェーの労働党青年部が主催するサマーキャンプが開かれていた。その午後、子どもたち（まだ一一歳の小さな子たちも何人かいた）は、首都オスロで爆破事件があったというニュースを聞いた。オスロの政府機関が集まる地域が標的になった。「ここにいる僕たちも安全ではないよ」。北部のサランゲンから来た一八歳のシモン・セボーが警告した。「犯人が政府エリアに行ったのは偶然ではないと言いたいんだ。これは労働党への攻撃で、僕たちも労働党の一部だ」[20]。彼は正しかった。オスロでの事件から二時間後、セボーと子どもたちは攻撃され、静かな島の風景を弾丸の雨が引き裂いた。逃げる場所はどこにもなかった。カリスマ性があり、仲間からは「ＪＦＫ」のニックネームで呼ばれていたセボーは、他の参加者が断崖の下に隠れるのを果敢に助けた。あとになって救出チームが、彼の遺体が水際の岩の上に前のめりで倒れているのを発見した。弾丸が心臓を貫いていた[21]。

アンネシュ・ベーリング・ブレイビクは、島内を歩き回って殺戮を繰り返し、一時間も経ったころにようやく現場にやってきた警察に逮捕された。それまでに六九人が死亡し、何人かは湖に遺体が浮かんでいるのを発見された。島から必死に泳いで逃げようとしたのだろう。銃を持って近づいてくる男から、お互いを勇気づけ守ろうと、何人かでかたまっていた子たちもいた。ほとんどの犠牲者は、頭に銃口を押しつけられ、処刑スタイルで殺されていた。オスロのダウンタウンの爆破事件でも、八人が死亡した。当局はこちらに関しては、イェンス・ストルテンベルグ首相の暗殺が目的だったことを突き止めた。攻撃の直前に、ブレイビクは自分の連絡先リストに載っている人たちに、長く詳細な声明文をメールで送っていた。そのなかで、自分の動機と犯行に向けた準備について語り、さらにはこの計画を、「聖戦の第三の波がはじき返され、西ヨーロッパにおける文化的マルクス主義／多文化主義の覇権が打ち砕かれ廃墟に横たわる」ことを期待する年にちなんで、「二〇八三」と名づけたことを説明した。この冗長でしばしば他人の文章を借用した、一五〇〇ページから成る声明文には、排外主義、人種差別主義、白人至上主義のイデオロギーがはっきりと表れていた。ブレイビクはこう宣言した。「もし彼ら［ブレイビクが「文化的マルクス主義者」と呼んでいた、ヨーロッパの政治的リーダーなど］が、今後何十年もヨーロッパ人の意志を否定し、ヨーロッパを破滅の間際まで追い込むようなことがあれば、血まみれの報いを受け、彼ら数千人が処刑されるだろう[22]」

しかし、ノルウェーと世界を揺るがす二〇一一年七月二二日の暴力に至るブレイビクの道のりは、それより何年も前に始まっていた。実際に、この殺人者は——おそらく偽りと思われるが——行動を起こす九年前の二〇〇二年に声明を書き始めたと主張している[23]。オスロとウトヤ島でのふたつの攻撃につながったブレイビクの生活を追跡すると、過激化、さまざまな試練、最終的なテロ行為の決行のなかに、なじみある多くのパターンが見てとれる。「ここ何年か、彼は慎重に二重生活を維持していた」。『ニューヨーク・タイムズ』紙は、事件の数日後に、犯人についてこう書いた。「かつてのクラスメイトや同僚たちは、彼のことを目立たない、すぐに忘れ去られてしまうタイプと表現した。おそらく彼は、持って生まれたその性格を、「殉教作戦」と自分で呼んだ計画を隠すために意識的に利用したと言えるだろう[24]」。その「二重生活」の困難を振り返り、ブレイビクは「私の目標は自分の最も近いネットワークにいる人たちが特定の質問をしてこないようにすることで、これまでのところ完璧に成功していた」と述べた[25]。

アンネシュ・ベーリング・ブレイビクは幸せな子ども時代を過ごさなかった。両親は離婚し、精神分析医は、彼の母親はアンネシュと妹を虐待しており、子どもたちを育てるのにふさわしくないと判断した。「家族全体が母親の不安定な精神状態の影響を受けている。アンネシュは、母親の男性一般に対する被害妄想に近い身体的、性的暴力への恐怖が投影された犠牲者である[26]」。精神分析医はそう指摘した。

社会福祉課は、少年を母親から引き離すことを勧めたが、その件の裁判は長引いた。ブレイビクの精神面での葛藤が彼の強い孤独感の一因になったと思われ、その深い孤独は子どものころから彼の人生につきまとった。「彼は自分から進んで他の子どもたちと接しようとはしなかった。活動には機械的に参加して、喜びや興奮を見せることはなかった。よく悲しそうな顔をしていた(27)」。分析医の報告書はそう続けた。青少年期はなかなか周囲に溶け込めなかった。それは、彼が追求した落書きアートの世界でも、厳しい移民政策で知られる右派のノルウェー進歩党の党員としても同じだった。父親はアンネシュが落書きで三度目に逮捕されたあと、一五歳のときに勘当した。成人してからは、周囲になじめないブレイビクの性格が悪化し、まともな仕事を見つけるのに苦労した。オンラインで知り合ったベラルーシのガールフレンドとの関係もだめになった。彼は思想的、政治的に自分が属する場所を探し求めた。二七歳のとき、ブレイビクはお金を節約するため、家に戻った。かつての友人たちとは会うのをやめ、その代わりにオンラインゲームをして過ごした。コンピュータという聖域から離れるときには、おもに政治的な話題を議論することを楽しんだ。「イスラム教徒がヨーロッパで力を得るだろう。彼らには大勢子どもがいるからだ」。彼は友人にそう言った。「彼らは従属的な地位に置かれたふりをしているが、すぐに多数派になるだろう。統計を見てみるといい(28)」。彼の過激化はすでに始まっており、暴力の行使がすぐに続く。

二〇一一年初め、ブレイビクは田舎に引きこもり――おそらくロバート・マシューズがアメリカ北西部に向かった行動をスカンジナビアで再現していた――スウェーデンとの国境近くに、作戦の最終準備をするのに格好の静かな農場を見つけた。そこで過ごした三か月ほどの間、彼は反体制派過激主義者として典型的なコースをたどった。ノルウェー東部のアスタに近い、グロンマ川の東の土手に位置するその農場は、ブレイビクの攻撃計画に不可欠な役割を果たした。人里離れたこの場所で、彼は手製爆弾を完成させ、蓄えていた弾薬の致死性をさらに高め、運動して体力をつけ、攻撃に添える声明文に磨きをかけた。この政治的動機を持つ大量殺人者が、自分の国、政治上の敵、さらに重要なことに、彼らの子どもたちへ宣戦布告する計画の最後の仕上げをしたのは、こののどかなアスタだった。[29]

ブレイビクは三二歳で、独身で、失業し、薬物使用者で、大学教育を受けておらず、複数の前科があった。精神状態については診断結果が分かれ、大きな議論の的になってきた。事件から数週間、数か月の間に、ブレイビクのところには複数の精神分析医チームが訪れた。裁判所に任命された最初のふたりの精神分析医は、殺人者と三六時間一緒に過ごし、「ブレイビクの症状、とくに奇妙な誇大妄想があることに基づき、彼が妄想タイプの統合失調症を発症しているという結論に達した」。二番目の精神分析医のペアはその判断に同意せず、「ブレイビクの症状は重度の自己陶酔的なパーソナリティ障害と、病的虚言症が結びついたもので、彼は私たちとの面会の間も、犯行時にも、精神異常の状態にはなく、したがって法的に責任を負える」と結論した。[30] ブレイビク自身は、自分は完全に正気で、敵の侵入と認知されたものへの自衛という理由により、無罪を訴える正当性を必死に主張した。裁判所は彼の責任能力を認め、二一年の懲役刑という最高刑の判決を下した。その刑期は、五年単位で無限に延長できるものだった。[31]

テロリズムの野蛮さと残忍さをまざまざと見せつけたブレイビクのふたつの攻撃は、対テロリズムの風景を根本的に変化させた。それまでの一〇年間、欧米の情報機関や法執行機関の焦点は、ほぼ完全にイスラム過激派からの脅威に向けられていた。しかし、いまや白人でキリスト教徒の、ノルウェー人の単独のテロリストがどこからともなく現れ、その七年前に起こったマドリードでの通勤列車爆破事件

（一九三人が死亡）以来、ヨーロッパでどのテロリストよりも多くの犠牲者を出した。オスロとウトヤの事件は実際のところ、アメリカでも他の国でも、新たに活力を得てより暴力的になった極右による活動の火蓋を切る攻撃だった。多くの極右過激派がそれぞれの国での人種間戦争に火をつけようと、加速主義の戦略を同じように追い求めていた。

二〇一二年八月五日の晴れた朝、ウィスコンシン州オーククリークで、白人至上主義者で熱狂的ロックンロールファンの四〇歳の元陸軍兵士が、ウィスコンシン州シク教寺院に入り、銃撃を始めた。礼拝者六人が死亡し、四人が負傷した。負傷者のひとりは何年かあとに、その傷がもとで死亡した。犯人のウェイド・マイケル・ペイジも、その場で自害した。(32) 当時、ペイジの無差別銃撃はアメリカではそれより一五年以上前のオクラホマシティ爆破事件以来、最も多くの犠牲者を出した極右による攻撃だった。ペイジの動機も、なぜシク教の礼拝場所を選んだのかも、わからないままだ。彼は声明を発表せず、手掛かりを得るために解析し分析できるオンラインメッセージや投稿の痕跡もなかった。(33)

ペイジはネオナチのスキンヘッドで、デフィニット・ヘイトやインティミデーション・ワンのような威嚇的な名前を意図的に使ったバンドで演奏していた。攻撃の数年前からトラック運転手として働いていたが、一九九〇年代のほとんどは陸軍で過ごし、一時期は心理作戦班にいたこともあった。ペイジは入隊後、ノースカロライナ州のフォートブラッグでの訓練中に過激化した。(34) 彼が基地で過ごした一九九五年当時は、ネオナチ思想をあからさまに表現することが一般的だった。兵舎には鉤十字が下がり、現役のフォートブラッグの兵士が建てた近くの入隊勧誘の広告板は、兵士たちにウィリアム・ルーサー・ピアースのナショナル・アライアンスへの入会を勧めていた。当時、国内の白人至上主義とネオナチの政治的組織としてとくに勢いのあった団体である。その年、陸軍のエリート部隊である第八二空挺師団のふたりの兵士が、近くのファイエットヴィルで黒人のカップルを殺害した。兵士たちはフォートブラッグで会員二十数人のネオナチグループに属していた。ふたりのうちひとり、兵卒のジェームズ・ノーマン・バーマイスター二世は、自分のベッドの上にナチの旗を飾っていた(35)。

この段階までに、米軍は内部に過激主義者を抱えていることを警戒し始めていた。たとえば一九八六年、キャスパー・ワインバーガー国防長官は、現役の兵士が民間のKKKのメンバー（退役陸軍兵士のフレイジャー・グレン・ミラーに率いられたグループの一部）に訓練を提供しているという報告を受け、「軍の人員は白人至上主義、ネオナチ、その他のあからさまな差別を支持または生み出そうとする集団への参加を拒絶しなければならない。デモへの参加、メンバーの勧誘や訓練、そうした組織の結成や先導を含む積極的な参加は、軍への奉仕とはまったく相いれない」と指摘した(36)。しかし、一九九五年、ファイエットヴィルでの殺戮とマクヴェイのオクラホマシティでの多数の犠牲者を出した爆破事件が起こった年、軍への過激主義の浸透は緊急性を帯びた問題とみなされるようになった。ファイエットヴィルの殺人者はどちらも有罪となり、終身刑を言い渡された。しかし、それと同じくらい重要なこととして、同じ部隊に属していた一九人の兵士が、同じネオナチ組織に属していることが調査によって発覚し、不名誉除隊処分になった(37)。

これらの事態への対応として、国防総省は、人種、宗教、民族の違いに動機づけられた暴力を支持する過激派組織への参加に関して、あらためて方針を周知する指令を出した。「部隊の秩序を保つうえで有害であると司令部が判断する［過激派］組織の活動への参加、あるいはそうした組織の目的推進に関わることは、軍隊での任務とは相いれず、したがって禁止とする(38)」。議会の公聴会も開かれ、陸軍では軍内部の憎悪や不寛容に対処するための特別部隊を編成した。[39] しかし一九九八年、まったく無関係の国防総省の報告書で、もうひとつの警戒を要する傾向が明らかになった。「極右過激派組織の成人リーダーたちが、若い男女に軍への入隊を奨励し、武器と軍事訓練、人材へのアクセスを得させたうえで、民間生活に戻そうとしている」ことがわかった。[40] 全志願制の軍隊では、志願者が暴力や白人至上主義思想を支持・信奉する組織に参加しているかどうかについての慎重な身元調査よりも、人材確保のノルマが優先されたようだ。[41]

対テロ戦争が始まったために、この問題はほとんど忘れ去られていた。事実、南部貧困法律センター（ＳＰＬＣ）が報告しているように、外国でのふたつの戦争により再び、「新兵不足のため、軍は過激主義者の入隊を禁じる方針を緩和する」必要に迫られた。[42] バグダードにアーリアン・ネーションズの落書きが見つかり、国防総省の暴力組織調査官はＳＰＬＣに、「陸軍だけでも、調査対象の数字は数千におよぶという多くの証拠がある」と告げた。[43] 二〇〇八年になって、ＦＢＩの「白人至上主義組織による九・一一以降の軍人リクルート」と題した報告書で、問題が再浮上した。ＦＢＩは、「過激主義運動が軍隊経験のあるメンバーを重視していることは、彼らに数を超えた影響力を持つ可能性を与える。国内の暴力的過激派グループのメンバーの多くが米軍で兵役に就いた者たちで、軍隊経験を持つ者は属するグループのなかで権限のある地位に就くことが多い[44]」。国土安全保障省の分析官ダリル・ジョンソンの部署は翌年初めに強化された。

軍への入隊は「自分のそれまでの決断で最もよかったこと」という主張にもかかわらず、ペイジは勤務中の飲酒や無断外出などの「常習的な不品行」のため一九九八年に除隊になった。[45] そのころまでには、彼はすでに自分の過激主義的な信念を誇らしく思っていた。ペイジとともに兵役に就いた仲間の記憶によれば、「相手が黒人、インド人、アメリカ先住民、中南米系、その他どの人種であれ、彼はそのすべてを憎んだ」[46]。ペイジ本人が社会学者のピート・シミに、「入隊したときには人種差別主義者でなくても、除隊したときには間違いなくそうなっている」と話した[47]。軍にいた間のペイジの過激化は、米軍と南部連合国の伝説的な「失われた大義」、そして、南部連合国軍の残り火から生まれたKKKの間の、長く不快な結びつきに再び光を当てた[48]。確かに、フォートブラッグは不適切にも南北戦争時代の南部連合国軍の将軍、ブラクストン・ブラッグにちなんで名づけられたもので、改称が検討されている[49]。

シク教寺院での銃乱射事件は、極右過激派のソーシャルメディアでは称賛された。これらのフォーラムの会員のひとりはこう投稿した。「われわれ白人の現実主義者は、白人に対する低・中度の人種間戦争が、メキシコ人、中米人、「Nワード」によって数十年間、続けられてきたことを知っている。われわれ白人に対するこうした行為は、ほとんどの場合、明確に政治的というわけではなく――」

どちらかといえば、これら本能的に卑劣な者たちは、われわれ白人が彼らの敵だと知っているから犯罪を実行している。彼らの論理的スキルは必ずしも優れていないが、腕力とナイフのすばやい扱いでは優れている。そのため、われわれはこの人種間戦争で負けてきた。最近ではより頻繁に、われわれの一部の仲間が同胞のために自らを犠牲にする英雄的な行動を起こしている。さて得点は？　われわれは数万回負け、数十回勝利した[50]。

しかし、多数の犠牲者を出す攻撃は、運動の内部分裂をも露呈する。とくにタイミングと戦術、さらには暴力の行使全般についての考え方が衝突しやすい。テロ組織内部でしばしば繰り返される議論を反映するかのように、「ストームフロント」（ブレイビクとペイジも頻繁に利用していたフォーラム）に投稿されたあるメッセージはこう宣言した。「ユダヤ人、黒人、中南米人、ムスリム、ゲイの利益集団や活動家が、われわれの銃を持つ権利に反対し、オバマに何か策をとるように命じるだろうことは十分に予想できる。オバマは圧力に屈し、彼らはついに白人から武器を取り上げるという戦いで不可能に近い勝利を得るだろう。われわれは無防備だ。すべては、一部の精神を病んだ者や卑劣で愚かな者たちのせいだ」。同じスレッドで、別の過激主義者は興奮した調子でこう投稿した。「やつらこそ、私が最も憎む相手だ。自分たちの行動がわれわれの運動にどれほど害を与えるかもわからないほど愚かな連中だ。このサイト上にいる、他の人種を傷つけるようなことをするとほのめかす者は誰でも遠ざけなければならない。彼らは害悪でしかない[51]」

その三か月後にオバマが再選を果たすと、一期目の勝利後とよく似た状況で、強烈な人種差別主義的憎悪が再燃し、新たに彼の暗殺を呼びかける声が上がった。ミシシッピ大学はその少し前に、大学での人種差別廃止の方針転換がきっかけの暴動から五〇年の節目を迎えていた。そのときに、オバマの再選への学生たちの抗議が手に負えなくなった。彼らは、大統領に対して攻撃的で人種差別的な発言をし、治安紊乱行為でふたりが逮捕された[52]。オバマ再選への反応は、インターネット上ではさらに敵意に満ちていた。「クルー38ハンマースキン」というフォーラムに投稿された、つじつまの合わない投稿がその典型だ。「私は娘に、あのろくでもない［Nワード］を大統領に選べば、これまでの五〇年間に私たちが成し遂げてきたことが覆されるのだと教えています」

人々が再びこれほど愚かになれるなど、ありえません［…］何が起こったと思いますか？［…］ばか者たちが彼を再び選んだのです！　娘が生きていく将来を、私にはどうにもできないことが悔しくてなりません［…］今日、私たちが目にしたのは、あの能無しを再び大統領にしようとする愚かで無教養な「Nワード」たちの一団です！　投票には何らかの条件をつけるべきではないでしょうか？　私は怒りに駆られ、もう我慢できません！　私の夫は東海岸で女性の上司に仕え、常識のかけらもない国のために必死に働いています……ハリケーン・サンディが愚か者たちをひとり残らず海に吹き飛ばしてくれることを願うばかりです！(53)

シク教寺院の銃撃から次の大掛かりな攻撃までには二年の間隔があった。今度の攻撃者は白人至上主義運動の重要人物で、やはり陸軍退役軍人のフレイジャー・グレン・ミラーだった。攻撃日は二〇一四年四月一三日、ユダヤ教の「過ぎ越しの祭り」の前夜だった。ミラーは最初にカンザス州オーバーランドパークにあるユダヤ系コミュニティセンターの外で、一四歳の少年と彼の祖父を殺した。それから近くのユダヤ系高齢者施設を攻撃し、母親の面会に訪れていた女性を銃殺した。犠牲者はいずれもユダヤ人ではなかった。(54)ミラーの一九八〇年代の活動についてはこれまでの章で取り上げたが、彼は古くからのネオナチでKKKの活動家でもあり、「ヴァンガード・ニュース・ネットワーク」フォーラムに積極的に参加し、二〇〇四年初めに入会して以来、一万二六〇〇件を超える投稿をしていた。(55)彼の逮捕の瞬間を撮影していたテレビのニュース番組のクルーを見て、ミラーは「ヒトラー万歳！」と叫んだ。(56)

攻撃後の数日間、ヴァンガード・ニュース・ネットワークは、殺害を称賛するコメントであふれた。「人々がついに邪悪で危険な寄生虫どもへの反撃に乗り出したことを神に感謝する。ユダヤ人は悪意に満ちている。インターネット上で連中の信じられない数々の犯罪を完全に暴いてきたにもかかわらず、まだ大部分の人がその手掛かりをつかめていないのは驚きでしかない(57)」。そんな投稿があるかと思えば、また別の投稿が割って入った。「唯一の合理的な批判は、彼のスコアかもしれない」――「スコア」とは、ヴァンガード・ニュース・ネットワークのユーザーから見て、失望するほど少ない犠牲者数に言及したものだ。一九八〇年代にミラーが極右テロによる攻撃の成功の度合いをランク化するために考案したポイント制については、知っている者もいれば、知らない者もいた[58]。しかし、あるスキンヘッドのフォーラムは、この攻撃はユダヤ人をひとりも殺害できず、また犯人がフォートスミスで政府側の証人になった人物だったという理由で、あからさまにけなした。「なぜこれがよい仕事だったのか、私にはさっぱりわからない」と、この人物は投稿した。「一四歳の少年とその祖父はユダヤ人ですらなく、少年が演劇グループに参加していたからその場にいたにすぎない。グレン・ミラーは八〇年代後半に政府と取引をして、自分の身を守るためにオーダーに不利な証言をした密告者でしかない[59]」。実際に、一九八八年のフォートスミスの煽動共謀の裁判で、検察側証人としてミラーが証言した結果として、彼は懲役の年数が減刑され、名前をフレイジャー・グレン・クロスに変えていた。メディアも銃撃事件後しばらくは、その名前で報じていた[60]。

ミラーの攻撃は、ブレイビクの起こした事件の衝撃と余波がまだ続いている新たな証拠を提供した。その三年前、ミラーはブレイビクの無差別殺害を称賛していた。「もしどこかの進取の気性に富んだアメリカ人同胞が、キャッツキル山地、キャンプ・デービッド、あるいはマーサズ・ヴィニヤード島へ行き、移民好きのJOGに属する若者連中に向けて「乱射」してくれたら、私が眠れない夜を過ごすこともなくなるだろう。事実、これを言うのは「心が痛む」のだが、普段よりぐっすり、おそらく顔に満足そうな笑みを浮かべて眠れるのではないかと思う[61]」。彼が書いたJOGとは「ユダヤ占領政府」の意味で、通常はZOGの頭文字で呼ばれる。

アメリカの民兵運動コミュニティは、オバマの大統領就任への反発から再び火がついたポピュリズム感情と反政府過激主義の成長から恩恵を受けたもうひとつのグループだった。ミラーの事件のほんの数週間前、土地管理局（ＢＬＭ）の職員と、ある牧場経営者一家との間で、武装対立が起こっていた。さまざまな民兵運動に属する人々が牧場主を支援し、その数はどんどん増え、スチュワート・ローズが率いるオース・キーパーズの構成部隊も加わった。[62] 家長のクリヴェンを筆頭にしたバンディ一家は、二〇年間、必要な許可を得ないまま、地代を支払うこともなく、政府の所有地で家畜を放牧していた。ＢＬＭはバンディ家に対して、政府に一〇〇万ドルの支払いを命じる裁判所令状を手に入れた。バンディ家が拒んだため、ＢＬＭは二〇一四年三月にバンディの牛を押収し始め、対決は避けられなくなった。一家からの応援要請に応じて、アメリカ西部のさまざまな民兵組織のメンバーがネバダ州バンカーヴィル郊外のバンディ家の農場に集結し、抵抗する一家を支援した。「もし連中がこの山中にやってきてわが家の財産を盗もうとすれば、防衛手段を講じる」。クリヴェンの息子のひとり、ライアンが宣言した。「連中はずっとわれわれに、『何をするつもりだ？　何をするつもりだ？』とたずね続けてきた。われわれはつねに、必要なことは何でもするというスタンスだった。本当に何だってやる。だから彼らは怖気づいた。こちらがどの程度まで自衛のための行動を起こすかがわからなかったからだ。しかし、われわれは何としてでも守り抜く覚悟だった[63]」。「ストームフロント」では、過激主義者たちが一九九〇年代に起こった多くの立てこもり事件の悲劇的結末を思い出し、同様の結果になることを恐れながらも、メンバーの数と支援が増えることを期待した。「連邦政府を焼き払え」が、典型的な投稿の文言のひとつだった。「ウェイコやルビーリッジのときのように、なかにいる人たちを殺そうとするなら、殺害者はその報復を受けるだろう。それがドミノ効果を誘発することは間違いない[64]」。バンディ家との対決は、アメリカのしばしば独立心旺盛な牧場主や農場主と連邦政府との深い溝だけでなく、この国の二大政党の間の溝が深まっていることも示す格好の例となった。たとえば、ネバダ州選出の上院議員ふたりは、この包囲戦の評価では著しく見解が異なっていた。共和党一年生上院議員のディーン・ヘラーは、バンディ家とその支援者を「愛国者」として称賛した。民主党の上院多数党院内総務だったハリー・リードは、彼ら全員を「国内《ドメスティック》テロリスト」として切って捨てた(65)。

この一件は翌月、BLM側が圧力に屈し、バンディ家に必要な許可なしで政府の土地での放牧を続けてもよいと認めたことで終結した。この決定によって対決は鎮まり、差し迫った流血の惨事を回避できたかもしれないが、BLMの決定は意図せずして、過激派の反政府感情を煽り、民兵運動に新たな自信と虚勢を与えた。素朴で独立心のある西洋人が、過剰に干渉し搾取的ですらある連邦政府に勇敢に立ち向かうという神話の再興が、ほぼ二〇年の間に消滅しかけていた反政府運動と民兵運動に新たな生命を吹き込み続けた(66)。国土安全保障省元分析官のダリル・ジョンソンはこう指摘した。「党派的な政治報道や、選挙で選ばれた公職者による不法で反政府的なレトリックを受け入れるなどの状況が嘆かわしいまでに常態化していた(67)」

バンディ家の支援に駆けつけた人々のなかに、三一歳の元受刑者で当時は失業中の建設労働者とその妻がいた。ジェラドとアマンダのミラー夫妻は、この政府との対決に参加するため、二〇一四年四月にインディアナ州からやってきた。フェイスブックやユーチューブ上では、彼らはすでに「人種差別的、反政府的な見解を持ち、銃のコレクションを自慢していることでよく知られていた(68)」。ジェラドは状況を報道しているテレビ局の記者や他のジャーナリストたちを見て、自分も何か言いたいという衝動を抑えられなかった。彼はフル装備の戦闘服——ケブラーの防弾ベストなど——を着込んだ姿で、数多くのインタビューに答え、連邦政府を非難し、ルビーリッジとウェイコでの悲惨な結末について語り、死の危険を冒してでも権威に対して暴力的に抵抗する意志があると宣言した。「ここに来ることを望んで、私たちを小突き回そうなどと考えている連邦捜査官に対しては気の毒に思う」と、彼はある記者に語った。「私も本当は彼らに暴力を振るうことを望んでいない。しかし、向こうがこちらに暴力で挑もうとするのであれば、つまり、それが彼らの言語だというのなら、私たちもそれを学ぼうと思う」。彼はもうひとつのことに関しては、さらに具体的だった。「私は死を恐れない。私が恐れるのは奴隷になることだ。独裁権力の下で生活することだ」と彼は断言した[69]。皮肉にも、ジェラドは抗議運動の組織者からは、あまりに過激で精神的に不安定とみなされ、その場から立ち去るように言われた。彼はその要求を受け入れられず、ヒステリックに叫びながら離れていったらしい。「彼は正しいことをしたかったが、そのための方法を知らなかった」と、抗議者のひとりが振り返った[70]。

ジェラドは政府への憎しみと不満をインターネットにぶつけ、USATruePatriot のユーザーネームを使って、フェイスブックやユーチューブにメッセージや動画を投稿した。自分で制作したユーチューブ動画では、「新世界秩序」への不満を強調している。二〇一四年六月二日のフェイスブックへの投稿では、「この抑圧を止めることは、残念ながら、血を流すことによってのみ達成される」と言い切った。その五日後、最後のメッセージとなる投稿に、ジェラドは「われわれの犠牲のすべてに価値がありますように」という謎めいた言葉を残した[71]。六月八日、彼は妻のアマンダとともに、ラスベガスの警察官ふたり、イゴール・ソルドとアライン・ベックがピザ店「シーシーズ」で昼食をとっているときに銃撃して殺害した。夫妻は片方の警察官の遺体の上に、ガズデン旗〔黄色地にガラガラ蛇を描いた独立戦争時代の旗〕に鉤十字を添えてかぶせ、もうひとりの遺体の上には「これは革命の始まりだ」と書いたメモを残した[72]。その後、ミラー夫妻は近くのウォルマートへ行き、買い物客ひとりを殺害したあと、警察との銃撃戦で死亡した。中西部からネバダ州の高地の砂漠、そしてラスベガスの商業施設への夫妻の長旅は、インターネットが国中のアメリカ人を過激化させ、煽動し、活気づけるうえで大きな役割を果たすようになったことを物語る。そのプロセスは、ソーシャルメディアの簡便さ、どこでも使える便利さ、そして費用があまりかからないことによって容易になった。

一九八〇年代に出版された有名な本のタイトルにもあるように、テロリズムはコミュニケーションとしての暴力だ[73]。歴史的に、テロリストにとって最も意味のある攻撃とは、その攻撃が放つメッセージへの反響によって記憶されるもので、戦略的に成功するテロ攻撃は政治の歴史を変えるかもしれず、そうでない攻撃は、犠牲者の家族の悲しみと苦しみ以外には、ほとんど記憶されないかもしれない[74]。メディアでの報道は、繰り返しニュースで取り上げられることで長期的な影響を与えようとする、すべてのテロリストの望みを叶えている。すべてのテロ組織は注意を引き、人員を集め、さらなる支援を得ようとする。その重要性は、一九七二年の夏、ミュンヘンにやってきた民兵運動組織によって劇的に具体化された。彼らはオリンピックのイスラエル選手団を人質にとった。実際に、テロリズム研究の先駆者として知られるブライアン・マイケル・ジェンキンズは、「テロリズムは劇場である」という有名な言葉を残している[75]。

アメリカの暴力的極右過激派は、以前からメッセージ発信の重要性を理解し、自分たちのイデオロギーをメディアや娯楽産業を通じて広めようとしてきた。二〇世紀初めのKKKの再興は、映画『國民の創生』のヒットもその要因のひとつだった。それから数十年後のデジタルテクノロジーとデスクトップ・コンピューターの出現は、人種差別主義の反政府過激派からは、おもに幅広い支持を獲得するための安く効果的な手段として、熱烈に歓迎された。(76) ビームの草分け的な「アーリアン・ネーションズ・リバティ・ネット」は、二一世紀に入ると、「ストームフロント」や「ヴァンガード・ニュース・ネットワーク」のような強力なインターネットサイトに進化していく。テキストだけだったリバティ・ネットの、速度の遅いダイヤルアップモデムとは違って、これらのプラットフォームは即時のコミュニケーションを可能にし、写真、動画、ミーム、アニメーション、その他の画像を含む膨大なデジタルファイルの共有もできるようになった。

インターネットはその後、もうひとつの新たな革新を生み出した。ソーシャルメディアである。それによって、友人、家族、見知らぬ人がリアルタイムの仮想世界で即時に結びつき、緊密な関係性を築くことが可能になり、そのための費用も安く済んだ。その社会的影響のほかに、これらのプラットフォームの利用は、政治的組織の目的にとっても大変革をもたらした。ソーシャルメディアは、二〇一〇年と二〇一一年のいわゆる「アラブの春」の抗議運動でも重要な役割を果たした。中東と北アフリカの根深い権威主義的政府に反対し、地域の政治的現状を一変させた運動である。たとえば、大規模な市民的不服従運動も明白な革命も、仮想プラットフォームを通して組織化され、地域で最も抑圧的な――だが技術的には無知な――体制にすら打ち勝った。各地の暴力的過激派がこの新たに見つかった力を認識し、自分たちの悪意ある目的のために、新しいテクノロジーを熱心に取り入れた。

おそらくブレイビクは、その過激化にソーシャルメディアが中心的な役割を果たした、最初の主要な極右テロリストだっただろう。失業して、独身で、いくつかの危険要因――精神疾患の可能性と薬物乱用歴、孤独な生活など――を抱えていたブレイビクは、ゲームのサイトを通して、政治的過激派の世界に容易に入り込んだ。二〇〇六年、二七歳だったブレイビクは母親の家に戻ってきた。彼自身はこれを研究休職《サバティカル》と表現していた(77)。オスロ近郊のスコイエンにある家の小さな自室で、コンピュータ画面の前で過ごす時間がどんどん長くなり、最後には一日に一七時間も過ごすようになっていた。お気に入りのゲーム「ワールド・オブ・ウォークラフト」には、はっきりした終わりがなく、競うべき新たなタスク、結ぶべき同盟、戦うべき戦争が与えられ続け、何時間も、何日も、プレイは続いた。ブレイビクにとって、ゲームの世界は政治的過激主義と人種差別主義に簡単に結びつく水路だった。彼が定期的に画面上で遭遇した他のユーザーたちは、あからさまな偏見を非常に攻撃的な言葉で表現した。ブレイビクは彼らを称賛し、模倣した。持って生まれた保守的な考えとともに、好奇心がブレイビクをさらに過激なサイトへと導いた。コンピュータに張りついて過ごした五年間――ある友人は「冬眠状態」と呼んだ――に、ブレイビクが熱中するサイトは「ワールド・オブ・ウォークラフト」から、「ストームフロント」や「ゲーツ・オブ・ヴィエンナ（Gates of Vienna）」などのネオナチのウェブサイトに代わった。これらのサイトは、一六八三年にキリスト教徒のハプスブルク家がイスラム教徒のオスマン帝国の侵略軍に勝利したことを祝福した(78)。

インターネットの片隅に、ブレイビクは自分が属する世界を見つけた。白人のヨーロッパ人男性として、彼はただコーカサス人でキリスト教徒というだけで受け入れられた。「ウェブサイトには、「われわれ」の強い結束感があった」。ノルウェー人ジャーナリストのアスネ・セイエルスタッドは、『われわれのひとり』のなかで、ブレイビクの人生と攻撃についての最も信頼できるストーリーを描いている。「それは、侵入者に対するわれわれ。脅威にさらされた集団としてのわれわれ。選ばれた民としてのわれわれ。彼らに対するわれわれ。あなたの運命に対するわれわれだ(79)」。これは、尊敬されたいというブレイビクの個人的願望に働きかけ、彼のエゴを満たした。過激化が進むにつれ、彼は人種差別、陰謀論、白人の誇りと力というデジタルのパラレルワールドに深く入り込んだ。そして、自分の熱情と過激主義を共有しないオンライン上の知人たちを酷評し始めた。「もしこれらのライターたちが、怖気づいて保守主義革命と武装抵抗を広めるつもりがないのなら、他のライターたちがそれをしなければならない」。ブレイビクはそう不満を爆発させ、言葉より行動をという彼の考えを共有しない者たちを非難した。(80)

二〇一〇年代半ばまでには、イデオロギー的には幅のあるテロリストたちが、ソーシャルメディアを利用していた。彼らはプラットフォーム上で好き放題に過激化し、管理者はそうした悪意ある存在を知らないか、そうでなければ、うなぎのぼりの利益に夢中になるあまり、気づきも気にかけもしなかった。たとえば、二〇一三年四月に立ち上げられた「ストームフロント」のあるスレッドは、「フェイスブック――白人を目覚めさせる効果的な方法」を宣伝した。(81) 二〇一四年、伝説の元ＣＩＡ精神科医のジェロルド・ポスト博士は、学術誌に発表した重要な共同執筆記事「行動科学と法律」のなかで、執筆者たちが「憎悪の仮想コミュニティ」と名づけたものの危険が増していることをはっきりと警告した。ソーシャルメディアを通じたインターネット上での過激化が、以前は想像できなかった方法で脅威を兵器に変え、テロリズムを変革した。ポストら執筆チームはこう論じた。「このインターネット時代に、自分の属する場所を追い求め、受け入れられたいと願うこれら孤独な個人が、過度に長い時間をオンラインで過ごすように突き動かされている。孤立した一匹狼どころか、彼らはいまや、個人を超えた大きな大義を掲げるグループのメンバーになっている(82)」

ソーシャルメディアの悪影響は、いわゆる「ゲーマーゲート」スキャンダルにはっきり表れた。インターネット上での女性のゲームデザイナーを標的にした悪質なハラスメント運動だ。「ドクシング（晒《さら》し）」と呼ばれる行為によって、彼女の個人情報が無断で公開され、男性優位のゲーム製作の世界で、彼女が性的関係を利用して昇進したと非難された。この件は、個人的な争いと、それに伴う一方の当事者から他方への攻撃が、どれほど簡単にネット上で拡散されうるか、ひとりの人物に対する女性蔑視的、人種差別的な発言が、どれほど簡単にネットワーク全体からの攻撃に変わりうるかを明らかにした。「浮気をしたとされるガールフレンドに対する復讐として始まったものが、逆行する波となって、人種的マイノリティ、女性、進歩的イデオロギー全般への攻撃に変化した。反動政治に活気づけられ、ハラスメント運動に参加したことで過激化し、失敗する可能性の低い即効のプロパガンダ作戦に参加できる若者たちは、アメリカの組織化された人種差別運動の格好の勧誘対象になった」。ソーシャルメディア専門家のタリア・ラヴィンはそう説明する。[83] 突然、個人的なけんかも大きな世界的事件も、最初にオンラインで、リアルタイムで、まったく編集せず、削除部分もほとんどなく、信頼できる人物の理性的な声もしばしば含まれないまま、報じられ、要約され、議論されるようになった。

まず、二〇一四年八月、ミズーリ州ファーガソンで、マイケル・ブラウンという一八歳の黒人ティーンエイジャーを警察が銃で撃ったことをめぐり、抗議運動が起こった。それ以前から、非常に疑わしい状況で有色人種の若者が警察により殺害される事件が続き、ブラウンはその最も新しい犠牲者だった。彼の死は、すでにその二年前から再表面化していた、アフリカ系アメリカ人らの長きにわたる人種差別による苦しみに、さらなる怒りを加えた。二年前の事件では、やはりアフリカ系アメリカ人のトレイボン・マーティンという若者が、自称警備員に銃で撃たれて死亡した。抗議、騒乱、暴動、略奪の映像が、全米でツイッターやフェイスブックに投稿された。アメリカの人種差別主義者と白人至上主義者にとって、これは人種間戦争の幕開けを告げるものだった。「どうか、お願いだから、［Nワード］への攻撃の嵐を解き放ってほしい」。ソーシャルメディア上で、白人至上主義者が大げさに訴えた。「この男性は、深刻な間違いを犯している。彼は黒人に理を説こうとしている。すべての黒人が本当に望んでいるのは、すべてを破壊する行動を開始する青信号だ。すぐに行動を開始しなければ[84]」

次に、同じ年にヨーロッパの大部分が、かつてない規模の移民の大量流入の結果として、政治的、社会的混乱状態に陥った。「アラブの春」のあと、地中海全域で荒れ狂った内戦やそれに付随する騒乱から、大勢の人々が必死に避難してきた。数千、数万の移民が紛争状態の故郷を逃げ出したことで、大陸規模の難民危機を生み出した。排外主義者らは、自国への移民の流入を見て、この切迫した人道的支援の状況を政治的に利用しようと、「危機」の概念を押し広げた[85]。ヨーロッパでもアメリカでも、保守派のメディアによる報道や解説が、移民に圧倒されるという不安を掻き立てた。たとえば、イギリスの右派のタブロイド紙は、恐怖を煽るような記事を次々と掲載した。二〇一五年七月三〇日の『デイリー・エクスプレス』紙の一面には、「移民の侵略を止めるために軍の派遣を」の見出しが躍り、八月二八日の『デイリーメール』紙の主見出しは、「移民――あとどれだけ受け入れられるのか?」だった。

移民「危機」の想定外の影響は、ヨーロッパの政治を変革した。フランス、ドイツ、スウェーデンをはじめヨーロッパ全域で、急進的な右派政党がかつてないレベルの支持を新たに獲得した。イギリスでは二〇一六年に、EUからの離脱の是非を問う、一般には「ブレグジット」として知られる問題で国民投票が行なわれた。投票日まで一週間を切ったころ、右派の過激主義者が労働党のジョー・コックス下院議員を殺害し、「イギリスのためだ!」と叫んだ[86]。この殺害事件にもかかわらず、国民投票では「離脱」派が勝利を収めた。極右のチャットルームでは、ドイツのアンゲラ・メルケル首相がとくに辛辣な非難にさらされた。「ストームフロント」のある投稿者は次のような尊大な意見を述べた。「『タイム』誌の「今年の顔」が地球上にとどまり、歩いたり、話したり、汚したり、殺戮したりする時間の長さは、ヨーロッパの白人男性の勇気と理解、献身と愛国心を測る物差しとなる」[87]。同じサイトの別の投稿者は、メルケル首相は「ヨーロッパにしてきたことの報いとして、その首が飛ばされるべきだ」と書き込んだ[88]。

移民危機の予期せぬ政治的影響は、ヨーロッパだけにとどまらなかった。極右過激主義が国境を越えて広まっているもうひとつの例として、アメリカでは中東と北アフリカからの移民の増加に対する不安が、密入国しやすい南のメキシコとの国境を通って流入する南米からの不法移民に対する古くからの苛立ちと絡み合い、大きな問題になった。二〇一五年七月にシリアからの難民がアイダホ州に到着したときには、フェイスブックのあるスレッドで、「アメリカにやってくるターバン頭の連中を撃ち殺す」ように奨励された。その投稿へのコメントのひとつは、「連中は畑のよい肥料になるだろう。じゃがいもの味を台無しにしないことを祈る[89]」というものだった。ストームフロントにはこのような投稿もあった。「飛行機が到着するときには、われわれもそこへ行き、煉瓦とバットを持ってやつらを出迎えるべきだ。政府に理解させるにはそれしかない。外国の侵略者はもう入れるな！[90]」

さらには、二〇一四年、イラクとシリアのイスラム国（ＩＳＩＳ）と、その電撃的なイラク西部とシリア東部の占領による脅威の深刻化が、世界中のソーシャルメディアで語られた。ＩＳＩＳのとどまることのない拡大は、ハッシュタグなど拡散のための最新機能を使って――とくに目立ったのが、#AllEyesonISISで、世界中がリアルタイムでその成功をフォローできた――話題にされた[91]。ＩＳＩＳによるソーシャルメディアの熱狂的で巧妙な利用は、テロリストの過激化と勧誘に革命をもたらした。そのやり方は完全に、敵に不意打ちを食らわせた。その世界的な興隆を宣伝するだけでなく、イスラム教やムスリム世界については両親の遺産というほかに何のつながりもない多くの西洋人を刺激して、中東まで旅をさせ、カリフ制の確立というＩＳＩＳの目標を支援するように呼びかけた。テロリズム分析者のピーター・バーゲンが「聖戦のクラウドソーシング」と呼んだプロセスで、ＩＳＩＳは世界中に触手を伸ばした。世界中のおよそ一二〇か国から、推定四万人の外国人がやってきて戦闘員に加わった[92]。ＩＳＩＳはデジタルコミュニケーションを器用に使いこなすことで、怒りを抱え、あるいは疎外された世界中の若いイスラム教徒と直接つながり、「個人の怒りを正義の聖戦と彼らが信じるものに転換」できた[93]。少なくとも五〇〇〇人のヨーロッパ人がＩＳＩＳの呼びかけに応えて中東へ向かい、他の者は自分の国にとどまったまま聖戦に参加した。

ＩＳＩＳのプロパガンダは、より抑制された歴史的・神学的メッセージに偏ったアルカイダのものとは一線を画していた。研究者のジェシカ・スターンとＪ・Ｍ・バーガーが「超暴力《ウルトラバイオレンス》」と名づけたもの——処刑や自爆テロ、拷問などを生々しく描写することに喜びを感じる——へのＩＳＩＳの訴えかけは、あっけにとられるほどシンプルで、驚くほど効果的だった[94]。ソーシャルメディアの利用により、聖戦を実行するためにテロリストの拠点から敵国の大都市まで、戦闘員を送り込む必要がなくなった。すでにそれらの国に住んでいて、疎外感を覚えている共鳴者を刺激し、活気づかせ、ＩＳＩＳに代わって暴力行為を起こさせ、その目標達成に貢献させるだけでいい。欧米で発生した、ＩＳＩＳに結びつくこの種の最初の大きなテロ事件は、二〇一四年五月に起こった。アルジェリア系のフランス人で、シリアに住んでいたこともある男が、ブリュッセルのベルギー・ユダヤ博物館を銃撃し、四人が死亡した。国土安全保障省とＦＢＩは共同報告書のなかで、こう警告した。「暴力的過激派のオンラインフォーラムやソーシャルメディアでの、ＩＳＩＬとその支持者による自国での暴力行動を呼びかける投稿の多くが、進行中のアメリカによるイラクとシリアへの空爆への報復を目的としている。この呼びかけは、国内の暴力的過激派（ＨＶＥ）を動かし、自国で、おもに法執行官に対する攻撃を実行させている[95]」。実際に、それから程なく、ＩＳＩＳのプロパガンダ戦略が実り、アメリカ国内でのテロ攻撃を引き起こした。一組の夫婦がカリフォルニア州サンバーナーディーノで銃を乱射した。また、銃を持った男がフロリダ州オーランドのゲイのナイトクラブを襲撃し、四九人が死亡した。さらに、アメリカに合法的に暮らしていたウズベキスタン人の男が、運転していたバンでローワーマンハッタンの歩道に突っ込み、歩行者八人が死亡した。この一連の困惑すべきテロ事件を誘発するための、ＩＳＩＳの巧みなソーシャルメディア上での操作は、アメリカの暴力的極右過激派の注意も引いた。これらの国内組織は同じコミュニケーション・プラットフォームやソーシャルメディアのテクニックの多くを活用して、彼ら自身の暴力の煽動を始めた。

ＩＳＩＳの急速な台頭は、アメリカ政府が国内の極右過激派とその暴力の増加に対処するために振り向けていたかもしれない資金や人員を、外に向けさせた。しかし、同じくらい重要なこととして、このソーシャルメディアに関連した三つの事件は、「グレート・リプレイスメント（総入れ替え）理論」として知られる思想闘争の呼びかけに、新たな勢いを加えた。この「グレート・リプレイスメント理論」は、世界の白人種は着実に衰退し、有色人種に乗っ取られていると主張する。その最も反ユダヤ主義的なアメリカの派生的理論である「ホワイト・ジェノサイド（白人虐殺）理論」は、この入れ替えのプロセスはユダヤ人が他の同じように悪質な陰謀勢力と結託して、積極的に画策したものだとする。(96)「グレート・リプレイスメント理論」は、このように、極右過激派に強い切迫感を吹き込んだ。「ブラック・ライブズ・マター（黒人の命は大切）」運動へのアメリカ各地での反動が、白人社会に繰り返し非白人移民の波が押し寄せてきたことへの恐怖や、欧米諸国での自国育ちのイスラム過激派による一連の攻撃への恐怖と結びつき、とくに危機感が高まったときには、この理論に沿ったストーリーを膨らませた。これらの移民排斥主義者の恐怖と不安が、ヨーロッパで、次にはアメリカで、極右の政治家により効果的に兵器化された。それがとくに目立ったのは、サンバーナーディーノの銃撃事件のすぐあとの二〇一六年の大統領選挙予備選の期間だった。ほぼ一〇年ぶりに、テロリズムの脅威が再び大統領選の重要な争点になった。そして、それがソーシャルメディアを通じて劇的に広められ、インターネットにアクセスできるすべての人の目に留まった。

事実、二一世紀に入ってからのアメリカでの国内テロの増加を理解するには、まず、ISISが採用したソーシャルメディアのエコーチェンバー現象の革命的な影響を理解しなければならない。ソーシャルメディアは個人が自分の属するコミュニティの情報を管理することを可能にし、そこでは異なる見解は、学問的な事実に基づいた議論ではなく、「フォローをやめる」や「友達から削除する」のワンクリックで排除される。その結果、最も暴力的な過激主義者によるものであれ、最も善良なティーンエイジャーによるものであれ、ただひとつの世界観だけが正しいとされ、議論や対話は抑圧され、排除され、沈黙させられるデジタル世界が創出される。セント・アンドルーズ大学の研究者ティム・ウィルソンはこう説明する。「今は誰に対してでも、どんな理由からでも、攻撃を始められる。西洋の政治的暴力は、容赦ない、抵抗しがたい拡散という形をとってきた。暗殺から大量殺戮へ、社会的地位の危機から階級社会の危機へ、クラスから大衆《マス》へ、抗争から熱狂へ、暴力の渦はどんどん大きくなっている」(97)

二〇一五年六月、カリフォルニア州南部の町チャールストンの歴史あるアフリカ系アメリカ人の教会で起こった惨劇は、デジタルメディアに掻き立てられた憎悪の悲劇的な結果をまざまざと見せつけた。

テロリストは地下の礼拝室を念入りに歩き回った。銃が何度も発砲され、犠牲者が次々と増え、あの最もいまわしい有害なイデオロギーの名のもとに、命が奪われていった。人種差別のイデオロギーである。人間の命を何とも思わない殺人者の背筋の寒くなるような非情さを、おそらく最もよく表していたのは、最年長の犠牲者となった八七歳のスージー・ジャクソンが最も銃弾を浴びた犠牲者でもあったことで、ホローポイント弾の銃創が一一も残っていた[98]。足元に七人の死体が横たわったところで、殺人者は攻撃をやめた。「誰かに生き残ってもらう必要がある。僕はこれから銃で自殺するから、あんたが唯一の生存者になる」。彼は元看護師のポリー・シェパードにそう言い[99]、彼女は命拾いした。殺人者はそれから銃口を自分自身に向けた——が、もう銃弾が残っていないことに気づいた[100]。彼は振り向いて、チャールストンの「マザー」・エマニュエル・アフリカン・メソジスト・エピスコパル教会から外に出ると、夕暮れのなかに姿を消した。

それからまもなく、攻撃を説明する声明文が見つかった。「最後のローデシア人」というウェブサイトにそれを投稿したのは、二一歳のディラン・ルーフという若者だった。短命に終わった南部連合国の伝説的な「失われた大義」の信奉者で、臆面もない白人至上主義者であり、自分が抱える数多くの不満をはっきり言葉にしていた。「僕には他に選択肢がない」。彼は自分のイデオロギー上の祖先である、オーダーの創設者でリーダーのロバート・マシューズが三〇年前に発した宣言をそのまま繰り返した。「僕はひとりでゲットーに行って戦う立場にはいない。僕はチャールストンを選んだ。なぜなら、僕が暮らすこの州で最も歴史ある町だからだ。かつてはこの国で白人に対する黒人の比率が最も高い町でもあった。ここにはスキンヘッドも、本物のKKKもいない。みんながインターネット上で話すだけで、行動を起こす者はひとりもいない。だから、誰かがそれを現実世界に持ち込む勇気を持たなければならない。その誰かは、僕なのだと思う[101]」。ルーフは人種間戦争の歴史における最後の白人殉教者に自分を仕立て上げた。うんざりする変化が起こっている世界のなかで白人を守る、啓発された、利他的な先導者だ。エッセイストのレイチェル・カージ・ガンサがルーフのプロフィールと彼がテロの標的にしたコミュニティについて書いた記事（ピュリッツァー賞を受賞）のタイトルどおり、彼は「最もアメリカ的なテロリスト」だった(102)。

ルーフの過激化とこの凶悪な犯罪を実行するという決断は、アメリカの極右過激派を特徴づけてきた思想的・戦術的テーマの多くを反映していた。彼の攻撃は、公民権運動の多くの偶像的人物、たとえばマーティン・ルーサー・キング・ジュニア牧師らを迎え入れた、歴史的に最も重要なアフリカ系アメリカ人の教会を標的にした。ルーフはとくに、二〇一二年にトレイボン・マーティンという一七歳のアフリカ系アメリカ人が、自警団のとりまとめ役をしていたジョージ・ジマーマンという男性に銃で撃たれて死亡した事件のニュース報道に刺激された。ジマーマンは殺人罪に問われたが無罪になった。ルーフはこの事件に触発されて、インターネットで黒人が白人を攻撃した犯罪を検索し、アメリカにおける人種関係の暴力的な現実に目を開かされた、とのちに話している。「僕がそれをしなければならない」。ルーフは銃乱射の間に礼拝者たちにそう言った。「あんたたちは白人女性をレイプする。この国を乗っ取る。あんたたちは立ち去らなければならない(103)」。ルーフは、暴力と最悪の形の誤った正義を刺激した、アメリカ南部でもとくに敵意むき出しの標語のひとつを持ち出した。つまり罪のない白人女性を非白人による略奪行為から守るための暴力である(104)。

映画『國民の創生』のなかで明確に描かれた「白人の純潔」の維持という大義は、歴史を通じて、南部の奴隷、解放奴隷、法を遵守するごく普通のアフリカ系アメリカ人男性のリンチによる殺害を正当化するために使われてきた。実際に、まさにこの正当化が、デヴィッド・レーンのあまりよく知られていない、「白人のアーリア人女性の美しさを、地球上から消滅させるわけにはいかない」を意味する「一四ワード」のスローガンに反映されている。一九二一年にオクラホマ州タルサで起こった人種に基づいた殺戮――オクラホマ歴史協会は「アメリカ史における最悪の人種間暴力事件」と呼んできた――は、一九歳のアフリカ系アメリカ人がエレベーター係の一七歳の白人女性のつま先を誤って踏んだことがきっかけだった。[105] 一九三一年のスコッツボロ事件では、アフリカ系アメリカ人の少年九人（ひとりはまだ一二歳だった）が、列車のなかでふたりの女性をレイプした罪で、誤認逮捕された。ひとりを除いて全員が最初は死刑判決を受けたが、その後、再審で減刑された。一九五五年八月、一四歳のエメット・ティルは、年配の白人女性の気を引こうとしたとして告発され、その後、ミシシッピ州でリンチされた。「［Nワード］が白人女性とのセックスに近いことを口にするのは、彼はもう生きていたくないという意思表示だ。私は彼を殺すだろうと思う」。自ら犯行を認めた殺人犯のひとり、J・W・ミラムは、そう怒りをあらわにした。ミラムは無罪になった。[106] ルーフは自分の暴力行為を説明するためにこの正当化を使った。「白人国家主義者のコミュニティのなかで、異人種と交わる白人女性がおおいに軽蔑されていることに気づいた。狂気の一歩手前と言ってもいい。これらの女性は被害者だ。彼女たちを救うことはできる。止めるのだ」。[107] しかし、反リンチ活動家のアイダ・B・ウェルズは『レッド・レコード（*A Red Record*）』でこう説明した。「有色人種の男性がレイプを犯したとしてリンチされてきた数多くの例で、その男性と女性の関係性が自発的で秘密にされていたものであることは、リンチの時点で確実にわかっており、犠牲者が殺されたあとではっきりと証明された。どの法廷でも、リンチで告発された者たちが有罪になったことは一度もない」[108]

二一世紀のテロリストで、加速主義――とそのアメリカのルーツ――をルーフほど力強く体現した者はほとんどいない。彼は人種間戦争の火つけ役になろうとした。しかし、チャールストンのアフリカ系アメリカ人の宗教コミュニティの一部は、自分たちの傷を慈悲と許しで癒すことを選んだ。「私はあなたを許します」。七〇歳の犠牲者エセル・ランスの娘、ナディン・コリアーは、ルーフの保釈審問のビデオ会議の間に彼にそう言った。「あなたは私から、とても大事なものを奪いました。私はもう二度と彼女と話すことができません。もう二度と、彼女を抱きしめることができません。それでも、私はあなたを許します。あなたの魂に神のお慈悲がありますように」[109]。二〇一五年六月のルーフの蛮行は、アメリカのシステムに衝撃を与えた。人種差別主義、白人至上主義の暴力が最悪の形で返り咲き、七年近く前に最初の黒人大統領を選んだ国に深く根づいた人種間の敵意を痛切に思い出させた。しかし、振り返ってみると、さらに陰惨な絵が浮かび上がる。ルーフの攻撃は、一部の人が期待したような、死にゆくイデオロギーの最後の発作的暴力ではなかった。その後にやってくる、さらに暗い日々の前兆となるものだった。

同じころ、はるか西では、もうひとつの反政府運動が展開していた。二年前のネバダ州での土地管理局（BLM）に対する勝利で大胆になったバンディ家は、二〇一六年一月、オレゴン州に注意を向けた。クリヴェンの息子、アモン・バンディが率いる民兵団――「主権市民」運動に属する人々も含まれた――が、マラー国立野生動物保護公園の建物を占拠した。そこには、土地利用、林野部、魚類と野生動物に責任を持つ連邦機関の地元本部があった。再び、連邦政府が公共の土地へのアクセスと利用を決める権限を持つかどうかが抗議の中心だった。今回の具体的な不満は、ドワイトとスティーブン・ハモンドが収監されそうなことだった。ハモンドは、公共の場所へのアクセスに関する政府の管理に抗議して連邦の所有地に火をつけたとして、五年の懲役刑を言い渡されていた[110]。にらみ合いは四〇日間続き、連邦の法執行機関が介入して強制的に解決させたことで、ようやく終わりを迎えた。保護公園があるハーニー郡の、警察が封鎖していた雪が積もる道路で、抗議者のひとりで広報役のラヴォイ・フィニカムが、逮捕に抵抗して自分の銃を取り出そうとした。オレゴン州警察の警官とＦＢＩ捜査官が発砲し、フィニカムは死亡した。すぐさま、彼は政府の過度な干渉に抵抗したもうひとりの英雄的な殉教者として称賛された。「もしフィニカム氏が消されたのだとしても、言い換えれば暗殺されたのだとしても、驚きはしないだろう」というメッセージが「ストームフロント」に投稿された。「警察によって暗殺されたのでも自衛のために殺されたのでも、彼はいまやわれわれ人種のための殉教者だ(111)」。反政府過激派側はこの対決を、連邦当局との長い戦いにおける最新の衝突として騒ぎ立てた。「アメリカ人は、なぜ自分たちが先へ進んでいると思えないのか、あるいはなぜコストばかりが大きくなり、得るものが少ないのかと考えている。それを強調したい」。アモン・バンディはＣＮＮのインタビューにそう答えた。「そして、それは連邦政府が土地と資源を人々から取り上げて使っているからだ(112)」。しかし、ハモンド家の弁護士は、彼らはバンディの助けを求めもしなければ歓迎もしなかったと語った(113)。

この政府との対決は、米軍の退役軍人が何人か含まれたという点で注目を浴びた。そのなかには、二度のイラク従軍を経験した元海兵隊員のジョン・リッツハイマーや、やはりイラクに従軍した元陸軍歩兵のライアン・ペインがいた(114)。「われわれは、連中の狙撃手に対抗する狙撃手を配置した」と、ペインは誇らしげに言った。「ＢＬＭの捜査官ひとりに対して少なくともひとり、時にはふたりを配置した。もし相手がほんのわずかでも間違った動きをすれば、そこにいたＢＬＭ捜査官はひとり残らず死んでいただろう。［…］ほとんどの州に、不法にわれわれを逮捕しようとする警察官を、合法的に殺せる仲間がいた(115)」。マット・シェイは陸軍兵士として、またワシントン州兵として、イラクに従軍した退役軍人だった。共和党のワシントン州下院議員になったシェイは、その立てこもりに関与したとして、議会の調査対象になった。二〇一九年に出されたシェイの活動に関する報告書は、この議員がマルヒュアで、「アメリカ合衆国に対する国内テロリズム活動に参加した」と結論した[116]。州の捜査によれば、シェイは「合衆国に対する政治的暴力を合わせて三度、計画し、参加し、煽り立てた」。また、「聖戦」の戦い方を教える訓練に参加し、「戦争の聖書上の根拠」と題したパンフレットを作成したこともわかった。彼は、アメリカの国内制度をキリスト教の神権政治に置き換えるべきだと論じ、「同意しないすべての男の殺害」を呼びかけた[117]。シェイは刑事告訴されたことは一度もなかったが、州の共和党幹部会からは排除された[118]。

バンディ家による二度目の連邦政府との対決は、驚くにはあたらないが、全米の民兵地下組織を共鳴させた。連邦捜査官との新たな対決の準備がなされた。インターネット上でますます過激になる強烈な非難がそれを煽った。「私は憤慨している。まったく腹立たしい」。ひとりの人物が、とくにフィニカムの殺害について、「ストームフロント」への投稿で怒りを表明した。「これはワシントンDCの敵対的な占領政府による、白人アメリカへの直接的な正面攻撃だ[119]」。別の人物は、「ネット上は怒りで沸き立っている。ほんの小さな野火でも荒れ狂う森林火災に発展しかねない」と警告した[120]。徹底した抵抗と反乱の種も、植えられていた。全面的な内戦と革命という加速主義の最終目標を反映して、武装スキンヘッド集団のあるメンバーがこう述べた。「革命は表面下で沸騰し、今まさに爆発しようとしている。私は待ちきれない[121]」

第7章　運動のグローバル化

「この小さな出来事が、政治的テロというものについて私に教えた。その恣意性と予測不能性こそが、効果を発揮するための重要な側面なのだ」

『ターナー日記』より

表面上は、アレクサンドル・ビソネットにとりたてて目立つところはなかった。大学生で、カナダ軍の元士官候補生のビソネットには、前科がなく、ごく普通の家族生活を送っていた。父親は、息子が大量殺人事件を起こしたあとに、よく耳にするような発言を繰り返した。「私たち家族、それに彼の性格を知る誰もが考えるかぎり、アレクサンドルがあのような大それた事件を起こすことなどありえない」(1)。振り返ってみれば、その普通さこそが、彼を危険な人物にしたのだと思われる。ビソネットはずっと、しつこく続くいじめに苦しみ、精神面での問題を治療しないままにしていた。自殺を図ったこともあった。そして、復讐を夢見ていた。「彼は何か大きいことをするという幻想にとりつかれていた。自分が死んだあとに、人々が彼を嘲笑うことなく、彼のことを決して忘れられなくなるようなことを」。ビソネットと面会した心理学者はそう述べた。[2] 彼はとくに子どものころはいじめに苦しみ、攻撃後に自害した殺人者たちに魅了された。[3]

テロの暴力を好む傾向はあったものの、ビソネットはほぼ間違いなく、アメリカ大統領選挙運動と、一部のコメンテーターが「脅威となる」「かつてない」、そして「白人種の一種の反動」の表れだとした選挙に刺激された、最初の大量殺人者だった。[4] 犯行までの数か月、ビソネットはツイッター、グーグル、ユーチューブ、フェイスブックで、八〇〇回以上、ドナルド・トランプについて検索した。[5] 具体的には、ビソネットはトランプ政権の移民政策に対するカナダのジャスティン・トルドー首相の反応に動機づけられた。二〇一七年一月二七日、新たに就任した大統領は、イスラム教徒が多数を占めるいくつかの国からアメリカ合衆国への入国を禁じる行政命令に署名した。トルドー首相は翌日、ツイッターにこう投稿した。「迫害、テロ、戦争を逃れてくる人たち、カナダ人はあなたたちを、どの宗教を信仰するかにかかわらず歓迎します。多様性こそ私たちの力です。#WelcomeToCanada（カナダへようこそ）」。[6] 一月二九日、ビソネットはケベックシティのイスラム文化センターに入ると、口径九ミリのグロックで銃撃を始め、六人の礼拝者を殺害した。その何人かは、撃たれて倒れたあとに、処刑方式で頭に銃を突きつけられて殺されていた。「アレクサンドル・ビソネットが犯行を認めた悲劇的な出来事は、ケベック、ケベック州、カナダ中の住民を悲嘆させただけでなく、私たちの社会の基礎を打ち砕いた」。二年後のカナダ上級裁判所の判決文は、このような攻撃がコミュニティに与える社会的影響の大きさを指摘した。「恐怖と不信が大勢のカナダ人の心を日ごとにむしばんだ。この国へやってくる人々を歓迎する、世界に開かれたケベックは、自分の殻に閉じこもり、いっとき恥と恐怖と疑念のなかに沈み込んだ」。犯行当日、ビソネットは酒に酔い、不安症のために仕事を休んでいた。[7]

二〇一五年六月一六日、トランプがマンハッタンの五番街にある自分の名前がついたビルの金ぴかのエスカレーターから降りてきて、共和党から大統領選に出馬すると宣言したそのときから、彼はあからさまな言葉で移民排斥を訴えた。排外主義をあらわにしたさまざまな侮蔑的な言葉を使って、有色人種とキリスト教圏の外からやってくる人たちを表現した。彼らはみな、アメリカの安全保障と、さらにはアメリカ人にとっての脅威でさえあると、意図的に描写された。トランプの大々的に宣伝された発表は、とくにメキシコ人移民を誹謗中傷の対象にした。「連中は薬物を持ち込む。犯罪を持ち込む。彼らは強姦魔だ。そして、いくらか善人もいるだろう」。ニューヨークの有名な不動産業界の大物は、そう言った[8]。その半年後、ISISに触発されたサンバーナーディーノでの無差別銃撃で一四人の犠牲者が出ると、トランプはイスラム教徒の入国禁止を求めた。「ドナルド・J・トランプは、わが国の代議員が現在起こっている事態の詳細を明らかにするまで、合衆国へのイスラム教徒の入国を完全に禁止することを要求する」と彼は述べた[9]。「われわれに選択肢はない」。共和党の最有力候補は、移民排斥主義の立場をとる過激派を思わせるような物騒な言葉を用いた。二〇一六年六月、フロリダ州オーランドのゲイのナイトクラブを標的にした、やはりISISに触発された銃乱射事件が発生し、四九人の犠牲者が出たあとには、トランプはこうツイートした。「イスラム過激派テロについての私の考えが正しかったという祝福の言葉に感謝する。しかし、祝福はいらない。望むのはタフであること、そして警戒すること。われわれは賢くなければならない！」[10]

共和党候補の発言に、アメリカの極右過激派は共感した。長年の白人至上主義のライターで編集者のジャレッド・テイラーは、自身のウェブサイト「アメリカン・ルネサンス」で、「こんな選挙キャンペーンには二度とお目にかかれないだろう」と大げさにまくしたてた。「トランプはわれわれの最後の希望か?」と題した記事で、テイラーは警告した。「もしトランプ氏が敗北すれば、白人が実際に何か彼らのため、国のために役立つことをしてくれる大統領候補に投票するのは、これが最後になるかもしれない」。白人至上主義者の多くにとって、トランプは「オヴァートンの窓」――ある時点で政治的主流によって討論・考慮の対象として受け入れられる政策の範囲――を動かすのを助け、かつては些末すぎるか過激すぎるとみなされていた考えや政策をアメリカの政治的対話と討論の中心に据えた[11]。トランプが立候補を表明してまもなく、ある白人至上主義のライターが、先行きを暗示するかのようにこう指摘した。「もし彼が共和党員を自分のもとに結集させ、信頼できる大統領候補となれば、愛国者が職を失う心配をせずに自分たちの考えを堂々と話せるような、新しいメディア環境をつくり出せる」[12]。「ストームフロント」のオンラインコミュニティも同意を示し、ある投稿者はサンバーナーディーノの攻撃と結びつけ、「この時点で、もしあなたがまだトランプを支持していないとすれば、私はあなたが［白人国家主義者］かどうか、おおいに疑問を感じる」とした[13]。また別のストームフロントへの投稿は、大統領候補者が人種差別に基づいた暴力を煽動するのがいかに簡単であるか、見解を述べた。この投稿は、より暴力に偏向したトランプ支持者たちに言及して、「トランプは彼らをおおいに興奮させている。トランプから号令がかかれば、彼らは非難したり攻撃したりするだろう。彼らはトランプが大好きだ。総統扱いしていると言ってもいい」と説明した[14]。

二〇一六年一一月の大統領選でのトランプの驚くべき勝利は、極右過激派コミュニティをおおいに喜ばせた。投票日の夜、ストームフロントは「ミシェル［・オバマ］は次の正統な大統領一家のために、せっせとホワイトハウスを消毒したほうがいい。ああ、これでようやくホワイトな家に戻る」や、「恥ずかしい思いをすることなく、再び白人になれる[15]」のような投稿であふれた。早くからネオナチを信奉していたライターのジェームズ・メイソンは、ヒトラーと、殺人犯でカルトリーダーのチャールズ・マンソンの両方を崇拝していたが、その考えを「シージ（Siege）」と呼ばれる、とくに敵意に満ちた加速主義の解釈に取り込んだ[16]。メイソンはニュースサイト「プロパブリカ（ProPublica）」にこう語った。「トランプが選挙で驚きの勝利をつかんだ。これは確かに驚きの結果だった。これで、私は今、どんなことでも可能だと信じられる」[17]。自分のウェブサイトをナチのタブロイド紙『デア・シュテュルマー（突撃者）』にちなんで「デイリー・ストーマー（Daily Stormer）」と名づけた有名な編集者、アンドリュー・アングリンも、ほとんど喜びを隠せなかった。「私たちの輝かしい指導者が神皇帝の座に就いた」と彼は熱狂した。「間違ってはいけない。われわれがこれを成し遂げたのだ。われわれがいなければ、こんなことは不可能だっただろう［…］白人種がゲームに返り咲いた。われわれがプレーするかぎり、誰もわれわれを倒せない。勝利はとどまることを知らない」[18]。数週間のうちに、白人至上主義者はトランプの大統領選挙での勝利を祝福するためにナチ式の敬礼をするようになった。「ハイル・トランプ（トランプ万歳）！　白人万歳！　勝利万歳！」白人至上主義者のリチャード・スペンサーは、二〇一六年一一月末にワシントンDCで開催されたオルタナ右翼の会議でそう叫び、参加者も「勝利万歳《ジークハイル》」の敬礼でそれに応えた[19]。そして、トランプがブライトバート・ニュースの元エグゼクティブチェアマン、スティーブン・バノンをホワイトハウスの首席戦略官に任命すると、反ユダヤ主義の極右がとくに喜んだ。「スティーブン・バノン――人種差別主義者、反同性愛者、反移民主義者、反ユダヤ主義者、反エスタブリッシュメント。（((ポール・ライアン)))への宣戦布告は完璧だ。ムハハハハ」。ストームフロントの投稿にも熱がこもった。「〔バノンは〕トランプが他の誰よりもその言葉に耳を傾ける相手だ。反ユダヤであることは違法ではない。薄汚いユダヤ人は彼を追い出すことなどできない[20]」

大言壮語と脅威が掛け合わさって断固たる行動を求める声に変わっていくにつれ、とくにデジタル時代に入りソーシャルメディアのエコーチェンバー効果の大きさを考えれば、この大統領選挙運動初期の時期は言葉が意味を持つことを証明した。ある民兵組織のブロガーは一二月九日にこう書いた。「根絶やしにしろ。それをわれわれの朝飯にするのだ。みんな理解したほうがいい。これはアメリカの自由にとっての最後のチャンスだ。トランプが高いところから与えてくれる「かもしれない」援護の炎がある間に、今すぐ行動し、徹底的にやらなければ、われわれは負けてしまう」[21]。実際に、オバマの選挙後にも見られたように、ヘイトクライムが全米で発生し始めた。以前のような「グレート・リプレイスメント」の恐怖に駆り立てられてというよりは、トランプの勝利がもたらすと思えた機会のためだ。南部貧困法律センターは、選挙後の一〇日間にハラスメントと脅しが八六七件あったと報告し、名誉毀損防止同盟は、二〇一七年の最初の三か月に、「アメリカのユダヤ人へのハラスメントが急増した」と報告した[22]。礼節の規範は目に見えて衰え、新政権が発足してわずか五か月後の五月には、オレゴン州ポートランドの通勤列車のなかで、それを具体的に示す事件が起こった。この日、ふたりの黒人の少女が人種差別的な反イスラムの侮蔑的な言葉を投げつけられ、間に割って入った白人男性三人のうち、ふたりが刃物で刺されて死亡し、ひとりが重傷を負った。犯人は、白人至上主義を支持するジェレミー・ジョゼフ・クリスチャンという男で、フェイスブックを頻繁に利用し、トランプは「次のヒトラー」かもしれないと考え、「ヒラリー・ロダム・クリントンとその支持者すべてに死を!」のような言葉を投稿していた。彼はオクラホマシティ連邦政府ビル爆破事件のあった四月一九日を祝福し、ティモシー・マクヴェイを「本物の愛国者!」と称賛していた[23]。

一方、真実と虚偽の本質そのものが、アメリカとその敵国の両方によって繰り返し攻撃にさらされた。

二〇一六年の大統領選挙戦期間と選挙直後の時期を通じて、情報の正確さが疑わしいオンライン投稿が、国外を拠点にする勢力によって拡散された。ロシアのサンクトペテルブルク拠点のインターネット・リサーチ・エージェンシーもそのひとつだった。三〇〇〇万人を超えるアメリカのソーシャルメディアのユーザーが、たいていは無意識のうちに、重大な政治的、社会的問題についての偽情報を拡散していた[24]。この集中的なトラフィックは、ロシア政府が介入してトランプの勝利を確実にするのを助けたのではないかという疑念をもたらした。いわゆる「トロールファーム」はロシアの影響力行使のための巨大な機関のひとつで、欧米のソーシャルメディア・プラットフォームを乗っ取って、トランプと彼の最も過激な政策を後押しした。ロシアの目的は、アメリカ国内に不和の種をまき、民主党大統領候補のヒラリー・クリントンを間接的に攻撃することだったと思われる。この戦略の成功は、大統領選へのロシアの介入を確認したアメリカの情報機関に対して、その情報自体の信憑性に疑いが投げかけられたことに見られるかもしれない。驚いたことに、トランプは自国の情報機関の評価を否定し、ロシアのウラジーミル・プーチン大統領の言葉のほうを信じてこう言った。「私と会うたびに、大統領はそんなことはやっていないと言っていた。大統領が私にそう言うなら、その言葉こそ真実だ。私は本当にそう信じる」[25]。ロシアの偽情報戦略は、元FBI長官のロバート・モラー特別検察官が二〇一九年に発表した報告書のなかでも、はっきりと確認された。「二〇一六年大統領選挙へのロシアの介入に関する調査報告書」は、「ロシア政府が二〇一六年の大統領選に組織的なやり方で広範囲に介入した」と結論づけた[26]。しかし、害はすでになされてしまった。もし大統領自身がアメリカの情報機関の結論に疑いを持つのなら、他の誰が信じてもらえるというのか？

実際に、真実や事実という概念は、もはや確固たるものではなくなった。今では、真実はその人が何を信じたいと思うかによって、どのようにでも操作できる。そして、トランプがホワイトハウス入りしてから、彼と政権は継続的に真実とフィクションの間の境界線をぼかしていった。大統領上級顧問のケリーアン・コンウェイは、大統領が自分の就任式に集まった群衆の規模について嘘をついたという主張、また彼が「フェイクニュース」という語を自分のリーダーシップに批判的だと考える報道を否定するために使っている（トランプは任期中におよそ二〇〇〇回この言葉を使った）という批判への対応として、「代替事実」の存在を挙げて巧みに言い逃れをし、国民の神経を逆なでした。[27] 偽情報の専門家P・W・シンガーとエマーソン・ブルッキングは、「真実ではないことを描写するために使われる語でさえ、正確さを測る客観的尺度から、主観的な意見の表明に変わった」と嘆いた。[28]

その結果、二〇一七年の夏までには、こうした状況が重なり合って、ある種の悲劇的対決のための舞台が整った。トランプをホワイトハウスに送り込んだ移民排斥主義者たちの怒り――とくに意見対立を招く「グレート・リプレイスメント」理論の力も絡んだ、合法移民、不法移民への不安の高まり――が、アメリカ政治の主流に入り込むにつれ、彼らの勢いは増していった。このポピュリズムのうねりのなかで、暴力的過激派もますますいら立ちを強め、より大胆になり、この六年間に、人種差別主義者、反ユダヤ主義者、排外主義者、その他の民兵組織がオスロ、チャールストン、ケベックシティで成功させた一連の攻撃が、求められているものの手本を提供した。そして、ソーシャルメディアの利用と操作――ISISによるものであれロシアによるものであれ――が、この分裂の可能性を利用しようとする国内の新たな模倣者と称賛者を導いた。当時、南部貧困法律センターのインテリジェンス・プロジェクトの責任者で、アメリカの極右についての第一線の専門家だったハイディ・ベイリッチは、二〇一七年八月四日にこう警告した。「トランプが選挙運動で見せた排外主義は、アメリカ中にヘイト旋風を解き放っった。またテロ攻撃が起こるのは時間の問題だ」[2]

それから一〇日も経たないうちに、ベイリッチの恐れはバージニア州シャーロッツヴィルで現実になった。

普段なら静かなはずの二〇一七年八月の暑い週末、アメリカでもとくに無遠慮な発言をすることで知られる、筋金入りの暴力的極右過激派たちがシャーロッツヴィルにやってきた。トマス・ジェファソンが創立したことで有名なバージニア大学があるこの町で、二日間の「右派結束集会」が開催された。ネオナチ、白人至上主義者、KKK、クリスチャン・アイデンティティの信奉者、スリー・パーセンターズ、ネオコンフェデレートなどの多様な派を意図的に集めたこの集会は、南部連合国軍のロバート・E・リー将軍の銅像を撤去するという町の計画に抗議するのが目的だった。[30]

オルタナ右翼のリーダーだったリチャード・スペンサーの「一九三三年と同じようにパーティーしよう」[31]の宣言にならい、八月一一日の晩、ティキトーチ（ポリネシア風たいまつ）のパレードが、バージニア大学のキャンパス内を進んだ。この行進はいくつかの点で、レニ・リーフェンシュタールの記録映画『意志の勝利』[32]などのプロパガンダ作品で有名になった、ナチの行進を思い出させた。行進者は茶色のシャツと革長靴ではなく、良家の子女に見えるようなポロシャツとチノパンツといういで立ちだった。しかし、彼らのメッセージは間違いようがなく、「ユダヤ人がわれわれに取って代わることはない」や、ナチの「血と土」「かまどに放り込め」などの言葉が口々に叫ばれた。[33]行進と、その後に始まった殴り合いやもっとひどい乱闘の両方が全米のメディアの注意を引き、翌朝、テリー・マコーリフ州知事が緊急事態宣言を発し、それからまもなくバージニア州警察がその集会を不法な集まりに指定した。抗議、それに対する抗議、そして対決が続いた。その日の午後になって、二〇一〇年型ダッジ・チャレンジャーがシャーロッツヴィル四丁目通りを走ってきて、極右集会に反対するために集まっていた抗議者たちの群衆にわざと突っ込んだ。一九人が負傷し、ヘザー・ヘイヤーという女性が死亡した。[34]『デイリー・プログレス』紙のカメラマン、ライアン・ケリーが、目に焼きつくその光景を撮影していた。車が群衆に突っ込むと、何人かの犠牲者が頭を逆さまにして宙に飛ばされた。その写真は、ピューリッツァー賞のニュース速報写真部門賞を受賞し、[35]アメリカが極右民兵組織をいかに深刻な脅威とみなし始めているか、また、アメリカを二極化する分離主義勢力に対して、コミュニティがいかに影響されやすいかを浮き彫りにした。シャーロッツヴィルのマイケル・シンガー市長はこの二日間の試練を、「白人国家主義の武装グループによるこの町への組織的な侵略」と描写した。彼はヘイヤーの死を「テロ行為」として言及した。[36]犯人のジェームズ・アレックス・フィールズは、ネオナチに心酔し、暴力を目的にシャーロッツヴィルにやってきた。集会が始まる直前に、母親から気をつけるようにとのメールを受け取ったフィールズは、アドルフ・ヒトラーの写真を返信して、「俺たちは注意が必要になる側じゃない」と豪語した。[37]彼は二〇一五年に短期間だけ陸軍にいたが、陸軍の広報官によれば、「訓練基準に達しなかった」ことを理由に除隊された。そのころには、フィールズは熱烈なネオナチになっていた。[38]

アメリカでも有数の大学町でたいまつ行進をするネオナチ、デモ参加者とそれに対する抗議者の間のひっきりなしの乱闘、そして、ヘイヤーの死とその他大勢の負傷者を出したフィールズの攻撃のショッキングな画像が世の中に出てからの数日間、メディアの関心はホワイトハウスに向けられ、国内の団結の呼びかけと悲劇的な出来事への非難の言葉を期待した。しかし、トランプはその攻撃を非難できないようだった。土曜日の出来事のあと、大統領は「当事者の多くの側に見られた憎悪、偏狭さ、暴力」を非難した[39]。数日後、トランプは町にやってきた過激派を一方的に責めることを拒否するという姿勢を強化し、「あのグループには非常に悪い人間もいたが、どちらの側にも非常に善良な人々がいた」と断言した[40]。

トランプがシャーロッツヴィルを震撼させた人種差別主義や反ユダヤ主義の過激派を非難できないようだったことは、運動をさらに勢いづかせた。「トランプ大統領、正直さと勇気をありがとう」。元クランズマンのルイジアナ州議員で、再編したオルタナ右翼の初期の支持者でもあったデヴィッド・デュークがそうツイートした[41]。彼はそれ以前に、土曜日の朝の段階で、リー公園の乱闘のさなかにこう表現していた。「われわれは自分たちの国を取り戻すことを決意した。われわれがドナルド・トランプの公約を実現していく。それこそ、われわれが信じるものだ。だからこそ、ドナルド・トランプに票を入れたのだ。彼が国を取り戻すと言ったからだ[42]」。ストームフロントのユーザーのひとりは、興奮を隠せないようすだった。「最初から言っていたように、トランプ大統領は始まりであって終わりではない。彼は真実を言い続けている。私は彼を見捨てたり批判したりしなかったし、これからもそんなことはしない。マイネ・エーレ・ハイスト・トロイエ（忠誠こそ我が栄誉）」。彼はアドルフ・ヒトラーの親衛隊のモットーを最後に繰り返した。別のユーザーは興奮をこう言葉にした。「この男を大統領として戴くのはすばらしいことだ。それに、今こそ社会主義者で多文化主義者の能なしたちに立ち向かう人物が現れるべき時だ。連中はわれわれの文化を破壊し、これまでに世界中に現れたなかでも最も知的で創造的、生産的な人種を沈黙させ、堕落させようとしている。ヨーロッパ文化の再建を望む者は誰でも、われらが大統領の勇気ある行動に励まされるはずだ[43]」

数年後、リチャード・スペンサーは、大統領の発言が白人国家主義運動を活気づける効果の絶大さを思い出すこととなる。「シャーロッツヴィルの騒動は、トランプなしでは起こらなかったことは間違いない。それは彼の選挙運動と、この国家主義者の候補が大衆と強く共鳴し合う新たな可能性のために引き起こされた。オルタナ右翼はトランプのなかに何かを見いだした。彼はパラダイムを変化させ、オルタナ右翼がこのように公の場に現れることを可能にした」(44)。しかし、この出来事は民主党と左派にも政治的な勢いを与えた。二〇か月後、ジョー・バイデン元副大統領がシャーロッツヴィルの集会を、彼の大統領選挙運動の最初のメッセージとして使うのだ。大統領選出馬を発表した動画で、彼はこの集会を「ここ数年での、この国にとっての決定的瞬間」と非難し、トランプ大統領の言葉を「憎悪を広める者とそれに立ち向かう勇気のある者との間に道徳的な等価を与えた」として嘆いた(45)。

シャーロッツヴィルは新しい極右の到来を知らせるものとなった。若く、敵意をむき出しにし、行動力があり、インターネットを自由に扱い、トランプ大統領を熱狂的に支持することが特徴だ。自分たちを「オルタナ右翼」と呼ぶこの運動は、自らを変革し、うわべだけは社会的に立派な態度を装っていることが注目される。「主流」に入り込もうとする長きにわたる努力の成果がついに表れ、醜悪な人種差別主義、反ユダヤ主義、排外主義をより受け入れられやすい形にした。騒々しく攻撃的なスキンヘッド、ヘイトを吐き出す突撃隊員、フードをかぶったクランズマンというステレオタイプの右翼の時代は終わった。スペンサーは髪をきちんと整え、敬意を払われる服装をした、手本になる隣人を体現した。その後、シャーロッツヴィルの出来事によって、その四〇年近く前にデュークが提唱していた、「牧草地からホテルの会議室に行くべき時がきた」を完成させた(46)。ブレイビクもデジタル時代に育ったミレニアム世代に向けて、同様のアドバイスをしていた。「政治的に公正に、少なくとも穏健に見えるようにし、普通の服装をする。口先だけの行動は慎むようにする。オンラインフォーラムへの過度な投稿は避ける。

オンラインでの活動が過剰になると、連邦政府から「フラグを立てられる」かもしれない[47]」。過激主義の専門家で、運動に潜入していたユリア・エブナーは、こう説明した。「極右が見かけを装うことに執着したのは、自分たちが合法的で、多くの主流のオーディエンスにとって魅力的に見えることを望んでいるからだ。極右運動にとって、ファッションとライフスタイルはその政治的イデオロギーへの入り口として機能した[48]」。あるいは、別の観察者はシャーロッツヴィルのあとにこうコメントした。「白人のヘイトのユニフォームは、いまや、ごく普通の平均的なアメリカの日常生活になった[49]」。しかし、より影響力があったのは、暴力的極右過激派が世界に浸透するための新しい態度だった。シャーロッツヴィルでの出来事は大勢に、自分たちの行動主義と時おりの暴力は許され、政治的リーダーたちが守ってくれるだろうと確信させた。トランプが自分を出馬に駆り立てた反エスタブリッシュメントのうわべを維持しつつ、二〇一八年七月、ドワイト・ハモンドとスティーブン・ハモンドを恩赦したことで、そのメッセージは地方の民兵運動にも届けられた。連邦の土地で放火事件を起こして懲役刑を言い渡された牧場主のこの親子は、第6章で取り上げたように、二〇一六年のマルヒュアでの占拠事件を引き起こした[50]。

シャーロッツヴィルで示されたヘイトへの反応として起こった抗議運動の間に、ニューヨークに住むあるホロコーストの生存者が憤然として立ち上がった。彼のプラカードにはこう書いてあった。「私はかつてナチから逃れた。私をここで打ち倒すことはできない[51]」。しかし、その先には暗い日々が待ち構えていた。ヘザー・ヘイヤーは最後のフェイスブック投稿で次のように警告していた。「怒りに駆られないとしたら、それはあなたが注意を払っていないということです[52]」

極右からの危険の高まりが最も強く感じられたのは、おそらく二〇一八年一一月の中間選挙直前の一

○日間に連続して起こった暴力だったろう。メディアの関心は、平和的な民主主義の行使から、投票よりも殺人を好む者たちへと引き寄せられた。一〇月二二日、ニューヨークのジョージ・ソロスの郵便受けに手製爆弾が見つかった。ソロスは裕福なユダヤ人投資家で、つねに反ユダヤ主義者や極右の陰謀論支持者たちの格好の標的だった。その翌週、郵便局はバラク・オバマ元大統領、ジョー・バイデン元副大統領、ヒラリー・クリントン元国務長官、カマラ・ハリスとコリー・ブッカー両上院議員、マキシン・ウォーターズ下院議員、エリック・ホルダー元司法長官、ジェームズ・クラッパー元国家情報長官、ジョン・ブレナン元CIA長官などの民主党の名だたるリーダーたち、さらには俳優のロバート・デ・ニーロ、富豪のトム・ステイヤー、CNNに宛てられた手製爆弾を次々と発見した。[53]爆弾を作り郵送した人物は、フロリダ州に住むセザール・サヨックという男で、のちに犯行は「ただ脅して怖がらせることだけが目的だった」と主張した。テロリズムのたいていの定義には、この脅しの要素が含まれる。[54]人を殺すつもりはなかったという言い分にかかわらず、ついでながら言えば、爆弾が実際に爆発したかどうかにかかわらず、二一世紀の極右テロリストで、民主党の重鎮と現在のアメリカの中道左派とリベラルの政治家を代表する人たちのほとんどを殺そうという大それた計画を立てた人物はほかにいない。

結果的にフロリダで捕らえられたサヨックは、トランプを崇めることに目的を見いだした、哀れで打ちひしがれた男だった。性的虐待の被害者で、その結果精神面での問題を抱え、弁護士がのちに説明したところによると、暗闇のなかの生活から「ドナルド・J・トランプに光を見いだした」のだという。[55]彼は以前にトランプの集会を「新しく見つかったドラッグみたいなもの」だと表現していた。この爆弾犯が逮捕されたとき、彼の称賛の対象であるトランプは、この郵便爆弾事件に疑いを投げかけ、それらは二〇一八年の選挙の結果に影響を与えるための作り話だとツイートで示唆した。「初期段階の投票では共和党員はうまくやっている。そこへこの「爆弾」事件が起こり、勢いはおおいにそがれている。ニュースでは政治を語っていない。この状況は非常に残念だ。共和党員よ、投票所に向かえ！」このトランプの宣言は、彼が国を分断する深刻な党派主義へのいかなる責任も放棄し、その代わりにニュースメディアを非難するという以前のツイートを繰り返すものだった。彼はこう述べた。「現在のわが国に見られる怒りは大部分において、私が「フェイクニュース」と呼ぶ主流メディアの意図的に誤った不正確な報道によって引き起こされている。状況はあまりに悪く敵対的になり、言葉にはならないほどだ。主流メディアはその行動を改めなければならない。今すぐに！」(56)

この郵便爆弾事件は、極右運動がその支持者による実際の暴力行為を、彼らの大統領と政党の信用を落とすために計画された何らかの壮大な「偽の旗」に欠かせない一部と位置づけることにより、非難の目を逸らせる傾向を明らかにした。ストームフロントでは、ある過激主義者がさらに一歩踏み込み、爆弾犯がソロスを標的にしたことに言及して、ユダヤによる陰謀と操作というかねてからの神話を呼び覚ました。「私は誰がいわゆるデバイスを見つけたのか不思議に思っている。それはどんな大きさなのか？あの年寄りの怪物に対して実際に何かできたのか？　ただ、私は判断を保留しておくとだけ言っておこう。ユダヤ人は以前に自分たちは迫害される憐れむべき立場に置かれたと言っていた。そんなことは信じない。誰かが本当にあのばかな老いぼれを排除しなければならない」。別の投稿者はこうコメントした。「これは演出されたものだと思う。中間選挙の直前に事件を起こして、右派が現在どれほど過激化しているかを示そうとしている。ソロスはきっと自分で種をまいたのだ」。他の投稿者はただ、「誰かがようやく敵に戦いを挑んだ」と祝福ムードだった。(57)

暴力はエスカレートし続けた。一〇月二四日、ケンタッキー州ジェファーソンタウンの「クローガー」という食料雑貨店で、ふたりの黒人買い物客が銃で撃たれて殺された。犯人はグレゴリー・ブッシュという五一歳の男で、最初はこの町の圧倒的に黒人信者が多いブラック・ファースト・バプティスト教会に入ろうとしたが、ドアに鍵がかかっていた。彼は店のなかで孫の男の子と一緒に買い物をしていた男性を殺し、その後、駐車場にいた女性も撃ち殺した[58]。ブッシュはその場に居合わせた人にこう言ったらしい。「撃つな。あんたを撃つつもりはない。白人は白人を撃ったりしない[59]」。ブッシュは深刻な精神疾患を患っていた。「この悲劇が起こった日、ブッシュ氏は統合失調症の治療を受けておらず、自分と家族を殺すと脅してくる声に苦しめられていた。彼は精神疾患と病気のためにあんな行動を起こしたのだ[60]」。彼の弁護士はそう説明した。しかし、この悲劇的な暴力でさえ、さらに悪いことの前兆にすぎなかった。

一〇月二七日、ひとりのテロリストがペンシルヴェニア州ピッツバーグのスカーレルヒル近くにある「ツリー・オブ・ライフ」のシナゴーグに入っていった。その朝は、三つの異なる聖所で安息日の礼拝が行なわれていた。ロバート・バウワーズはコルトAR‐15アサルトライフルと、セミオートマチックの拳銃三丁で武装していた。午前九時五〇分、彼は銃撃を始めた。「ユダヤ人を殺す」という目的を宣言して、バウワーズはおもに高齢の礼拝者一一人を殺害し、他のふたりに重傷を負わせた[61]。彼は反ユダヤ主義と同じくらい、移民に対する深い憎しみにも動機づけられたようだった。とくに、移民の「キャラバン」がアメリカの南の国境に向かい、ユダヤの慈善団体がこの国にやってくるすべての人たちに必要な支援を提供しているというニュースが、バウワーズの「白人虐殺」の陰謀への恐怖を引き出し、彼を攻撃に駆り立てた。シナゴーグに突入する直前に、極右のソーシャルメディアサイト「Ｇａｂ」に投稿した内容から、彼の動機が明らかになった。「ＨＩＡＳ［ヘブライ移民援助協会］はわれわれ国民を殺す侵略者を迎え入れようとしている。私は同胞が虐殺されるのをただ座って見ているわけにはいかない。よく見ていろ。私はこれから突入する」[62]。ツリー・オブ・ライフでの銃撃は、アメリカ史上最悪の反ユダヤ暴力だった。バウワーズの「よく見ていろ」という強い言葉は、リチャード・スペンサーとデヴィッド・デュークが、暴力的極右過激主義の社会的に受け入れやすい面を示そうと努力したことへの反論であり、彼以前の加速主義者と同じように、そうした努力はただ失敗に終わり、いまや暴力がただひとつの選択肢になったと示そうとした。SITEインテリジェンス・グループでテロリズムを分析しているリタ・カッツは、こう述べた。「バウワーズの行為は、極右に属する多くの人にとって、変わりゆく世界に「立ち向かう」唯一の道だった。彼らは自分たちの人種への実存的脅威をそこに見た。運動の古参活動家たちは理解していなかったものだ」[63]

一一月二日、その年の選挙シーズンの最後に起こった暴力で、フロリダ州タラハシーのヨガスタジオが銃撃され、女性ふたりが死亡した。動機はおもに、いわゆる禁欲主義のイデオロギーによるものだったが[64]、犯人のスコット・バイエリーはアーリアン・ネーションズの信奉者で、以前からマイノリティやユダヤ人に対して暴言を吐くことで知られていた。バイエリーがかつて属していた社交グループは、彼を「ナチのスコット」と呼んでいた。彼を知る人物によれば、「軍にいたとき、彼が歩いてきたと思ったら、武器や殺人について、あるいはヒトラーが人類からゲイとユダヤ人と黒人を排除しようと考えたのは正しかったと話し始めた」。彼は女性兵士に対する振る舞いについて調査を受けたあと、「受け入れられない行為」のために、名誉除隊ではあったが軍から追い出された。何年かあとのシークレットサービスの調査では、彼がティーンエイジャーのころから強い女性蔑視の過激主義の徴候を示し、両親は息子を恐れて自分たちの部屋のドアにカギをかけて眠っていたことがわかった[65]。

トランプの暴力的極右過激派への暗黙の後押しが最もよくわかるのは、その年にソマリア移民の住む家を爆破しようとした罪で有罪になったカンザス州の三人の民兵運動家について、彼らの弁護士が一〇月の終わり近くに行なった弁明だろう。被告のひとりの弁護士が、情状酌量を求めてこう訴えた。「法廷は、現代史において最も型破りで暴力的で、恐ろしく、憎悪に満ち、論争を呼んだ大統領選挙の状況を無視することはできない。それは大部分において、がさつな言葉で攻撃する乱暴者によって引き起こされたもので、その人物が現在、わが国の大統領になっている」[66]

一一月六日が投票日だった二〇一八年の中間選挙では、民主党が下院の四一議席を獲得して過半数を奪還した。これは国内で勢いを増す民兵運動に対する国民の拒否の表れだった。しかし、その秋の暴力が常軌を逸していたと信じた人たちは、すぐに自分たちがどれほど間違っていたかを学ぶこととなる。

一九九二年、ルイス・ビームは「リーダー不在の抵抗」についての画期的なエッセイのなかで、彼がまだ成功の見込みがあると考える唯一の白人至上主義の戦略について概要を記していた。「この夜を一〇〇〇か所での抵抗で満たそう」と、彼は書いた。「特定の条件で形成され、そうでなくなると消えてゆく霧、専制への抵抗はそれと同じでなければならない」[67]。一九九五年のオクラホマシティ連邦政府ビル爆破事件で、マクヴェイは自分自身を、ビームが自分の戦略で刺激することを望んだ革命の番人として位置づけようとした。その失敗にもかかわらず、「リーダー不在の抵抗」の約束は、より暴力的な傾向を持つ現在の極右過激派の心のなかで赤々と燃え続けた。そして二〇一九年、それが劇的な形で再表面化する。

その年の二月、大それた暗殺計画が明るみに出た。当局がそれを知ったのは、首謀者の情報管理が杜撰だったおかげだ。元海兵隊員で陸軍予備兵、バージニア州兵でもあるその男は、当時、アメリカ沿岸警備隊に属していた。クリストファー・ポール・ハッソン中尉は仕事で使っているコンピュータで、著名な民主党員や、リベラルとみなされるメディアの大物たちの攻撃リストをまとめ、さらに、攻撃の理由を説明する声明文を編集した。ハッソンは銃火器一五丁、サイレンサー二台、一〇〇〇を超える弾薬など、ちょっとした量の武器を集め、それを使ってナンシー・ペロシ下院議長、アレクサンドリア・オカシオ＝コルテス下院議員、チャック・シューマー上院少数党院内総務、そして、CNNの司会者クリス・クオモとドン・レモンらメディア界の人物の暗殺を計画した[68]。彼は沿岸警備隊の「国家安全カッター」プログラムに調達担当として参加した経験があり、そこで得た実地スキルが武器を蓄積するために役立ち、計画を容易にしたかもしれない。ハッソンはブレイビクに直接触発された何人もの極右過激派に連なる人物だった。ブレイビクのマニフェストから戦術の情報を学び、作戦上の助言を得た[69]。ハッソンは結局、ワシントンDCの沿岸警備隊本部の自分の職場で逮捕される[70]。

サヨックと同じように、ハッソンも政治的な敵となる高名な人物を標的にする、検察側が「焦点を絞った暴力」と名づけたものを使う準備をしていた。彼の計画は、伝統的な白人至上主義的加速主義と、「リーダー不在の抵抗」戦略の両方を、アメリカに「白人の故郷」を建設するというねじれた大望――これも古くからの白人国家主義者の野心――に反映させたものだった。しかし、彼の計画はそれだけにとどまらなかった。「私は地上から最後のひとりまで殺すための方法を夢見ている」。ハッソンはその考えにふけった。「疫病が最も成功するだろう。必要なスペイン風邪、ボツリヌス、炭疽をどう手に入れるかはまだ確かではないが、何かを見つけられるだろう」[71]。ハッソンの望みは、暗殺の波が加速主義の核となる目標、すなわち、広範な社会的暴力、混乱、無秩序により、最終的に権威主義の白人至上主義国家を確立するという目標に向けた行動だった。「ウクライナ内戦の間に使われた戦術を調べてみるといい」と彼は書いた。「混乱の間に、両方の側をターゲットにすることで緊張が増した。言い換えれば、政府や警察を挑発して過剰に反応させれば、それが暴力をエスカレートさせる助けになるはずだ。BLMの抗議や他の左派のたわごとは、暴力を引き起こすのに理想的だろう」。政府の検察官によって提出された勾留請求は、その評価において単刀直入だった。「被告はこの国でほとんど見たことのない規模で罪のない市民を殺そうとしている」というものだ[72]。ハッソンはひとつには、トランプ大統領を弾劾しようとする議会に対する怒りに駆り立てられていた。弾劾の理由は、二〇二〇年の大統領選で対立候補になる可能性の高かったジョー・バイデンの息子の調査にウクライナを協力させようと、トランプが武器供与停止でウクライナに圧力をかけたことだ。ハッソンがインターネット検索で使った検索ワードのなかには、「トランプが不法に弾劾された」、「DCで連邦議員に会う可能性の高い場所」、「DCで議員が住む場所」、「トランプが弾劾された場合の内戦」などのフレーズがあった[73]。

ハッソンに対する連邦当局の最終的な容疑は、国内テロに関する法律がないために、アメリカで暴力的過激派を告発し起訴するむずかしさを浮き彫りにした。これは、フォートスミスで煽動共謀を適用するのにものの見事に失敗したことにも見てとれる。たとえば、イスラム国とアルカイダを支持するサラフィ・ジハード主義者は、合衆国法典第一八編第二三三九条B「外国のテロリスト組織に対する物的支援の提供」のもとで告発できる。これにはテロ攻撃の計画と実行の支援だけでなく、こうした暴力行為の陰謀、アメリカ国務省が指定するテロリスト組織（FTO）への物資調達と資金援助、テロ組織に代わって人材を集め（自分自身を含む）個人を過激化させることも含まれる。しかし、国内の過激派による同様の暴力行為の計画や、国内の暴力志向の組織やイデオロギーへの物的支援の提供などに対しては、こうした法的枠組みが存在しない。したがって、ハッソンは各種武器と関連物の乱用に関して起訴され、有罪になった。彼は連邦刑務所での一三年以上の懲役を言い渡されたが、(75) 政治家、ジャーナリスト、民間人の大量殺害を、アメリカ政府の転覆を目指す加速主義的な目的のために実行するというイデオロギー的な意図については、彼が有罪になった罪のなかで驚くほど小さくしか扱われなかった。

二〇一九年三月一五日、ニュージーランドのクライストチャーチで、軍の作業着姿の二八歳の白人至上主義者がアル・ノール・モスクに近づいた。ハッソンと同様に、彼はライフルやショットガンなどの銃火器を集めていた。(76) 彼はまず、ハジ＝ダオード・ナビに出くわした。一九七〇年代後半にアフガニスタンから移住してきた高齢の男性だ。「こんにちは、兄弟」。ナビは訪問者を歓迎した。その直後、四人の息子と九人の孫を持ち、「親や親類がいない人たちの父親やおじになり」、人々に愛されていたナビが、ブレントン・タラントがそれからの二〇分間に殺害する五一人の最初の犠牲者になった。(77)

オーストラリア人のタラントは、自称「エコファシスト」で、極右過激派のオンラインコミュニティの申し子だった。ニュージーランド政府が招集した「二〇一九年三月一五日に発生したクライストチャーチのモスクに対するテロ攻撃の王立調査委員会」が、事件のほぼ二年後に発表した報告書は、タラントの過激主義者としてのゾッとするような軌跡を描き出した。彼は過激な対話で悪名高い匿名画像サイト「4chan」を一四歳のときに見つけた。ゲームにものめり込み、オンラインの友人たちに、しばしば過激主義の見解を伝えていた。(78) そして、移民や多文化主義、イスラム教を非難する、オーストラリアの極右過激派グループ「ユナイテッド・パトリオッツ・フロント」のフェイスブックページで、彼自身のものとは異なる政治的見解への怒りを表現した。(79)「共産主義者は共産主義者に見合うものを得る」。タラントは投稿のひとつにそう書いた。「あなたたちが反逆者を捕らえたとき、僕はそこで、ロープの一方の端を握っていたい」[80]。ヨーロッパへの旅を通して、それ以前にオンラインで読んでいた、白人に影響を与える社会的変化を現実のものとして実感したことが、彼をさらに過激化させた[81]。

攻撃の直前に、タラントは「8chan」(「4chan」とよく似たプラットフォーム)に最後のメッセージを残した。「若者諸君、くだらない投稿はやめて、現実世界での努力を投稿すべき時がきた。僕はこれから侵略者たちへの攻撃を実行し、フェイスブックを通じて攻撃をライブ配信するつもりだ[…]この下に僕がこれまで書いてきたものへのリンクを提供しておく。僕のメッセージを拡散し、ミーム化し、いつものように投稿して、どうか君たちの役割を果たしてほしい」[82]。タラントの言う「僕が書いたもの」とは、彼自身の七四ページから成るマニフェストで、ルーフやブレイビクがそうしたように、攻撃に先立って、あらかじめオンライン投稿していたものだ。そのなかで、彼はふたつのモスクでまもなく実行する暴力の背景について、ねじ曲がった正当化の根拠を淡々と記していた。文章は加速主義をおおいに称賛するもので、非暴力の政治的行動主義は失敗に終わったと論じていた。いまや行動の時だった。タラントはこう書いた。「本当の変化と僕たちが実行する必要がある変化は、危機という巨大な試練のなかからしか生まれない。段階的な変化では、決して勝利をつかめない。安定と快適さは革命的変化の敵だ。したがって、可能なところどこでも社会の安定と快適さを損なわなければならない」。タラントのマニフェストは伝統的な極右思想のモチーフの多くを繰り返した。「さようなら、みなさんに神の祝福を、死んだ兵士が集まるヴァルハラで会おう」。タラントは「オーダー」のロバート・マシューズがそれより三五年前にウィドビー島で死に備えていた時期に残した言葉、あるいは、ルイス・ビームが一九八三年にアーリアン・ネーションズ会議で語った言葉を思わせる約束を繰り返した。ここでも、トランプの影響は明らかだった。アメリカ大統領への支持は否定したものの、ブレントン・タラントはトランプをことのほか大げさに称賛し、「新たな白人のアイデンティティと共通の目的のシンボル」と表現した(83)。

この攻撃で、タラントはテロリズムに革命を起こした。事件の一部始終が一七分にわたってフェイスブックでライブ配信され、動画が削除されるまでに少なくとも四〇〇〇人のユーザーがこの殺戮を見ていた。次の二四時間に、フェイスブックはサイトから一五〇万のコピー動画を削除した。その間に、ユーチューブでは毎秒一件のペースでライブ配信された動画がアップロードされた(84)。王立委員会の報告書によれば、「動画を見た人たちのなかには、テロ攻撃を生き残り、病院のベッドに横たわっていた人たち、〔殉教者〕の〔家族〕、攻撃の目撃者、クライストチャーチと世界中の一般市民――大人も子どもも――がいた」。動画は自動再生された。つまり、動画のリンクをクリックすることもなく、それを見る人たちがいた。動画にはゲームの要素がふんだんに盛り込まれ、タラントはライブ配信の冒頭でまず、スウェーデンのユーチューブのゲーマー、ＰｅｗＤｉｅＰｉｅの名前を出した。タラントの目的は、法執行機関とアナリストを意図的にあざむき混乱させることだったように思われるが、彼の言葉のなかには、彼がそれまでに属したことのある幅広い極右コミュニティをけしかける犬笛の役割を果たすものもあった。つまり、タラントのようにこの運動にどっぷり浸っている者にだけ伝わるミームやフレーズが含まれていた。その後の数時間に、『ニューヨーク・タイムズ』紙のＩＴ記者ケヴィン・ルースはこう伝えた。「いくつかの点で、この事件は、インターネット・ネイティブによるはじめての大量銃撃の例のように感じられた。現代の皮肉にまみれた過激主義のネット上の対話のなかだけで、すべてが着想され構想される(85)」

いまや極右は、二〇世紀の白人至上主義者の思想家や、ピアースやビームのような加速主義支持者には想像もできなかっただろう情報伝達力と影響力を手にした。ネットワーク化が進みグローバル化した世界で、今ではあらゆるタイプの極右過激派が、戦略、戦術、リアルタイムでの呼びかけを、世界中にちらばるヘイトモンガー仲間と共有できるようになった。さらには、国内テロと国際テロの間の区別が曖昧になっている状況を示しもした。まったく同じイデオロギーと共通の戦略と戦術が、アメリカ、ヨーロッパ、オセアニアのテロリストを同時に刺激していた。事実、タラントはブレイビクからインスピレーションを受けたとはっきり述べていた。「ディラン・ルーフやその他大勢が書いたものを読んできたが、本当の意味で真のインスピレーションを得たのは、「騎士団の司令官」であるブレイビクからだけだ」。十字軍遠征の間に聖地でイスラム教徒と戦ったテンプル騎士団の現代の後継者として自分自身を描こうとしたブレイビクの望みをかなえる形で、タラントはそう説明した。白人だけの国の建設という共通の夢が、世界中の過激派を結束させ、ヘイト、不寛容、暴力の世界的イデオロギーを生み出していた。タラントが他者にも自分の攻撃を模倣するように呼びかけ、ヨーロッパの政治家――ドイツのアンゲラ・メルケル首相、トルコのタイップ・エルドアン大統領、ロンドン市長のサディク・カーンを含む――の暗殺でさらにエスカレートさせようとしたことも、現代の暴力的極右過激派の超国家的な絆と結びつきの強化を目的としていた。タラントはこう宣言した。「白人とゲルマン民族に反対するすべてのものの母であるメルケルの名前は、そのリストの一番上にある。ヨーロッパを傷つけ、ヨーロッパからヨーロッパ人を人種的に一掃する謀略に彼女ほど貢献した者はいないと言ってもいい」(86)

タラントの戦闘ののろしは、彼以前の他のテロリストたちの主張を繰り返すものだった。たとえば、オサマ・ビンラディンは一九九八年に次のようなファトワ（宗教令）を発した。「アメリカ人――民間人と軍人を問わず――と彼らの同盟者の殺害は、どの国であれ、その実行が可能な国にいるすべてのイスラム教徒にとって個人としての義務である」。タラントはビンラディンをまねて、こう書いた。「計画を練り、訓練を積み、同盟を形成し、装備を調え、実行する。おとなしくしていられる時間はとっくに過ぎ去った。政治的解決のための時間はとっくに過ぎ去った。欧米社会の男たちは、再び男にならなければならない」。そして、ビンラディンの呼びかけがアフガニスタンの彼の支持基盤をはるかに超えた場所にも影響力を持ったように、それまで無名だったこのオーストラリア人のエコファシストの言葉は、遠い地にいる仲間たちの心に響いた。それより八年前にブレイビクが実行した二か所の攻撃のように、クライストチャーチのふたつのモスクでの礼拝者に対する銃撃は、アメリカの太平洋岸、さらには遠くヨーロッパの白人至上主義者たちを活気づかせた。タラントが用意した暴力行為のための芝居がかったテンプレート――やがて起こす暴力行為を予言し、説明し、宣伝する投稿をあらかじめ準備し、その後、テロ行為の動画をライブ配信すること――は、その後、カリフォルニア、テキサス、ノルウェー、ドイツで模倣された(87)。

それからわずか数週間後、同じく一匹狼の過激主義者が別の礼拝場所を攻撃した。四月二七日、カリフォルニア州サンディエゴ近くのシナゴーグ、ハバッド・オブ・パウウェイで、ジョン・アーネストが銃撃を始めた。ピアニストとして成功し、ボランティアで講師を務め、介護を学んでいたカリフォルニア州立大学では優等生名簿に名前が載り、そして、白人至上主義の殺人者アーネストは、安息日の礼拝場所にAR－15アサルトライフルを持ち込んだ。銃が詰まって動かなくなる前に、四人が撃たれた。なかには六〇歳の会衆者、ロリ・ギルバート＝ケイも含まれていた。彼女は勇敢にも身をもってラビをかばい、そのためにこの攻撃で死亡した唯一の犠牲者になった(88)。ブレイビクやタラントと同様に、アーネストもやはり、事前にこの攻撃を説明するマニフェストを投稿していた。彼の場合は、ユダヤ人に対する強い憎悪が理由だった。「ユダヤ人へ。おまえたちの犯罪は数え切れない。おまえたちの行動は受け入れられない。おまえたちの嘘はあらゆるところに見つかる。ヨーロッパの男たちは立ち上がるだろう。そして、卑しく寄生的なおまえたちの人種をちりのように破滅させる。今回、おまえたちが逃げ込む場所はどこにもないだろう」。暴力を宗教で正当化する表現を用いた多くの先人たちの傾向をなぞり、アーネストは、「悪魔を憎まずして神を愛することはできない。罪を憎まずして正義を愛することはできない」と宣言した。彼はまた、イエス・キリストを最大のインスピレーションの源とし、アドルフ・ヒトラー、ブレントン・タラント、ピッツバーグのロバート・バウワーズ、そして他の大勢の人物たちより上に位置づけた。

タラントと同じように、パウウェイの銃撃犯は、自分の攻撃を模倣させるために戦術のアドバイスを授けもした。「「マインクラフト」にログインして、シナゴーグ(またはモスク)を全焼させて罪を逃れるのは、それについて十分な知識を持っていれば簡単だ」。アーネストは、ビデオゲームのなかでよく使われる、法的な責任を逃れるために脅しの文句をわずかに曖昧にする戦術を具体的にアドバイスした。彼はさらにこう続けた。「モスクやシナゴーグ、移民センター、裏切り者の政治家、ゲートで守られたコミュニティに住む裕福なユダヤ人、ユダヤ人が所有する会社の建物などで撃ちまくり、処罰を免れることだってできる。もし大虐殺が絶対的な目的で、最高のスコアを得たければ、火炎放射器を強く薦める(子どもたちよ、覚えておくといい。ユダヤの七本枝の燭台のろうそくのようにユダヤ人に火をつけたければ、ナパームはガソリンよりも効果的だ)」。攻撃の一部として、アーネストは『ターナー日記』の信奉者たちに向けて、加速主義寄りのアピールもした。「もう何年も、「ロープの日」を待ち焦がれていた人もいるだろう。そう、今日こそがその「ロープの日」だ。つまり、もしあなたたちに、まだ運動を推し進める度胸があればの話だが——」(8)。結果として、彼は意図的にタラントを模倣し、劇的な政治的効果を得るための手段として銃器を使用した。「僕はブレントン・タラントが銃を使ったのと同じ理由で銃を使った」とアーネストは説明した。「僕たちに残された時間はわずかだと気づいていない人たちがいるかもしれないので、こう述べておく。今すぐに革命を起こさなければ、僕たちがそれに勝利する見込みはなくなってしまう。目標はアメリカ政府が銃を押収し始めることだ。そうすれば、人々は銃を所持する権利を守ろうとするだろう。さあ、内戦の始まりだ」。技術的な問題のため、タラントをまねて攻撃をライブ配信するというアーネストの計画はうまくいかなかった。

アーネストの攻撃は、やがてよく知られることになるテンプレートに従っていた。一匹狼の行動者で、インターネットを通じて過激化し、礼拝場所で無差別銃撃を実行した。しかし、パウウェイでの銃撃は、実際にはアーネストの二度目のテロ行為だった。その一か月前、彼はカリフォルニア州エスコンディードのモスクに放火していた。なかにいた礼拝者は無傷で、火はすぐに消された(90)。そのときに、クライストチャーチの殺人者と、彼らにインスピレーションを与えた「８ｃｈａｎ」フォーラムへの忠誠の誓いを、モスクの外にスプレーペイントもした。「ブレントン・タラント、-t./pol/に捧げる」と彼は書いた。８ｃｈａｎのなかでもとくに人種差別主義で暴力的な「ポリティカリー・インコレクト」フォーラムで、タラントが使っていた短いユーザーネームだ。

次の攻撃は八月三日、南米からの移民が多く集まるエルパソのウォルマートの店内で起こった。タラントの例に刺激された攻撃前のマニフェストで、二一歳のパトリック・クルシウスは、南米出身者に対する自分の憎悪を描写した。冒頭部分が全体を告げていた。「全般的に、僕はクライストチャーチの銃撃者と彼のマニフェストを支持する。この攻撃は、テキサスを侵略したヒスパニックへの反撃だ」。二三人が死亡し、オクラホマシティ以来のアメリカの国内テロとして、非常に凄惨なものとなった。アーネスト、そして今回のクルシウスを通して、八年前にノルウェーで始まった白人至上主義テロリストによる攻撃の連鎖反応が、ニュージーランドを経由して、ついにアメリカに到達した[91]。

次はヨーロッパだった。同じ月、ノルウェーのバールムで、ネオナチの男が自分のアジア人の義妹を撃ち殺したあと、近くのモスクを攻撃した。フィリップ・マンスハウスは二一歳のノルウェー人で、モスクで人を傷つける前に、礼拝者たちに取り押さえられた。今回は事前に書いたマニフェストはなかったが、マンスハウスはモスク攻撃をフェイスブックでライブ配信しようとしていた[92]。「8chan」には短いメッセージを投稿した。「さあ、仲間《コバーズ》たち〔「相棒」を意味するオーストラリアのスラング〕、今度は僕の番だ。僕は聖タラントについに選ばれた。このままにしておくわけにはいかない。〔現実世界で〕人種間戦争のスレッドを立ち上げなければならない。もし君たちがこれを読んでいるのなら、君たちは僕に選ばれたということだ[93]」。彼は最後に、それ以前の何人かの行動をなぞるように、ノルウェー語で「ヴァルハラが待っている」と締めくくった。刑務所でのインタビューで、マンスハウスはタラントと同じように、インターネットが彼の過激化に大きな役割を果たしたと振り返った。

僕と同じ見解に至るための道筋はたくさんある。普通とは大きく異なる見解だ。本を読む人もいるだろう。たとえば『我が闘争』を、または他のファシスト作品を読む。それから、おそらく五年から一五年で、物事は自分たちが信じていたものとは違っているかもしれないという結論に至る。でも、僕がたどったプロセスのほうがずっとすばやく進む。僕はほんの一年か、たぶん一年半で、社会についての今の考えを得た。このことは、インターネットが持つインパクトの大きさを表している。インターネットはアイデアの高速道路のようなものだ。アイデアと意見がものすごい速さで共有される。これまで僕たちが経験したことがない速さで〔…〕僕たちが引き起こす政治的騒乱の最大のアクターは、インターネットだと自信を持って言うことができる。(94)

タラントとマンスハウスにはもうひとつ共通する背景があった。どちらも若いころに片方の親が自殺した。マンスハウスはまだ四歳だったときに母親を失った。(95)

タラントのモスク二か所への攻撃が引き金になった二〇一九年の最後の攻撃は、ドイツのハレで、ユダヤ教の「ヨム・キプル(贖罪の日)」の祭日に起こった。一〇月九日、ステファン・バリエットというドイツ人が朝の礼拝の時間に、3Dプリンターで作った手製の武器と、これも自分で作った簡易爆弾で武装して、シナゴーグに入ろうとした。(96) バリエットも攻撃の一部始終をライブ配信した。鍵のかかったシナゴーグの扉のところで悪態をつき、通りかかった人を撃つ姿が映っていた。バリエットはその後、近くのケバブ店で常連客を殺し、自分の車で逃亡した。攻撃はいくつかの失敗が重なったが(かつてのフレイジャー・グレン・ミラーと同様に、シナゴーグに入ることができず、彼の攻撃の唯一の犠牲者はユダヤ人や移民ではなく民族としてのドイツ人だった)、この事件はいくつかの点で重要だった。第一に、彼は意図的にその日を選んだ。シナゴーグに信徒が多数集まるとわかっていたので、犠牲者数を最大化できると思ったからだ。「行動を起こすのに最善の日は、ヨム・キプルで間違いなかった。なぜなら、「不敬な」ユダヤ人はしばしばこの日にシナゴーグを訪れるからだ」と彼は説明した。第二に、彼は他の「不愉快な国々」——国内の厳しい銃器取締法のために武器へのアクセスが制限されている国——のヨーロッパ人が彼の攻撃手段を模倣できるように、3Dプリントした手製の武器を意図的に使い強調した。バリエットは実際に、彼の最大の目的は、ドイツでも他の国でも、もっと多くの極右過激派による攻撃を誘発し奨励するために、「手製の武器が使えることを証明する」ことだったと認めた。[97] 最後に、バリエットも、ブレイビク、タラント、アーネスト、クルシウス、マンスハウスと同じように、彼自身は生き残った。彼らはみな、崇敬と模倣を求め、殉教を望んではいなかった。

タラントの攻撃は、現実世界と仮想世界の間を自由に行き来できる極右過激派によって計画された最初のものだった。犯人自らによるライブ配信とゲーム世界への言及で、タラントは五一人の罪のない礼拝者の大量殺戮を、現実世界の本物の殺戮ショーに変えることに成功した。意図的に演出し、過激主義のオンラインフォーラムの仲間たちにとくに興味を持たれるように処刑した。タラントが望んだとおりに、彼の攻撃は模倣を誘発し、二〇一九年には四件の白人至上主義テロリストによる攻撃が続いた。タラントはテロリズムを現実世界のビデオゲームに変えた。死傷者の数という点で、次の攻撃者たちがそれまでの「ハイスコア」を破るように奨励される世界だ。これは元FBI捜査官のクリント・ワッツが「雪だるま式テロリズム」と呼ぶものが、屈折した形で具体化されたものだった。[98] 確かに、バリエットは彼のマニフェストを、他者に成し遂げてほしい「達成」リストで締めくくっていた。バリエットが決めた優先順位に従えば、ユダヤ人、イスラム教徒、キリスト教徒、黒人、子ども、共産主義者を殺すことで、さらには異なる戦術や技術、たとえば3Dプリンターで作った銃、手榴弾、剣、釘入り爆弾、そして「秘密兵器」（おそらく車などの使用が含まれるのだろう）を使うことで、「ポイント」を獲得できる。バリエットは間違いなく、他者が彼やお互いの「ハイスコア」を上回りたいと思うように刺激し、それによって、それぞれが過去の攻撃の死者数を更新していくような恐ろしい競争を始めさせようとしていた。[99] しかし、バリエットのアイデアは新奇なものではまったくなかった。過去が再びプロローグとなり、今回は、「オーダー」やフレイジャー・グレン・ミラーが何年も前に、政治的・人種的な敵の殺害を同じように奨励し、わかりやすく説明する手段として示唆していた「ポイント制」というアイデアを取り入れていた。バリエットはゲームのポイント制を強調するために、ビデオゲームをライブ配信する「ツイッチ（Twitch）」というアマゾン系列のサービスで、自分の攻撃をライブ配信した。(100)

この一連の銃撃は、「８ｃｈａｎ」という非主流のオンラインフォーラムに新たな注意を向けさせることにもなった。何人かの攻撃者が犯行前にこのフォーラムに投稿していた。「８ｃｈａｎ」を開設したフレドリック・ブレナンは、エルパソでの攻撃のあとにこう述べた。「サイトを閉鎖しろ。まったく世界の役に立っていない。そこにいるユーザーを除き、すべての人にとって完全に悪い影響しか与えない。それに、ユーザーにとっても害になっている。本人たちが気づいていないだけだ」(101)。サイトはウェブ・セキュリティ・プロバイダーの「クラウドフレア」によって閉鎖されたが、新しい「８ｋｕｎ」という名前ですぐにまた立ち上げられた。(102) ８ｃｈａｎや８ｋｕｎのようなサイトは、極右の国際化を継続させる力になっている。その傾向は、これらテロリストそれぞれを触発したイデオロギーの同質性に反映されている。二〇一五年にディラン・ルーフを攻撃に駆り立てたもっとローカルな要因――公民権や銃を保持する権利――は、あまり目立たなくなり、移民やそれに伴うひとつの国の「イスラム化」への不安、移民や非白人市民の「出生率」の高さといった国を越えた不満が取って代わった。そして、そのすべてがユダヤ人のエリートが率い命令を下す、謎に包まれた国際的陰謀団による画策とされた。

これは、加速主義が、公式に認められた独自の政治的イデオロギーおよび戦略として定着した時期でもあった。二〇一九年、アメリカの国内テロを追う第一線のジャーナリストとして知られるザック・ボーチャンプは、加速主義を「欧米諸国の政府は取り返しがつかないほど腐敗している、とみなす思想」と描写し、「その結果として、白人至上主義者ができる最善のことは、混乱の種をまき、政治的緊張を生み出すことにより、政府の解体を加速させることである」と書いた。[103] この戦略は、テクノロジーに通じた新しいネオナチの世代に受け入れられ、彼らは自分たちが結成したグループを「アトムヴァッフェン・ディビジョン（AWD）」――アトムヴァッフェンは「核兵器」を意味するドイツ語――と名づけた。「アイアン・マーチ」というオンラインフォーラムの分派であるこのグループは、ブランドン・ラッセルという、バハマ系アメリカ人の州兵が二〇一五年に設立した。現実世界でのより暴力的な行動を求めるラッセルのおもな目標は、フロリダに住むデヴォン・アーサーズという会員によれば、「第四帝国」の建設だった。AWDはやがて、カナダ、ドイツ、そしてバルト諸国で活動する同じ考えを持つグループを結びつけ、国際ネットワークを建設していく。[104] 彼らが表明している標的には、さまざまなマイノリティグループが含まれたが、『ターナー日記』のなかでも支持されているように、電気系統やその他のインフラも攻撃対象になった。かつてはオーダーもこれらの施設の攻撃を計画していた。この時期に現れたもうひとつのグループは、「ベース（Base）」と呼ばれ、同じように社会の安定を揺るがす暴力行為を通して無秩序状態を生み出し、避けられない人種間戦争を加速させようとした。

加速主義は本書でこれまで論じてきたように、極右過激派に支持される現代的な戦略として注目するに十分な思想だが、実際には何十年も前に、ロバート・マシューズ、ティモシー・マクヴェイ、ジェームズ・メイソンのような運動を象徴する人物たちが採用した暴力行為のための組織化の原則だった。短命に終わったAWDとその後継のテログループは、したがって、加速主義の力と約束が他の運動の戦略が失敗したところで成功する可能性があると理解していた先駆者として、これらの個人を賛美した。[105] AWDの最初の組織は、アーサーズが同じグループに属していた自分のふたりのルームメイトを殺害したあとに崩壊した。アパートを捜索した法執行官は、さまざまな爆弾の材料とともに、額に入れたティモシー・マクヴェイの写真を発見した。一方、ベースは、オーダーが三〇年前にやり残したものを拾い上げたいと望んでいた。極右のソーシャルメディアサイト「Gab」には、ベースのリーダーがしばしば使っていた匿名のアカウントから、獄死したオーダーのメンバー、ゲイリー・リー・ヤーブローに捧げる次のような賛辞が投稿された。「あなたとオーダーの他のメンバーの犠牲は、決して無駄にはならない。勝利万歳！」(106)

二〇一九年には、タラントの攻撃とハッソンの失敗に終わった計画の両方に、加速主義の影響がとくにはっきりと見てとれた。しかし幸いにも、加速主義を最も精力的に宣伝していた、アトムヴァッフェンやベースなど、より組織化されたグループのいくつかは、アメリカの連邦法執行機関によるタイムリーで先を読んだ行動の結果として、その残忍な計画を実行できなかった。(107)実際に、近年になって国内テロの脅威が拡散し、法執行機関や情報機関にとって個人によるテロ活動への対処が大きな課題になっている状況を考えれば、AWDやベースのような組織化されたグループの追跡は、比較的簡単でより直接的な手段を採用できた。たとえば、アトムヴァッフェンは潜入が容易で、信頼できる情報提供者も育てやすく、この組織がジャーナリストや他の政敵に対する「スワッティング（SWAT-ing）」を実施したあとに、壊滅に追い込んだ。スワッティング計画は、住居で人質をとった武装立てこもり事件が起こったという偽の通報をして、警察のSWAT（特殊武器および戦術）部隊が攻撃的反応をしてくるように挑発するものだった。ベースに関しても、当局がいくつかの攻撃計画の情報を得たあとで、何人かのメンバーが特定され逮捕された。最も重大なものには、二〇二〇年一月の実行が計画された「偽旗作戦」があった。これは、バージニア州リッチモンドで憲法修正第二条の権利を求める集会に参加していたトランプの支持者を標的にするはずだったもので、目的は警察と民兵組織の銃撃戦を引き起こし、より大規模な対決のきっかけにすることだった。攻撃者の意図には、明らかに加速主義者の考え方が反映されていた。混乱を煽り、二極化と疑念を深め、それによってさらなる暴力を引き起こすという考え方だ。この組織が攻撃のために製造したアサルトライフルはあまりに強力だったため、メンバーのひとりは「どうやら間違って機関銃を作ってしまったようだ」と言った[108]。ベースは、FBIの潜入捜査官「スコット」がグループのセキュリティ網を潜り抜け、ジョージア支部に入り込んだおかげで、ほぼ解体された[109]。組織を分断して独立した小さなグループのネットワークにするという形ばかりの努力はなされたが、FBIの潜入の結果としての解体は、ピラミッド型の組織は潜入される危険が大きいというビームの警告が正しかったことを証明した。ビームは二〇年前にこう忠告していた。「これはアメリカでは繰り返し起こってきたことだ。親政府の潜入者やおとり捜査官が愛国者組織に入り込み、内側から破壊する」[110]

こうした失敗にもかかわらず、AWDもベースも、アメリカの国内テロ組織の古くからのもうひとつの傾向を再興させる努力においては成功した。近年は、より新しく、より若い、よりテクノロジーに通じた極右組織が、軍で培った闘争およびそれと関連したロジスティック、あるいはコミュニケーションに関する知識を再び求め、その恩恵を受けてきた。たとえば、AWDの設立者であるブランドン・ラッセルは、二〇一六年一月にフロリダ州軍に入隊した。同じAWDメンバーのデヴォン・アーサーズによれば、「そのはっきりした目的は、知識と訓練で、彼はその訓練を政府への抵抗に使おうとしていた。これらの人々はおもに訓練を受けるため、装備へのアクセスを得るために軍に入る」。そのころまでに、ラッセルはすでに上腕に目立つタトゥーを入れていた。盾の内側に放射状の線を入れたシンボルで、AWDの悪名高い、だが、あまり知られていないロゴだった[111]。軍に入隊したAWDメンバーは少なくとも九人はいて、彼はそのひとりだった。この組織にはアメリカ海兵隊、海軍、陸軍、空軍、州軍の現役、退役両方の人員がいた。そのひとりのジョシュア・ベケットは、陸軍の兵士としてアフガニスタンへ行ったことがあり、組織のメンバーの訓練にあたった。彼は自分の戦闘経験がどれほど貴重だったか、より一般的に、アルカイダやその同盟組織のテロとの戦いが自分の過激化にどれほど大きな役割を果たしたかをのちに語った。「陸軍自体が人種に対して自分を目覚めさせ、戦争はユダヤ人に対して私を目覚めさせた。米軍はすばらしい訓練を提供している。戦い方と生き残る方法を学ぶことができる」[113]。ベケットはそう説明した。別の極右組織「アイデンティティ・エヴロパ（Identity Evropa）」には、現役・退役の軍隊経験者が一一人いたらしい[114]。そして、「ヴァンガード・アメリカ」は、イラクとアフガニスタンに従軍した海兵隊員によって結成された[115]。

しかし、おそらく極右組織のなかで、ベースほど軍での経験に敬意を表していたところはないだろう。このグループのリーダーだったリナルド・ナザロは、二〇一四年まで、国防総省と契約してアメリカ特殊作戦軍とともに働いていた。彼がこのネオナチ組織を設立するわずか四年前のことだ。ナザロ（別名「ノーマン・スペンサー」「ローマン・ウルフ」）は、対テロ活動や軍の標的設定に取り組み、極秘情報へのアクセスを得て、「イラクとアフガニスタンに複数回」従軍したという[116]。彼は、FBIの分析官としても働いていた[117]。グループのとくに有能なリクルーターのひとりが、カナダ軍予備兵のパトリック・マシューズだった[118]。マシューズは二〇一九年八月にアメリカに不法入国し、ベースの他のメンバーとつながった。そして少なくとも一度、ジョージア州でベースのメンバーに戦闘訓練を提供したことがわかっている[119]。マシューズは最終的にメリーランド州で逮捕され、先述した二〇二〇年一月のバージニア州リッチモンドでの集会の襲撃を計画したとして告発された。マシューズ自身のテロ組織の他のふたりのメンバーは、アメリカ陸軍の退役軍人で、戦闘偵察作戦の訓練を受けていた[120]。先行したグループと同様に、

AWDとベースは組織に信頼性とスキルの両方を与えるため、積極的に軍隊経験者をリクルートした。

FBIが集めたデータは、軍事経験者とテロを含む集団暴力の経験者の結びつきを明らかにした。たとえば、二〇〇〇年から二〇一三年までにアメリカで銃撃事件を起こした成人のうち、四分の一近くが何らかの軍事経験を持っていた。およそ半数は兵役に就いていた。[121] また、一九七二年から二〇一五年までのアメリカにおける「単独犯」のテロリスト五二人を調査したところ、FBIはその三分の一以上に軍隊経験があったと結論した。[122] この割合は非常に注目される。存命中のアメリカ人で軍隊経験を持つ人の割合は推計で七パーセントにすぎないからだ。[123] この警戒を要する傾向が、それに対処するための、教育努力の倍増や他の手段の強化につながった。二〇一九年、連邦下院はメリーランド州選出の議員で元陸軍大佐のアンソニー・ブラウンの要請により、二〇二〇年度国防権限法の下院版に追記し、国防総省が内部人事調査を通じて、白人国家主義者の活動を追跡するように義務づけようとした。しかし、共和党の上院議員たちは、「白人国家主義者」という言葉を法案から削除した。[124] 二〇二〇年二月には、下院軍事委員会小委員会が「軍内の白人至上主義に関する警戒を要する事例――どのように止めるか?」と題した公聴会を開いた。冒頭の発言で、ミシシッピ州選出の共和党議員トレント・ケリーが、「いかなる種類の過激派活動も受け入れられないし、軍隊では許容されない」と述べた。[125] ケリー本人がミシシッピ州軍の少将で、銃撃の生存者だった。二〇一七年六月、毎年恒例の両党議員による慈善目的の野球の試合に向けて、共和党議員たちが練習していたとき、その銃撃事件が起こった。小委員会の他の共和党議員の間に、ケリーの言葉に同意を示す声は上がらなかった。

軍役経験者が任務を終えたあとに過激派に引かれる理由はたくさんある。たとえば、市民生活に戻ってからの疎外感、軍では必須の敵(想定上でも実際にでも)に出会ったときの「われわれ対彼ら」のメンタリティから抜け切れないこと、同じ考えと目的を持つ個人が集まるグループに属したり、仲間意識を持ちたいという願望、ＰＴＳＤ（心的外傷後ストレス障害）のため、またはアルコール依存症のため、民間での職を得られない不満などだ[126]。そして、多くの場合に、彼らは退役軍人の戦闘スキル、さらにはコミュニケーションと兵站スキルを利用したいと考える過激派組織や小グループによる勧誘の対象になった。北米とヨーロッパの軍隊における極右過激主義の最も詳細な調査を実施したドイツの研究者、ダニエル・ケーラーが指摘しているように、軍の規模が大きくなるほど、自然に社会的、経済的、政治的に多様な層を代表する人たちが集まり、必然的に過激主義者も含まれるようになる。ケーラーはこう結論する。「それゆえ、極右過激主義者が軍に入れるかどうかではなく、軍にいる彼らを間に合うタイミングで特定できるか、そして軍がそれに対して十分に対処できるか（たとえば懲戒処分や除名処分など）が問題になる[127]」

過激主義のイデオロギーが軍隊に浸透すること、また現役・退役軍人を目的を持ってリクルートする傾向は、今では精査の対象になった。「アメリカ軍と退役軍人コミュニティにおける極右ナショナリズムは、民間と軍の関係にも、アメリカ人の軍隊に対する見方にも、破壊的な影響を与える」。元陸軍大佐のジェフ・マッコースランドはそう述べた。「軍の人員の士気を乱し安全を損なう。過激主義の見解を持つ陸海空軍の兵士、海兵隊員からの非暴力の活動でさえ、秩序と規律、準備と団結に否定的な影響を与える[128]」。この脅威が誇張されているという主張に対して、軍の犯罪捜査に三〇年の経験を持つカーター・Ｆ・スミスはこう反論した。国防総省と軍の上級指揮官は「数は少ないとつねに言っており、そのために、優先事項にならない。そう、数字は小さいかもしれないが、彼らは飲み物のなかに一滴落とされるシアン化物のようなものだ。与える損害は非常に大きい[129]」。

問題の重要性、とくに軍の将来にとっての重要性は、ケリー下院議員がうまくまとめてくれている。下院軍事委員会小委員会の二〇二〇年の公聴会で、彼はこう述べた。「米軍ほど多様性がありながら文化的に統合された組織はない。このような組織は他のどこにも存在しない。この状態を維持しなければならない」[130]。準備を整え国を代表する米軍が、この国の外交政策と国際的な安全保障のためには不可欠だ。過激主義者はそれを内部からむしばんでいく。

一九七〇年代から八〇年代のアメリカの極右が先駆的に使った戦術を復活させている現在の白人至上主義者とネオナチのテロリストたちは、人材確保と通信手段のためにデジタル空間への依存を続けるとともに、歴史的に繰り返されてきた特定の標的に対する一匹狼の攻撃を煽動してもいる[131]。AWDとベースのような小集団をネットワーク化した組織は、作戦的に安全ではなく、潜入者や情報提供者を引き入れやすいとして避けられるようになった。したがって、ビームの二〇世紀の「リーダー不在の抵抗」戦略が二一世紀のソーシャルメディアを通して繰り返し再興し、かなり未熟で孤立した個人をすばやく過激化し、共通の政治的アジェンダを推進する目的での暴力行為を実行する機会を与えてきた。タラントは現代的コミュニケーションの恩恵を熱心に惜しみなく利用し、二一世紀のテロリストの原型となり、自分の攻撃をライブ配信し、リアルタイムで世界中にメッセージを発信した。彼は、人種と移民についての既存の極端な見解が生活環境の悪化への恐怖と結びつく、雑多で過激なオンライン空間から姿を現した。そして、自分の攻撃をライブ配信し、長々としたマニフェストを提供することで、これらのネットワークの住人たちが消費する無限のループのなかに自らを放り込んだ。しかし、攻撃の概念化、計画、準備、実行は、タラントが完全に単独で行動することによって成し遂げられた。「どの組織からも攻撃を命じられはしなかった。自分で決断を下したのだ」と、彼は誇らしげに言った[132]。

二一世紀の最初の二〇年ほどの間に、一匹狼のテロリストは同じ目的を追求する既存の組織に匹敵するほどの主体性と力を示し、複数の大陸に破壊的な結果をもたらしたと言っていいだろう。九・一一同時多発テロ以来、欧米社会で起こったふたつの最も犠牲の大きかったテロ攻撃は、外国のテロ組織——二〇〇四年のマドリードの通勤列車爆破事件ではアルカイダ、二〇一五年のパリでの同時自爆テロではイスラム国——に命じられ、連携して実行したものだった。しかし、これらふたつの事件を除けば、過去二〇年ほどの最悪のテロ攻撃は、組織ではなく個人が引き起こしている。

- ネオナチのノルウェー人が、ふたつの攻撃で七七人の命を奪った。
- 同性愛を嫌悪するアメリカのＩＳＩＳ支持者がオーランドで四九人を殺害した。
- その一か月後、フランスのニースで、チュニジアからの移民が自動車を使って八六人を殺害した。
- 反イスラムで白人至上主義のエコファシストのオーストラリア人が、ニュージーランドで五一人を殺害した。

それぞれの事件で、インターネットが重要な役割を果たした[133]。

個人によるテロリズムは、この脅威に対抗することを仕事にする人たちにとくに大きな課題を突きつける。第一に、一匹狼を捕らえるときに、情報活動の価値は制限される。相手はより大きなネットワークや組織とはほとんど関係せず、あるいは伝統的なテロ組織の階層構造に似たようなものもないため、共有される情報がほとんどない。第二に、ソーシャルメディアの世界では、一匹狼は自分自身のプロパガンダ用のプラットフォームを作り上げる技術と専門知識を持っている。すでに述べたように、タラントのライブ配信は、攻撃から二四時間の間にフェイスブックで一五〇万回再生された。政府やメディアはこの残酷な殺傷の光景の配信を封じ込めることができなかった[134]。最後に、最も重要なこととして、一匹狼によるテロは政府による対テロ対策を、広大なデジタル宇宙の無数の声のなかから暴力を意図するひとりの個人を特定するという、干し草の山から一本の針を探すような、絶望的な作業に変える。その課題は、現在のインターネット文化によってさらに困難になる。過激主義者はいわゆる「ゴミ投稿」――過激で攻撃的、暴力的でしばしばユーモラスな内容の投稿をオンラインで共有する慣習――の陰に隠れることができる。腹を立てたり、懸念を表明したりする人たちは、「リベラルのスノーフレーク」や「社会的公正の戦士」などと嘲笑される[135]。しかし、その煙幕を通して、グループ内の絆は強化され、グループ外への不信と憎悪が結晶化する。地理的には広範囲におよぶ多様な過激主義者のネットワークの間のつながりも強まる。ユーモアと嘲笑を通して、過激化がますます進み、暴力に対して鈍感になる――殺戮や騒乱を防ごうとする側は、生々しくはあるが長々と大げさに語るだけの圧倒的な数の脅威をかきわけて、単に「ゴミ投稿」をしているだけでなく、実際の暴力行為を計画している者を特定しなければならない。

暴力的極右は、ビームが一九八〇年代の初めに「リーダー不在の抵抗」戦略を最初に提唱したときから、この概念を吸収してきた。しかし現在のソーシャルメディアは、過激主義者がビームのメッセージを大勢の一匹狼たちに伝える力を与えた。こうした個人は自分の血にまみれた幻想を現実の暴力に変えることで、影響力を持つことを望んでいた。現在は、最もよく組織された極右ネットワークでさえ、通常は伝統的な上意下達／指揮統制モデルのテロリズムよりも、「リーダー不在の抵抗」戦略を好む。「ひとりでいて最も強い男こそ、最も欲しい人材だ！」AWDから枝分かれしたドイツの組織は内部文書「AWDプログラム」のなかでそう断言した。この組織の行動計画は、二〇二〇年初めの「テレグラム」の公開チャンネルに投稿された。実際に、AWDのかつては広範囲におよんだネットワークが関係した暴力行為のすべて――なかでも二〇一八年一月にカリフォルニア州でペンシルヴェニア大学に通う同性愛者のユダヤ人学生が殺害された事件――は、一匹狼のテロリストが引き起こしたもので、組織のリーダーからの指示も協力も一切なかったと思われる。[136]「われわれは過激な自主性を促進する一方で、革命的な雰囲気を醸成することに専念している」。AWDの後継グループである「ナショナル・ソーシャリスト・オーダー」（NSO）は二〇二〇年七月に、あらためてそう宣言した。[137]暴力と混乱を加速主義の戦略の一部として促進するジェームズ・メイソンの特異な「シージ」哲学に忠実であることに加えて、NSOの宣言は、チャールズ・マンソンの「ヘルター・スケルター」の予言を思い起こさせる。マンソンが引き起こそうとしていた国内の人種間戦争に必要な前提条件として、無差別の暴力行為を呼びかけたものだ。「エスタブリッシュメントは急速に物事を破壊しているからという理由で、音楽を通して若者たちにエスタブリッシュメントに対して立ち上がれと告げるのは陰謀だろうか？」マンソンはまだ裁判中だった時期にそう問いかけた。「音楽は毎日あなたに語りかけるが、あなたはあまりに耳が悪いか、頭が悪いか、目が見えていないせいで、その音楽を聴いてすらいない［…］それは私の陰謀ではない。それは私の音楽ではない。私はそれが伝えるものを聞く。それは「立ち上がれ」と言っている。それは「殺せ」と言っている」。[138]イスラム国と同じように、暴力的極右は混乱を引き起こす「超暴力」で沸き返る傾向がある。[139]

ソーシャルメディアによる過激主義のあからさまな拡散が、このように二一世紀のテロリズムに火をつけてきた。かつては、誰かが自分の暴力を追求しようとするとき、どんなものであれ、その道の途中には乗り越えなければならないガードレールがあったが、今はもう存在しない。極右の世界では、この傾向はとくにインターネットと、とりわけゲームとソーシャルメディアを利用するティーンエイジャーの間で顕著になった。こうしたオンライン環境では、若者たち――とくに現実の生活のなかでは帰属意識を持てず、コミュニティも信頼できる師もいない若者たち――は、しばしば地下世界の冒険と興奮という説得力ある物語にイデオロギー的な正当性を与える、年長の過激主義者によって教育される。若者は個別につながって、自分たち自身の過激派フォーラムを開設したりもする。その現象は、たとえば一五歳の少年が率いるネオナチグループ「ブリティッシュ・ハンド」のような、若者だけの白人至上主義グループの設立にもつながった[140]。若者の過激化がわかる、おそらく最もショッキングな例は、バルト海諸国にあるAWD系列の「フォイヤークリーク〔火の戦争〕・ディビジョン（Feuerkrieg Division）」だろう。当局がこの組織のリーダーをエストニアで逮捕したとき、彼はまだ一三歳だった[141]。

ソーシャルメディアは過激主義者に、精神的にもろく孤独な、とくに困難な青少年期を送っている若者に直接語りかける手段を与えてもいる。たとえば、短命に終わったAWDは、三人の殺人者が実行した五件の殺人に責任がある。個々の事件のニュース報道は、この組織に属する殺人者――デヴォン・アーサーズ、ニコラス・ジャンパ、サム・ウッドワード――のそれぞれと、組織の創設者でリーダーのブランドン・ラッセルがみな、多くの精神健康上の問題を抱えていることを明らかにした。統合失調症、注意欠陥障害、うつ病に加えて、全員が程度はさまざまだが自閉症だった[142]。ラッセルの裁判中、母親は涙ながらに、「息子はいつも自分の居場所を探していた」と語った[143]。AWDが関連したもうひとつの事件では、被告側弁護士が自分のクライアントを、「どこに行ってもその場所に溶け込めず、そのために過激化しやすくなった」と説明した。[144] クリスチャン・ピッチョリーニは、元白人至上主義者のロックミュージシャンで、現在は若者たちを暴力と過激主義から引き離すための活動に参加している。彼は自分が一緒に活動していた極右過激派の四人に三人は、自閉スペクトラム症に関連した障害を抱えていたと言っている。この結びつきは非常に強く、ピッチョリーニはすべての若い患者に精神分析医かカウンセラーのところに行くように勧めている。[145] 今ではソーシャルメディアと過激派のフォーラムが広まっているため、影響を受けやすい若者は以前より簡単に過激なレトリックやさまざまな過激なコミュニティにさらされる。そして、テロリズムはもはや一貫したイデオロギーを持つ組織化されたグループの領域ではなくなり、精神疾患を抱える一匹狼が、どの国でも国内テロで大きな役割を果たすようになってきた。

テロリズムへの障壁が低くなったことは、戦術的にも変化をもたらした。極右の加速主義者によるテロの初期の波を特徴づけた爆弾の使用――マクヴェイとルドルフによる犯行がその代表――は、もうひとつの戦術に座を奪われてきた。無差別銃撃だ。銃撃による大量殺戮は残念ながら、現在のアメリカではとくにめずらしい事件ではなくなり、他の国でもときおり起こるようになった。しかし、アメリカには特異な要因もある。アメリカでは銃火器がさまざまな場所で簡単に手に入るため、武装した攻撃者は受けた訓練や専門知識とは必ずしも比例しない規模で、流血の大惨事を引き起こすことができ、それに影響されて、政治的な思惑を持つ暴力志向の者にとっても、テロ行為が手近なものになった。たとえば二〇一九年四月のパウウェイのハバッドでの銃撃を考えてみよう。犯人のジョン・アーネストは少なくとも見かけ上は、どこにでもいるアメリカ人ティーンエイジャーで、カリフォルニア――彼は「コミーフォーニア」と呼んでいた――のランチョ・ペニャスキートスという郊外ののどかな土地で育った。アーネストは本人がマニフェストに記したように、急速に過激化した。「ほんの半年前にでも、誰かが僕に、君はこんなことをすると告げていたとしたら、きっと驚いていたと思う」と彼は書いた。アーネストは攻撃を実行しようと決めたときには、銃の訓練はそれほど受けたことがなかったと認めた。この天才ピアニストが銃火器を扱う専門技術に欠けていたことが、銃を詰まらせた原因になった可能性が高いが、彼はそれでもひとりの命を奪い、三人を負傷させ、自分が憎んだコミュニティに打撃を与え、自分のイデオロギーを彼が住むサンディエゴ郊外から遠く離れたところにいる人たちにも発信できた。アーネストはいまやアメリカの無差別銃撃とほとんど同意語になった銃火器を使用した。AR-15セミオートマチックライフル、米軍標準のM-4カービン銃の民間バージョン、その先行器であるM-16だ。

自称加速主義者にとって、表明すべき政治的動機がある無差別銃撃には、アメリカ社会の仕組みをさらに引き裂き、憲法修正第二条を支持するか反対するかという個人の見解に基づいてコミュニティを二極化するというさらなる恩恵もあった。タラントは実際に、自分の攻撃を、アメリカの世論に与える影響を考えて計画していた。彼はこう書いた。「私が銃を選んだのは、社会の対話に与えるだろう影響、この攻撃についてのメディアの報道が増えること、それがアメリカの政治に与える影響、そして、世界の政治状況に与えうる影響を考えてのことだ。銃を所持する権利を廃止しようとする左派の試みは、アメリカの人々の劇的な二極化を引き起こし、最終的にアメリカを文化と人種というラインに沿って分断するだろう(146)」

もちろん、すべてのテロリストが大量銃撃という戦術を選ぶわけではない。極左、極右両方の過激派の間では、放火もありがちな戦術だ。アメリカではそれほど一般的ではないが——ただし、すでに述べたように、アーネストはシナゴーグ銃撃の前に、意図的にエスコンディードのモスクに放火している——、ヨーロッパではよく使われる。放火によって、ドイツのビンゲンやスウェーデンのエスキルストゥーナで、難民センターとモスクが破壊された[147]。銃を手に入れるのがむずかしいヨーロッパでは刃物で刺すこともアメリカより一般的だ。たとえば二〇一五年一〇月、スウェーデンのネオナチが、トロルヘッタンの学校で剣を使って複数人を刺殺した。二一歳の犯人は、この学校を意図的に標的として選んだ。移民の生徒と教師が大勢いる学校だったからだ[148]。しかしアメリカでは、無差別大量銃撃がとくに多い。ＦＢＩが二〇一九年一一月に実施した、一九七二年から二〇一五年にアメリカで起こった五二件の「単独犯によるテロ」の調査で、その三分の二以上が銃火器を使っていたことがわかった。そして、四分の三近くの事件で銃は犯人が合法的に手に入れたものだった[149]。

　アメリカの国内テロの戦術として銃乱射へのこだわりが強いことは、暴力行為の標的――と犠牲者――に重要な変化をもたらした。以前のテロリズムの波では、政府の建物がしばしば標的になった。それが過激派の不満の中心にある、彼らの主張によれば自分たちへの抑圧のシンボルとみなされたからだ。裁判所、ＩＲＳ事務所、政府機関が入る建物が攻撃された[150]。マクヴェイがアルフレッド・Ｐ・マラー連邦政府ビルにこだわったのが、その最も顕著な例だろう。そこにはＡＴＦ（アルコール・たばこ・火器および爆発物取締局）の事務所が入っていた。ルビーリッジとウェイコでの包囲戦で中心的な役割を果たした連邦機関のひとつだ。そこでマクヴェイは、政府に最大限のダメージを与えて自分の主張を明らかにするための最善の手段として、手製爆弾を使った。このオクラホマシティでの爆破事件後には、国中の政府関連ビルの警備が強化され、これらの施設はアクセスが困難になり、したがって標的にするのがむずかしくなった。たとえばエリック・ルドルフは爆弾を使ったが、非政府機関の施設を標的にした。アトランタのオリンピック競技場の外にある公園のコンサート会場、中絶クリニック、そして同性愛者が集まるナイトクラブだ。

しかし、ここ数年は、アメリカの極右テロリストたちはみな同じように、誰でも近づきやすいソフトターゲットを集中的にねらうようになった。礼拝場所である。繰り返し起こる攻撃では、宗教をまたぎ、キリスト教会、ユダヤ教のシナゴーグ、イスラム教のモスク、シク教寺院、さらにはこれらの信仰と結びつくコミュニティセンターが、たびたび標的になった。礼拝場所を避ける者は、標的にしようと思うコミュニティの人々がいつも集まる別の場所を探すかもしれない。パトリック・クルシウスの場合は、ダラス・フォートワース都市圏の自宅から一〇時間車を運転して、ヒスパニック系の買い物客が大勢いるだろうと考えたエルパソのウォルマートまで行った[151]。クルシウスが他の標的を考えていたかどうかはわからないが、彼のマニフェストには「ヒスパニック・コミュニティは、タラントのマニフェスト『グレート・リプレイスメント』を読むまでは標的ではなかった」と書いてある[152]。効果的な標的設定の鍵は、何年も前にジェームズ・メイソンが彼の白人至上主義のニュースレター『シージ』で提唱していた。「攻撃者が最も気にかけることは、自分の行為がはっきりとメッセージを語り、白人アメリカ人がそのメッセージを間違って受け取らないように、適切な標的を選ぶことにちがいない[153]」

結果として、しばしば極右テロリストの標的は、特定の地域で「外国人」や有色人種、異教徒や見かけの異なる人たちが多く集まる場所、という単純なものになる。二〇一七年二月、カンザス州オレイサのレストランで、インドからの移民ひとりが銃で撃たれて死亡した。犯人はイラン人を標的にしていると思っていた[154]。そして、前述の二〇一七年に起こったポートランドの列車内での刺殺事件は、ふたりの若い黒人の少女――ひとりは一七歳のイスラム教徒のソマリア人で、もうひとりはその友人の非イスラム教徒――に対して、攻撃者が誹謗中傷するような言葉を投げつけたところから始まった。彼はふたりに「サウジアラビアに戻れ」と言い放った[155]。標的を礼拝場所からもっと幅広い少数派コミュニティへと躊躇なく変更する傾向は、グレゴリー・ブッシュの例によく表れている。二〇一八年にケンタッキー州ジェファーソンタウンでふたりのアフリカ系アメリカ人の買い物客が殺された事件だ。監視カメラ映像には、ブッシュが最初は圧倒的に黒人信者が多いジェファーソンタウン・ファースト・バプティスト教会に入ろうとした姿が映っていた。それに成功していたら、礼拝場所にいるマイノリティグループを標的にしたアメリカのテロリストの長いリストに加わっていただろう。教会に入ることに失敗すると、彼は近くのアフリカ系アメリカ人がよく利用するスーパーマーケットに向かった。彼のテロの目的にとって、そこが次に最適な標的になったからだ。

古くからそうだったように、どの土地でも、異人種同士のカップルは白人至上主義者の照準にしっかりとどまっている。二〇一七年三月にニューヨーク市で剣を使って黒人男性を殺したジェームズ・ハリス・ジャクソンは、タイムズスクエアで異人種カップルを攻撃して彼の犯行を続けようとしていた。しかし、ジャクソンは当局に投降した。そして、あとになってその決断を悔やんだ。録画された警察での尋問の間に、彼は自分を戒めるように、「チャンピオンになれたはずなのに。チャンピオンに」と言っていた。[156] 二〇一九年六月、イギリスのネオナチ集団「ソネンクリーク・ディビジョン（Sonnenkrieg Division）」（のちにイギリスの反テロ法で禁止された）のメンバーふたりが、ヘンリー王子の暗殺を計画したとして拘留された。彼が混血の女優メーガン・マークルと結婚した「人種の裏切り者」だから、と彼らは主張した。[157] 白人至上主義者は、異人種カップルをインターネット上でさらすことに特化したウェブサイトを少なくともひとつ開設した。ジャーナリストのテス・オーウェンによれば、「このウェブサイトは異人種カップルとその家族の名前をさらし、中傷し、効果的に彼らへの暴力を促している」。公開された個人情報はインターネット上から完全に削除するのがしばしば困難だと証明されてきた。[158] 異人種カップルの大量殺人は、ウィリアム・ルーサー・ピアースがアンドリュー・マクドナルドの別名で書いた、『ターナー日記』ほど知られていないもうひとつの本のテーマでもあった。『ハンター（Hunter）』というタイトルのその本は、ジョゼフ・ポール・フランクリンに「捧げられた」。フランクリンは、一九七〇年代から八〇年代にかけて二〇人もの人々を殺害した白人至上主義の連続殺人犯だ。[159] こうした手段は極右の間では古くからの伝統であり続けている。これはナチスドイツの「人種恥辱（rassenschande）」政策にも見られ、異人種間の性的関係を通して白人の血筋が薄められることを防ごうとした。[160]

　合法的な中絶をしている医療施設も、相変わらず極右テロリストの標的になりやすい。これらの施設は爆弾と銃の両方で攻撃されてきた。近年で最も多くの犠牲者を出した事件は、二〇一五年一一月、コロラド州コロラドスプリングスで、ロバート・ルイス・ディアが引き起こしたものだ。ディアは家族計画クリニックで三人を殺害し、裁判中には自分を「赤ん坊を守る戦士」と表現した。[161] ディアの攻撃は、アメリカの極右の宗教的小組織が奨励し実行してきた、合法的な中絶を提供する医療施設への暴力行為の最新事例だった。たとえば二〇〇〇年代初めに、「ニュルンベルク・ファイル」という名称のウェブサイトが生まれた。このサイトは中絶手術の提供者の自宅住所を含む個人情報を掲載し、殺害された人数を記録していた。初期のドクシング（晒し）は、攻撃対象となる人物の名前を、実際に殺害されるまで掲載し、ゾッとするような「任務終了」報告が義務化されていた。

　しかし、加速主義者は、自分たちの目的を達成するためには、つまり社会と既存の統治形態を崩壊させるための混乱と無秩序を引き起こすには、もっと大きく考える必要があるとわかっていた。礼拝場所、中絶クリニック、あるいは有色人種を標的にした無差別銃撃は、すべてを崩壊させるために必要な大変動をもたらす出来事の連鎖反応を誘発する可能性が低い。「これは消耗戦だ」。ある過激主義者は、極右が銃乱射を好む傾向を悲嘆して、テレグラム上で不満をぶちまけた。「自分たちの人種を守るために殺し死ぬ意志を持つ白人男性の数と、われわれの故郷に悪臭を放つ大量の侵略者の数を比較すると、それぞれの攻撃では、比率においてわれわれが負けている」[162]。そのことが、少し前に述べたテロの標的の変化にもかかわらず、オクラホマシティの爆破事件とその犠牲者数を再現しようとすることが、相変わらず多くの極右テロリストの目標になっている理由かもしれない。ブレイビクはマラー連邦政府ビルの殺戮と破壊を模倣しようとして、彼がノルウェー政府の神経中枢とみなしたオスロの政府施設の前で大きなトラック爆弾を爆発させた。幸いにも、この攻撃の犠牲者数はマクヴェイが達成した数には届かなかった――少なくとも、彼が実行したこの第一段階の攻撃だけでは。

エルパソでの銃撃は、国内テロの脅威についての劇的な再評価という結果につながった。国土安全保障省では、新たな戦略が急速に進められていた。それから一か月も経たないうちに、同省は新たな「テロリズムおよび標的を定めた暴力と戦うための戦略的枠組み」を発表した。この文書は、「人種差別的、民族差別的な動機を持つ暴力的過激派、とくに白人至上主義の暴力的過激派を含む国内テロリストがもたらす危険についての広範な評価」を提供した。その最優先課題は、地方を拠点にした暴力的過激主義の予防・対策（CVE）プログラムへの連邦政府の支援の強化である。そのためにインターネット上の過激主義との戦い、ヘイト犯罪で有罪になった者の常習的再犯を減らすための取り組み、新しいテクノロジー対策を含め、サイバー空間での防衛の強化のために、民間セクターの利害関係者と協力することを目指した[163]。

それにもかかわらず新たな戦略は、緊急性に欠け、一部の国土安全保障省の上級官僚が必要と考えたホワイトハウスにおける優先課題化にも至らなかった。二〇二〇年二月の下院委員会の公聴会で、「戦略的枠組み」の中心となる作成者であるエリザベス・ヌーマンは、こう述べた。「私たちはもうひとつの九・一一の入り口にいるような気がします。目に見える光景と数字という点ではそれほど破壊的なものではないかもしれません。しかし、それが築かれつつあるのがわかります。そして、それをどうしたら止めることができるのか、私たちは実際のところ、わからずにいるのです(164)」

第8章　アメリカの大虐殺

「実際のところ、歴史を通じての真実をいえば、人口のごく一部だけが善か悪だった。大部分は道徳的に中立的な――絶対的な善と絶対的な悪の区別がつかない――人たちで、彼らはその瞬間、誰であれトップにいる人の例にならう」

『ターナー日記』より

何が完璧な陰謀論を作り上げるのだろう？　ラッセル・ミュアヘッドとナンシー・L・ローゼンブラムは陰謀論的世界観についての影響力の大きい著作で、「典型的な陰謀論は、力を持つ人々が物事のゆくえを支配していると主張することで、秩序が乱れた複雑な世界を理解しようとする」と論じている。他の方法では簡単に説明できない出来事に意味を与えるのだが、その際「一種の釣り合いの論理を押しつけることで物事の意味を成そうとする。それによれば、世界を変えるような結果は、名もないひとりの人間の単独行動や一連の意味のない偶然からは起こりえないのである」(1)

言い換えれば陰謀論は、あまりに多くの情報に圧倒され、混乱し、恐怖を抱え、現在起こっていることとに不信を持つ人々が、そのすべてを理解できるように、彼ら独自の、あるいは他者の考えを取り入れたシンプルな説明をつくり出す。異なる民族、宗教、人種グループ、特定の政府の役人や民間の個人、政府や民間機関（企業、シンクタンク、慈善団体）に非難の矛先を向けることで、安らぎとひらめきの両方を提供する。そうすることで、非常に複雑な現象の説明がわかりやすいものになり、突然、意味を成すようになる。イギリスのジャーナリスト、ピーター・ポマランツェフの言葉を借りれば、「もし全世界がひとつの陰謀であるとしたら、あなた自身の失敗はもうあなたの過ちではない。自分が望んでいたほどのことを成し遂げられていないという事実、あなたの人生がめちゃくちゃだという事実――それはすべてその陰謀に責任がある(2)」。問題は、もしわずかな数の人だけでも、その陰謀に暴力で対抗しなければならないと決めれば、市民社会の土台が崩れてしまうかもしれないということだ。

中国の武漢から広まった謎めいたウイルスが二〇二〇年三月に世界的なパンデミックとなり、アメリカを含む多くの国で、政府がロックダウンを実施した。それは陰謀論を支持する極右過激派に新たな目的と重要課題を与えた。感染の恐怖、ロックダウン、全般的な先行きの不確かさは、反ユダヤ主義、人種差別主義、排外主義、反政府主義の過激派に新たなスローガンを手渡した。たとえば、パンデミックを封じ込めようとする政府主導のイニシアティブ――企業の休業や外出禁止令《ステイホーム》など――は、そうした手段は憲法が保障する基本的権利と市民的自由に反するという不満を呼び起こし、全米での大々的な抗議運動を誘発した。ウイルスから身を守るためのマスク着用の義務化と、強制的なワクチン接種への不安は、過激派コミュニティに恐怖と疑念を広め、すぐに、ユダヤ人がこのパンデミックから利益を得ている、あるいは商業や政府に対する支配を強めるために利用しているという、古くからの反ユダヤ主義の陰謀論をよみがえらせた。たとえば元KKKリーダーのデヴィッド・デュークは、ユダヤ人がこのパンデミックを金融業界を潤すために利用していると非難した。彼は二〇二一年二月のポッドキャストで、「ウォール街の銀行や大手国際銀行は——ユダヤ人が圧倒的に大きな権力を握っているのだが——みな大儲けしている」と述べた。(3) この陰謀の網はすばやく拡大して、他の宗教、民族、人種グループを含んでいった。移民が感染源になっているという古臭いデマまでが再び広まり、アジア系の人たちが感染拡大を引き起こしているとして非難された。ある観察者は、「パンデミックは陰謀論が広まる完璧な環境をつくった」と述べた。(4)

パンデミックを利用して、自分たちのお得意の陰謀論を飾り立てる過激派もいれば、ウイルスを粗削りの生物兵器として利用する機会を見いだした過激派もいた。ソーシャルメディア上では、過激派の同志にわざとコロナウイルスに感染するように促し、政治家や法執行官、ユダヤ人、アジア人、有色人種の人たち、イスラム教徒を感染させることを奨励する投稿を見かけるようになった。公共交通機関、スーパーマーケット、礼拝所、街角、実質的にどの公共の場所も、ウイルスを意図的に拡散させられる場所の例として挙げられた。とくに悪質な例のひとつとして、パンデミックの初期段階で、自称ネオナチの人物が「テレグラム」のサイトに、加速主義の目的達成のためにパンデミックをどう利用するかについてのチェックリストを投稿した。「あなたが運悪くコロナウイルスに感染したときにやるべきことリスト」として、その投稿者は次のものを挙げた。

- ドアノブ、ドアバー、取っ手など、触るものすべてに唾を吐きかける
- 地元の食料品店で果物や野菜をなめ、元の場所に戻しておく
- 唾を吐きかけた大きな布で、人々をたたいて回る

・人々の顔に向かって咳をする
・近くのタウンホールへ行き、政治家の顔に唾を吐き、唾を吐きかけた布を彼らにたたきつける
・逮捕されたら、パトカーや警官に向かって唾や咳をかけまくる
・手を洗わない（これをもっと早く挙げるべきだった）
・できるかぎり多くの警官を感染させるように努力する
・症状が悪化して病院に連れていかれたら、医者も感染させる。彼らのマスクをはぎ取って、顔に唾を吐きかける［…］シナゴーグに行って同じことをする［…］ユダヤ人にウイルスが付着した布からしぶきを浴びさせる[5]

三月末までに、この種の、しばしば具体的な指示を伴った煽動が、あまりに目につくようになったため、アメリカ司法省は、そうした行為は生物兵器テロとして扱われ、そのように訴追されると警告を発した[6]。同月、ニュージャージー州に住む男性がスーパーマーケットの従業員に向かってわざと咳をしたために、テロの脅しをしたとして告訴された[7]。ウイルスとその戦術兵器化は、加速主義者の考えにうまく適合し、多くはウイルスが彼らの夢見る社会崩壊の完璧な引き金になると考えた。

多数のオンラインプラットフォームやフォーラムで表現された見解の典型的なものは、二〇二〇年三月二四日のテレグラムへの投稿だろう。ティモシー・ウィルソンというアメリカ海軍の元兵士が書いたその投稿は、白人に取って代わるという古くからの目標を推し進めるために、ユダヤ人がコロナウイルスを利用しているという内容だった。「ウイルスの脅威は本物だと思う。ただし、ＺＯＧ（シオニスト占領政府）がわれわれを破滅させるための口実として、ウイルスを利用している。ＺＯＧは人々に恐怖を与え、社会を崩壊させようとしている[8]」。その晩、ウィルソンはＦＢＩとの銃撃戦で死亡する。彼はミ

ズーリ州ベルトンで、トラック爆弾を使って病院を攻撃する計画を立てていた。(9) ＦＢＩによれば、ウィルソンは犠牲者の数を最大化するため、爆発の威力で病院の窓が粉々になり、ガラスの破片が飛び散って、死者の数が増えることを期待した。(10) ウィルソンは攻撃のスケジュールを前倒ししていた。コロナウイルスに関連して政府が命じたロックダウンにより計画が狂うことを恐れたからだ。不気味なことに、彼はモスクやシナゴーグに加えて、アフリカ系アメリカ人が通う学校を攻撃することも考えていた。(11)

ＦＢＩはフォートトライリー基地に勤務する現役の陸軍兵士と連絡をとっていた匿名の情報提供者を通して、この計画のことを知った。フォートトライリーはカンザスシティから車で二時間ほどの場所にある。カンザス地区の連邦地方裁判所に届けられた刑事告訴状には、ジャレット・ウィリアム・スミス上等兵がウィルソンに、「即席爆発装置（ＩＥＤ）の作り方を教え」たこと、さらに、ウクライナの暴力的極右民兵組織と一緒に「戦うために、ウクライナまで行きたいと思っていると話した」ことが書かれていた。スミスはアトムヴァッフェン・ディビジョンから分かれた極右テロ組織「フォイヤークリーク・ディビジョン」のメンバーでもあった。彼とウィルソンは暗号化されたソーシャルメディア・プラットフォームを通して、定期的に連絡をとっていた。(12) スミスは二〇二〇年八月に有罪となり、三〇か月の懲役刑を言い渡された。(13)

一方、政府が強制したパンデミック対策のロックダウンは、より攻撃的な大衆の反発を招きもした。四月半ばまでには、連邦や州のロックダウン強制に対する抗議のうねりが国中で表面化し、国の経済を傷つけているとして規制の中止を求める声が上がった。トランプ大統領もその耳障りな抗議に加わり、自分の支持者たちに、民主党の州知事や議員が国民の健康管理に強制的な義務を強いているいくつかの州を「解放」し、これらの制限を撤回させるように呼びかける一連の投稿をした。「バージニアを解放しろ」と、大統領はツイートした。そして、自分の支持者たちにとって大事な別の大義を強調する機会を逃さず、トランプはこうつけ加えた。「そして、偉大なる憲法修正第二条を救うのだ。第二条は攻撃にさらされている！」[14]。彼の他のツイートは、ミシガン州とミネソタ州を名指しした。トランプの言葉は、より好戦的な抗議者の一部からは、それまでの総じて平和的な反ロックダウンと反ワクチンの抗議よりも攻撃的な抵抗手段をとってもかまわないという青信号ととらえられた[15]。ソーシャルメディアのチャットルームは、まさにこの結論を引き出した。テレグラムのある投稿者は、トランプのツイートを強調し、大統領は「州の政治家を銃撃し絞首刑にする行動を開始していいと、確かに言っている」と主張した[16]。

トランプが繰り返した州議事堂「解放」の呼びかけが、とくに不安な形で具体化したのは、二〇二〇年四月三〇日にミシガン州ランシングで起こった一連の出来事だ。州議事堂に突入した抗議者の多くは、公然とライフルなどの武器を持ち、軍の戦闘用装備を身に着けていた。議事堂外の芝生には、「暴君に縄をかけろ」の文字が目立つプラカードが持ち込まれた[17]。これはおそらく、『ターナー日記』のなかで描写された悪名高い「ロープの日」に意図的に言及したものと思われる。ネオナチのプロパガンディストとして知られるアンドリュー・アングリンは、自分の「デイリー・ストーマー」のサイトを使って、さらに多くの、威力を増した暴力の必要を訴えた。加速主義の核となる教義を受け入れているアングリンは、ランシングで起こったことは「暴動ではなかった」と説明した。

しかし、暴動はやってくる。あらゆる種類の暴動は必ずやってくる。食糧暴動、ロックダウン暴動、人種暴動。好きな暴動ジャンルを選べば、それはやってくる。人々は今、怒りを抱えている。自宅に閉じ込められ、職を失ったからだ。彼らがこの状況から後戻りできないと気づいたとき、そして、永遠に続く貧困状態に落ち込んだと気づいたとき、彼らの怒りがどれほどになるかを想像してみてほしい。(18)

その後、パンデミック、ロックダウン、マスク着用義務化の論争ですでに引き起こされていた混乱と騒動のさなか、五月二五日にミネソタ州ミネアポリスで、ジョージ・フロイドという無防備の黒人男性が逮捕される過程で警官によって殺された。警官がフロイドを地面に押し倒し、九分間近くフロイドの首をひざで押さえつけている映像が、ネット上で拡散された。抗議運動が起こり、そのいくつかはエスカレートして暴動と暴力に発展した。平和的な抗議者、「ブラック・ライブズ・マター」（BLM）の活動家、その他のデモ参加者に、より攻撃的な反ファシストや無政府主義の煽動家たちが加わり、そうした便乗者らはその機会に乗じて放火や破壊行為を楽しんだ。ワシントンDCでは、ホワイトハウスからラファイエット広場を横切ったところにあるアメリカ労働総同盟・産業別会議の本部と歴史あるセント・ジョンズ・エピスコパル教会が放火された。それはテロ行為であり、町の、さらには国の基礎を揺るがす行為だった。それより前の数年の間に、トレイボン・マーティンやマイケル・ブラウンなど、武器を持っていなかった若い黒人男性が殺されたことへの激しい抗議が起こったときと同じように、フロイド殺害後の暴動とより広範な平和的抗議は、白人が支配的な現状が過激な左派と無政府主義者によって組織的に破壊されているという、古くからの白人至上主義の作り話を再興させた。

一部の極右過激派はこの混乱に乗じて、さらなる暴力を煽動し、無秩序と騒動を広めることを期待して、抗議者のなかに紛れ込んだ。(19)とくに「アンブレラマン」の名で呼ばれたミネアポリスの好戦的な暴動参加者は、実際に、白人至上主義の「アーリアン・カウボーイ・ブラザーフッド」に属する服役中のギャングとつながっていることがわかった。「これは、この近辺や町中での一連の火災と略奪を引き起こす最初の炎だった」。外科医のエリカ・クリステンセンはアンブレラマンの煽動戦略についてそう書いた。その戦略には、群衆を煽り立てるために考えられた破壊行為やその他の行動が含まれていた。クリステンセンは宣誓供述書でこう主張した。「「アンブレラマン」の行動まで［…］抗議は比較的平和的なものだった。この人物の行動は敵意と緊迫した雰囲気を生み出した。宣誓供述人はこの人物の唯一の目的は、暴力を煽動することだったと考える」[20]。ネオナチの「フォーフェアシャフト〔最高の〕・ディビジョン」と関連したテレグラムのチャンネル上で、ある過激主義者は騒乱を利用して、加速主義の暴力を実行しようとした。仲間たちに、「無法地帯を見つけ、何人かで集まっている［Nワード］を探し出し、GTA〔グランド・セフト・オート。法的な責任を逃れるためにしばしば使われる、ビデオゲーム由来の隠語〕の隠れたポジションから銃をぶっ放し、そして逃走する」ようにけしかけたのだ[21]。この非常に緊迫した状況への大統領の反応は、「アメリカ合衆国はアンティファ〔反ファシスト運動〕をテロ組織として指定するだろう」というツイートだった。これは、この過激な左派集団が実際には暴力と混乱の唯一の煽動者ではなかったという証拠と[22]、そうした指定をする法的手続きのむずかしさの両方を無視していた[23]。

　収まることなく続く抗議運動は、「ブーガルー（boogaloo）」と自称する、銃所持を支持する反政府運動の人気の高まりと時期を同じくした。一九八四年の映画『ブレイクダンス2――ブーガルビートでT・K・O！』からとった名称の「ブーガルー」は、来たるべき第二の内戦を意味する比喩として使われている。国中の抗議運動で、「ブーガルー・ボイズ（Boogaloo bois）」――boysとかけた言葉遊び――をよく見かけるようになった。明るい色のアロハシャツに、戦闘用のウェビング、弾薬袋、攻撃用武器というちぐはぐないでたちのこれら過激派は、彼らが「ビッグ・ルアウ（luau）」または「ビッグ・イグルー（igloo）」と呼ぶものを待ち、あるいは積極的に計画していた。これはどちらも、オンラインの投稿監視アルゴリズムを避けるために使われる、「ブーガルー」の暗号名だった。二〇二〇年の二月から四月の間に、そうした煽動を支持するフェイスブックページやグループが六〇パーセント増えた。その数字は、一二五のグループが七万三〇〇〇人を超えるフォロワーを集めたのがピークで、その後フェイスブックがこれらのページを削除し、まもなく禁止した。[24] このイデオロギーが表面化したのは二〇一二年ごろのことだが、最近まで、ブーガルー運動はインターネット上では取るに足りない存在で、一般には知られていなかった。[25] それが、二〇二〇年の間に変化する。いくつかの州や自治体で、ブーガルー支持者の多くが、政府が強制するコロナウイルス対策のロックダウンと、ジョージ・フロイドの殺害への抗議に反応した。重要なことに、その夏の騒乱では、ブーガルー・ボイズは頻繁に分断の両サイドで行動を起こし、しばしば警察を支持し、人種的正義を求める活動家に反対したが、ときにはブラック・ライブズ・マターの抗議者たちを警察からの脅しや嫌がらせから守りもした。[26]

保守派メディアや選挙で選ばれた役人などが発するレトリックとは裏腹に、その夏の抗議運動と結びついた暴力で死者が出た事例はほとんどすべて、反政府極右過激派が起こしたものだった。[27] 二〇二〇年五月二九日、国土安全保障省は、州と地方の当局に、「憲法修正第一条の権利擁護運動を利用する国内テロリスト活動」を警戒するよう注意勧告した。さらに、「テレグラム」のチャンネルが混乱と無秩序の醸成を意図し、「ブーガルー」をたきつけようとしているとも警告した。[28] 同じ日、トラヴィス空軍基地で勤務する下士官が、車で一時間もかからないカリフォルニア州オークランドにある連邦政府オフィスビルの外で警備に立っていた連邦防護局の警備員を殺害した。犯人のスティーブン・カリーリョは空軍の軍曹で、社会不安を誘発するために無差別の暴力行為を実行するという加速主義の戦略を用いた。

「彼らの怒りでわれわれの炎を燃え上がらせる。怒りに駆られた暴徒をわれわれの有利になるように利用する」[29]。カリーリョは事件を起こす直前のフェイスブック投稿でそう説明した。彼はその八日後、近くのベン・ロモンドで郡保安官を殺害し、そのあとで逮捕された。カリフォルニアのハイウェイパトロールの警官とサンタクルーズ郡の郡保安官代理との銃撃戦で負傷したカリーリョは、自分自身の血を使って車の屋根に「boog」という語を書きなぐっていた。ATFによれば、彼は「マークもシリアルナンバーもない、手製の銃器を使った。それは、銃身にサイレンサーを装着した機関銃だった」。カリーリョが「フェニックス・レイヴン（Phoenix Raven）」という、特別に訓練された部隊のチームリーダーだったことも注目される[30]。空軍の説明によれば、この部隊の任務は、「テロや犯罪の危険性が高いエリアの上空を通過する、航空機動軍団の飛行機に安全を提供する」ことである[31]。

ブーガルー運動と結びつく第二の事件は、やはり五月二九日にデンバーで発生した。この町の警察が、武器を携帯して「リオープン・コロラド」のデモに向かっていたブーガルー・ボイズの車を途中で停止させた[32]。そして六月二日ラスベガスで、BLMの集会を標的にした、さらなる暴力を誘発するための「偽の旗」攻撃でモロトフのカクテルを使うテロ計画を立てたとして、三人の男が逮捕された[33]。首謀者たちはみな、米軍での経験――海軍、空軍、陸軍の予備兵としての経験があった[34]。報じられたところによると、彼らはアイルランド共和軍をモデルに組織と戦術を構築した[35]。この一連の事件は、ワシントンDCが次の標的になるかもしれないという不安を生み出した。二〇二〇年六月、国土安全保障省と連携した首都地域脅威情報コンソーシアムは、ブーガルーに触発された暴力の脅威評価を発表し、ワシントンDCが「アメリカの法執行機関が集中し、さまざまな憲法修正第一条擁護のイベントの開催場所でもあることから、ブーガルーのイデオロギーの暴力的支持者にとって魅力的な標的になっている」と警告した。
おそらく、ブーガルー運動ほどあからさまに、徹底して、加速主義の思想を喚起しようとするアメリカの暴力的極右は存在しないだろう。その目的は、広範な社会的無秩序状態を引き起こして連邦政府を崩壊に導くことである。事実、ブーガルーの存在理由は、ラスベガスの陰謀家のひとりが残した三ワードのフェイスブック投稿にきっちりと要約されている。「開始。助長。暴動」だ。[37] この点で、法執行機関の人員を標的にするブーガルー運動は、「主権市民」運動が引き起こす権威主義的な脅威を思い出させる。偽りの先取特権と公職者に対して起こされる根拠のない訴訟が主権市民運動が好んで用いる武器で（「ペーパー・テロリズム」と呼ばれることもある）、銃や爆弾ではないが、[38] この運動に参加していると主張する人々は、殺害や身体的暴力、判事・公職者・法執行機関の人員への身体的暴力による脅し、警官や外交官へのなりすまし、偽の紙幣・パスポート・ナンバープレート・運転免許証の使用、さまざまなローン詐欺といわゆる償還詐欺などの犯罪を実行した。[39] たとえば二〇〇三年、サウスカロライナ州で、土地の権利をめぐる、主権市民を自称する三人と州当局との一四時間のにらみ合いが暴力に発展し、警官ふたりが殺害された。その七年後には、アーカンソー州の警官ふたりが、通常の車両停止をしている間に銃で撃たれて死亡し、フロリダでも保安官代理ひとりが殺された。そのため、ＦＢＩはこの運動のより過激で暴力的なメンバーについては、「国内テロ運動の構成員」とみなしてきた。[40] 現在のブーガルー運動に属する組織も、法執行機関に対して以前から同様の敵意を抱いていた。「欧米に血なまぐさい暴動が起こるときには、警察が最初の標的になるべきだ」と、ある投稿はたきつけた。[41] 別の投稿では、放射性物質を郵便で「地元の連邦捜査官に送り、彼らの体を本当に発光させる」ことを提案した。[42]
既存のニュース源からの煽動的な報道が、社会の緊張を強調し、すでに存在する対立を助長した。二〇二〇年六月のフォックスニュースの報道は、匿名の「政府関係者の情報源」の言葉として、「ここ一週間に国を麻痺させてきた暴動の背後にいる煽動家たちは、もっと郊外の地域に移動したいと考えている」と伝えた。(43) 他の証拠は提供されず、脅威は現実のものになりはしなかったが、同じ月にFBIは史上最大規模で銃器購入者の前科確認を実施したと報告した。(44) 恐怖と緊張の高まりは、実際のテロ暴力につながった。やはり、ほぼすべてが極右に関係したものだった。

同じ六月には、米軍に過激派が侵入している新たな証拠が明るみに出た。陸軍兵卒のイーサン・メルツァーは、イギリスのネオナチ集団「O9A（Order of the Nine Angles）」に米軍の部隊の動きについて情報を漏らしたとして、逮捕され起訴された。メルツァーはアルカイダと連携したO9Aに自分自身が属する部隊を攻撃させようと計画していた。O9Aはまったく別の、しかし同じような暴力志向のイデオロギーが収束して、新たな脅威になるという緊急性を帯びた現象の例といえる。第二次世界大戦時代の国民社会主義と、現代のサラフィ・ジハード主義を組み合わせたものだ。たとえばO9Aのメンバーは、ヒトラーとビンラディンの両方を崇拝し、アメリカ政府を最大の敵とみなしている。(45) 司法省の検察官によれば、メルツァーはこの組織に部隊の位置、兵力数、武器についての情報を提供した。彼は、自分の身の安全についてはまったく気にしていなかったと主張した。攻撃を受けて自分が死んだとしたら、「立派に死んだことになるだろう」と言った──自分の最後の行為がアメリカと他の兵士たちを傷つけたと知って、満足しながら死を迎えられると考えたらしい。(46) メルツァーは二〇二二年六月に罪を認めた。彼の自白を発表した司法省のメディア向け資料から、O9Aの加速主義の戦略に彼が強い関心を持っていたことがよくわかる。連邦検事のダミアン・ウィリアムズは、メルツァーは「自分がアメリカを長期におよぶ武力闘争に追い込み、できるだけ多くの兵士の死を引き起こせると信じていた」と説明したと伝えられる。また、「Ｏ９Ａのメンバーは、内部潜入を含む「あくどい」行動を実行するように指示され、軍隊を含むさまざまな組織に潜入し、訓練と経験を積み、暴力行為をはたらき、同じ志を持つ個人を特定して、最終的に内部からそうした組織を崩壊させることを目的とした」こともわかった(47)。

二〇二〇年を通じて、ブーガルー・ボイズと関連した攻撃計画や暴力が急増すると、この悪質な問題は再び幅広い注目を集め始め、軍隊が断固とした態度で行動を起こし、軍内部の過激派分子を排除するように圧力が高まった。おそらく最も年長の批判家は、ジェームズ・Ｌ・ジョーンズだったろう。海兵隊大将として司令官を務めた退役軍人で、バラク・オバマ政権の最初の国家安全保障担当補佐官にもなった。「軍が能力主義の促進と偏見の追放に成功するとき、その恩恵はアメリカ社会全体におよぶ(48)」。彼はそう述べた。極右の過激主義的傾向は、法執行官の間にも見られる。二〇二〇年六月、警察による残忍な行為への抗議が高まるなか、ノースカロライナ州のウィルミントン警察は、人種差別的暴力を煽り立てているところがカメラにとらえられた三人の警官を解雇した。ひとりは、やがて訪れる内戦の「準備」をしていたと宣言し、「われわれはただ外に出て、［Ｎワード］連中を殺し始めるだけでいい。その時が待ちきれない。本当に待ちきれない」と語った。彼は、そのやがてくる蜂起は、「地図上からやつらを一掃する。四世代か五世代前に送り返すだろう」と誇らしげに言った(49)。ゲーマー向けプラットフォーム「ディスコード（Discord）」でブーガルーのチャットに参加していたある州兵は、人種的公正を求める抗議運動への対応として、まもなく暴動鎮圧任務でフィラデルフィアに送られることが決まり、彼が守るはずの人たちに暴力をはたらく機会が得られたことを自慢した(50)。

八月、ウィスコンシン州ケノーシャの黒人男性が、警官による突然の暴力で、銃弾を何発も撃ち込まれて死亡したところがカメラにとらえられた。再び、暴動好きの無政府主義者にたきつけられて怒りを抱えた抗議者たちが、この町に集まってきた。このときには、商店を略奪から守るという名目で、右派の武装民兵たちも参加した。その後、イリノイ州アンティオークからケノーシャまで、これを自分の使命とみなしてライフル持参でやってきた一七歳のカイル・リッテンハウスが、ふたりのデモ参加者を射殺するという悲劇的事件を起こした。リッテンハウスは過激派のソーシャルメディア・チャンネルで、たちまち英雄扱いされた。テレグラムでは、誰かが「この男は最高だ」とまくしたてた。[51] 自分たちの見下げた敵に対して決定的行動をとるという、他の民兵組織が宣言していた夢を実現させたのだ。[52]

これら銃器を利用して死者を出した事件は、その夏、これまでにないほどの注目を集めた。攻撃に普通の車を使うケースも増えた。ジェームズ・アレックス・フィールズがシャーロッツヴィルですでに使った戦術だ。戦略国際問題研究所の調査によれば、「二〇二〇年の一月から八月までに、一一件の極右による攻撃で車が使われた。極右テロ事件全体の二七パーセントを占め、僅差ながら極右による攻撃で最も多く使われる武器となった。これは、二〇一五年から二〇一九年までに比べると大幅な増加で、この期間には、暴力的極右の攻撃で車が使われたのは一件だけしかなかった」。[53] BLM活動家に対して使われた戦術は、嘲るようなミームで拡散され、ソーシャルメディアでおおいに共有されて、なかには法執行官によるものもあった。その投稿には、「すべての命は飛び散る――誰もあんたたちの保護には関心がない」と書かれていた。[54]

二〇二〇年の秋には、アメリカは深い疑念、相互に補完し合う陰謀論の増加、繰り返される暴力の呼びかけに悩まされていた。その危険なカクテルが、その年の一一月の大統領選挙に向けて強化されていった。「内戦は今まさに、すぐそこまで来ている」。八月にオレゴン州ポートランドでトランプ支持者が「アンティファ」活動家に殺される事件が起こったあと、オース・キーパーズ創設者のスチュワート・

ローズはそう宣言した。本書執筆時点で、間違いなくアンティファのメンバーによる犯行だとわかっている殺人事件は、その一件だけである。武装の呼びかけへの対応として、ツイッター社はオース・キーパーズのプラットフォーム利用を禁止する措置をとった[55]。

国内テロリズムのあとふたつの重要な傾向も、勢いを増していた。政治的暗殺の人気と、さまざまな過激派イデオロギーの融合である。

もちろん、急速な政治的変化を求めるテロリストたちは、以前から政治的暗殺をその手段として使ってきた。二〇一八年と二〇一九年のサヨックとハッソンのそれぞれの計画がその例だ。まさにその点をテレグラムのネオナチのチャンネルで主張した人物は、アメリカにおける銃乱射事件の増加は効果的な戦術だと評価した。その匿名の投稿はこう主張した。「したがって、もし完全に頭のいかれた若者が銃を手にして、一度にひとりずつ、長い時間をかけて著名な標的を〔一部削除〕ならば、彼は銃乱射事件を起こす者たちがもたらすよりもっと大きな恐怖の種を彼らの魂のない心に植えつけるだろう。そして、「システム」を、その最も脆弱な部分で揺さぶるだろう。そのときの見出しを想像してみてほしい！[56]」これは、過激派のインターネット上の議論のパターンにぴったり符合する。そこでは、公共の場所で集団殺戮を実行した者たちでさえ、もっと高名な人物を標的にしなかったとして批判された。二〇一九年八月のテレグラムへの投稿のひとつで、パトリック・クルシウスがウォルマートを襲撃したことが批判された。「力を持つ者たちを殺してくれ」。投稿者たちはそう訴えた。「重要人物を殺せ。政敵を殺せ。文字どおりどこでもいいから、極左／反白人組織の本部にいる人間を殺せ。なかにいるクソ野郎どもを皆殺しにしろ。ウォルマートはクソみたいな場所だが、HVT〔高価値の標的〕が集まる場所ではない。

われわれはＨＶＴを殺さなければならない。有名なＨＶＴが銃殺されれば、希望と夢を鼓舞するだろう[57]」

二〇二〇年の秋まで、より大きな野心を抱き、もっと影響力の大きい直接的な攻撃として、選挙で選ばれた指導者や全国的に有名な人物を標的にしろという過激派の呼びかけは、幸いにもほとんどが無視されていた。民主党のガブリエル・ギフォーズ下院議員は二〇一一年に、精神的に不安定な人物にもう少しで暗殺されるところだった。表向きの政治的動機には欠けていたが、銃撃はそれでも、極右コミュニティでは広く称賛された。何よりギフォーズは民主党員であり、半分ユダヤ人でもあったからだ。「おそらくこれは、われわれみんなが待ち続けていたものの始まりになるだろう。社会全般に政治的動揺が広がるのは、すばらしいことに聞こえる。最後には、新たな内戦へとわれわれを導いてくれるかもしれない」。ストームフロントにはそうしたメッセージが寄せられた。古くからの加速主義者の語り口そのものだ。「もし連中を投票で打ち負かせないなら、やつらを暗殺しろ！」という投稿もあった[58]。ギフォーズは生き延びたが、連邦判事でアリゾナ地区連邦地裁首席判事のジョン・ロールは、その攻撃で死亡した。二〇二〇年七月の、ニュージャージー州のヒスパニック系判事エスター・サラス暗殺の企ては失敗に終わった。過激な反フェミニストで熱烈なトランプ支持者だったその犯人は、サラスが「白人、とくに白人男性は野蛮で、肌の色の濃い人たちはみな犠牲者だと、アメリカ国民を説得しようとした」として非難していた[59]。サラスは無傷だったが、彼女の二〇歳の息子が殺され、夫が重傷を負った。そして、サウスカロライナ州のクレメンタ・Ｃ・ピンクニー州上院議員は、チャールストンでのディラン・ルーフの凶暴行為の最初の犠牲者だった。しかし、彼が最初からその攻撃の標的だったかどうかははっきりしない。

新型コロナウイルス感染症のパンデミックは、暴力志向の極右過激派の間に高名な人物を標的にするという議論を再興させた。たとえば三月、政府が強制したロックダウンに不満を持つ男性が、数人の民主党の政治家に殺害の脅迫状をインターネット経由で送ったとして逮捕された。彼は次のようなメッセージを投稿していた。「もしあなたが民主党側のエスタブリッシュメントのひとり、あるいはその一部なら、私はあなたを犯罪者かつテロリストとみなす。そして、すべての仲間に「ＳＯＳ」〔見つけ次第銃撃〕し、実弾を使うようにアドバイスする」[60]。アメリカ国立アレルギー・感染症研究所の所長で、連邦政府のパンデミック対策の枠組み策定に重要な役割を果たしたアンソニー・ファウチは、何度も脅迫状を受け取り、個人警護の対象になった[61]。二〇二〇年四月、ニューヨーク市警が泣いている女性を逮捕した。彼女は、当時大統領候補だったジョー・バイデンの暗殺を企み、この町までやってきていた。フェイスブックには、こう書き込んでいた。「ヒラリー・クリントンと彼女のアシスタント、ジョー・バイデン、トニー・ポデスタは、バビロンの名のもとに排除されなければならない！[62]」

パンデミックがピークに達していた数か月は、メルツァーがヒトラーとビンラディン両方に特異な親近感を持っていたように、異なるイデオロギーの混合やマッチングを促しもした。そして、ブーガルー・ボイズの突然の人気は、極右だけでなく極左の要素を含むさまざまな大義を掲げる運動が、イデオロギーを流動的に取り入れる典型的な例となった。「ブーガルーの愚か者たちが、アンティファやＢＬＭと協力し合っている。彼らが右派と呼ばれる唯一の理由は、銃と憲法修正第二条に執着しているからだ。しかし、やつらはＢＬＭや左派過激派とも団結しようとする、リバタリアンの市民ナショナリストのクズどもだ[63]」。４ｃｈａｎの投稿がそう怒りをあらわにした。しかし、自在に形を変えるブーガルー運動の思想的輪郭は、陰謀論を唱えるＱアノン現象の「ビッグテント」のアプローチと比べれば見劣りする。

「Q」は、その名前でオンライン投稿をしている政府の博識なインサイダーによる運動と思われ、二〇一七年一〇月に最初に表面化したが、この運動が本当に勢いを得たのは、パンデミック以降のことだ。二〇二〇年の大統領選挙の時期までには、Qアノンはアメリカで――ヨーロッパでもしだいに――政治の舞台の重要なプレイヤーになっていた。オンラインコミュニティとして現れたQアノンには、その後、カルト的なフォロワーが集まってきた。彼らは、民主党とロサンゼルス拠点の娯楽産業、銀行やメディアは、悪魔崇拝の小児愛者に支配され、トランプはこの信用できない陰謀団と戦うために神から選ばれたのだという夢想的な陰謀論を信奉している。世界の支配と統制を秘密裏で企む影の勢力の存在への執着は、二〇世紀初期のロシア帝政時代の陰謀論書『シオン賢者の議定書』の内容を、現代のアメリカ政治のなかに移し替えたかのようだった。

複数の、ときには矛盾するイデオロギーを、一貫しない分散的な運動に収束することは、人種差別主義、反ユダヤ主義、排外主義、反政府、納税拒否、反中絶、白人国家主義、白人至上主義などの一連の大義を取り入れ、長い時間をかけて支持基盤を広げようとしてきたアメリカの極右過激派の関心を引いた[64]。この多様な、本来なら反発し合うはずの思想のごたまぜから現れた暴力への呼びかけは、当然ながら予測がつきにくい、非論理的ともいえる標的設定につながった。たとえば二〇一六年一一月、Qアノンから枝分かれした「ピザゲイト（Pizzagate）」を支持するエドガー・ウェルチが、車でノースカロライナ州からワシントンDCへ向かった。彼は、DCのファッショナブルな――おもにリベラルな――チェビー・チェイス地区の家族向けレストランに、民主党の指導部が子どもたちを監禁していると信じ込み、その子たちを解放することを自らの使命としていた。ライフルで武装したウェルチは、地下室へ行く階段があると彼が思い込んでいた貯蔵室のドアの鍵を銃で撃って壊そうとした。そこに子どもたちが監禁され、性的虐待を受けていると彼は信じていたのだ。実際にはそこに地下室など存在しなかった。小児愛者と政治家が共謀しているというピザゲイトの陰謀論は、Ｑアノン支持者を触発し、今度は彼らが次々と、奴隷になった子どもたちを解放する、政府がコロナウイルス対策として義務化した公衆衛生手段に抵抗する、カナダやアメリカで公職者を暗殺するなどの、それぞれの作戦を実行に移した[65]。最も奇妙な出来事のひとつは、二〇一九年のフランチェスコ・カリの殺害だろう。暗黒街のガンビーノ一家のボスだったカリは、スタテン島でＱアノンの信奉者に殺された。その男は、カリがトランプ大統領を失脚させようともくろむ「闇の国家《ディープステイト》」の一員だと信じていた。Ｑアノンに触発された攻撃の標的は一貫性がなく、そのためメリーランド大学の研究者たちは、伝統的な対テロリズムの手段では効果がなく、精神的なカウンセリングと介入のほうがより効果的かもしれないと論じた[66]。実際に、カリの殺人者は精神鑑定により裁判で罪に問うのは困難だと判断された[67]。

ナチスやファシストの古いタイプのイデオロギーと、現代的な環境過激主義の思想が収束したエコファシズムは、過激派組織と攻撃の標的の組み合わせを、また新たに予想がつきにくくした。たとえばスウェーデンでは、ベースと結びついたエコファシストのネオナチ集団が、ミンク農園に火をつけ、そうした組織が注意を向ける標的を予測するむずかしさを浮き彫りにした。環境保護や動物の権利擁護にも動機づけされたネオナチたちは、一般には極左過激派に結びつけられるような標的と戦術を選んだ[68]。同時に、タラントとクルシウスもエコファシストの思想にどっぷり浸かっていたが、より予測しやすい場所を標的に選んでいたことは注目される。

Ｑアノン、ブーガルー・ボイズ、エコファシズムのような、二一世紀の顕著な特徴を持つ過激派運動の出現は、法執行機関に新たな危機管理の課題を突きつける。連邦機関も、州、地方、部族地域の機関も、陰謀論の標的になりうるすべての対象をカバーするには、知識、訓練、人員が不足していた。新型コロナウイルス感染症のパンデミックは、これらの運動に新たな命を吹き込み、あるいはさらなる勢いを加えた。これはとくに、全米でのロックダウンと、それが引き起こした暴力的な反応の直後に顕著だった。[69]すでに述べたように、失敗に終わったカンザスシティの攻撃計画では、病院が標的だった。さらに、カリフォルニアのロングビーチに停泊していた病院船「USNSマーシー号」の運用を混乱させるために、列車をわざと脱線させるという事件もあった。連邦検察官によれば、その列車の運転士は、この船が「コロナウイルス、あるいは政府の乗っ取りと関連した別の目的を持っていた」と考えていた。[70]ヨーロッパの同様の運動に触発された北アメリカの「ネオラッダイト運動」は、携帯電話の基地局などの5Gテクノロジーも標的にし始めた。それらがさまざまな病気の原因になっているという思い込みからだ。そして、パンデミック発生後、トランプ大統領や他の公職者がコロナウイルスを「中国ウイルス」と呼び続けたことにより、アメリカではアジア系アメリカ人がヘイト犯罪の標的になり始めた。[71]新たに設立された、アジア系アメリカ人と太平洋諸島民のコミュニティに対するヘイト犯罪の防止に専念する「ストップAAPIヘイト」は、パンデミックの最初の年に四〇〇〇近くの事例を報告した。[72]

思想と論点のこの混ざり合い――FBIはイデオロギー選択の「サラダバー」的アプローチと名づけたが、[73]「非主流派《フリンジ》の流動性」としても知られる[74]――は、ソーシャルメディアによって容易になり、個人の過激化のプロセスも後押しした。それによって、幅広い人々が、より個人的な怒りにはけ口を与えてくれる特定のイデオロギーに魅力を感じるようになる。このことが、テロに関わるティーンエイジャーの増加にもつながった。[75]過去には、運動に加わろうと考える若者は過激主義のイデオロギーに従わなければならなかったが、今では彼らは自分自身で進むべき道を考え、自分の不満を暴力的な、あるいは疑似政治的な課題に、より簡単に向かわせることができる。

もしパンデミックに対テロにとっての一筋の光があったとすれば、それは、テロリストたちが一般に好んだソフトターゲットに集まる人の数が減るか、その場所自体が閉鎖されたということだ。データを見ると、二〇二〇年の国内テロ計画やその実行数は急増したが（前年から六九パーセント増加した）、犠牲者の数は前年と比べ八六パーセントも減少した(76)。言い換えれば、その数字はおそらく、コロナ関連の規制も加わって緊張をはらんだ政治的環境が高レベルの暴力を誘発したが、外出禁止令のおかげで標的になる可能性があった人の数が減り、意図せずして犠牲者数が少なくなったということだろう。

パンデミックとそれと同時期に起こった人種差別的な抗議により促進された陰謀論への傾倒は、二〇二〇年一一月の大統領選挙にも影響を与えた(77)。投票日の少なくとも七か月前に、トランプは、今度の投票はすでに「不正だらけだ」とツイートした。トランプらは二〇一六年の選挙戦でも、予想されたヒラリー・クリントンの勝利を妨害するために、投票所が開くずっと前から選挙の不正が行なわれていたと訴えたが、そのときのプレイブックをそのままコピーしたかのように(78)、大統領は六月に、再び選挙が盗まれようとしていることを、次のように警告した。「これは、われわれの時代の選挙の大惨事だ。郵送投票は選挙の不正操作につながる(79)」。八月にはこの主張をさらに強め、ウィスコンシン州での集会で、「この選挙でわれわれが敗北する唯一の理由は、選挙で不正が行なわれた場合だ」と訴えた(80)。トランプはとくに郵送投票――人々が集まる投票所でのコロナ感染の不安のために、多くの州で郵送投票という選択肢が提供された――に関連した不正の横行への懸念を繰り返した。トランプ自身、予備選挙中には郵送票を利用していたにもかかわらず、である。[81] 他の共和党員、トランプの中心的な支持層、極右過激派は、この嘘を永続させ、トランプが負けた場合に選挙の正当性を否定する下地を整えた。[82] たとえば、Qアノンのプロパガンダ機関が本格的に始動し、トランプが敗北することがあれば、それはほとんど実存的脅威だと言って、窮地に立っているとされた最高司令官の側にはせ参じた。[83] ミュアヘッドとローゼンブラムは、伝統的な陰謀論主義と新しい陰謀論主義を区別した。彼らは後者の特徴について、「詳細な証拠を求めない、消耗させる証拠集めもしない、パターンを形成するドットもなく、陰で画策している人物の詳細な調査もない［…］新しい陰謀論主義の立証手段は、証拠ではなく反復である」と指摘した。証拠が確信によって押し流される、この新たな陰謀論が蔓延する雰囲気のなかで、トランプは繰り返し、二〇二〇年の大統領選の正当性に——一一月三日の投票日の前にもあとにも——疑いを投げかけた。[84]

大統領は彼の最も過激で暴力的な支持者たちを非難することも、ましてや彼らと距離をとることも頑なに拒絶した。二〇二〇年九月、大統領候補者による最初の討論会の間に、そのことについて質問されると、トランプはまず、自分は「喜んで」白人至上主義者や民兵組織を非難するだろうと述べた。しかしその後、南部貧困法律センターが、偏見の強い「欧米の熱狂的愛国主義者」[85]に分類しているグループ、そしてADLが「暴力志向の右翼過激派グループ」[86]と分類する層に向けていたと思われる言葉で、大統領は、「プラウド・ボーイズよ、下がって待機せよ」。いいか、誰かがアンティファと左派をどうにかしなければならない。これは右派の問題ではないからだ」と述べた。[87] テレグラムでは、「プラウド・ボーイズ」のメンバーが沸き返った。「左派のホモ連中は腸が煮えくり返っているだろう笑笑。こいつは最高だ」[88]。誰かが勝利の投稿にそう書いた。もっと威嚇的なトーンの、「了解、下がって待機していますよ」という投稿もあった。[89] 右翼のソーシャルメディア・アプリ「パーラー（Parler）」では、プラウド・ボーイズのリーダー、ジョー・ビッグスが大喜びした。「トランプは、やつらをぶちのめせ、と言ったようなものだ。まったく気分がいい」。この組織はトランプの言葉をプリントしたTシャツを売り始めた。[90] 別のメンバーはのちに、組織のメンバー数はこの発言後に「三倍」になったと証言した。[91] 大統領はそれ以前に、Qアノンを非難するのを拒絶してもいた。「私はこの運動については多くを知らないが、私のことを非常に好きでいてくれる。そのことには感謝する」。トランプは二〇二〇年八月の記者会見でそう述べ、彼の政敵を悪魔の小児愛者とみなして継続的に悪魔呼ばわりしている運動からの支持を受け入れた。[92] 二か月後のタウンホール・ミーティングでは、この運動を承認したにも等しい発言をした。「聞いたところでは、彼ら［Qアノン］が小児愛に激しく反対しているそうだが、それについては私も同意するとだけ言っておきたい。強く同意する」。[93] 4chanでの投稿のひとつは、「これまでで最高のQアノンの宣伝」と書き込んだ。[94]

二〇二〇年一〇月、ミシガン州知事のグレッチェン・ウィットマーの誘拐を計画したとして起訴された一三人の男性に対して、司法省が有罪判決を決定した。この事件は、危険な結果を引き起こしかねない反政府過激主義の成長を明らかにした。その後、このグループは、バージニア州知事のラルフ・ノーサムと、サウスカロライナの共和党州知事のヘンリー・マクマスターを誘拐する計画も立てていた証拠が明るみに出た。この三人の州知事のうちふたりは、二〇二〇年四月にトランプがツイッターで「解放」を呼びかけた州を率いていた。誘拐計画は部分的にはブーガルーの好戦主義に刺激されたものだが、反政府右翼の批判の対象が、しばしば広範囲に散らばっていることを示しもした。[95] トランプ大統領でさえ、この誘拐計画で名前が挙がっていた。被告のひとりが、「今われわれを統制している者すべてを絞首刑にしろ。みな有罪だ！」と書き、さらにトランプ個人について、「本性はさらけ出される。この下劣な男も吊るしてやりたい！」と書いた(96)。「君たちがこれまでの生涯で聞いたこともないような、不快でむかつくようなことをやるつもりだ」。同じ被告はそう約束した(97)。この過激な大義とイデオロギーのねじれた結びつきにより、誘拐未遂犯の何人かは、二〇二〇年五月にデトロイトで開かれたＢＬＭ集会では抗議者たちを守っていた(98)。ミシガン州での誘拐計画の見かけ上の矛盾は、暴力的極右の政府と公職者に対する憎しみがどれほど深いかを、ちょうどよいタイミングで思い出させた。一部の過激派に関するかぎり、共和党員と民主党員の違いはなく、「われわれ」と「彼ら」――愛国者と暴君――の違いがあるだけで、そこには『ターナー日記』とその悪名高い「ロープの日」に見つかる加速主義の考え方も見られる。

投票日が近づき、民主党候補のジョー・バイデンの優勢が明らかになると、新たな懸念が生じた。現職大統領と選挙での不正という彼の主張が提供する隠れ蓑で大胆になった暴力的過激派は、秩序ある権力移行を妨げるために結集すると思われた。外交問題評議会のリチャード・ハース会長は、彼が想像する「悪夢のシナリオ」を九月一日にツイートした。「投票日の夜、トランプは自分の主たる支持基盤を率いて、自ら投票所に向かっている。バイデンは数週間前から郵送票でリードを奪っている。トランプはそれを不正だと言う。ふたつの勝利／敗北を認めないスピーチ。アメリカの民主主義がその挑戦に耐えられるかどうか、疑問が生じる(99)」。私たちもこれと同じ可能性を予見していた。二〇二〇年一一月一日、投票日の二日前に、私たちはこう警告した。

いくつかの［…］Ｑアノン支持者を含むグループが、トランプ大統領に煽られている。投票で、何であれトランプよりバイデンに有利になるようなイレギュラーな状況が起これば、それが正当であろうとなかろうと、広範な暴力を引き起こすかもしれない——とくに、大統領がそうした懸念を増大させようと考えた場合には。しかし、これらのグループのうちどれが最大の攻撃をしてくるのか、どの標的が最も危険かを予測するのは不可能だ。明確な、包括的な国家戦略がないときに、不確かさと不和によって恐怖と不安がますます煽られる。(100)

二〇二〇年一一月七日、不確かな日々と票の集計がようやく終わりを迎えた。CNNは元副大統領の民主党候補、ジョー・バイデンの当確を真っ先に伝えた主流ネットワークだった。トランプはすぐに選挙の不正についての主張をエスカレートさせ——彼を大統領職から引きずり下ろすための大掛かりな陰謀の犠牲者として自分自身を表現した。「民主党は何年も前から、わが国の選挙がどれほど安全性に欠け、不正が横行しているかを説いてきた」と、彼は一一月一三日にツイートした。「今、彼らはトランプ政権が二〇二〇年を最も安心できる選挙の年にするうえで、すばらしい仕事をしたと言っている。(101)これは本当のことだ。ただし、民主党がしたことを除いて。民主党は選挙で不正をはたらいた！」トランプの同盟者や擁護者は、大統領の弁護においても盗まれた選挙という主張においても、それについてどうすべきかについても、さらに率直で遠慮がなかった。ツイッター社はトランプの元首席戦略官のスティーブン・バノンを、このプラットフォームから追放した。バノンがトランプに対して、正式に二期目の任期に入ったら、アンソニー・ファウチとＦＢＩのクリストファー・レイの首をはね、その頭をホワイトハウスの外にある柵に載せ、「連邦の官僚たちに、プログラムにとどまるか立ち去るかを迫る警告にするといい」と勧めたからだ。(102)国土安全保障省のサイバーセキュリティ・社会基盤安全保障庁のクリストファー・クレブス長官が、トランプの投票不正の主張に異議を唱えて解雇されたあと、トランプの選挙運動中の弁護士だったジョセフ・ディジェノバが、クレブスを「引っ張ってきて四つ裂きにすべきだ。夜明けとともに引きずりだして撃ち殺せ」と言い放った[103]。そして、大統領の代理人として選挙に関わるいくつかの訴訟を起こした陰謀論支持者のリン・ウッドは、副大統領のマイク・ペンスは「銃殺隊に処刑される」だろうと予言した[104]。「ストップ・ザ・スティール（選挙泥棒を止めろ）」抗議と呼ばれた、ワシントンDCでのいくつかの集会では、不正投票の疑いと覆せない選挙結果によって、トランプ支持者がますます怒りに駆られた。一二月一二日、白人国家主義者のコメンテーター、ニック・フエンテスが率いる、MAGA帽子〔トランプの選挙戦中のスローガン、Make America Great Again（アメリカを再び偉大に）が刺繍された帽子〕をかぶったDCの群衆が「共和党を破壊せよ（Destroy the GOP）」を唱和した[105]。

トランプを支持し、盗まれた選挙に抗議するための集会とデモ行進が、二〇二一年一月六日にワシントンDCで実施されることになっていた。議会が法的に選挙人票の結果を承認する予定の日である。もうひとつの「ストップ・ザ・スティール」集会で、全米から集結したトランプ支持者たちは、選挙の不正を暴き、トランプを再び大統領の座に就けると誓った。トランプは一二月一九日のツイートで、支持者たちを熱烈に励まし、「その場に集まること。これは荒っぽいことになるだろう！」と気勢を上げた[106]。過激派ソーシャルメディアに投稿されるメッセージは、もっと威嚇的だった。「連邦議事堂まで行進し、議員連中をビクつかせよう」。一二月二八日のテレグラムにはそんな投稿があった[107]。議会のトランプの同盟者たちは、選挙結果を無効にする意志を宣言し、革命の可能性までちらつかせた。新たにジョージア州から選出されたマージョリー・テイラー・グリーン下院議員は、「ニュースマックス」のサイトでこう述べた。「私は同僚たちの多くの言葉を繰り返すだけだ。私たちは今朝、共和党の会合のためにここに集まったにすぎない。これは私たちにとっての一七七六年だ[108]」。一月五日、バージニア州ノーフォークのFBI支局が、これまでで最も明白な暴力の可能性に警鐘を鳴らした。インターネット上のメッセージを監視していた分析官たちは、暴力の行使や煽動の呼びかけに応えて町にやってきた人々が、自分が持ち込んだ武器を自慢し合っていると報告した。「戦う準備をしろ」。あるスレッドはそうけしかけた。「議会の連中は、ガラスが砕け、ドアが蹴り破られ、BLMやパンティファの奴隷兵士たちの血が流れる音を聞く必要がある。暴れまくれ。これを行進、あるいは集会、あるいは抗議と呼ぶのはやめろ。そこへ行って戦争の準備をしろ。われわれは大統領を得るか、死ぬかのどちらかだ。他の何をもってしても、この目標を達成することはない」という投稿もあった。(109) 警戒すべきことに、これらのメッセージの多くは、二〇二〇年の大統領選挙手続きの、この最後の重要な結末を妨害する手段として、警察と衝突し、政府の統制を奪い取る機会を明らかに歓迎していた。「警官たちが彼ら自身の血の池のなかで地面に横たわれば、彼らは「立ち場」をなくす」。誰かが TheDonald.win のウェブサイトにそう投稿した。(110)「一月六日に起きた合衆国連邦議会議事堂襲撃を調査する下院特別委員会」は、プラウド・ボーイズに関してシークレットサービスに電子メールで送られた情報が、同様の意図を詳述していたことを明らかにした。そのメールには、「彼らの計画は、文字どおり人々を殺すことだ［…］どうか、お願いですから、この情報を深刻に受け止めて、さらに調査をしてください」と書かれていた。(111)

計画された抗議行動は、トランプの支持層を構成するさまざまな派すべてを動かした。大統領への忠義を示したい普通の支持者や、選挙での不正の主張を疑わずに受け入れた人たちもいれば、軍事訓練や戦闘経験のある、オース・キーパーズやスリー・パーセンターズのような過激派組織に属し、トラブルを起こそうとワシントンにやってきた筋金入りの民兵たちもいた。彼らはトランプへの惜しみない忠誠と、歴史的瞬間が手招きしているという、見当違いではあるが力強い思いで結束していた。デヴィッド・ナイワートは次のように書いている。

「代替《オルト》アメリカ」という考えに引き込まれてきた人々を理解する鍵は、彼らの世界観を形作るうえで英雄伝説が果たしている役割だ。それらに刺激されるヘイト犯罪者と同じように、筋金入りの愛国者や白人国家主義者は、純粋に自分たちを英雄だと想定する。彼らは国を、あるいはおそらく白人種を、あるいはおそらく自分が属する地域コミュニティを救っている。そして、彼らが防衛のために起こす行動はすべて、何であれ、正当化され称賛すらされる。(112)

一二月後半に、ストップ・ザ・スティール（stopthesteal.us）の組織者アリ・アレグサンダーが送った資金集めの嘆願は、新年が近づいたころの極右のムードをうまくとらえていた。「さあ、歴史を作ろう——正しい方法で！」(113)

二〇二一年一月六日、アメリカの首都は寒く曇っていた。トランプ支持者をワシントンDCに運ぶバスのなかで、乗客たちは忠誠の誓いを唱和した。その朝、ホワイトハウスのすぐ南側にある楕円形の公園エリプスや、ナショナルモールに集まった群衆は、明らかに興奮していた。彼らは国を救い、トランプを大統領にとどめるためにそこにいた。「今日はすばらしい日になる。トランプが言うように、「荒れた」一日になる」。デモ参加者のひとりはそう予測した。(114) エリプスに集まった群衆が期待していたより少ないことに苛立ったトランプは、シークレットサービスに武器の検査をストップするように指示していた。「あのくだらない［金属探知機］を取り払え。彼らは私を傷つけるためにここにいるわけではない」。

トランプはそう言ったらしい[115]。コロンビア特別区首都警察の無線は、金属探知機を越えて集まっている群衆のなかに、銃火器を所持している者たちが大勢いたことを伝えた。木に登っていた男性はAR－15を所持していた[116]。大統領は分厚い保護ガラス越しに、群衆に語りかけた。「弱気でいれば、われわれの国は決して取り戻せない。だから力を見せつけなければならない。強くなければならない」。彼らは戦わなければならない――決してあきらめてはならない、と彼は言った。「われわれは死に物狂いで戦う。そうしなければ、君たちはもうこの国を取り戻せなくなる」。トランプはそう宣言すると、進軍命令を発した。「これからペンシルヴェニア通りを歩いていく。私はペンシルヴェニア通りが大好きだ。それから連邦議会議事堂へ行き、弱腰の共和党員に［…］を与える。なぜなら強い者たちはわれわれの助けを必要としないからだ。われわれは国を取り戻すために必要な誇りと度胸を彼らに与える。だから、ペンシルヴェニア通りを歩いていこう」[117]。トランプは群衆とともに自ら議事堂まで歩いていこうとしたが、シークレットサービスに止められた。シークレットサービスは、通常の手続きを破って、繰り返し大統領の命令を無視していた。下院一月六日委員会の公聴会でのある補佐官の証言によれば、シークレットサービスが議事堂まで彼を連れていくのを拒んだため、トランプは大統領専用リムジンのハンドルを自分で握ろうとさえしたらしい[118]。

東部標準時間の午後二時二四分、ドナルド・J・トランプは彼の大統領としての最後のツイートのひとつを投稿した。「マイク・ペンスはわが国と憲法を守るためになすべきだったことをする勇気がなかった。詐欺や不正を暴くという任務を果たさず、正しい事実を証明するチャンスを国に与えなかった。アメリカ合衆国は真実を要求する！」その瞬間、ホワイトハウスから三キロほど離れた場所でデモ行進をしていたグループが、警察の規制線を突破して強引に議事堂に近づいた。そこでは選挙の票を承認するために、議員たちがそれぞれの議場に集まっていた。入り口のいくつかで激しい乱闘が始まり、後退した警官たちは必死に形勢を維持しようとしたが、こぶしやホッケーのスティック、アメリカ国旗で殴られた。警備が十分ではなかった扉や窓は突き破られた。「マイク・ペンスを首吊りにしろ！」群衆は叫んだ。副大統領と家族は暴徒たちが押し寄せる数歩手前で、上院の議場から飛び出した。議員たちは建物の地下フロアに追い立てられた。下院の議場から動けなかった両党の議員たちは、協力してドアを封鎖した。イギリスがワシントンDCを焼き払った一八一四年以来はじめて、連邦議会議事堂が破壊された。(119)

抗議者の一部は議員を人質にとるつもりだった。上院の議場では、侵入者たちが人質を拘束するため、手錠代わりの結束バンドを使う姿をカメラがとらえていた。オース・キーパーズのメンバーが、トランシーバーで連絡をとり合いながらロタンダを通り抜けた。攻撃を調査した下院委員会の報告書によれば、録音された通信のひとつで、オース・キーパーズのひとりが議員たちは狩りの獲物だと自慢した。「あいつらクソ野郎どもに、今このとき、アメリカに安全な場所はどこにもない」(120)。グループの別のメンバー――一九七九年以来、極秘情報へのアクセス権を持っていた海軍の退役軍人――は、のちにこう話した。「もしわれわれが銃を持っていたら、一〇〇人の政治家を殺していただろう。彼らは走って逃げて、ねずみのように散らばっていった」(121)。銃は近くに用意され、求められれば行動に移る準備は整えられていた。オース・キーパーズは川を越えたバージニア州のホテルに「緊急対応部隊」を配置していたのだ。ひとりのメンバーがのちに、「軍にいたとき以来、ひとつの場所にこれほど多くの武器が集められたところは見たことがなかった」と証言した。(122) 有色人種の議員と警官の両方が、とくに大勢の攻撃者から非難され、人種差別的な罵りと暴力の脅しにさらされた。(123) 南北戦争が終わって一五〇年以上が経ってから、南部連合国の国旗――今もまだ白人至上主義、分離、反逆と結びつけられる旗――が、議事堂のホールを誇らしげに行進した。議事堂の外には即席の絞首台も建てられた。これは間違いなく『ターナー日記』に描写された、アメリカの選挙で選ばれた代表たちに「責任をとらせる」ための招集を思い起こさせる。手錠を使うやり方は、テロリズムの研究者であるアンドリュー・キッドとバーバラ・ウォルターの、テロ戦略の脅しの要素についての考察と一致する。そうしたイメージは、「テロリストは、誰であれ自分たちに従わない者を罰する力を持ち、政府は無力なので彼らを止められない」のだと見せつけることを意図している。[124] 暴徒群には、怖いもの知らずの多様なトランプ支持者が集まっていた。訓練を受け、武装した民兵組織のメンバーもいれば、生涯の白人至上主義者もいた。ごく普通の市民とともにQアノンに取り込まれた母親たちもいた。

警察が遅まきながら、ワシントン、メリーランド、バージニアの州兵の支援を受け、議事堂を奪還するまでには数時間がかかった。トランプ大統領が暴力と建物の占拠を終えるように呼びかける動画を発表したことで、暴徒たちはようやく解散した。「家に帰りたまえ。われわれは君たちを愛する。君たちは特別だ」と、大統領はねぎらった。暴徒たちはしぶしぶとその場を離れた。すでに新たな暴力攻撃を警告している者もいた。「もしここに戻ってきて、革命を始め、反逆者すべてを排除しなければならないとしたら、それが必要であれば、われわれは実行する」。侵入者のひとりが、騒動を取材していたジャーナリストにそう言った。[125] 彼らは過剰な破壊行為の跡を残していった。砕け散った窓、壊れた家具、荒らされた事務所、人間の糞便を塗りつけた跡と小便の染み。このアメリカの民主主義の要塞の汚損に加えて、四人の死亡者が出た。Qアノンの支持者ひとりが、出入り口の割れたガラスをよじ登って議長控室に入ろうとして、警察に射殺された。ふたり目は、警察とのとくに激しい衝突で、仲間のトランプ支持者に押しつぶされている間に薬物の過剰摂取が原因で死亡した。皮肉にもそのとき、前進する暴徒たちはＢＬＭのスローガン、「私は息ができない！」を叫んでいた。[126] 三人目と四人目は、心臓発作で死亡した。[127] それからの数日間に、三人の警官も死亡した。ひとりはおそらく暴徒から顔に吹きかけられた熊よけスプレーが原因の発作で、ふたりは自分で撃った銃の傷がもとで死亡した。ほかにも、少なくとも一五〇人の警官が負傷した。[128]

攻撃が終わって何時間も経ってから、議員たちが上下両院の議場に戻り、選挙人票の確定手続きを終了し、分析官たちが事後分析を始めた。トランプが再びツイッターに戻ってきた。「これまであまりに長く不公正なひどい扱いを受けてきた偉大な愛国者たちから、神聖な選挙での地滑り的勝利が、不作法に意地悪く奪い取られるときには、こうしたことが起こるものだ」。彼は恥ずかしげもなくそうツイートした。「愛とともに、穏やかな心で家に帰りたまえ」。大統領はそう続け、最後に「この日を永遠に忘れるな！」の言葉で締めくくった。それからわずか一時間ほどで、ツイッター社はトランプのアカウントを停止した。その後、利用禁止状態が続いたが、二〇二二年一一月にツイッター社の経営権が変わったことで、元大統領のアカウントが復活した。[129] フェイスブックもそれに続き、トランプのいくつかの投稿を削除したあとで、「バランス上、これらの投稿は進行中の暴力の危険を緩和するよりも増長すると判断した」と発表した。[130]

それからの数時間、数日の間に、過激派はさらなる暴力を約束し、首都への新たな攻撃の準備を始めた。[131]「僕らが昨日成し遂げたことを、とても誇らしく思う。でも、バイデンが大統領になることに備えて計画を練り始めなければならないし、実際に計画を始めている」。プラウド・ボーイズのメンバーが、二〇二一年一月七日にそう投稿した。別のメンバーは、歴史的に法執行機関を支援してきた保守主流派とは根本的に意見を違えてきた自分のグループを裏切るかのように、「もし警察が不快に感じられるなら、あなた自身に問題がある」とかみついた(132)。そして、オース・キーパーズを率いるスチュワート・ローズは、個人的なメッセージチャンネルで、議事堂襲撃をアメリカ独立戦争の火蓋を切る攻撃になぞらえた。「建国期の「自由の息子たち」が、腐敗したマサチューセッツのイギリス総督の邸宅を急襲し、その場所を破壊した」と彼は書いた。三五年近く前のウィリアム・ポッター・ゲイルと同じような形で発せられた闘争への呼びかけだ。

彼らは東インドの茶を運ぶ船にも飛び乗り、茶葉を港に投げ捨てた。国内外の敵が、この国に攻め込み、浸透し、ほぼすべての役職と権力をひとつ残らず乗っ取っているという事実を考えれば、われわれは実際のところ、はるかに差し迫った状況にいる。われわれにはトランプに彼の仕事と義務を果たさせる最後のチャンスが残されている。反逆者にメッセージを送るために、愛国者たちが自国の議事堂に入り込むことは、トランプが今すぐに決定的な行動を起こさなかった場合に起こることと比べれば、何でもない。そのメッセージを彼に送る役には立ったはずだ。彼は今日の最も重要なオーディエンスだ。私は彼がこのメッセージを受け取ることを願う(133)。

のちになって、プラウド・ボーイズが彼らの計画で同様の革命のレトリックを使っていたことが明らかになった。攻撃前の数日間にグループの間に広まった文書は、「1776リターンズ」というタイトルだった。「これらは僕らの建物だ。彼らはただの賃借人にすぎない。政治家たちには、僕ら人民が国を動かすのだと示さなければならない(134)」。文書にはそう書かれていた。オース・キーパーズとプラウド・ボーイズのリーダー、スチュワート・ローズとエンリケ・タリオは、暴動の前日にワシントンDC

の立体駐車場で会っていた(135)。

テロリズムの専門家、ブライアン・マイケル・ジェンキンズが「連邦議事堂の戦い」と呼んだものは終わったが、この事件は、憲法修正第一条の擁護を暴力と蜂起に変えた過激主義と戦うための政府の努力のあり方を変えた。その月に実施された世論調査では、驚いたことに、共和党員の三分の一以上が、「もし選挙で選ばれたリーダーがアメリカを守らないのであれば、人民が自らそうしなければならない。たとえそのために暴力的行為が必要になるとしても」という考えに同意を示した(136)。銃撃で死亡した暴徒は、アシリ・バビットという元空軍兵士で、すぐさま暴力的極右の英雄たちの殿堂に仲間入りし、ゴードン・カール、ロバート・マシューズ、そして、ルビーリッジとウェイコの犠牲者のように、過剰に干渉する政府の手に落ちた殉教者の列に加わった。外国のアメリカの敵は、この状況をおおいに喜んだ。外国のテロ組織としてはアメリカにとって最大の敵であるアルカイダは、大喜びだった。『ワン・ウンマ（*One Ummah*）』というオンラインマガジンの執筆者のひとりは、二〇二一年一月六日の出来事を、九・一一での誤りを埋め合わせるものとして祝福し、こう宣言した。「第四の飛行機をその標的まで導かなかったことは、全知の神のご意志であることに気づいた。なぜなら彼ら［アメリカの暴徒たち］が自分たちの手でアメリカの民主主義の要塞を破壊することのほうが［…］アメリカにとってよりダメージが大きく、信徒の心をよりなぐさめるからだ(137)」。アルカイダの目には、オサマ・ビンラディンが用いた欧米に対する消耗戦略が、アメリカが自らを傷つけることによって、より効果を発揮したように映っていた。

攻撃後、閣僚ふたりと数人の国家安全保障担当の高官が辞任した。下院での揺るぎないトランプ擁護派だったケヴィン・マッカーシー少数党院内総務は、アンティファが暴動を引き起こしたという大統領の示唆に憤慨し、「やったのはアンティファではない、ＭＡＧＡだ。私は知っている。その場にいたのだから」と告げた。[138] 大統領を真っ向から非難する者もいた。「大統領の言葉がなかったら、議事堂まで行進し、議事堂を襲撃しようとする者などいただろうか？」トランプ政権の最後の数か月に国防長官代理を務めたクリス・ミラーはそう問いかけた。「あんなことはほぼ間違いなく起こらなかっただろうと私は考える」[139]

その日以降に逮捕された暴徒たちの多くは、トランプを責めた。プラウド・ボーイズのひとり――元海兵隊員で、午後二時一三分に警察の機動隊から盗んだ盾を使って議事堂西側の窓を突き破り、建物に侵入した最初の暴徒になった――の弁護士は、自分のクライアントがあの日ワシントンにやってきた理由として、大統領の励ましの言葉を挙げた。[140]「この国のボスは、「国民のみなさん、ここへ来て、君たちの考えを他の人々に知らせてほしい」と言った。論理的に考えれば、「彼がわれわれをここに招いた」ということになる」[141]。一月六日に「パーラー」にアップロードされた動画では、ひとりの暴徒が警察に向かって、「われわれはここに招かれた。アメリカ合衆国大統領に招かれたのだ」と叫んでいた。[142] 別のやりとりでは、ひとりの暴徒が警察官の集団にかみついた。「こっちのほうが数で有利だ！　至るところにわれわれの仲間が一〇〇万人はいる！　そして、われわれはトランプの言葉を聞いている！　あんたたちのボスだ！」[143] したがって、大勢がトランプの任期が終わるまでの残り二週間に大統領恩赦を求め――その恩赦が得られないとわかると、彼らは憤慨した。テキサスからやってきた暴徒のひとりはこう述べた。「私は基本的には大統領の言葉に従っていたように思う。なすべきだと言われたことに従っていた。彼はわれわれにそこまで来るように言った。その場にいるように言った。だから、私は彼がそうするように言ったとおりのことをした。われわれはみな恩赦に値する。私は懲役刑に直面しているが、そんな罰には値しないと思う[144]」

被告自身の言葉が、一月六日の事件のおそらく最も重要で痛みを伴う教訓を照らし出した。トランプが持つまれに見る影響力と、この国の極右過激派が彼を尊敬していることである。トランプは彼らからのへつらいに浸り、暴徒たちを称賛し祝福した。「脅威はゼロだった。最初から脅威はゼロだった」。トランプは二か月後、フォックスニュースにそう語った。「彼らは中に入った――そうすべきではなかったが――何人かが入った。そして、警官や警備員を抱きしめてキスした。彼らはすばらしい関係を築いた。大勢が手招きされ、歩いて入り、歩いて出た[145]」。繰り返しておくが、一月六日の事件で首都警察の三人の警官が死亡し、少なくとも一五〇人が負傷した。

その日の出来事は、四年間の明らかな嘘と偽りが招いた、おそらく必然的な結果だった[146]。「連邦議事堂襲撃は、トランプと彼の同盟者がソーシャルメディア、演説、テレビを通して支持者たちに与えてきた、四年分の嘘と陰謀論が頂点に達した瞬間だった」。トランプ政権の国家安全保障委員会ヨーロッパ・ロシア担当元シニアディレクターのフィオーナ・ヒル博士は、のちにそう考察した。「トランプが選挙で勝っていたという「大きな嘘」は、彼が発言のたびに言及した数千もの小さな嘘の上に築かれたものだ。トランプ支持のメディアの広大なエコシステムもそれを助長するのに手を貸した[147]」。重要なことに、これら偽りの主張のなかには、アメリカの法執行機関と国土安全保障のリソースを、増加する暴力的極右の脅威から極左に振り向けることを意図して繰り返された発言もあった[148]。トランプは国内の脅威に関する報告を批判するばかりで、それが、国土安全保障省の元情報部長ブライアン・マーフィーによる二四ページにわたる内部告発書の提出につながった。極左過激派の脅威のほうがより大きいという大統領の発言を反映する形で、増大する極右の暴力についての脅威分析の結果を貶めるような操作が行なわれたという内容だった。[149] ふたつの脅威は実際にはほとんど比較にならなかった。政権初期の極左テロリストからの攻撃は、もし当時の多数党院内総務スティーブ・スカリスの勇敢な議会警察の特殊部隊がいなければ、数人の共和党議員の殺害という悲惨な事件になっていたかもしれない。ロドニー・デイヴィス下院議員は「大虐殺になっていただろう」と語った。しかし、アンティファによる暴力の可能性が比較的限定されていたことを考えれば、トランプの懸念は見当違いだった。[150] たとえば名誉毀損防止同盟（ＡＤＬ）が集めたデータは、一〇年以上の間、アメリカでは暴力的極右過激派による殺人のほうが、左翼の過激派によるものよりも圧倒的に多かったことを繰り返し示唆した。[151] そして、シンクタンク「ニューアメリカ」のテロリズムに関する優秀な研究者たち、ピーター・バーゲンとデヴィッド・スターマンが実施した調査と分析でも、九・一一同時多発テロ以降の二〇年間に、極右過激派はアメリカで起こった一〇〇件を超える殺人に関与していたことを示している。それに対して、極左過激派による犯行はわずか一件だった。[152] アンティファは緩やかに組織された戦闘的な運動で、テロ行為を実行してきた。しかし、この運動が人を殺すことはまれで、爆破、銃撃、誘拐のような典型的なテロ戦術よりも、略奪や暴動などが一般的だった。

しかし、過去四〇年の歴史的分析で明らかになったように、トランプの存在はアメリカで極右過激派が最近になって勢いを増したひとつの要因にすぎない。今日のアメリカを分断し二極化してきた背景は、長い時間をかけて形成された。これまでの章で論じてきたように、過去の状況がどのようにアメリカ政治を現在の分岐点まで導いたかを注意深く評価することなしに、加速主義とその今日のアメリカへの影響の拡大を理解することはできない。それぞれの不可欠な歯車の歯が適切な場所におさまったころには、おそらく二〇二一年一月六日につながった連鎖的な出来事を避けるには、もう遅すぎた。

暴動後に連邦議会議事堂を取り囲むように建てられた高さ約二メートルの壁ほど、あの日に現れたアメリカの民主主義へのこの世代の脅威を象徴する構造物はないだろう。九・一一後に空港のセキュリティが劇的に変化したことや、一九九五年のオクラホマシティ連邦政府ビル爆破事件のあとに、ニュージャージー州で政府の建物を守るためのフェンスが建てられたことを思い起こさせる。さらに、二〇二一年一月のワシントンDCは、イラクではじめて民主的選挙が実施された二〇〇五年一月のバグダードのように見えた。一八年前のバグダードのように、通りには部隊が列を成した。約二万五〇〇〇人の州兵が、バイデン次期大統領の就任式の安全を確保するために動員された。当時アフガニスタンに駐留していた兵士よりも二万人以上多かった。これも、テロの脅威が国外から国内の敵に移行していたことを強烈に象徴する。[153]

トランプ大統領は二〇一七年の就任演説で、「このアメリカの大虐殺は今ここで、今まさに終わりを迎える」と約束した。彼が「大虐殺」という言葉で何を意味したのかは、誰にもよくわからなかったが、それからの四年間は目まぐるしく変化する過激派による暴力が巻き起こり、アメリカ人や他の欧米諸国の人々に死と被害をもたらした。ちょうど四年で、アメリカの頑強な対テロ官僚主義は、それまで二〇年近く国家安全保障を支配していたサラフィ・ジハード主義者の脅威から、ほぼ一八〇度転換して完全に国内テロリストの脅威へと焦点を移した。「損害を埋め合わせるには数十年かかるだろう」。トランプ政権の間ずっと国土安全保障省の高官を務めたエリザベス・ヌーマンは、一月六日の事件から数週間後にそう振り返った。[154]

二〇二一年一月二〇日、ジョー・バイデンがアメリカ合衆国第四六代大統領に宣誓就任した。彼はすぐに、国内テロの脅威と戦うことが、彼の政権の重要課題であり、アメリカはその戦いのために団結しなければならないというシグナルを発した。就任から数日で、さまざまなばかげた陰謀論が、より過激なトランプ支持者たちの間に流れた。選挙結果は最終的に覆されるだろうと確信する者もいれば、トランプがバイデンの体にのりうつり、バイデンの特徴的な、しばしば（吃音のために）不明瞭になる声は、実際にはトランプが元副大統領のように話す練習をしているのだと言い出す者もいた。(155) バイデン政権の誕生から二か月もすると、一月六日の暴動に参加した三〇〇人以上が、不法侵入や陰謀、警官を負傷させたなどの連邦犯罪により告発されていた。(156)

新政権はすぐさま効果を表した。「とくに重要な変化のひとつは、最も簡単なことのひとつ――白人至上主義は非常に高いレベルから許容されているという感覚が終わったことだ」。テロリズム分析者のダニエル・バイマンとマーク・ピッカヴェージはそう論じた。彼らは次のように考察している。

FBIは近年、白人至上主義者の暴力の捜査においては攻撃的だったが、トランプ政権はより広範な運動に曖昧なシグナルを送った。ときにはそれをしぶしぶ非難しつつ、他方ではそれらの運動が支持する大義、たとえば南部連合の将軍たちの名をつけた法令や軍の基地の維持や、移民に関する陰謀論の促進を擁護した。政権は運動の敵、ブラック・ライブズ・マター（BLM）やアンティファのような敵をテロ組織と呼び、誤った同一視と混乱を招いた。白人至上主義の暴力を取り締まるうえで国のトップからの支援があれば、白人至上主義者と戦うための資源を適切に配分し、各機関がそれぞれの役割を知り、移民に批判的だったり、白人至上主義者について何らかの懸念を抱える主流の集団が、自分たちの周囲にいる暴力的なヘイターを拒絶しなければならないと知るようになるだろう。(157)

トランプは二度弾劾される唯一の大統領になった。今回は「暴動の煽動」を理由に弾劾された。暴動から三八日後、トランプは無罪になったが、これまでで最も党派を超えた弾劾投票で、七人の共和党議員が五〇人の民主党議員とともに有罪に票を投じ、ルイジアナ、ネブラスカ、ユタのような共和党支持が強固な州の上院議員もそこに含まれた[158]。上院少数党院内総務のミッチ・マコーネル議員は無罪に投票したものの、「暴動に先立つトランプ前大統領の行動は恥ずべきもので、恥ずべき職務の放棄である。トランプは実際的にも道徳的にも、あの日の出来事を煽動した責任がある」と、憤りをあらわにした[159]。弾劾裁判でトランプが無罪になった次の月曜日の二月一五日、ナンシー・ペロシ下院議長が一月六日の出来事を調査する九・一一式の委員会設立を発表した。

三月一七日、国家情報長官室は、変化するテロの脅威についてのアメリカ情報コミュニティの評価を公表した。「IC（情報コミュニティ）は、さまざまなイデオロギーに動機づけられ、最近の政治的、社会的出来事により活気づいた国内の暴力的過激主義者（DVE）は、二〇二一年にアメリカ本土への脅威を増したと分析している」と、その評価報告書は始まる。「少数派に対する偏見や、政府の過剰な介入と彼らがみなすものが、ほぼ間違いなくDVEの過激化を進行させ、暴力の行使と煽動に駆り立て続けるだろう。新しい社会政治的な状況――最近の総選挙での不正説、連邦議会議事堂への襲撃が与えた彼らを勢いづかせる影響、コロナウイルスのパンデミックに関連した状況、暴力を促す陰謀論など――が、ほぼ間違いなく一部のDVEに引き続き暴力に訴えるようにしむけている[160]」。より具体的にいえば、報告書は、「人種差別的、民族差別的な動機を持つ暴力的過激主義者（RMVE）と民兵暴力過激主義者（MVE）は、最も危険の大きいDVEの脅威であり、RMVEは民間人に対して多数の犠牲者が出る攻撃を実行する可能性が最も高く、ＭＶＥは法執行機関や政府の人員および施設を標的にするのが一般的である」とつけ加えた。

一方、一月六日の暴挙に参加した者、あるいは支援した者たちの多くによる脅威も続いていた。「明日、ＦＢＩと判事に会いに行くことを、みなさんに伝えておく」。ユタ州から来た暴徒のひとりが、四月二八日にフェイスブックにそう書いた。「連邦議事堂で平和的に抗議することはいまや違法行為で、彼らはわれわれ全員を追跡して捕まえ、教訓を学ばせようとするだろう。残念ながら、われわれが戻ったときの選択肢はひとつしかない。銃を持って、平和的に振る舞う意図など捨て去って、議事堂の建物を占拠する。そして、政府が自国民を爆弾で攻撃することで終わりを迎える。私はそうならないことを願っていた。しかし、こうして私たちは今、ここにいる」(161)

二〇二一年の残りの日々は比較的穏やかだったが、緊張と分断は続き、例によって暴力への呼びかけと煽動が再び何度か発せられた。たとえば、ジョージ・フロイドを殺害したデレク・ショーヴィンが四月二〇日に殺人罪で有罪になったあと、彼の支持者たちはソーシャルメディア上で人種間戦争を繰り返し呼びかけた。「これは白人アメリカにとっての大きな勝利だ。いまやわれわれは目に入るすべての［Ｎワード］を自由に殺せる。警官はもう［Ｎワード］を取り締まりはしない。二〇二一年は［Ｎワード］殺戮の年だ。楽しいことを始めよう」(162)。これが意味するのは、コミュニティを黒人の犯罪から守るのは、いまや大衆の義務になったということだ。ケノーシャの殺人犯、カイル・リッテンハウスがその年の一一月に無罪になると、過激主義者たちは大喜びして、さらなる暴力を呼びかけた。「この勝利で満足して眠りに戻ってはいけない」。ホワイト・ライブズ・マター運動の支持者が、テレグラムにそう投稿した。

それは連中が望んでいることだ。連中は小さな「勝利」が他の何よりも怒れる大衆をなだめられると知っている。そうではなく、この勝利を新たな怒りの燃料にしよう。この明確な自衛は、そもそも最初から裁判になど持ち込まれるべきではなかったというシンプルな事実を忘れてはいけない。イスラム教徒、ヒスパニック、アフリカ系の侵略者たちが、何百万ものわれわれの女性たちをレイプしてきた。白人の女性たちだ。連中がわれわれを恐怖に陥れる時期は、終わりに近づいた。リッテンハウスの判決は、スコアボード上でわれわれの側にチェックがひとつ入ったにすぎない。もっと激しく、もっと強く、もっと凶暴に、やつらが見せたのと同じ悔恨の念を持って戦わなければならない。

行動を起こせ、白人の男たち。(163)

二〇二一年六月、ホワイトハウスは「国内テロリズムに対抗するための国家戦略」を発表した。その文書は国内テロの脅威に関してホワイトハウスが発行した最初の公式な戦略だった。テロの脅威がどれほど国内にシフトしたかが、このことからもわかる。政権のアプローチは四つの柱をもとにしていた。

- 国内テロ関連情報の理解と共有
- 国内テロへの勧誘と暴力への動員の防止
- 国内テロ活動の阻害と抑止
- 国内テロの長期的貢献者との対決(164)

一月六日の事件に対するアメリカ政界での見解の相違は、二〇二一年から二〇二二年になると、さらに大きくなった。一二月、トランプは再び、選挙は盗まれたと主張した。「二〇二〇年の大統領選挙で大掛かりな選挙詐欺がなかったと考えない者は、ひどいばかか、そうでなければ腐りきっている！」彼は補佐官のツイッターにそう書いた。自分のアカウントは停止されていたからだ。二重否定の誤用のため、この文章はうかつにも彼の支持者たちを侮辱する内容になった。その間、共和党全国委員会は、一月六日の暴動を調査する下院委員会のメンバーになった共和党のふたりの議員、ワイオミング州選出のリズ・チェイニーと、イリノイ州選出のアダム・キンジンガーの問責を決議した。この決議は、一月六日の連邦議事堂襲撃を、論理と証拠の両方に反して、一種の「合法的な政治的対話」と表現もした。[165]

一月一二日、司法省は一月六日の一一人の攻撃者を、一九八八年のフォートスミスの被告たちに対して使ったのと同じ「煽動共謀」の容疑で起訴した。[166] 被告のなかには、オース・キーパーズの創設者、スチュワート・ローズもいた。三月二日、ジョシュア・ジェームズという彼の支持者のひとりが有罪を認めた。司法省の罪状書にはこう書かれていた。「そうした行動をとることで、ジェームズはアメリカ政府の振る舞いに影響を与えること、あるいはアメリカ政府への報復を意図していた。彼は議会の手続きに参加している者、支援している者――議員、議会スタッフ、議会警察やコロンビア特別区首都警察の法執行官を含む――を脅したり強要したりして、それを達成した」。[167] こうして司法省は、一九八八年の先任者たちが失敗したところで成功した。アメリカの暴力的反政府過激派とそのテロ行為が煽動共謀に相当することを証明したのだ。

二〇二二年三月、南部貧困法律センターが最新の「ヘイトと過激主義の年」報告書を発行した。この版では、極右過激主義の脅威が続いていることについて、とくに厳しい現実を突きつける評価を提供した。「組織化されたヘイト・反政府集団の数の減少は、極右の力の衰退を示すのではなく、彼らを動かす過激主義の思想が今では政治の主流に公然と入り込んでいることを示唆する」と、その報告書は論じた。[168] 同センターの結論は、政治的手続きへの極右の浸透が憂慮すべきものになっていることを指し示したが、「リーダー不在の抵抗」の脅威がいかに危険になりうるかを思い知らされる事件が、五月一四日に起こった。ニューヨーク州コンクリンに住む一八歳のペイトン・ジェンドロンが、バッファローのスーパーマーケット「トップス・フレンドリー」で銃を乱射し、一〇人の黒人の買い物客と従業員を殺害した。ここ数年のコロナウイルスと選挙をめぐる政府への不満がおもに原因となって過激化したジェンドロンは、タラントのモデルを復活させた。マイノリティの人々が集まるソフトターゲットを選び、クライストチャーチの銃撃者のものを盗用したマニフェストを発信したが、その悪意はアメリカの黒人コミュニティに向けられた。タラントと同じように、ジェンドロンも攻撃をライブ配信した。彼はひねくれたマニフェストでこう宣言した。「このすべての結論として、黒人は遺伝によって生まれつき脳の能力が劣る。このことは重要だ。なぜならそれは、白人が建設した欧米社会に黒人が暮らすべきかという疑問につながるからだ。この疑問への答えはノー。彼らは単純に、白人の世界に住むようには生まれついていない。今日、白人だけが建設できるこの進歩した人類の文明において、黒人たちはただわれわれの足を引っ張るだけだ」。[169] 極右のチャットルームはいつもながら冗談半分のやりとりで活気づき、この新たな「聖人」を祝福する投稿もあれば、彼がユダヤ人の代わりにアフリカ系アメリカ人を標的にしたことを嘲る投稿もあった。そして、ジェンドロンはネオナチのチャットルームのための新たなテーマを刺激した。[170]「一四日のイニシアティブ」と名づけられたその計画は――ジェンドロンの攻撃の日付と「一四ワード」の両方の意味があった――、毎月一四日を「われわれの日」にして、「ニュースを作る。

敵を恐れさせる。責任を問う。侵略者を追い払う」というものだった。[171]

二〇二二年の春を通じて、インターネット上の過激派のチャットルームを観察している人たちは、特定の公人への暴力の呼びかけがさらに増していることに気づいた。コロナウイルス対策のロックダウンとＱアノン興隆によって生まれた陰謀のカクテルに発する、警戒すべき傾向だ。事実、多くのチャンネルで公人への暴力が、実質的にすべての政治的不満への答えになっていた。多くのオンラインフォーラムは、政治家や他の指導者たちを標的にした殺害の脅しにあふれ、想像しうるかぎりのあらゆる不正について容赦なく彼らを責め立てた。[172]こうした脅迫はしばしば、十分に強硬ではないとみなされた共和党員――いわゆる「ＲＩＮＯ」、つまり「名前だけの共和党員（Republicans In Name Only）」で、トランプが好んで使った侮辱的なフレーズのひとつ――を標的にし、極右過激派の憎悪が民主党の政治家だけでなく、欧米の自由民主主義国家の概念全体に向けられていることを明らかにした。たとえばこの年の三月、過激主義者たちはメイン州選出の共和党上院議員スーザン・コリンズを、黒人女性初の連邦最高裁判事となるケタンジ・ブラウン・ジャクソンの指名に賛成票を投じたとして脅迫した。「投票箱は機能していない。銃弾箱を使うときがきた」。脅迫状のひとつにはそう書かれ、ただ「彼女を吊るせ」とだけ書かれたものもあった。[173]五月、アリゾナ州で選挙の不正についての報告書が発表されたあとに、その報告書は票に「懸念がある」と主張していたにもかかわらず、トランプ支持のアリゾナ州司法長官マーク・ブルノビッチが攻撃の的になった。ある人物は「あいつを尻から口まで串刺しにして、投票区の前で見世物にしろ」と訴えた。彼の家族を標的にした脅しを投稿する者たちもいた。「やつの妻と子どもたちも忘れるな。国への反逆者になれば、自分の身の危険だけではすまない」[174]。そして六月、その前月に起こったテキサス州ユバルディの小学校での乱射事件を受けて、穏やかな銃規制法の推進を支持したとして、一〇人の共和党上院議員が攻撃の的になった。「目隠しをして煉瓦壁の前に並べろ。今すぐに」。極右フォーラム「ドナルド」のスレッドへの投稿がそう煽った。別のユーザーが、「弾薬は高価だが、絞首台は無料だ」と、それに応じた。[175]

二〇二二年八月八日、フロリダ州のトランプの別荘「マール・ア・ラーゴ」をFBIが捜索した。前大統領が極秘文書を所持しているとされたからだ。これもまたひとつの火種になった。司法省が十分な証拠があると確信したことで、メリック・ガーランド司法長官が承認したその捜索は、暴力的レトリックの新たな水源になった。南部貧困法律センターが警告していたように、今回は共和党の大物や有望な人物の両方を含む政治家たちからも、闘争の呼びかけがなされた。「ヒラリー・クリントンは自宅の地下にサーバーを設置した。極秘文書の扱いを誤ったとしてトランプ大統領を告発しようとするなら、文字どおり通りで暴動が発生するだろう。私はわが国を心配している」。サウスカロライナ州選出のリンゼー・グラム上院議員がフォックスニュースでそう発言した。しかし、その後、激しい抗議を受けて、「私は暴力を拒絶する」と言い、煽動的な発言を撤回した。[176] 対決姿勢をとる者もいた。テキサス州選出のロニー・ジャクソン下院議員は、「今夜、FBIは正式に国民の敵になった！」と宣言した。[177] フロリダの州下院議員候補のひとりは、「私の計画では、すべてのフロリダ州民がFBI、IRS、ATFと他のすべての連邦のスタッフを目に入りしだい、撃ち殺すことを許される。自由の鐘を鳴らせ！」と投稿したことで、ツイッターの利用を禁止された。[178] 保守派のコメンテーターとして知られるスティーブン・クラウダーは、ツイッターで「明日は戦争だ。よく眠っておくように」と忠告した。[179] 同じ月のうちに、トランプ所有の企業が開発したソーシャルメディア・プラットフォームの「トゥルース・ソーシャル」上で、前大統領は大量のQアノンのコンテンツを、ジョー・バイデン、カマラ・ハリス、ナンシー・ペロシ、バラク・オバマ、ヒラリー・クリントン、ジョージ・ソロスの写真と、「敵はロシアにいるのではない」という不吉なメッセージとともに共有した[180]。

ＦＢＩ捜査官とその家族にも真の脅威が迫った[181]。シンシナティでは、武装した攻撃者が銃を撃ちながらＦＢＩ支部に押し入り、銃撃戦で死亡した。海軍退役軍人で一月六日の暴動に参加し、ＦＢＩの監視下にあったこの襲撃者は、二日前に「トゥルース・ソーシャル」にこう投稿していた。「みなさん、いよいよだ。私はもっと資格のある誰かからの闘争の呼びかけを期待しているが、それがないなら、これが私からあなたたちへの呼びかけだ。明日は銃砲店／陸海軍の店／質屋が開くとともに、仕事を離れ、闘争の準備に必要なものを手に入れてほしい。これだけは許してはならない[182]」。トランプの別荘の捜索令状を承認したのがユダヤ人だったことも、不幸な偶然だった。フロリダで彼が通っていたシナゴーグは、判事と家族への脅迫のために、礼拝を中止にせざるをえなくなった[183]。「マール・ア・ラーゴ捜索の本当の副産物」という不吉なタイトルがついた『ポリティコ』の意見記事のなかで、スティーブン・サイモンとジョナサン・スティーブンソンはこのように警告した。「マール・ア・ラーゴを捜索する捜査官の姿は、トランプ支持の極右過激派のかなりの層による連邦当局への反発を決定的にしかねず、その抵抗は散発的な出来事から組織的な暴力にシフトし、最終的にはルビーリッジや、もしかしたらウェイコと類似した連邦法執行への継続的な武装抵抗につながるおそれがある」。そして、「戦略的に攻撃的で戦術的には抑制された」法執行だけが、さらなる暴力を誘発することなく極右過激派の脅威と戦うという難題を克服できる、と彼らは論じた[184]。

しかし、二〇二二年の中間選挙までの最後の数週間に起こった最も深刻な出来事は、ナンシー・ペロシ下院議長の自宅への家宅侵入と夫のポール・ペロシへの暴行だった。一〇月二八日、午前二時を少し回ったころ、カナダからの不法入国者で陰謀論にどっぷり浸かったデヴィッド・デパペが、ペロシ夫妻のサンフランシスコの自宅に裏口から押し入った。デパペは下院議長を探していた。彼女はデパペの「標的リスト」に載っており、民主党の嘘とごまかしを導いた「群れのリーダー」とみなされていた。起訴状によれば、デパペは下院議長のひざ頭を打ち砕くつもりだった。彼女が「議会まで車椅子でしか行けないようにして、他の議員たちに彼らの行動には結果が伴う」ことを見せつけようとしたらしい(185)。ポール・ペロシはデパペが家に押し入ってきた間に警察に通報することができ、到着した警官たちは、デパペが握っていたハンマーを床に落とすように説得しようとした。ポールは何とかそれをもぎ取ろうとしていた。「いや、だめだ」とデパペは拒み、八〇代のポールを殴りつけた。ポールは重傷を負った。デパペはのちに刑務所からベイエリアのテレビ局KTVUの記者を呼び、こう言った。「私からアメリカにいるすべての人に重要なメッセージがある。あなたたちは大歓迎だ。自由と解放はまだ死んでいない。しかし、組織的かつ意図的に殺されかけている。それを殺す人々には名前と住所がある」。自分の敵とみなした相手のもっと多くを標的にできなかったことを悔やみ、デパペは「もっとしっかり準備すべきだった」とつけ加えた(186)。ペロシへの攻撃計画を除けば、中間選挙は比較的穏やかに終わり、トランプが支持する共和党候補何人かの敗北が目立った。彼らは前大統領のプレイブックに従うのは控えて、敗北を認めることを選んだ。彼らの礼儀正しさは、国内の熱に浮かされたような暴力がようやく収まってきたという希望を与えた(187)。

一一月二九日、驚くべき事態の進展で、ワシントンDCの連邦法廷の陪審員団が、スチュワート・ローズを煽動共謀で有罪と判断した。元陸軍のパラシュート隊員で、イェール大学ロースクールを卒業し、アメリカで最も有名な民兵組織オース・キーパーズを率いていたリーダーだ。三四年前のアーカンソー州フォートスミスでの裁判とは違って、司法省の検察官は、ローズがアメリカ政府の転覆を企てたと証明した。それより前にジョシュア・ジェームズが罪を認めたことに続いたものだが、ローズの有罪決定は、翌月に陰謀家ひとりとさらに四人が有罪になったことともに、暴力と革命に夢中になった政治的過激組織のリーダーたちが、政府転覆計画と準備の責任をとらされることをはっきりと示した。ローズの元妻で、元夫をたびたび批判していたターシャ・アダムズは、『ワシントン・ポスト』紙に対して、判決の重要性とその深い意味を具体的に表現した。「彼は自分自身の行動の結果とはじめて向き合っている。そして、二〇二四年の選挙後のすべての恩赦を否定して、彼が属すべき暗がりに姿を消すことができる(188)」

二〇二二年一二月二二日、一月六日の襲撃を調査する下院特別委員会は、広範な調査とプライムタイムに何度かテレビ放送された公聴会を経て、最終的な報告書を発表した。前大統領の役割についての委員会の発見に関してはほとんど疑いを残さず、報告書はこう述べている。「一月六日の事件の最大の原因は、ひとりの人物、前大統領のドナルド・トランプであり、大勢が彼に従った。一月六日の出来事の何ひとつ、彼なしでは起こらなかった(189)」。委員会は司法省に対して法的拘束力のない提案を送り、暴動支援を含む四つの容疑でトランプを起訴することを勧めた(190)。委員会の精力的な調査は暴動前後のトランプの煽動的な役割を正確に描き出したが、暴力的極右が組織し、構想し、計画してきた四〇年の歴史を、この襲撃に先立ってとらえることはできなかったといえるだろう。

第9章　極右テロリズムと対決する

「自由はもろいものだ。ほんの一世代で消滅してしまう。遺産として引き継げるわけではなく、戦って勝ち取らなければならず、それぞれの世代がつねに守らなければならない。ただ一度しか人々のもとにやってこないからだ。世界の歴史のなかで自由を知り、それを失った人々は、その後再びそれを知ることはなかった」

一九六七年一月五日、ロナルド・レーガン

二〇二一年一月六日の連邦議会議事堂への襲撃につながった連鎖的な出来事は、トランプ大統領の根拠のない「選挙が盗まれるのを止めろ」の熱弁から始まったわけではない。それより前の九月、大統領候補の最初の討論会で、トランプが「プラウド・ボーイズ」に「下がって待機する」ように指示したときに始まったのでもない。ネオナチ、クランズマン、ネオコンフェデレート、人種差別主義者、反ユダヤ主義者、排外主義者など、二〇一七年にバージニア州シャーロッツヴィルの「右派結束」集会に参加し、集会への反対者ひとりの死に責任のある者たちのことを、「非常に善良な人々」とトランプが断言したことや、二〇一六年の選挙で彼がヒラリー・クリントンに勝利したことが引き金になったのでもない。二〇〇八年にアフリカ系アメリカ人がはじめて大統領に選ばれた歴史的な出来事が、このアメリカ民主主義の要塞への襲撃に結実するプロセスを始動させたのでもない。これらの本当の起源は、本書で論じてきたように四〇年以上前にさかのぼる。その後、憎悪《ヘイト》と不寛容というかねてからのイデオロギーが再興し、いまや準軍事的な反政府過激派と手を組んだ新世代の白人至上主義者からのあからさまな煽動によって、それは新たな勢いを得た。あの運命の日に連邦議事堂の前のモールに建てられた絞首台は、したがって、デジタルプラットフォームやソーシャルメディアがまだない時代には想定できなかった形で、民主主義が死にかけているというシナリオを思い描いた狂信者たちの希望や夢を具体化した(1)。

当時、これら過激主義者たちからの脅威はほとんどが孤立したもので、精力的な政府の行動によって効果的に封じ込められていた。一匹狼による個々の暴力行為がより大きな騒動を引き起こすことを期待した、ルイス・ビームの「リーダー不在の抵抗」戦略は、それほどの支持を集められなかった。確かに、それは一九九五年のオクラホマシティ連邦政府ビルの爆破事件につながった。しかし、ティモシー・マクヴェイの大掛かりな暴力行為は、彼が意図し、「リーダー不在の抵抗」戦略が約束したような、アメリカ政府に対する全米規模の蜂起を引き起こしはしなかった。マクヴェイに刺激されて彼の足跡をたどったグループや個人だけでなく――一九九六年のアトランタ五輪での爆破事件と、同じ犯人による中絶クリニックやゲイバーへの一連の同様の攻撃を顕著な例外として――他のすべての暴力的蜂起への傾斜が、一九九六年に議会を通過した画期的な対テロ法と、ＦＢＩをはじめとする法執行機関の目覚ましい行動によって抑制されてきた(2)。

しかし現在、そうした過激主義的な思想はより広範囲に広まっている。ソーシャルメディアは有害なイデオロギーを伝え、ビームと彼の仲間のヘイトモンガーたちが想像した以上に広く速く拡散させた。それらは主流の政治や世間での討論にも入り込み、これまでになく大勢のアメリカ人によって共有され支持されている。すでに述べたように、不安になるほど多くのアメリカ人が、自国政府に対する暴力は特定の状況下では正当化されると考えている。この種の質問が二〇年以上前に世論調査ではじめてなされて以来、これほど大きな数字になったことはなかった。したがって、一〇人に九人のアメリカ人が、政治的分断と二極化の進展が、この国で政治的な動機による暴力を起こりやすくしたと信じているのも、驚くにはあたらない。銃火器を所持する個人が多いこの国では、そして、アメリカン大学の研究者であるシンシア・ミラー＝イドリスによれば、「一番正確とされる推測」で少なくとも七万五〇〇〇人から一〇万人の個人が積極的に白人至上主義過激派集団に関わり、[3] さらに一万五〇〇〇人から二万人が全体で三〇〇〇ほどはある武装民兵組織に属している国では、[4] さまざまな国内テロが起こるという脅威も、それが継続的な蜂起の煽動と内戦にまでつながる可能性があるというのも、大げさな話ではない。

このように、現在のアメリカは過去二〇年にわたって私たちの注意を引いてきた国外からのテロの脅威に加えて、深刻な国内テロリストの脅威にも直面している。政府側の注意散漫、無関心、自己満足のいずれによるものであれ、暴力的過激主義は国、州、地方政治の骨組みの一部に組み込まれてきた。そして、歴史的に見れば、テロリズムは分断と不和によって引き裂かれた環境で繁栄し、それが今度は二極化と憎悪感情によって消費されている。無関心と無行動の組み合わせは、さらなる二極化、さらなる過激主義の成長、そしてさらなる暴力を後押しする。これが、研究者や政治分析者、ジャーナリスト、そして評論家たちが警告してきたような内戦につながるかどうかは、まったくわからない。しかし、たとえこの底知れない、最悪のシナリオが避けられたとしても、国内の不穏な状況と騒乱に向かいかねない現在の軌道は、アメリカとその民主的な価値観と制度にとって、一八〇年前に国を消耗させた内戦以降に起こった何よりも深刻な脅威となる。

国内テロとの戦いは、世界を変えた二〇〇一年九月一一日のテロ攻撃以来続いてきた、国外のジハーディストの脅威と戦うよりも、はるかに厳しい戦いになることが証明されるだろう。アルカイダやISIS、そのさまざまな関連組織に対して効果的に使った強力な軍事的手段は——最も傑出した例としては、無人飛行機による標的を定めた殺害と特殊作戦部隊による効果的な急襲が挙げられる——、国内テロとの戦いではまったく役に立たない。同胞市民に対してこれらの手段を使うことはできないし、そうすべきでもないという明らかな理由のためだ。効果が証明されたこれらの軍事的手段に頼れない以上、アメリカは暴力的過激派と戦うためにも、最近になって出現した完全に自国育ちのテロリストの脅威に対処するためにも、非致死的で柔軟な革新的手段をゼロから構築しなければならないだろう。

しかし、軍事戦略家が、永続的で決定的な結果を得るために敵の「重心」を標的にするように促すのと同じように、暴力的政治運動の最ももろい部分を攻めることが、政府が反体制的で煽動的な国内の脅威と戦う場合の鍵であるはずだ[5]。現在のアメリカの暴力的極右過激派の重心は、本書で考察してきたテーマのなかに明らかだ。陰謀論にとりつかれた思考、過激化・勧誘・暴力の奨励のためにソーシャルメディアを利用すること、憎しみ、不寛容、陰謀論を助長するイデオロギーをアメリカの主流政治、軍隊、そして法執行機関に悪意を持って注入することである。国内の対過激主義、対テロリズム戦略は、その重心に集中しなければならない。

したがって、現在のアメリカは、包括的で広範囲におよぶ制度化された戦略で、これらの脅威と効果的に戦う必要がある。そのなかには、暴力的過激派組織とその活動家と支援者、プロパガンダ貢献者や共感者、リクルーターや資金援助者などに特別にねらいを定めた戦略とともに、アメリカの市民社会を強化するための手段も含まれる。アメリカの極右テロリストの脅威についてのこのような考察と解釈から浮かび上がる政策提言は、三つのカテゴリーに分けられる。

・より強い規制の枠組みをつくるための、比較的即効性のある短期的手段
・次の五年から一〇年に影響を与えられる、市民社会を強化するための中期的手段
・この運動を数十年間支えてきた勧誘と再生のサイクルを壊し、それによって将来の世代を守るために過激派のイデオロギーの誘惑への耐性を持たせるような、国家の結束を築くための長期的手段

これらすべての努力はすぐに始めなければならず、段階的に展開していくものではない。遅れることなく実施すべきだが、すぐに効果が表れるものもあれば、望まれる効果を達成するまでに、数十年とはいわずとも数年はかかるものもあるだろう。この多角的な手段は、政治的左派にも右派にも適用できるとともに、最優先すべき目標として、アメリカの政治制度の健全性と信頼を回復することが肝要だと強調すべきだろう。この、楽観的とは認めるものの、それでも重要な目標に向けて行動を起こすには、同じように重要な一連の追加的ステップが必要になる。たとえば、右派や左派、その他の過激派による暴力のあらゆる徴候に対処し、過激主義と陰謀論全般のイデオロギーと社会的アピールと戦うために考案された法律の施行などだ。今すぐに決定的な行動をとることにより、アメリカの民主主義の価値観をむしばむ邪悪な脅威に対して意味ある攻勢に出ることができる。そして現在よりも不安の少ない環境で、同胞市民の安全と安心を確立できるだろう。

一月六日の襲撃は、政府を悪魔扱いし、その諸機関の権威と手続きを拒絶する陰謀論が、アメリカの法と秩序、政治制度の安定への差し迫った脅威となることを、破壊的な効果とともに示してみせた。そのため、政府への信頼を回復し、この国がよって立つ民主主義の原則を強化することが、最大の優先課題となる。しかし、そうした思惑は、組織的に、あるいはすばやく達成することはできない。したがって最初になすべきは、国民が共有できる国家アイデンティティの再活性のための、一連の是正的な法的ステップだ。そのなかでも、過激派が長く享受してきたソーシャルメディアを思いのままに操作できる能力を、彼らから奪うことが不可欠だ。憲法修正第一条の表現の自由と、国内テロの暴力的行為の構想と計画を明確に区別するための法制化が必要だろう[6]。

それゆえ、何よりもまず、アメリカの民主主義の再建と強化には、広く行き渡るソーシャルメディアの有害な影響への対処が求められる。デジタルコミュニケーションはこれまでに類を見ない方法で、一匹狼によるテロリズムの成長に貢献してきた。とくに、ビームの「リーダー不在の抵抗」戦略を広め加速させた。過去には、この「リーダー不在の抵抗」の擁護者は、伝統的なメディアを通してメッセージを広められる範囲が制限されていたことと、大勢の支持を集める努力が全般的に行き詰まったことにより、活動が制限された。しかし、ソーシャルメディアは、緩やかに結びついた世界中の極右テロ運動の出現を容易にした。彼らの不満や動機は国境とそれぞれの国に特有の背景を越え、暴力の有効性を信じるという共通の信念で結びついている。たとえば、ヨーロッパの白人男性が他の人種や宗教の移民で置き換えられるというモチーフは、現在の暴力的極右にとって説得力ある鬨《とき》の声になってきた。非白人の出生率の増加と、ユダヤ人や彼らと結びついた世界中のリベラルな悪党エリートたちが、この傾向を意図的に推し進め利用しているという思い込みにより誇張された恐怖が陰謀論に組み込まれ、それがどんどん一般的になり受け入れられるようになった。このエコーチェンバー現象の最も重要な現実世界への影響は、かつて定義された「国際」テロと「国内」テロの間の境界線が曖昧になり、また、これまでは多種多様だったイデオロギーの収束が容易になって、人々が受け入れやすい、集団暴力の新たな正当化につながったことである。過激派ソーシャルメディアの外部から遮断された環境のなかで、支持者たちは物理的な現実世界の隣人たちよりも、海を隔てた遠くの、同じイデオロギーを共有する仲間と強い絆を築くことができる。その結果は、個人で活動するテロリストたちの世界的な連なりである。彼らは自分たちの暴力行為を予告・宣伝したり、他の仲間が真似することを期待して蛮行のようすを投稿するためにも、ソーシャルメディアをおおいに利用している(7)。

歴史家のウォルター・ラカーとクリストファー・ウォールは二〇一八年の共著『テロリズムの将来』のなかで、「テロリズムは現代の国民国家の外因的な特徴ではなく、悪い統治の徴候である」と論じている(8)。彼らの分析は、権力の空白部分で過激主義者が繁栄することを許した世界中の破綻国家に言及した。しかし、同時に起こるよじれにより、その分析はソーシャルメディアにもあてはまる。一〇年以上、暴力と煽動を支持し、次第に数を増している狂信者たちが、ソーシャルメディア・プラットフォームを思いのままに利用する自由を与えられてきた。彼らは社会のとくに影響を受けやすくもろい個人に簡単にアクセスでき、ときおり悲劇的な結果を引き起こしてきた。大手ソーシャルメディア会社は、自分たちの創造物が危険分子に利用され搾取されるのを繰り返し見てきたものの、介入はせず、このプロセスを容易にし、後押ししてきた。彼らは新たな過激化を防ぐためにも、ネット上のヘイトスピーチに影響されやすいコミュニティを守るためにも、プラットフォーム上での過激な弁論を抑制する行動を起こさなければならない。その例としては、コンテンツを完全に削除するか、とくに問題のある投稿に対して警告文や文脈説明を添えるなどの方法がある。過激主義を押し戻そうとは思うが、プラットフォームを監視する資源が不足しているような小さなサイトの支援にも努力を傾け、過激派の勧誘や暴力をけしかける者たちからサイトの安全を守らなければならない。こうした方針に従わないサイトは、インターネット・プロバイダーからの除名を考えるべきだ。「クライストチャーチ・コール」や「デリー・デクラレーション」のような国際的努力を増やし深める重要性に加えて、「テロと戦うグローバル・インターネット・フォーラム」のような組織はさらなる支援と資金を必要としている。

しかし、故意であれ無意識であれ、この悪影響の責任は政府にもある。憲法修正第一条の擁護者は、憲法でアメリカ市民に保障された言論の自由の権利に反するため、ソーシャルメディアを規制することはできないと主張する。それでも近年のソーシャルメディアは、インターネットを乱用する過激派の権利が、彼らの標的となる人々がインターネットの乱用や恐怖から守られる権利を上回るところまで進化した。もし私たちがソーシャルメディアのこの有害な側面を制御し、勝手気ままな暴力への煽動を抑制しようと思うなら、この現状を正すように取り組まなければならない。例として、白書と立法を通してネット上のヘイト行動を取り締まるイギリスの努力を参考にできるだろう。それは、課題と可能な法的救済策の両方を教えてくれる。[9] 二〇一九年にイギリス政府が発行した「オンラインの害悪」イニシアティブを詳述する白書によると、この政策は「国家の安全と子どもたちの身体的安全にとって脅威となる最も深刻で不法な害悪」対策として考案されている。テロリズムに関しては、この白書は、インターネット上での過激化と勧誘の継続的脅威を明言している。また、政府と産業界が「テロ目的でのインターネットの乱用を防ぐ」ために協力できる実際的な枠組みを見事に提供してもいる。[10] ネット上での意見交換を抑制するための手段は、ヨーロッパでは導入しやすい。アメリカで憲法修正第一条によって神聖化されたほど厳格な法は、言論の自由について存在しないからだ。しかし逆に言えば、憎悪発言を掲載するソーシャルメディアを運営するのは民間企業なので、憲法修正第一条に拘束されない。実際には適用されない憲法上の保護を理由に、これらの企業が無作為を決め込むのを許すべきではない。

インターネット上の過激主義の無限のスパイラルを封じ込めようとする政府の努力には、アルゴリズムの改善を奨励することも含めるべきだろう。主要プラットフォームのソーシャルメディアのアルゴリズムは、エンゲージメントを最大化し、新しいオーディエンスを引きつけることを目的としている。それによってソーシャルメディア会社は、ユーザーがサイト上でより多くの時間を過ごすように意図的に引き寄せて、広告収入を最大化できる。そのアルゴリズムは頻繁にユーザーをより驚きの大きい、あるいは不安を掻き立てる素材へと向かわせ、特定のコンテンツに釘づけしようとする。ソーシャルメディア会社は、よりいっそう対立と過激化を刺激するようなコンテンツへとユーザーを誘導するのをやめるべきだ。暴力的過激派がコンテンツを収益化するのを禁じることが、この点で最も重要なステップになるだろう。とくに憎悪に満ちた、暴力志向のコンテンツを薦める広告を禁止することも必要だろう。[11] 行政、司法、立法府が協力して、ソーシャルメディア会社をプラットフォームに投稿される素材に関する法的責任から守っている合衆国法典第四七編第二三〇条を修正することも有効だろう。ソーシャルプラットフォームがばらまくコンテンツに対してプロバイダー企業が責任を負わされないことが、ユーザーにとってより健全な経験を創出するというインセンティブを失わせている。これは過激主義からティーンエイジャーの自殺まで、最終的にはあらゆるものを奨励するソーシャルメディアの欠陥だ。[12] 南カリフォルニア大学のコミュニケーションの専門家で、デジタルメディア・プラットフォームが社会にどう影響するかを中心に研究しているサフィヤ・ノーブルはこう論じる。「企業が市民を害する形で空気や水を汚染することは許してはならない、と私たちは考える。とすれば、偽情報、嘘、プロパガンダで汚染されていない高品質のメディア環境も期待すべきだ。民主主義を機能させなければならない。人々が政策決定者に議論を始めるように期待し、要求するのは公正なことである」[13]

ソーシャルメディア会社に説明責任を求めることは、おそらく、欧米の重要な民主主義的価値観を損なおうとして権威主義国家が発するプロパガンダについて、その脅威の増大を抑えるという付加的な恩恵ももたらすだろう。オンラインでの大量通信時代のソーシャルメディアは、現在の安全保障において最も分野をまたがる要因になったと言ってほぼ間違いない。ソーシャルメディアによって、戦争と平和、外交と競争、情報と偽情報の間の境界線はぼやけてきた。分裂を招き、問題を選び出し、アメリカとその同盟国の暴力的国内過激派の運動を積極的に支援することで、アメリカのライバルたちはアメリカの国家の安全を損なうことに成功してきた[14]。たとえば、二〇一六年の大統領選挙へのロシアの度重なる悪質な介入は、戦術的な成功としてよく知られている。そして、それ以来、ロシア政府が欧米の民主国家を継続的に操作していることは、ロシアに戦略的勝利の可能性を提供してきた。欧米国家の制度と民主的なプロセスへの大衆の信頼と自信を損なうことにより、ロシアはソ連時代の冷戦中に数十年間の破壊工作が失敗したところで成功を収めた[15]。意図的であれ偶然であれ、ロシアの努力は、繰り返される不正選挙の主張によって調子に乗り、大胆になってきた。元FBI捜査官で情報操作専門家のクリント・ワッツはこう考察する。「アメリカの有権者は分断されたままで、政府の働きは深刻な妨害を受け、選挙で選ばれた指導者への信頼は失墜し続けている。アメリカ人はまだ、ロシアが欧米諸国に対して実行してきた情報戦争を理解していない。なぜそれがうまくいき、なぜ続いているのかもわかっていない[16]」。

ロシアはこうして、ソ連が数十年かけても達成できなかったことを達成し、冷戦時代を通して存在したアメリカの主要外交政策への異例の超党派的支持を徐々に失わせた。インターネット上で広まる偽情報の脅威は、このように、テロリズムよりも民主主義のほうをいっそうむしばむ[17]。ソーシャルメディアは現在、国内テロから超大国間の競争まで、二一世紀の対決の主戦場になっている。そして、欧米の自由民主主義はこの戦場で形勢が不利になるおそれがある。

ソーシャルメディアの有害な影響への効果的な対策を考えるうえでの課題のひとつは、これらのプラットフォームがこれまで以上に、テロリストの過激化、動員、計画のプロセス解明に役立てられていることである。ソーシャルメディアを法執行の鍵となるツールとして利用できることは、二〇二一年一月六日に連邦議事堂を占拠した数百人を、彼ら自身のソーシャルメディアへの投稿をもとに逮捕したことではっきり証明された[18]。政府がネット上で簡単に集めた膨大な情報を起訴に利用できたことにより、一部のテロ組織はソーシャルメディアを完全に避けるようになった。恩恵よりもリスクのほうが大きくなってしまったからだ。たとえばテロ集団アトムヴァッフェンから分かれたある組織は、「ノー・ソーシャルメディア」方針を宣言した。メンバーは、「これは友人や家族まで警戒することを意味する。彼らがあなたの写真をソーシャルメディアに載せないようにしなければならない」と指示された。その代わりに、この組織は「コミュニケーションと電子機器を暗号化して安全にする」重要性も教えている[19]。クライストチャーチでのテロ攻撃を調査したニュージーランドの委員会は、タラントがソーシャルメディア上での交流に同様のアプローチをとっていたと結論した。「この人物はテロ攻撃のあとに、捜査機関が彼のインターネット上での活動を完全に追跡するチャンスを減じるために、自分のデジタルフットプリントを最小限にする数多くのステップをとった」。委員会は報告書でそう説明した[20]。「匿名の情報源の世界では、分析者は情報の収集者とは切り離される」。国家情報会議の元委員長グレゴリー・トレヴァートン博士は、二〇〇九年の著書『テロ時代の情報』のなかで、「ウェブの世界では、分析者は彼ら自身のコレクターにもなる」と予言めいたことを書いた(21)。私たちはこうして、ソーシャルメディアが放火犯でもあり消防士でもあるというポイントに達した。ソーシャルメディア会社が、必ずしもすべての情報を削除することなく、サイトをより制御できるような繊細なアプローチが理想的だろう。

ソーシャルメディア会社にもっと圧力をかけて、コンテンツを監視させることに加えて、政策決定者はより的を絞った法的手段で、暴力的過激主義運動の増加と、これらの組織による新参者の過激化と勧誘、暴力の煽動と戦わなければならない。これには、アメリカの外交政策の道具と国内法の両方を強化して、暴力的過激主義の拡散をより効果的に封じ込め、抑止することも含まれる。

第一に、議会は人種、民族、宗教、国籍、性的指向、ジェンダー、政治的立場などの分類に基づいて、個人を標的にした暴力とその計画を公式に犯罪化するような、高い基準の国内テロリズム法の制定を検討すべきだ。国内テロリズム法が欠如しているために、その犯罪が指定された外国のテロ組織によるものか国内の暴力的過激派組織によるものかによって不平等な判決が下されてきた。現行の法律では、この国で暴力的違法行為により有罪になった暴力的極右過激派と、同様の犯罪で有罪になった外国組織のメンバーとの間には、実質的な量刑の差がある。ジョージ・ワシントン大学の過激主義研究プログラムによれば、イスラム国に物質的援助をしてアメリカで有罪になった者の量刑は、平均一三・五年の懲役刑である(22)。しかし、国内の暴力的過激派の場合は、明らかに暴力的な国内組織への物資の支援をした者、あるいは本来ならテロ攻撃に分類されるものを計画した者であっても、外国のテロ組織の関与がないかぎり起訴できない。元沿岸警備隊員のクリストファー・ハッソンがその例だ。ハッソンのような暴力的過激派は、民主党の議員やメディア界の有名人を暗殺するために相当量の武器を集めたが、有罪にするためには、その起訴内容は、薬物や銃の所持のようなテロ以外の不法行為となるのが一般的だ。ハッソンは一三年以上の懲役刑を言い渡されたが、テロ計画自体で裁かれることはなかった。アメリカでのこの法律の穴を回避するために、場合によっては、連邦当局はテロ行為のための物質的援助での起訴を確実にして、これらの違法行為で有罪になった者に長い刑期を務めさせるために、外国の指定テロ組織の名前を使うという手段に訴えた。これはFBIのおとり捜査に見られ、二〇二〇年には、ハマスの一員であるふりをしていた覆面捜査官に、政府の標的に対する攻撃計画について話した、ふたりのブーガルー支持者の逮捕と有罪判決につながった[23]。

有罪になった国内テロリストの量刑が比較的短い懲役刑であることは、少なくともふたつの理由で有害だ。第一にそれらは、「国内の」テロリストとはしばしば肌の色や宗教の違いだけで区別される「外国の」テロリストが、人種差別的な司法制度によってより厳しく扱われるという認識を強めてしまう。司法省の国内テロ担当顧問のトマス・ブルゾゾウスキによれば、これが「混乱の種をまき」、たとえば、イスラム教徒が実行する国際テロは、極右テロよりも深刻なアメリカ本土への脅威だという仮定につながりもするが、これはポスト九・一一時代には統計的に正しくない[24]。テロリズムとヘイト犯罪の研究に集中的に取り組んでいるヘレン・テイラーは、こう書いている。「ひとつの行為にテロのラベルを貼ることは、その犯罪の深刻さについて公式な宣言をすることである。ヘイト犯罪は重罪となるが、テロリズムでの起訴のような象徴的な重みはない[25]」

しかし、第二の、より重要でさえある理由は、国内テロリストはしばしば、驚くほど短い刑期を経て釈放されることだ。アトムヴァッフェン・ディビジョンの創立者であるブランドン・ラッセルは、二〇一八年に「未登録の破壊装置の所持と、爆発物の不法な保管」により五年の懲役刑を言い渡された。しかし、彼を逮捕した法執行官は、自分たちが大勢の犠牲者を出す攻撃計画を阻止することに成功したと信じていた。[26] 同様に、二〇二〇年には、もうひとりのアトムヴァッフェンのメンバー、アンドリュー・トマスバーグが薬物の使用および銃火器を所持した罪で、一年と一日の懲役刑を言い渡された。彼は悪名高い二〇一七年のシャーロッツヴィルでの「右派結束《ユナイト・ザ・ライト》」集会に参加し、逮捕されたときには、自宅に十数丁の銃器と弾丸を装填した機関銃五〇丁を所持していた。彼はまだ少年だったころにも、失敗した薬物取引の間に、走る車に向けて銃を撃ったとして逮捕されたことがあった。[27] そして二〇二一年、ベースのふたりのメンバー、パトリック・マシューズとブライアン・レムリーが、「白人の蜂起を誘発するために道路や発電所などのインフラを麻痺させる」こと、選挙で選ばれた代議員の暗殺、警官の殺害、アメリカ政府の転覆を含む攻撃計画に関連した、さまざまな銃器や移民に関する容疑で有罪を認めた。検察側は二五年の懲役を求刑した。マシューズとレムリーは九年の懲役を言い渡されたが、それは裁判長が、刑期を連邦の判決ガイドラインの三倍の長さに延長できるという、「テロリストに対する量刑の増加」の特別条項を発動したからだった。[28] それに対して、バージニア郊外の元警官のニコラス・ヤングは、二〇一八年にISISへの物質的援助の提供を試みたとして一五年の懲役刑を言い渡された。[29] また二〇二二年、フロリダ州マイアミのゲラ・ブランコは、同様に、ISISへの物質的援助の提供を試みたとして有罪になり、一六年の懲役の判決を受けた。[30] そうした不均衡とともに、極右テロとの戦いに関しては、再犯が深刻な懸念になっている。二〇二三年二月、ブランドン・ラッセルは再び逮捕され、メリーランド州の五か所の変電所を攻撃し、したがってボルティモアを「完全に破壊する」計画を共謀したとして起訴された。[31] このアトムヴァッフェンのリーダーは以前の二〇一八年八月の爆発物所持に関する判決後に刑期を終えて出所していた。

しかし、アメリカの司法長官と司法省に暴力的過激派集団と個人を国内テロリストに指定する権限を与えることは、議論の的になり一筋縄ではいかない。この提案に反対する人たち――ランド・コーポレーションのテロリズム専門家、ブライアン・M・ジェンキンズと元FBI捜査官で現在はブレナン・センターの分析官を務めるマイケル・ジャーマンなど――は、国内の暴力的過激派集団をテロ組織と指定することは、必然的に、危険なほどの政治化と党派主義を招くだろうと論じてきた。彼らは、そうした法律が将来の権威主義の大統領に利用されて、自分の政策に抗議したり反対したり不同意を示す集団や運動をどれでも、簡単にテロリストに指定できるようになることを恐れている。[32]死者を出す暴力――あるいはその種の暴力を実行する計画――の首謀者だけを起訴できるようにすれば、平和的なデモ参加者や、暴力を避ける過激派に対してその法律が適用されることはないだろう。そして、極左過激派が彼らのイデオロギーを推進するために誰かを殺害することがあれば、その場合にも国内テロリズム法で起訴することができるだろう。威圧的な法的解決策を恐れる人たちは、ユリシーズ・S・グラント大統領が、南北戦争後の南部州でのKKKや他の暴力集団による極右テロリズム対策として一八七〇年に司法省を創設したことを思い出すべきだ。[33]新しい国内テロ法は、それと比べれば小さなステップで、民主国家には政治的暴力のための場所はないというメッセージを鳴り響かせることができる。そうした国内テロの法的カテゴリーを設ける立法には、州と地域をまたいだアメリカ全土のデータの収集、照合、分析を確実に改善するような条項も含めるべきだろう。現在は統一された方法が存在しない。

テロ攻撃を実行する小集団や個人に、作戦のガイダンスとイデオロギー上の励ましを与える外国の暴力組織に対しても国際的な取り組みがなされなければならない。そうした攻撃は自ら実行することもあれば、これら組織に指示されて行なう場合もあるだろう。ホワイトハウスはしたがって、外国テロ組織（FTO）指定の候補となるような活動をしている外国のネオナチと白人至上主義集団を特定するよう、国務省に指示する必要がある。現在FTOに指定された七三の組織に、重要なネオナチや白人至上主義集団はひとつも含まれない。これは驚くべきことといえる。というのも、二〇一八年一〇月に発行された、『アメリカの対テロ国家戦略』の最新版では、ふたつの暴力的極右過激派組織——スカンジナビア諸国の「ノルディック・レジスタンス運動」とイギリスの「ナショナル・アクション・グループ」——が、「その暴力の使用と社会を不安定化させる意図がしばしばアメリカ人の命を危険にさらす」集団とされているのである。[34] 二〇二〇年四月、国務省は実際に、ロシアの「インペリアル運動」——超国家の暴力的極右過激派集団——を特別指定国際テロ組織に認定し、さまざまな財政的テロ対策を実施した。[35] 財務省は二〇二三年一月に、極右分子を抱えるロシアの民兵組織「ワグネル・グループ」を、そのウクライナとその他の地域での活動に鑑みて「重要な超国家犯罪組織」に追加指定した。[36] しかし、これらの分類はFTO指定の一段下のステップで、より軽い分類を用いる決定の背後にある論理は、これまで十分に説明されたことはない。FTO指定は、白人至上主義の外国の戦士たちがひとつの紛争から別の紛争へと移動していくという可能性が生じた場合には、とくに役立つことが証明されるだろう。国際的ネオナチ組織のベースは、ロシアのサンクトペテルブルクを拠点にし、アメリカでのいくつかの攻撃を計画してきたが、この組織は明らかにFTO指定の候補となる。[37] 他の候補には、バルト三国のフォイヤークリーク・ディビジョンと、すでに述べたイギリスのナショナル・アクション・グループ、スカンジナビアのノルディック・レジスタンス運動がある。これらをFTO指定することは、アメリカから他国への力強いメッセージになるだろう。世界の安全を脅かす超国家的ジハーディスト運動のテロ組織に対して国際的対テロ戦争を先導したのと同じくらい、アメリカは再び、超国家的極右テロの興隆に対しても先導的な役割を務めるというメッセージである。

ＦＴＯ指定と国内テロ法に加えて、立法府は既存の銃規制法の執行を強化する手段とともに、銃乱射をもっと実行しにくくし、武装蜂起の可能性を抑えるための追加的ステップも考えるべきだろう。銃の乱射は銃火器を商業的に手に入れやすいことに助けられ、近年では国内テロリストが好む戦術になってきた。しかし、銃規制についての議論はあまりにも黒か白か、オール・オア・ナッシングの怒鳴り合いになりがちだ。その代わりに、アメリカ政府はより柔軟なアプローチをとるべきだろう。銃火器を使う大量犠牲者の出る暴力行為を防止し、挫折させるとともに、法を遵守する銃所持者の自衛の権利を守り、憲法修正第二条の権利を保障することに集中するアプローチである。より徹底した、よりよく執行される銃登録制度、より厳しい身元調査、未登録の銃火器の販売と譲渡の禁止、代理購入への今より厳しい制限を考慮する必要がある。殺傷能力の高い、いわゆる「警察官殺し」の銃弾――強化されたセラミック板でさえ貫く――の販売を規制する立法は、他の非常に危険な武器の所有をどのように阻止し、抑止するかについてのより広範な議論のための合理的な出発点になるかもしれない。社会をよりよく守るが、憲法修正第二条の権利を維持できる良識ある銃火器規制法は、一九九五年のオクラホマシティ連邦政府ビル爆破のような国家的悲劇を生み出す不安を軽減するような、超党派的で、慎重に考え抜かれた枠組みである必要がある。それらは、暴力的過激派が支援を呼びかけ人員を集めるときに使う力強く感情的な主張を、奪うような形で考案されなければならない。バイデン政権の超党派的な銃規制法は二〇二二年六月に法制化され、若い銃購入者の身元調査を厳しくするとともに、精神的健康サービスの充実を約束した。これが、その方向への重要な最初のステップになった。(38)

銃による暴力全般を抑制するためのこれらの手段に加えて、立法府は、3Dプリンターによる銃火器やその他の手製の武器の製造と取引を終わらせるために行動すべきだ。たとえば、ドイツで新しい銃規制法が将来施行されることを恐れ、ハレのシナゴーグを銃撃したステファン・バリエットはマニフェストのなかで、他国――彼は「不愉快な国々」と呼んだ――の次の暴力的過激主義者たちに貴重な情報を提供できるように、自分がどのように手製の武器を組み立てたかを詳細に説明するなどした。バリエットはブレイビクやタラントらと同じように、自分の攻撃を通して、意図的に模倣や競争を誘発しようとした。彼の場合には、自分で銃火器を作る方法を教えることで、それぞれがテロリズムを実行できるようにするという意図も加わった。とくにヨーロッパの多くの暴力的過激主義者は、銃規制をかいくぐるために、すでに手製の銃火器を魅力的な選択肢とみなしている[39]。アメリカでは商業生産された銃火器が大量に流通しているが、手製銃問題への関心をゆるめるべきではないし、「幽霊」銃と3Dプリント銃に関するアメリカでの積極的な法的措置の必要性を曖昧にすべきでもない。銃規制はヨーロッパ諸国の政府が採用する効果的な対テロ手段のひとつとなっている。この教訓をアメリカに置き換えて採用すること――同時に手製の銃器で規制をかいくぐろうとする試みを封じ込めること――が喫緊の課題であることは変わらない。

最後に、議会は米軍と法執行機関内の暴力的過激主義者を特定し、根絶し、おそらく違法にするためのより攻撃的なステップを考慮すべきだろう。これらの機関は、この数十年、内部での突発的な人種差別的行為の噴出やヘイト感情の暴力的な発露と取り組んできた。これらの努力は大部分において成功しているものの、さらに強化し強調しなければならない。二〇二一年一月六日の連邦議会議事堂への襲撃に続いて、新たに国防長官に就任した退役陸軍大将のロイド・オースティン――黒人としてはじめてその職に就いた――は、全軍に一日の休業を命じ、米軍全体にヘイトと不寛容について議論する機会を設けさせた。彼はまた、軍内部の過激主義について認識を深め、それを抑制する手段の提言を任務とする国防総省のタスクフォースを設けた。オースティンは軍内部の過激主義と戦う彼自身の経験を引き合いに出した。一九九五年にファイエットヴィルで人種差別が動機の殺害が起こったとき、彼は第八二空挺部隊の中尉を務めていた。「ある朝起きると、われわれのなかに過激分子がいることに気づいた。間違いなく彼らに責任がある、ひどいことが起こった」。国防長官は彼の承認公聴会で説明した。「しかし、その徴候はそれ以前からずっとあったのだとわかった。ただ、何を探すべきか、何に注意を向けるべきかがわかっていなかっただけなのだ。その一件でそれを学んだ」[40]。国防総省は二〇二一年一二月に、そうした集団に積極的に参加している兵士への厳しい対処を義務づける改訂ガイダンスを発行した。特定のソーシャルメディアの投稿に「いいね」をしているだけの兵士たちが、いまや懲戒処分を受けるかもしれなくなった[41]。

暴力的過激派組織による元軍人の勧誘も、現在の国防総省にとってと同じように、退役軍人省（VA）の主たる関心事であるべきだ。議会の圧力と監督によって、国防総省と退役軍人省の両方が、ヘイトと不寛容に対抗し、退役軍人が左翼と右翼両方の過激組織に勧誘されやすい状況に対処する政策の実施に焦点を合わせることができるだろう。とくにVAは兵役によって引き起こされた精神的、身体的な傷から回復途中の退役軍人に注意を向け、彼らを暴力志向の過激派集団の働きかけから守らなければならない[42]。退役軍人の自殺を防ぐ努力は、精神的にもろくなっている元兵士の男女を餌食にする暴力的な政治的過激主義者の接近を阻むという付加的な恩恵があるかもしれない。しかし、軍もまた、暴力的な政治的過激主義者の浸透と採用を警戒し、それを自衛と戦闘準備の優先課題としなければならない。新兵の補充と人材保持の基準の見直しと入隊者の定期的な適性審査が軍への浸透を試みる者を排除するのに役立つ一方、暴力的な政治的過激主義に特化した対情報活動の努力は、ヘイトと不寛容が軍の即応性とパフォーマンスに与える脅威を明らかにするだろう。アメリカの軍隊はこの国で最も多様化に成功し統合された機関のひとつであることに誇りを持っている。したがって、軍内部のヘイトと不寛容を根絶するすべての手段は、大多数の軍人たちと、誠実かつ勇敢に奉仕し、暴力的・政治的過激主義とその煽動的なイデオロギーを受け入れない退役軍人たちをしっかりと守り称賛するものでなければならない。

全米の法執行機関と関連部門への過激主義者の浸透という問題は、アメリカでの暴力的過激主義との戦いにとってもうひとつの重要な課題となる。たとえば、少なくとも一九人の現職・退職警官が、二〇二一年一月六日の連邦議会議事堂襲撃の間の暴力行為に参加して訴追された。そのなかには、議事堂の建物を守るために動員された議会警察と首都警察への暴力も含まれる。[43] 名誉毀損防止同盟（ＡＤＬ）の二〇二二年の報告書は、非営利ジャーナリスト団体の「分散型秘密妨害（Distributed Denial of Secrets）」がオース・キーパーズから得た、会員個人の流出情報を分析した。会員データベースの三万八〇〇〇人の名前と個人情報のうち、ＡＤＬは少なくとも三七三人のオース・キーパーズが、全米の法執行機関と関連部門に現職で勤務していることがわかった（それに加えて「一一七人が現在アメリカ軍で働き、さらに一一人が予備兵、三一人が民間人または軍の請負人として働いていた」）。彼らの地位は、パトロール警官から上級指揮官までさまざまだ。探偵、軍曹、中尉、大尉もいる。その何人かは自分の法執行での経験から引き出した情報と訓練を仲間のオース・キーパーズに提供したとされる。さらに、ＡＤＬは一一〇〇人の元法執行官が、やはり訓練と援助をオース・キーパーズのメンバーに提供していたことを突き止めた。警察の情報収集テクニック、おとり捜査、犯罪科学、コミュニケーション、その他の法執行の任務を知る警官たちは、暴力的過激派組織の運用を強化改善、さらには安定化することができ、それによって本物の法執行を未然に阻止することができる。[44]

オース・キーパーズの組織が数千、数万の現職・退職の法執行官をメンバーに抱えていると主張していることを考えれば、ADLが挙げた数字は実際の浸透の規模よりはるかに小さいかもしれない。[45] 連邦当局が最優先でやらなければならないことは、オース・キーパーズのような暴力的過激派組織に積極的に関わっている法執行官の数を正確に知ることだ。そして、実際の暴力や煽動に参加していることがはっきりすれば、法執行官としての資格取り消しやその個人の雇用終了のような手続きを、適切なものとみなすべきだろう。第二に必要なステップは、ヘイト犯罪を含む極右テロ、そして、極右からの脅威について、法執行官への教育と訓練を実施し強化することだろう。全米の多くの警察署は、今もまだヘイト犯罪のための包括的な標準的訓練に欠けている。それは実際のところ、国内テロでも変わらない。[46] 一八州だけが法執行官にヘイト犯罪を特定し、それに対応し、データを集める訓練を義務づけている。[47] 暴力的過激主義を認識し、事例を報告するように法執行官の全国統一の訓練基準を定めること、さらに、そうした暴力の標的になった犠牲者の弁護士の訓練が、これらの犯罪の規模とパターンを理解するためにも、それを経験した人たち――犠牲者であれ証人であれ――に効果的な援助を与えるためにも必要である。ほとんどの国内テロによる警官の殺害がイデオロギー的には暴力的極右の過激主義者たちによるもので、しばしば仮定されるような、無政府主義者や極左過激主義と関連した者たちによる犯行ではないことを考えれば、法執行機関が極右過激主義者の内部への浸透や共謀の脅威を深刻に受け止めるようにすることが、とくに重要になる。[48]

しかし、ソーシャルメディアの規制とテロ計画やその他の過激派の暴力を犯罪化する法律は、完全に防衛的なものだ。これらの手段は短期的には勧誘や過激化を阻止できるが、暴力的過激主義と戦ううえでの、目に見える、持続する結果を達成することはできない。それらはしたがって、より中期的な、市民社会を強化し過激化や過激主義のイデオロギーと戦うなどの積極的努力で、補完され強化される必要がある。これらの努力はすぐに結果が出ることはないと強調しておくべきだろうが、長期的にこれらの運動と暴力志向のイデオロギーの魅力を減じるには不可欠だ。

暴力的過激主義対策（CVE）は、過激主義の「需要サイド」（あるいは「プッシュ要因」）に取り組み、一部の人を過激化し勧誘されやすくする条件や環境にねらいを定める。CVEプログラムは、以前の仲間を脱過激化させようとする元過激主義者による介入や、インターネット上や地域コミュニティでの、過激派の暴力を肯定するメッセージや主張を否定する発言まで、さまざまな手段を内包できる。コミュニティ主導のイニシアティブは、市民社会への積極的な関わりを強化し奨励するための重要な構成要素にもなる。それらは政府の助成金で支えられるのが一般的だが、非政府組織によって、しばしば草の根の地域レベルで組織され実行される。したがって、政府のより大きな資源を、これら重要なCVE努力のために振り向けるべきだ。それらは将来のコミュニティの脆弱性に一歩先んじて取り組み、暴力を奨励し、正当化し、祝福する過激主義のエコシステムに深く浸透することも目指すべきだろう。

効果的なCVEであれば、暴力的イデオロギーに引き寄せられた人たちの精神的健康や過去のトラウマにうまく取り組める。孤独や疎外、いじめや嫌がらせを含む個人の経験が過激化に果たす役割は、相変わらず理解も対策も不十分だ。たとえば、アトムヴァッフェン・ディビジョンのようなテロ組織は、孤独な人間や社会の主流からはみ出した人たちの勧誘を長く優先してきた。アメリカで最も重要なネオナチ・イデオロギーの支持者のひとりであるジェームズ・メイソンは、「この社会の外にいることは名誉のしるしとみなされる」[49]と、ニュースレターの『シージ』に書き、これらの運動が苛立ちと怒りを利用して、それを暴力と復讐に転換することを容易にした。現在の過激化は単に、古くからの偏見や憎悪や悪意によって引き起こされるのではない。個々の痛みと苦しみからも生じる。元白人至上主義者のアーノ・ミカエリスの言葉を借りれば、「傷ついた人が、人を傷つける」のである。[50]暴力的過激主義運動が、精神的な発達障害のある誰かや、いじめの犠牲になっていた誰かの勧誘に成功するときにはいつも、私たちの社会への脅威もその結果として増大する。

国内CVE努力の改善のために、現実社会での暴力的過激主義の世界をより深く研究することが求められる。二〇二〇年代に入ると、私たちはオンラインでもオフラインでも、いわゆる「フリースペース」の成長を目にしてきた。それがゲーム世界に入り込み、今ではソーシャルメディアにも組み込まれた。[51]しかし、テロ対策に関する重要な疑問は、ほとんどが答えられていない。

- 音楽やスポーツを含む極右のカルチャーは、どのようにして運動の過激化を容易にし、暴力につなげるのか?
- 薬物とアルコール、精神的なもろさは、自滅的なスパイラルに落ち込んだ人を暴力化が進む過激主義者との親交に促す。それはどのようになされるのだろうか?
- ゲーム世界とそれが促進する仲間意識と友情は、どのように暴力的な考えを新入メンバーに吹き込むのだろう?
- 影の生活や地下の生活を、生産的な社会生活よりも魅力的にするのは、何だろう?

暴力的極右過激主義者の生活と文化を研究する重要性は、元ネオナチでスキンヘッドのロッカー、クリスチャン・ピッチョリーニが、自身がどのように運動にはまり、どのように抜け出すことができたかを語ったなかに示される。彼はこう話している。「音楽は僕らみんなに、僕らは失われたわけでもひとりでもないことを教える共通のリンクだった。そのなかで僕らはお互いを見つけ、それを通して一体になって、僕らに不寛容だと思える大人社会に十代の怒りを向けていた」[52]。ピッチョリーニは最終的には、白人至上主義のパンクロックバンドで、ネオナチのイアン・スチュワート・ドナルドソンが率いる「スクリュードライバー」を見つけ出し、このバンドの曲の歌詞によってさらに過激化した。しかし、音楽は何年かあとに、彼がこの世界から抜け出すのを助けもした。自分自身のレコード店を開いたことで、ピッチョリーニは多様な客と接することを強いられ、自分とは異なる性的指向、人種、宗教の人たちに対してしだいに寛容になり、それが結果的に自分の過激主義の見解と暴力への傾倒に疑いを持たせた。「僕はあまりにも長い年月、運動に浸りきってしまった。顧客基盤の多様性は僕を魅了し続けている」と、彼は書いている。

　同性愛者やユダヤ人の客と接するようになった。最初のうち、会話は短く、用心深かったが、ゆっくりと、音楽への共通する興味を通して、お互いをよく知るようになった。そして、彼らはまた店に来てくれるようになった。彼らが客になってくれたことに恩義を感じている。気がつけば、「彼らは善良な人々だ。彼らを傷つけたくはない」とはっきり考えるようになっていた。[…]僕は自分とは異なる見かけの人たちに心を開くようになった。そして、生活は想像もしなかったほど、おもしろくなった。[53]

対テロの専門家や実践者が、イデオロギー、過激化のプロセス、テロの戦術と戦略に集中する傾向があるのは理解できる。しかし、暴力の背景にある世界、運動の参加者の実際の経験と苦しみ、本来なら地理的にも思想的にも多様な人々のコミュニティ意識を高める文化的な試金石を無視していると、そうした運動が居場所と目的を探している人たちを引き寄せ、集団のなかにしっかり取り込むことで運動を支えているという重要なファクターを見逃す大きな危険もある。イタリアのネオファシスト組織にうまく潜入したテロ研究者のアレッサンドロ・オルシーニは、「パラレルワールドは、暴力の突然の噴出ではなく、日を重ねるごとに築かれていく象徴的宇宙だ」と述べている[54]。そして、テロリズム研究者は、過激化の研究と、なぜ、どのように、個人が過激主義運動や集団に参加するのかの分析に相当な時間と資源をつぎ込んできたが、なぜ、どのように個人が暴力運動にとどまるのかを理解することには十分な注意が向けられてこなかった。揺るぎない信念を理解する鍵は、脱過激化のためのより効果的なアプローチを明らかにし、地下で生活する魅力、少なくともそれを捨て去るのを困難にしている要因のはっきりした全体像を提供するかもしれない。この研究は、暴力的過激主義へ向かわせる誘因を取り除くために、対テロ機関が進むべき道筋を明らかにするのを助けるだろう。ピッチョリーニが語ったような経験を研究することは、このように、何がこの運動から抜け出すように促したかを理解するのに欠かせない。そして、過激主義の支持者に組織との関係断絶を促すために、そうした理解をどのように生かすかについて、光を投げかけるかもしれない。

アンネシュ・ベーリング・ブレイビクは、彼の一五〇〇ページのマニフェストの最後に、一二世紀にクレルヴォーのベルナルドゥスが書いた『新たな騎士道の称賛』の文章を抜粋して紹介した。ベルナルドゥスは、テンプル騎士団のライフスタイルを褒め称え、「特異としか言いようがないが、彼らは羊よりも穏やかで、しかしライオンより獰猛に見える。彼らを兵士というより、修行僧と言及するのがより適切かどうか、私にはわからない。その両方とみなすのがおそらくもっとふさわしいだろう。実際に、彼らは僧侶の温和さにも、軍人の権力にも欠けている」と書いた[55]。ブレイビクが自分の行為に見いだした騎士道精神は、ウトヤ島で起こった流血の惨事とはまったく結びつかない。二〇一一年七月二二日、そこで六九人が殺害され、その多くは子どもたちだった。しかし、ブレイビクの寓喩が対テロ対策に持つ意味合いは、否定されるべきでも無視されるべきでもない。すべてのライオンのなかに、おそらく羊が存在する。すべての兵士のなかに、修行僧がいるかもしれない。暴力に引き寄せられ、あるいはすでに暴力を使っている人々のなかに、これらの非暴力の傾向があるとすれば、羊と僧侶を特定するための新しい道筋を明らかにし、彼らの誤った利他主義がテロリズムに向かわせる前に、変化を起こすための非暴力の手段にシフトさせることも考慮に入れるべきだろう。

重要なこととして、CVEは非政府組織によってなされるのが最適だ。アメリカの極右テロについての本書の歴史的な分析から、ふたつの鍵となる教訓が明らかになる。ひとつは、アメリカ政府がまさにこれらCVE努力の対象となるオーディエンスのなかに強烈な不信感を生み出していること、そして、アメリカ政府だけではこれら暴力志向の過激派に食い込む長い戦いを続けられないことだ。脅威を十分に軽減するためには、本当に効果的な官民のパートナーシップが必要とされる。防止の領域での信頼性を最大化するためには、政府はより受動的な役割を果たすべきで、民間と非営利セクターが力強いプログラムと、そのプログラムの成否を測る基準を考案する後押しをし、その効果的なプログラムが持続可能になるように十分な資金を確保すべきだろう。目に見えるプログラムの成功にさらなる資金を結びつける社会貢献型投資が、効果的な組織とプログラムが長期にわたって資金を確保できる有望なモデルを提供するかもしれない[56]。

CVEの努力が、歴史的に議論を巻き起こしてきたことにも注目すべきだ。おもに批判が向けられたのは、政治的には穏健でしかも過激主義者に信用されている人を、対話が可能な相手として見つけられなかったことだった。標的にされるコミュニティの尊敬されるメンバーも、プログラムの失敗と、コミュニティの自衛能力の欠如を説明し弁明するという、望ましくない立場に置かれてきた。さらにCVEのプログラムは、教師と心理カウンセラーを政府の情報提供者に変えることで彼らを投資対象にしたこと、あるいは、過激主義に取り込まれる若い芽を早い段階で特定できなかったと彼らを非難したことでも、批判されてきた[57]。二〇〇一年九月一一日以降の数年に見られた、イスラムコミュニティへの攻撃などの過剰な反応は、教訓として今後の研究に生かさなければならない。この取り組みは非政府組織のほうがうまく管理できる。非政府組織のほうが、暴力的イデオロギーに引き寄せられる可能性がある人々と効果的に関わるコミュニケーションができ、かつ信頼できる対話者を各地域で特定することに長けているからだ。

政府と民間セクターの両方が、すべての年齢層を対象にした教育プログラムに、メディア・リテラシー(デジタル・リテラシー)の訓練を導入する可能性を探ることが必要とされる。これによって、市民がインターネット上の偽情報や悪意ある情報を特定する能力を高め、一部では「サイバー・シチズンシップ」と呼ぶデジタル世界をうまく渡るスキルを身につけることも期待できるかもしれない[58]。メディア・リテラシーを改善する努力は、バイデン政権の二〇二一年の国内テロ戦略でも特筆されていた。「現在のデジタル時代においては、インターネットベースのコミュニケーション・プラットフォームをそつなく使いこなせる能力が市民に求められる」。その文書にはそう書かれていた。「その一方で、悪意あるオンラインのアクター、たとえば、差し迫った暴力を誘発するアルカイダのような国際テロ集団や、アメリカの民主主義を傷つけようとする敵対的な外国の勢力による、国内テロリストの勧誘や有害なコンテンツの意図的な拡散に、簡単に影響されないようにする」。その戦略を導入するうえで、ホワイトハウスは「デジタル・リテラシーと関連プログラム、たとえば教育的素材と、スキルを高めるオンラインゲームのような双方向型のリソースを促進する、革新的な方法を追求する」ことを約束した。そして、「これは、国内テロの勧誘と暴力への動員を食い止めることに役立つ構成要素だと証明されるかもしれない」と結論した。(59) アメリカ政府のさまざまな部門がすでにメディア・リテラシーのプログラムの創出や資金提供を始め、(60) 地域コミュニティレベルでも、小学校の年齢層という早い段階から抵抗力を強化するための努力がなされている。(61) ヨーロッパのいくつかの国は、メディア・リテラシーのプログラムでも先行しており、たとえばイギリスはRESISTという偽情報のツールキットを開発した。(62) しかし、この重要な分野で意味ある進展があったかどうかは、アメリカでも他国でも依然として不確かだ。

メディア・リテラシーの強化は、おもに次の世代が暴力的過激主義に引き込まれるのを防ぐために考えられているといえるだろうが、おそらくこれは、Qアノンが広めたような陰謀論と効果的に戦う唯一の方法でもあるだろう。この運動は支持者たちに「自分自身で調べよう」と促すことで注目される存在になり、それによって、民主党を小児愛に結びつける偽情報を鵜呑みにして、事実とフィクションを区別する能力がないように見える数百万のアメリカ人を生み出した。この陰謀論主義の効果は、アイオワ州のQアノン支持者が逮捕されたあとでのインタビューでも目についた。彼は一月六日に、議会警察の警官ユージン・グッドマンを上院の二階まで、さらに廊下を追いかけていく姿が映像に残された。この人物は、大統領選の結果を無効にすることを拒絶した議員たちが大量逮捕されるのを目撃したいと思い、建物に侵入した[63]。「私はだまされているのか？」彼はＦＢＩ捜査官にそうたずねた。ようやくぼんやりした光が彼にも見えてきたのだ。「あの逮捕が本物だと知っているのなら、僕にも教えてくれないか？」[64]

そうした偽情報とその悪影響に対抗する手段として有望なのは、おそらく「自分で調べよう」というＱアノンの提案を受け入れることだろう。ただし、正確で信頼できる情報源から情報を得る方法についての指針と励ましを提供することによって。偽情報と明らかな嘘を特定するための教育と優れたスキルの両方を授けることによって、市民は正確で信頼できる情報源に基づいて判断を下し、結論に至るようになるだろう。政府はそうした努力の伝え手、資金提供者として行動すべきだが、指示や監督をすべきではない。たとえば、連邦当局がソーシャルメディアを利用するアメリカ人に、最善の慣行を「教え」たり「訓練し」たりしようとすれば、すぐに、この教育を最も必要としている人たちから、洗脳やプロパガンダとして拒絶されるだろう。そして、すべての信頼を失う。メディア・リテラシーのようなイニシアティブは、学校や礼拝所、コミュニティグループ、経済団体、その他の民間機関など草の根のレベルで追求し、奨励し、導入する必要がある。それらは、暴力的過激主義者による過激化と勧誘のターゲットになりやすい子どものいる家族に対して、自宅でも実施されるべきだ[65]。しかしアメリカの教育制度は、これらの重要なツールの指導を優先することも、生徒をどう教育するかについて教師にガイダンスを提供することもしない。たとえば、社会科のカリキュラムは生徒たちに、現在はめったに学校で教えられないが、批判的思考とリサーチスキルを高める次のようなスキルを提供できるだろう——

・信頼できる情報源を特定し、それらが信頼できる理由を理解する方法。

・その分野の本当の専門家は誰なのか、正確で正当な情報を伝えてくれるのは誰なのかを判断する方法。

・信頼できる情報源を特定し、確かな情報を見つける方法。とくに議論を巻き起こす問題については、複数の情報源を確保する方法。(66)

メディア・リテラシーの訓練は、ソーシャルメディアを抑制するステップとともに、外国の敵によって広められた偽情報に対して、そしてより一般的に、現在多くの民主国家に課題を突きつける権威主義への傾倒の危険と対抗するために、アメリカ市民をよりよく教え諭す役割も果たすだろう。

CVEが奨励する、公衆衛生と教育を通した過激主義との戦いのほかに、社会経済的イニシアティブや開発イニシアティブも、過激化に抵抗し、反政府、反エスタブリッシュメントの陰謀論の魅力に抵抗する助けになるだろう。地方コミュニティでのブロードバンドへのアクセスを改善することは、真に全国規模でのデジタル・リテラシーを高めるだけではない。国に放置された、あるいは忘れられた地域に、経済成長や優れた医療などの恩恵を与えもするだろう。(67)二〇一八年の連邦通信委員会の報告書によれば、アメリカの地方部の人口の二五パーセントは高速インターネット接続にアクセスできていなかった。都市部に住むアメリカ人ではわずか一・五パーセントだった。(68)この格差は、思いやりのない連邦政府から無視され忘れられているという不満を与え、すでに地方の貧しいコミュニティの間に広まっていた政府への恨みをさらに煽り立てた。そうした感情は暴力的過激主義を生み出す反政府の環境の種となる。政策アナリストのマーク・ドーナウワーとロバート・ブライスは、「地方にブロードバンドが行き渡っていないことが、アメリカ社会の最も顕著な不平等のひとつである」と述べている。(69)

二〇二一年に議会を通過したインフラ投資・雇用法（IIJA）は、この都市部と地方部の通信格差を是正する重要なステップだ。それにもかかわらず、この重要な立法でさえ、まだ「数百万のアメリカ人、とくに経済的、社会的流動性がすでに制限されている人たちを孤立させたまま」という懸念が残る[70]。全国の通信アクセスを改善するための協調努力は、目に見える象徴的な経済的、社会的恩恵を持つだろう。一世紀近く前に、フランクリン・ルーズベルト大統領のニューディール政策が同じ地域にもたらした変革のように、現在のアメリカの地方部を変革できることが証明されるかもしれない。たとえば一九三〇年には、地方の農場や牧場の一〇軒に九軒は、電気が通っていなかった。一九三五年の公益事業持株会社法と一九三六年の地方電化法の両方が、これらの地方の住民に送電網を広げた。二〇年のうちに、農場と牧場の一〇軒に九軒まで電気が通った。現在は、電力へのアクセスを望む地方のほぼ全域がそれを手にしている[71]。今度は、ブロードバンドと携帯電話の通信を全国に拡大するために、同様の投資が必要となる。これはより大きな機会を促進し、デジタル・リテラシーを高め、信頼でき信用できる情報源へのアクセスの改善という点で大きな配当をもたらすだろう。もちろん、ブロードバンド域が広がることはリスクを生みもする。大勢の人が、膨大な量のインターネット上の過激主義のコンテンツに容易にアクセスできるようになるからだ。このことからも、なぜソーシャルメディア会社に健全なプラットフォームを創出させることが最も必要とされる最初のステップになるのかが明らかだ。そうしたイニシアティブは、地方と都市部を分断する教育、医療、富、社会的態度を目に見える形で癒す助けになるだろう。大部分の人口が集中する都市部とその周辺で享受されてきた通信環境がその他の地域にも広まれば、これまで「両海岸のエリートたち」への敵意を生み出し、さらに大きな二極化と新たな形で大衆感情をむしばんできた、「持てる者」と「持たざる者」のメンタリティを和らげるはずだ[72]。

より健全なソーシャルメディアのエコシステム、国内テロ計画をより厳しく罰する新しい法律、暴力的過激主義対策のさまざまなプログラム、アメリカの忘れられたコミュニティにより大きな機会とおそらくは繁栄を与える開発手段はすべて、徐々に暴力的極右過激主義を押し戻す助けになるだろう。のみならず、最も肝要な点として、これらはテロ対策にとどまらず、アメリカの国全体としての健全さにとっても不可欠だ。長期的に見れば、アメリカはその民主的規範と制度を回復し、再活性化し、強化して、制度への信頼を再建し、政治家も国民も同じように、再びこの国を政党よりも上に位置づけるように促さなければならない。二〇二〇年の大統領選挙のすぐあとに起こった、連邦の選挙制度への理不尽な攻撃は、アメリカの民主主義への信頼と信用を損なうことを目的としていた。本書で論じてきたように、その目的は数十年かけて築かれてきた。具体的な不正の証拠もなく、党派の利益のために選挙の正当性についての疑いを広めることは、そのまま放っておけば、私たちの共和国の根本的な価値観を組織的にむしばむだろう。私たちは現在、壊滅的な政治的二極化という環境のなかで生活している。そこでは怒りと不信が主たる通貨で、票と支援は必ずしも協力とよりよい世界の約束を通してではなく、しばしば、反対意見を否定することによって勝ち取られる。テロリズムは根本的に、不可避的に政治的プロセスでもあり、自分たちの苦しみへの平和的な政治的解決をもはや信じられない暴力的過激主義者によってなされる戦略的決断でもある(73)。ますます二極化が進み、物事を絶対的にしか見られなくなった人々を、過熱した議論で説得しようとしても、暴力とテロリストが押しつける解決策に向かわせるだけで終わる。

現在の国内テロと戦ううえでの顕著な課題のひとつは、前大統領の支持者たちの多くが実際に存在する問題を認められなかったことにある。たとえば、下院の一〇〇人を超える共和党議員は、一月六日の襲撃に対して、二〇二〇年の大統領選挙の結果を無効にする票を投じるという形で反応した。一年後、元下院議長のニュート・ギングリッチはフォックスニュースで、次の選挙で共和党が勝利した暁には、議会の二〇二一年一月六日の調査委員会に参加した議員は逮捕されるだろうと宣言した。[74] 選挙で選ばれた両党の公人が――マイク・ペンス副大統領を含めて――一月六日の暗殺の標的だったことを考えれば、これらの凝り固まった考えは、事実によって否定される。こうした政治的分断と党派主義が一月六日の出来事に関連して見せた不同意は、国家の結束を達成するどんな望みも困難にする。それらはまた、過去の国家的トラウマとなる出来事から回復する集団的能力からも手の届かないほど遠ざかることを意味する。そして、もちろん、アメリカの国外の敵が国内の分断と不和に乗じて、彼ら自身の国家利益や全体主義的な悪意ある目的を推進する可能性は確かにある。

かつてアメリカ政治に存在した国家の団結と共通の目的意識を回復することが、おそらく国内テロと戦い、アメリカの権力と地位を弱体化させようとする無遠慮な外国の計略と戦うための最も効果的な手段だと証明されるだろう。かつて、より穏やかな時代があった。政治的な相違や不同意はあったにせよ、両党の協力の精神がたいていは勝っていた。それは、一九八一年のロナルド・レーガン大統領の暗殺未遂のあとに治療にあたった外科医の、「大統領、今日は私たちみなが共和党員です」の言葉によく表れている。[75] そして、それほど前ではない二〇〇一年九月一一日の夜に、両党の議員が連邦議会議事堂の正面階段に集まり、「ゴッド・ブレス・アメリカ」を歌った。両党の相互への敬意と国家の団結がわかるもうひとつの例として、二〇一九年にふたつのモスクが悲劇的なテロ攻撃を受けたときのニュージーランドの国としての反応がある。翌年、最高裁判事が委員長を務めるクライストチャーチ委員会が政府に向けて発表した報告書は、『コ トー タートウ カーインガ テーネイ』（マオリ語で「これがわが家」を意味する）と題されていた。これは党、人種、文化、言語を超えた結束を表す断固たる声明だった。[76]そうした礼節ある態度は、極右テロリズム発生後のアメリカではめったに見ることがない。この国の両党の立法議員はニュージーランドの手本にならうべきで、対立の種をまくような言語と暴力を使うことを拒否する規範を確立しなおし、ヘイト感情を広める者たちをもう一度、政治的スペクトラムの端に追いやらなければならない。

これらの月並みな提言は、過度に理想主義的に聞こえるかもしれない。しかし、内戦の恐怖が再び表面化したときには、この国は以前にも深刻な内部闘争と分裂に直面し、無傷で再び姿を現してきたことを思い出さなければならない。国のファブリックは、南北戦争中の数百、数千の死にもかかわらず、再び縫い合わされた。負けた側の大勢が自分たちの損失と恨みを棚上げにして、国の再統一のために働くことで、より希望に満ちた将来を建設した。南部連合国軍の元大佐のエイモス・T・アケルマンは、新設の司法省の長官としてグラント政権に参加する決断を振り返り、こう述べた。「南部連合を支持していた私たちの仲間の一部は、もう南部連合の考え方に支配されないように、北部の政治に参加することが自分たちの義務だと感じた。［…］ひとつの人種による別の人種の、奴隷制の付属物としての征服に関しては、私たちはそれが奴隷制を埋めた墓地に一緒に葬られることに満足していた[77]」。そして、一九六〇年代の政治的指導者や公民権運動の指導者の暗殺は、幅広い反戦、公民権デモという背景に照らしてみれば、やはりこの国のより公正な将来に向けての歩みを妨害することに失敗した。こうした前例から考えれば、アメリカは再び興隆できるはずだ。この国が内面に被った傷は、ロナルド・レーガンが「丘の上の輝く町」と呼んだ輝きを失わせるには不十分だろう。その復活を再び実現させるには、政治的暴力を正当な活動として常態化させることへの危険な傾斜と、この国の空洞化した民主的プロセスの弱体化を止めなければならず、それは両党とその指導者たちが、アメリカの民主主義の基本的な価値観、統治システム、法の支配への新たな信頼を築く超党派の取り組みを進めることによってのみ達成できる。

この章で概要を記してきたイニシアティブの多くは、すぐに結果が出るわけではない。成熟し効果的だと証明されるまでに数十年かかるものもあるかもしれない。しかし、それらを今すぐに始めることで、将来の世代が、私たちが現在直面しているのと同じ国内の政治的暴力の脅威にさらされないための土台作りを始められる。ソーシャルメディアをうまく規制し、事実上の国内テロリズムである暴力行為に対してより厳しい法的措置を設ける短期的手段、アメリカ市民の過激主義と過激化への耐性を強化する中期的ステップ、そして、アメリカ市民が自分たちの政府と選挙で選ばれたリーダーたちへの信頼を回復するための長期的努力を組み合わせることにより、アメリカは恐怖、ヘイト、不寛容の分離主義的な勢力へのはるかに大きな抵抗力を持つ社会を建設できる。テロはそれでもまだ起こるだろう。しかし、たとえテロを完全になくせなくても、アメリカは政治的に動機づけされた暴力が許容されも正当化されもしない将来に向かって栄えていくだろう。そして、そこでは暴力的な選択肢を選んだ者は避けられ、恥をかかされ、そのテロ犯罪のために捕まり、他者が従うような英雄にはなれない。

最後に、一般的に信じられていることとは反対に、テロリズムと「リーダー不在の抵抗」戦略の卓越さは、欧米のリベラルな国家の弱さの表れではなく、その力とみなすべきだ。セント・アンドリューズ大学の歴史家、ティム・ウィルソン博士の言葉を借りれば、一匹狼の攻撃は、実際には「インターネット時代の国家権力への意図せぬ賛辞として見るべきだ(78)」。テロリズムの専門家として有名なマーサ・クレンショーも同様に、「組織や組織のなかの党派がテロリズムを選ぶのは、状況が差し迫っていたり、政府の優れた資源を考えれば、他の手段では効果が期待できないか、あまりに時間がかかりすぎるからだ」と指摘している。[79] つまり、テロリズムが暴力的過激派に受け入れられるのは、彼らが社会から見放された自分たちの問題を解決するための、他の手段がないと考えるからだ。民主国家においてはつねにそうであるように、平和的な政治的代替策があると強く示すことが、市民の教育という目的のために最優先すべきことになる。

テロリズムは挑発のための戦略でもある。それは、搾取的で攻撃的とされる国家に対して、弱気なテロリストの戦士たちが守勢に立たされているという作り話に沿った形で、政府に反応させることを意図している。[80]「テロリズムは過去には優勢になったが、それはテロリストが車爆弾や暗殺で敵を打ち負かしたからではなく、政府が過剰に介入してきたところで成功したからだ」と、歴史家のラカーとウォールは指摘する。[81] したがって、二〇〇一年九月一一日よりも犠牲者や物理的な破壊の程度が少ないテロ行為、たとえば二〇一一年七月二二日のオスロや、二〇二一年一月六日の連邦議会議事堂襲撃のような攻撃が、欧米の自由民主主義にとってより大きな長期的脅威になるかもしれない。それらは国内のオーディエンスにどちらの側につくかを決めさせ、同国人と自国で生まれたイデオロギーに対して組織させ、繊細な政府の反応と協力を複雑にし、民主主義を内からゆっくりとむしばんでいく。それを防ぐには、社会を分裂させようとする個人に対して国の結束を維持すること——現在ではどんどんむずかしくなっている目標——が、絶対的に必要である。

ブルース・ホフマン
ジェイコブ・ウェア
神と銃のアメリカ極右テロリズム
田口未和訳

2024年10月16日　第1刷発行

発行所 株式会社 みすず書房
〒113-0033 東京都文京区本郷2丁目20-7
電話 03-3814-0131(営業) 03-3815-9181(編集)
www.msz.co.jp

本文組版 キャップス
本文印刷所 中央精版印刷
扉・表紙・カバー印刷所 リヒトプランニング
製本所 松岳社
装丁 安藤剛史

ISBN 978-4-622-09737-2
[かみとじゅうのアメリカきょくうテロリズム]
落丁・乱丁本はお取替えいたします

著者略歴

(Bruce Hoffman)

米外交問題評議会の対テロおよび国土安全保障担当シニアフェロー．ジョージタウン大学ウォルシュ外交政策学部教授，セント・アンドリューズ大学テロリズム研究センター名誉教授，米陸軍士官学校テロ対策センターのシニアフェロー．オックスフォード大学にて博士号取得．50年にわたってテロリズム研究を行なっている．主著 *Inside Terrorism* (Columbia University Press, 1998) は10か国語に翻訳され，1998年に増補改訂第2版が，2017年に増補改訂第3版が刊行された（日本語版は『テロリズム――正義という名の邪悪な殺戮』上野元美訳，原書房，1999年）．他の著書に *Anonymous Soldiers: The Struggle for Israel, 1917-1947* (Knopf, 2015 and Vintage, 2016) がある．

(Jacob Ware)

米外交問題評議会のリサーチフェロー．ジョージタウン大学ウォルシュ外交政策学部ならびにデサレス大学非常勤講師．学術ジャーナル *Studies in Conflict & Terrorism* 編集委員を務め，米陸軍士官学校現代戦研究所非正規戦イニシアティブにも参加している．

訳者略歴

田口未和〈たぐち・みわ〉上智大学外国語学部卒．新聞社勤務を経て翻訳業に就く．主な訳書にハーラン・ウルマン『アメリカはなぜ戦争に負け続けたのか』，ジョシュア・クネルマン『100％合法だが，健康によくない商品の売り方』（以上，中央公論新社），ドナルド・P・ライアン『古代エジプトの日常生活』，ロバート・ガーランド『古代ギリシアの日常生活』（以上，原書房），マイケル・フリーマン『デジタルフォトグラフィ』（ガイアブックス）ほか．

索引

アルファベット・数字

ア行

カ行

サ行

タ行

ナ行

ハ行

マ行

ヤ行

ラ行

ワ行

原注

はじめに

（1）Bruce Hoffman, *Right-Wing Terrorism in Europe*, N-1856-AF (Santa Monica, CA: RAND Corporation, March 1982); Hoffman, "Right-Wing Terrorism in Europe Since 1980," *Orbis* no. 1 (Spring 1984); Hoffman, "Right-Wing Terrorism in Europe," *Conflict* 5, no. 3 (Fall 1984); Hoffman, *Right-Wing Terrorism in Germany*, Research Report No. 13, Institute of Jewish Affairs, London, England, December 1986; Hoffman, "Right-Wing Terrorism in Europe," in *European Terrorism*, ed. Edward Moxon-Browne (New York: G. K. Hall, 1994); and Hoffman, "American Right-Wing Extremism," *Jane's Intelligence Review* 7, no. 7 (July 1995).

（2）例として，すでに閉鎖されたRocky Flats Environmental Technology Site（コロラド州），現在も稼働中のものとしては，Hanford Site（ワシントン州），Idaho National Laboratory（アイダホ州アイダホフォールズ），Pantex Ordnance Plant（テキサス州アマリロ）; Los Alamos National Laboratory（ニューメキシコ州），Nevada National Security Site（ラスベガス郊外）などがある．

（3）Bruce Hoffman, *Terrorism in the United States and the Potential Threat to Nuclear Weapons Facilities*, R-3351-DOE (RAND Corporation, January 1986); Hoffman, *A Reassessment of Potential Adversaries to U.S. Nuclear Programs*, R-3363-DOE (RAND Corporation, March 1986); Hoffman, *The Threat of Nuclear Terrorism: A Reassessment*, N-2706 (RAND Corporation, January 1988); Hoffman, *Insider Crimes: The Threat to Nuclear Facilities and Programs*, R-3782-DOE (RAND Corporation, February 1990); and Hoffman, *Force-on-Force Attacks: Their Implications for the Defense of U.S. Nuclear Facilities*, N-3638-DOE (RAND Corporation, 1993).

（4）Hoffman, *Recent Trends and Future Prospects of Terrorism in the United States*, R-3618 (RAND Corporation, May 1988).

（5）Kevin Jack Riley and Bruce Hoffman. *Domestic Terrorism: A National Assessment of State and Local Preparedness*, MR-505-NIJ (RAND Corporation, 1995).

（6）Jacob Ware, "Siege: The Atomwaffen Division and Rising Far-Right Terrorism in the United States," International Centre for Counter-Terrorism〔以下 ICCT と略記〕-The Hague, July 2019.

第1章　加速主義の再生

（1）例として以下を参照．Daniel Byman, "Riots, White Supremacy, and Accelerationism," Brookings Institution, June 2, 2020; Daveed Gartenstein-Ross, et al. "The Growing Threat Posed by Accelerationism and Accelerationist Groups Worldwide," Foreign Policy Research Institute, April 20, 2020; "Intelbrief: White Supremacists and the Weaponization of the Coronavirus (COVID-19)," Soufan Center, March 25, 2020; Cassie Miller, "White Supremacists See Coronavirus as an Opportunity," Southern Poverty Law Center, March 26, 2020.

（2）Donald J. Trump (@realDonaldTrump), Twitter, April 17, 2020, 11:25 AM, https://twitter.com/realdonaldtrump/status/1251169987110330372; Hannah Allam, "'Boogaloo' Is the New Far-Right Slang for Civil War," *All Things Considered*, National Public Radio, January 10, 2020; "COVID-19 Disinformation Briefing No. 2: Far-Right Mobilisation," Institute for Strategic Dialogue, April 9, 2020.

（3）本書筆者によるスクリーンショット，April 25, 2020, 4:30:07 PM.

（4）Campaign for Accountability, "Broken Promises: Extremists Are Using Facebook to Organize for Civil War Amid Coronavirus," Tech Transparency Project, April 22, 2020, https://www.techtransparencyproject.org/articles/extremists-are-using-facebook-to-organize-for-civil-war-amid-coronavirus. フェイスブックによれば，「グループは共通の関心事について特定の人たちと交流する場所．

家族の再会，仕事後のスポーツ，読書会など，どんなグループも結成できる」Facebook, "About Groups," https://www.facebook.com/help/337881706729661/?helpref=uf_share; "Join and Interact with Groups," Facebook Help Center, https://www.facebook.com/help/1210322209008185.

（５）本書筆者によるスクリーンショット. April 25, 2020, 4:22:04 PM; April 26, 2020, 8:56:22 AM; April 25, 2020,4:32:52 PM.

（６）以下に引用. "Accelerationist Neo-Nazis Threaten Journalists Following Media Reports of Health Organization Data Leak," SITE Intelligence Group, April 22, 2020, https://ent.siteintelgroup.com/Far-Right-/-Far-Left-Threat/accelerationist-neo-nazis-threaten-journalists-following-media-reports-of-health-organization-data-leak.html.

（７）以下に引用. "Praising Accelerationism, Neo-Nazis Call For Sniper Attacks Targeting 'Elites,'" SITE Intelligence Group, April 24, 2020, https://ent.siteintelgroup.com/Far-Right-Far-Left-Threat/praising-accelerationism-neo-nazis-call-for-sniper-attacks-targeting-elites.html.

（８）以下に引用. "Neo-Nazi Venues Suggest Followers Avoid Lockdown Protests, Encourage Alternative Methods Of 'Stoking Tensions,'" SITE Intelligence Group, May 5, 2020, https://ent.siteintelgroup.com/Far-Right-Far-Left-Threat/neo-nazi-venues-suggest-followers-avoid-lockdown-protests-encourage-alternative-methods-of-stoking-tensions.html.

（９）以下に引用. "Exploiting Chaos of Riots, Prominent Neo-Nazi Group Calls For Attacks Against Black Protestors," SITE Intelligence Group, June 2, 2020, https://ent.siteintelgroup.com/Far-Right-Far-Left-Threat/exploiting-chaos-of-riots-prominent-neo-nazi-group-calls-for-attacks-against-black-protesters.html.

（10）以下に引用. United States District Court, Western District of Michigan, Southern Division, United States of America v. Adam Dean Fox, Case No. 1:20-cr-00183-RJJ, December 17, 2020, https://www.justice.gov/usao-dc/press-release/file/1390286/dl, 8–9.

（11）United States of America v. Adam Dean Fox, 1–15; and Jonathan Oosting, "FBI Informant: Facebook Led Me to Infiltrate Plot to Kidnap Gretchen Whitmer," *The Bridge* (Michigan), March 5, 2021. 以下も参照. Nicholas Bogel-Burroughs, "What We Know About the Alleged Plot to Kidnap Michigan's Governor," *New York Times*, October 9, 2020; and Neil MacFarquhar, "Defendant in Plot to Kidnap Michigan Governor Is Sentenced to Six Years," *New York Times*, August 25, 2021.

（12）以下に引用. United States of America v. Adam Dean Fox, 8–9; 以下も参照. Kim Bellware, Alex Horton, Devlin Barrett, and Matt Zapotosky, "Accused Leader of Plot to Kidnap Michigan Governor Was Struggling Financially, Living in Basement Storage Space," *Washington Post*, October 9, 2020; Bogel-Burroughs, "What We Know About the Alleged Plot to Kidnap Michigan's Governor,"; MacFarquhar, "Defendant in Plot to Kidnap Michigan Governor Is Sentenced to Six Years,"; and Oosting, "FBI Informant."

（13）"Continuation of a Criminal Complaint," Case 1:20-mj-00416-SJB ECF No. 1-1, filed October 6, 2020, 13, http://www.seditionists.com/michigankidnap1.pdf. See also Bogel-Burroughs, "What We Know About the Alleged Plot to Kidnap Michigan's Governor."

（14）Devlin Barrett, Spencer S. Hsu, and Matt Zapotosky, "FBI Focuses on Whether Some Capitol Rioters Intended to Harm Lawmakers," *Washington Post*, January 8, 2021; Dan Kois, "They Were Out for Blood," *Slate*, January 8, 2021.

（15）Shay Horse/Nur Photo 撮影の写真. Getty Images, https://www.nytimes.com/2021/01/12/books/turner-diaries-white-supremacists.html.

（16）Anti-Defamation League (ADL), "Day of the Rope," https://www.adl.org/education/references/hate-symbols/day-of-the-rope; Andrew Macdonald [William L. Pierce], *The Turner Diaries*, 2nd ed. (Arlington, VA: National Vanguard, 1985), 160–62.

（17）United States Attorney's Office, Northern District of Texas, United States Department of Justice,

"Texas Man Sentenced to 10 Years for Plotting to Attack Data Centers," October 1, 2021, https://www.justice.gov/usao-ndtx/pr/texas-man-sentenced-10-years-plotting-attack-data-centers.

(18) United States District Court for the Northern District of Texas, Forth Worth Division, United States of America v. Seth Aaron Pendley, Criminal Complaint, No. 4:21-MJ-240-BJ, April 9, 2021, https://www.texomashomepage.com/wp-content/uploads/sites/41/2021/04/Pendley-Complaint.pdf.

(19)「堅固なものはすべて崩壊し，神聖なものはすべて冒瀆され，人は少なくとも自分の生活状態，同類との関係を冷静な目で見ることを強いられる」(『共産党宣言』). 以下を参照. Karl Marx and Frederick Engels, *Manifesto of the Communist Party* (1848; Chicago: Charles H. Kerr & Company, 1906), 17.

(20) James Mason, Siege, digital ed., Revision 1 (n.p.: ironmarch.org, June 2, 2015), 13, 199.

(21) 以下を参照. Zack Beauchamp, "Accelerationism: The Obscure Idea Inspiring White Supremacist Killers Around the World," *Vox*, November 18, 2019.

(22) Gartenstein-Ross, Hodgson, and Clarke, "The Growing Threat Posed by Accelerationism."

(23) Brenton Tarrant, *The Great Replacement*, March 15, 2019, https://nex24.news/2019/03/the-great-replacement-by-brenton-tarrant/.

(24) John Earnest, "An Open Letter," April 2019.

(25) Marc Fisher and Phil McCombs, "The Book of Hate," *Washington Post*, April 25, 1995.

(26) Barbara F. Walter, *How Civil Wars Start—and How to Stop Them* (New York: Crown, 2022), 159, 175. 〔『アメリカは内戦に向かうのか』 井坂康志訳，東洋経済新報社，2023〕

(27) Steven Simon and Jonathan Stevenson, "These Disunited States," *New York Review of Books*, September 22, 2022.

(28) Stephen Marche, *The Next Civil War: Dispatches from the American Future* (Avid, 2022), 1.

(29) "Dec. 17–19, 2021, Washington Post-University of Maryland Poll," *Washington Post*, January 1, 2022.

(30) Walter, *How Civil Wars Start*, 156.

(31) Dan Balz, Scott Clement, and Emily Guskin, "Republicans and Democrats Divided Over Jan. 6 Insurrection and Trump's Culpability, Post-UMD Poll Finds," *Washington Post*, January 1, 2022.

(32) Luke Broadwater, "Jan. 6 Committee Refers Former President Trump for Criminal Prosecution," *New York Times*, December 19, 2022.

(33) Emily Guskin, "A Wide Majority of Americans Are Concerned About Politically Motivated Violence," *Washington Post*, November 4, 2022.

(34) "Global Firearms Holdings: Interactive Map—United States of America," Small Arms Survey, March 29, 2020, https://www.smallarmssurvey.org/database/global-firearms-holdings; "Small Arms Survey Reveals: More Than One Billion Firearms in the World," Small Arms Survey, June 18, 2018.

(35) Lois Beckett, "Americans Have Bought Record 17M Guns in Year of Unrest, Analysis Finds," *Guardian*, October 30, 2020.

(36) Steven Simon and Jonathan Stevenson, "How Can We Neutralize the Militias?," *New York Review of Books*, August 19, 2021.

(37) 以下を参照. Lois Beckett, "Virginia Democrats Won an Election. Gun Owners Are Talking Civil War," *Guardian*, January 10, 2020.

(38) Walter, *How Civil Wars Start*, 192, 159; Central Intelligence Agency, *Guide to the Analysis of Insurgency* (Washington, DC: Central Intelligence Agency, 2012), 13–16.

(39) Richard Haass, *The Bill of Obligations: The Ten Habits of Good Citizens* (Penguin, 2023), 22.

(40) 以下を参照. "Experts: Richard Haass, President, Council on Foreign Relations," https://www.cfr.org/expert/richard-haass.

(41) ADL, *Computerized Networks of Hate: An ADL Fact Finding Report* (Anti-Defamation League of B'nai B'rith, 1984), 12, https://archive.org/details/ComputerizedNetworksOfHate/mode/2up.

(42) 以下を参照. Bruce Hoffman, *Inside Terrorism* (Columbia University Press, 2017), 1–4; Anders Ravik

Jupskås and Eviane Leidig, eds., "Knowing What's (Far) Right: A Compendium," *C-REX*, 2020, https://www.sv.uio.no/c-rex/english/groups/compendium/c-rex-compendium-print-version.pdf.

(43) Madison Hall et al., "At Least 1,003 People Have Been Charged in the Capitol Insurrection So Far. This Searchable Table Shows Them All," *Business Insider*, December 7, 2022; Madison Hall et al., "465 Rioters Have Pleaded Guilty for Their Role in the Capitol Insurrection So Far. This Table Is Tracking Them All," *Business Insider*, January 5, 2023.

第2章　戦闘計画

(1) Southern Poverty Law Center, "Fighting Hate," https://www.splcenter.org/fighting-hate. See also George Michael, *Confronting Right-Wing Extremism and Terrorism in the USA* (London: Routledge, 2003), 21–25.

(2) Southern Poverty Law Center, "William Pierce," https://www.splcenter.org/fighting-hate/extremist-files/individual/william-pierce.

(3) Southern Poverty Law Center, "William Pierce"; Southern Poverty Law Center, "William Pierce: A Political History," https://www.splcenter.org/fighting-hate/intelligence-report/2015/william-pierce-political-history; Anti-Defamation League of B'nai B'rith, *Hate Groups in America: A Record of Bigotry and Violence* (Anti-Defamation League, 1982), 32–33; Anti-Defamation League, *Extremism on the Right: A Handbook* (Anti-Defamation League, 1983), 120–21; Thomas Martinez with John Guinther, *Brotherhood of Murder: How One Man's Journey Through Fear Brought the Order—The Most Dangerous Racist Gang in America—to Justice* (McGraw-Hill, 1988), 32–33; George Michael, "Blueprints and Fantasies: A Review and Analysis of Extremist Fiction," *Studies in Conflict & Terrorism* 33, no. 2 (February 2010): 153; Leonard Zeskind, *Blood and Politics: The History of the White Nationalist Movement from the Margins to the Mainstream* (Farrar Straus Giroux, 2009), 17–25.

(4) "What Is The National Alliance? National Alliance Goals," https://natall.com/about/what-is-the-national-alliance/; Morris Dees with James Corcoran, *Gathering Storm: America's Militia Threat* (New York: HarperCollins, 1996), 138.

(5) 以下を参照. Anti-Defamation League, "Our Mission," https://www.adl.org/who-we-are/our-mission. ADLはある学術文献で「右翼過激主義と戦ううえで最も重要な監視組織」と表現された．以下も参照. Michael, *Confronting Right-Wing Extremism*, 15–17.

(6) Anti-Defamation League, *Explosion of Hate: The Growing Danger of the National Alliance* (New York: Anti-Defamation League, 2000), https://www.adl.org/sites/default/files/documents/assets/pdf/combating-hate/Explosion-of-Hate.pdf. See also Michael, *Confronting Right-Wing Extremism*, 17.

(7) Jerome Walters, *One Aryan Nation Under God: How Religious Extremists Use the Bible to Justify Their Actions* (Naperville, IL: Sourcebooks, 2001), 46, 49–55.

(8) 以下に引用. Wayne King, "Links of Anti-Semitic Band Provoke 6-State Parley," *New York Times*, December 27, 1984.

(9) 以下の裏表紙に引用. Macdonald, *The Turner Diaries*, 2nd ed., 1985.

(10) 本書筆者は，アメリカ司法省からもFBIからも，『ターナー日記』をこのように表現したという公式な記録（公の場での証言，報道資料，出版された報告書など）を見つけられなかった．また，南部貧困法律センターの次の文献に現れる引用について，2020年6月5日に問い合わせをした．"The Turner Diaries, Other Racist Novels, Inspire Extremist Violence," *Intelligence Report*, Fall 2004. 同センターは追加情報も，釈明も，この引用の出所に関する情報も提供できなかった．FBIがこう述べたとされるが，この引用は公開されている情報を通して裏づけることができなかった．この引用が現れる他の例については以下を参照．ADL, "The Turner Diaries," https://www.adl.org/education/resources/backgrounders/turner-diaries; John Sutherland, "Goodbye, Good Riddance," *Guardian*, July 29, 2002.

(11) AIRTEL, SAC, San Antonio to Director, FBI, August 20, 1991, http://intelfiles.egoplex.com/91-08-

20-airtel-turner-diaries2.pdf.

(12) OKC Bombing Trial Transcript—04/24/1997, Opening Statement by Prosecutor Joseph Hartzler, 10, 12, 13, 14, 22, 27, 31, https://oklahoman.com/article/1074825/okc-bombing-trial-transcript-04241997-1139-cdtcst; "Closing Argument for the Prosecution in the Trial of Timothy McVeigh" (Argument by Larry D. Mackey), May 29, 1997, http://law2.umkc.edu/faculty/projects/ftrials/mcveigh/mcveighclosing.html.

(13) 下のほうの数字はオクラホマシティ爆破事件の裁判記録のなかで言及されている．OKC Bombing Trial Transcript—04/24/1997, Opening Statement by Stephen Jones, 44; 高い数字は以下の文献に引用がある．Kathleen Belew, *Bring the War Home The White Power Movement and Paramilitary America* (Cambridge, MA: Harvard University Press, 2018), 110; Sutherland, "Goodbye, Good Riddance"; and Zeskind, *Blood and Politics*, 31. David Segal, "The Pied Piper of Racism: William Pierce Wants Young People to March to His Hate Records," *Washington Post*, January 12, 2000, では，35 万部が売れたと報じられている．David H. Bennett, *The Party of Fear: The American Far Right from Nativism to the Militia Movement* (New York: Vintage, 1995), 437, では，18 万 5000 部が印刷されたとある．

(14) 本書筆者のひとりが所持する本のタイトルページには，金色のステッカーが貼りつけられ，ナショナル・ヴァンガード・ブックスの名と，そのバージニア州アーリントンの郵便私書箱が記してあるが，それはナショナル・アライアンスの公式の住所とまったく同じである．ステッカーにはこう書いてある．「人種の科学と社会学，ヨーロッパ人の歴史，白人の習俗・伝説・英雄物語・考古学，共産主義・シオニズム，第二次世界大戦，人種差別のイデオロギー・哲学・政治，生存と自衛に関する本のカタログ——白人の子どもや青少年の意識を向上させるための推薦図書をお求めの方は，ご連絡ください」

(15) Opening statement by Stephen Jones, April 24, 1997.

(16) 本書筆者のひとりは 1986 年 9 月 20 日のソルジャー・オブ・フォーチュン・コンベンションで，1 部購入した．以下も参照．Belew, *Bring the War Home*, 1; Lou Michel and Dan Herbeck, *American Terrorist: Timothy McVeigh and the Oklahoma City Bombing* (New York: ReganBooks, 2001) 88, 124–25; Segal, "The Pied Piper of Racism"; and Zeskind, *Blood and Politics*, 31.

(17) Macdonald, *The Turner Diaries*, 162.

(18) ibid, 42.

(19) ibid, 190–211.

(20) ウィリアム・ピアースとのインタビュー，以下に引用．Michael, "Blueprints and Fantasies," 155. 例として以下を参照．J. M. Berger, "Alt History: How a Self-Published, Racist Novel Changed White Nationalism and Inspired Decades of Violence," *Atlantic*, September 16, 2016; J. M. Berger, "The Turner Legacy: The Storied Origins and Enduring Impact of White Nationalism's Deadly Bible," ICCT-The Hague, September 2016; James Corcoran, *Bitter Harvest: The Birth of Paramilitary Terrorism in the Heartland* (New York: Penguin, 1995), 37; Anti-Defamation League, "Day of the Rope: Hate Slogans/Slang Terms," https://www.adl.org/resources/hate-symbol/day-rope; Robert Jimson, "How the FBI Smashed White Supremacist Group The Order," CNN, August 21, 2018; Michael, "Blueprints and Fantasies," 154; Michael, *Confronting Right-Wing Extremism and Terrorism*, 68, 98; Segal, "The Pied Piper of Racism."

(21) Kevin Flynn and Gary Gerhardt, *The Silent Brotherhood: Inside America's Racist Underground* (New York: Free Press, 1989), 32–38; Mattias Gardell, "Robert J. Mathews," in *Encyclopedia of White Power: A Sourcebook on the Radical Racist Right*, ed. Jeffrey Kaplan (Walnut Creek, CA: AltaMira, 2000), 199; Robert S. Griffin, *The Fame of a Dead Man's Deeds: An Up-Close Portrait of White Nationalist William Pierce* (n.p, 2001; rev. ed., 2018), chap. 15, "Bob Mathews," https://archive.org/stream/FameOfADeadMansDeedsRobertS.Griffin/Fame%20of%20a%20Dead%20Man%27s%20Deeds%20-%20Robert%20S.%20Griffin_djvu.txt; Mark S. Hamm, *Terrorism as Crime: From Oklahoma City to Al-Qaeda and Beyond* (New York: New York University Press, 2007), 116–19; Martinez,

Brotherhood of Murder, 16–17; David A. Neiwert, *In God's Country: The Patriot Movement and the Pacific Northwest* (Pullman: Washington State University Press, 2019), 55–56; Jeffrey Ian Ross, ed., *Religion and Violence: An Encyclopedia of Faith and Conflict from Antiquity to the Present* (London: Routledge, 2015), 451; Evelyn A. Schlatter, *Aryan Cowboys: White Supremacists and the Search for a New Frontier, 1970–2000* (Austin: University of Texas Press, 2006), 9, 76; Stephen Singular, *Talked to Death: The Life and Murder of Alan Berg* (New York: Beech Tree, 1987), 125.

(22) Gardell, "Robert J. Mathews," 199.

(23) ibid.,199; Flynn and Gerhardt, *The Silent Brotherhood*, 38–40; Daniel Levitas, *The Terrorist Next Door: The Militia Movement and the Radical Right* (New York: Thomas Dunne, 2002), 105–6; Martinez, *Brotherhood of Murder*, 17; Neiwert, *In God's Country*, 56; Ross, ed., *Religion and Violence*, 451–52; Schlatter, *Aryan Cowboys*, 76–77.

(24) "Robert Jay Mathews' Last Letter," http://www.mourningtheancient.com/mathews1.htm. 以下も参照．Danny O. Coulson and Elaine Shannon, *No Heroes: Inside the FBI's Secret Counter-Terror Force* (New York: Pocket, 1999), 189; Flynn and Gerhardt, *The Silent Brotherhood*, 42; Hamm, *Terrorism as Crime*, 122; Levitas, *The Terrorist Next Door*, 106; Neiwert, *In God's Country*, 56; Schlatter, *Aryan Cowboys*, 77.

(25) Martinez, *Brotherhood of Murder*, 17, 82; Ross, ed., *Religion and Violence*, 452.

(26) "Robert Jay Mathews' Last Letter." 以下も参照．Coulson and Shannon, *No Heroes*, 189; Martinez, *Brotherhood of Murder*, 17–18; Neiwert, *In God's Country*, 56; Schlatter, *Aryan Cowboys*, 77; Singular, *Talked to Death*, 126–27.

(27) 以下を参照．William Gayley Simpson, *Which Way Western Man?*

(28) Griffin, *The Fame of a Dead Man's Deeds*. 以下の抜粋を参照．http://www.racialre-alism.wordpress.com; James Coates, *Armed and Dangerous: The Rise of the Survivalist Right* (New York: Hill & Wang, 1987), 215; and, Neiwert, *In God's Country*, 56. 以下も参照．Singular, *Talked to Death*, 127.

(29) "Robert Jay Mathews' Last Letter." 以下も参照．Singular, *Talked to Death*, 130.

(30) Coulson and Shannon, *No Heroes*, 189; Martinez, *Brotherhood of Murder*, 16–17; Ross, ed., *Religion and Violence*, 452; Singular, *Talked to Death*, 125–27.

(31) James A. Aho, *The Politics of Righteousness: Idaho Christian Patriotism* (Seattle: University of Washington Press, 1995), 56; Singular, *Talked to Death*, 126–27.

(32) Flynn and Gerhardt, *The Silent Brotherhood*, 53; Ross, ed., *Religion and Violence*, 452; Schlatter, *Aryan Cowboys*, 64–65, 77.

(33) Elaine Woo, "Richard Butler, 86; Supremacist Founded the Aryan Nations," *Los Angeles Times*, September 9, 2004.

(34) Flynn and Gerhardt, *The Silent Brotherhood*, 49–50. 以下も参照．Anti-Defamation League, *Extremism on the Right*, 86–87; Martinez, *Brotherhood of Murder*, 29; Schlatter, *Aryan Cowboys*, 64.

(35) Anti-Defamation League, *Extremism on the Right*, 8–87; Anti-Defamation League, *Hate Groups in America*, 96–97; Belew, *Bring the War Home*, 171; Coates, *Armed and Dangerous*, 96–97, 104–5; Bennett, *The Party of Fear*, 352; Corcoran, *Bitter Harvest*, 31; Dees, *Gathering Storm*, 23; Flynn and Gerhardt, *The Silent Brotherhood*, 49–50; Levitas, *The Terrorist Next Door*, 3, 4, 8–9; Schlatter, *Aryan Cowboys*, 105–6; Walters, *One Aryan Nation Under God; Stuart A. Wright, Patriots, Politics, and the Oklahoma City Bombing* (Cambridge: Cambridge University Press, 2007), 58, 62–64.

(36) David Audsley, "Posse Comitatus: An Extremist Tax Protest Group," *TVI: Terrorism, Violence Insurgency Journal* 6, no. 1 (Summer 1985): 13–14; Belew, *Bring the War Home*, 119; Kerry Noble, *Tabernacle of Hate* (Prescott, Ontario: Voyageur, 1998), 130; Schlatter, *Aryan Cowboys*, 8, 77; Catherine McNicol Stock, *Rural Radicals: Righteous Rage in the American Grain* (Ithaca, NY: Cornell University Press, 1996), 171; Wright, *Patriots, Politics, and the Oklahoma City Bombing*, 20.

(37) "Church of Jesus Christ-Christian—The Ministry of Dr. Wesley A. Swift," http://www.kingidentity.com/cjc.html.

(38) Michael Barkun, *Religion and the Racist Right* (University of North Carolina Press, 1997), ix–x; Arnold Forster and Benjamin Epstein, *The Trouble-Makers: An Anti-Defamation League Report on Intolerance in the United States* (Garden City, NY: Doubleday, 1952), 22, 27, 30, 80, 204–5, 246–47.

(39) Flynn and Gerhardt, *The Silent Brotherhood*, 50–51.

(40) 以下を参照. Aryan Nations, "Yesterday: the Tribes of Israel; Today: the Aryan Nations," n.d.; Aryan Nations, "Why Are Jews Persecuted for Their Religion?," n.d.; Anti-Defamation League, "Christian Identity," https://www.adl.org/resources/backgrounders/christian-identity; Sean Anderson and Stephen Sloan, *Historical Dictionary of Terrorism* (Metuchen, NJ: Scarecrow, 1995), 139–41; Chip Berlet, "Christian Identity: The Apocalyptic Style, Political Religion, Palingenesis and Neo-Fascism," *Totalitarian Movements and Political Religions* 5, no. 3 (Winter 2004): 471; Coulson and Shannon, *No Heroes*, 190–91; Kaplan, *Encyclopedia of White Power*, 50–53; Kaplan, "Right-Wing Violence in North America," in *Terror from the Extreme Right*, ed. Tore Bjorgo (London: Frank Cass, 1995), 50–51; Wayne F. Manis, *The Street Agent: After Taking on the Mob, the Klan, and the Aryan Nations, He Walks Softly and Carries a .357 Magnum—The True Story* (Palisades, NY: History Publishing, 2014), 277–79; Noble, *Tabernacle of Hate*, 88–89; Stock, *Rural Radicals*, 173.

(41) Anti-Defamation League, "Aryan Nations/Church of Jesus Christ Christian," https://www.adl.org/education/resources/profiles/aryan-nations; Flynn and Gerhardt, *The Silent Brotherhood*, 53; Kaplan "Right-Wing Violence in North America," 53; Kenneth S. Stern, *A Force Upon the Plain: The American Militia Movement and the Politics of Hate* (New York: Simon & Schuster, 1996), 47; Irwin Suall and David Lowe, "The Hate Movement Today: A Chronicle of Violence and Disarray," *Terrorism* 10, no. 4 (1987): 352.

(42) 以下を参照. Dan Gayman, *The Two Seeds of Genesis* 3:15 (n.p., 1977; rev. ed., 1994), 310–13; author's notes of Peter Lake, "Neo-Nazi Terrorism in the United States," presented at the RAND Corporation, Santa Monica, CA, September 8, 1986; Dr. David Brannan との電子メール通信, Naval Postgraduate School, Monterey, CA, June 9, 2020. Brannan 博士は Dan Gayman にインタビューし，その教えを研究してきた．以下も参照．Hamm, Terrorism as Crime, 92–93.

(43) International Association of Chiefs of Police (IACP), *Terrorist Trends: The Quarterly Intelligence Reporter* (Alexandria, VA: International Association of Chiefs of Police, 1985), 13.

(44) Aryan Nations, *Calling Our Nation* 53 (n.d.): 2, http://www.stormfront.org/aryan_nations/platform.html.

(45) Aryan Nations, *This Is Aryan Nations* (n.d.), http://www.stormfront.org/aryan_nations/platform.html.

(46) Flynn and Gerhardt, *The Silent Brotherhood*, 53, 66; Tanya Telfair Sharpe, "The Identity Christian Movement: Ideology of Domestic Terrorism," *Journal of Black Studies* 30, no. 4 (March 2000): 613; Association of Chiefs of Police (IACP), *Terrorist Trends*, 13.

(47) Sharpe, "The Identity Christian Movement," 619.

(48) Coulson and Shannon, *No Heroes*, 191.

(49) 以下に引用．Lake, "Neo-Nazi Terrorism in the United States."

(50) 本書筆者が所有する写真.

(51) "To Our New People," open letter from Reverend Richard G. Butler, *Aryan Nations* (n.d.); "To Our Kinsmen," open letter from Reverend Richard G. Butler, *Aryan Nations* (n.d.).

(52) *This Is Aryan Nations* brochure.

(53) Roy B. Masker, "An All White Nation? Why Not?" *Calling Our Nation* 53 (n.d.).

(54) Jeremy Noakes, "Hitler and 'Lebensraum' in the East," BBC, March 30.

(55) Schlatter, *Aryan Cowboys*, 64–65.
(56) Stock, *Rural Radicals*, 173.
(57) Different accounts state that the Aryan Nations compound was situated on either twenty or forty acres. アーリアン・ネーションズの本部が建つ土地を 20 エーカーとしているもののほかに，40 エーカーとする別の資料もある．それぞれ以下を参照. Meagan Day, "Welcome to Hayden Lake, Where White Supremacists Tried to Build Their Homeland," *Timeline*, November 4, 2016, https://medium.com/timeline/white-supremacist-rural-paradise-fb62b74b29e0; Schlatter, *Aryan Cowboys*, 70; Martinez, *Brotherhood of Murder*, 29; and Daniel J. Wakin, "Richard G. Butler, 86, Founder of the Aryan Nations, Dies," *New York Times*, September 9, 2004; John W. Philips, *Sign of the Cross: The Prosecutor's True Story of a Landmark Trial Against the Klan* (Louisville, KY: Westminster John Knox, 2000), 85.
(58) 以下に引用. Anti-Defamation League, "Aryan Nations/Church of Jesus Christ Christian," https://www.adl.org/education/resources/profiles/aryan-nations; Schlatter, *Aryan Cowboys*, 66.
(59) Belew, *Bring the War Home*, 105; Flynn and Gerhardt, *The Silent Brotherhood*, 53–54, 67–68; Manis, *The Street Agent*, 307; Martinez, *Brotherhood of Murder*, 29; Philips, *Sign of the Cross*, 85; Pete Simi and Robert Futrell, *American Swastika: Inside the White Power Movement's Hidden Spaces of Hate* (Lanham, MD: Rowman & Littlefield, 2015), 112; Andrew Zahler, "Aryan Nations: Summary," *Spokesman-Review* (Spokane, WA), n.d.
(60) 本書筆者が所有する写真.
(61) Schlatter, *Aryan Cowboys*, 66.
(62) James Aho, "Christian Fundamentalism and Militia Movements in the United States," in *The Making of a Terrorist: Recruitment, Training, and Root Causes*, vol. 1: *Recruitment*, ed. James J. F. Forest (Westport, CT: Praeger, 2006), 228–29; James Aho, *The Politics of Righteousness*, 230; Hamm, *Terrorism as Crime*, 100.
(63) Noble, *Tabernacle of Hate*, 131. See also Flynn and Gerhardt, *The Silent Brotherhood*, 89.
(64) Belew, *Bring the War Home*, 105.
(65) Corcoran, *Bitter Harvest*, 41–42; Simi and Futrell, *American Swastika*, 114; Flynn and Gerhardt, *The Silent Brotherhood*, 67; Schlatter, *Aryan Cowboys*, 66. 以下も参照. Southern Poverty Law Center, "Aryan Nations," https://www.splcenter.org/fighting-hate/extremist-files/group/aryan-nations.
(66) 以下に引用. Coates, *Armed and Dangerous*, 41. See also Martinez, *Brotherhood of Murder*, 29.
(67) "1996 ARYAN NATIONAL CONGRESS, JULY 19, 20 & 21ST, 1996" handbill, https://www.amazon.com/NEWSLETTER-LITERATURE-COLLECTION-NEWSLETTERS-OUTREACH/dp/B008EAWLLY. 以下も参照. Simi and Futrell, *American Swastika*, 114–15, 119; and Eckard Toy, "'Promised Land' or Armageddon? History, Survivalists, and the Aryan Nations in the Pacific Northwest," *Montana: The Magazine of Western History* 36, no. 3 (Summer 1986): 82.
(68) Anti-Defamation League, "Burning Cross: General Hate Symbols: Ku Klux Klan Symbols," https://www.adl.org/education/references/hate-symbols/burning-cross; Rian Dundon, "Why Does the Ku Klux Klan Burn Crosses? They Got the Idea from a Movie," *Timeline*, March 16, 2017, https://timeline.com/why-does-the-ku-klux-klan-burn-crosses-they-got-the-idea-from-a-movie-75a70f7ab135; Linda Gordon, *The Second Coming of the KKK: The Ku Klux Klan of the 1920s and the American Political Tradition* (Liveright, 2018), 84; Patsy Sims, *The Klan* (Dorset, 1978), 18.
(69) 以下に引用. Flynn and Gerhardt, *The Silent Brotherhood*, 68.
(70) Belew, *Bring the War Home*, 119; Coulson and Shannon, *No Heroes*, 192.
(71) Anti-Defamation League, *Extremism on the Right*, 43; Corcoran, *Bitter Harvest*, 43; Coulson and Shannon, *No Heroes*, 192, 195; Lake, "Neo-Nazi Terrorism in the United States"; Michael, *Confronting Right-Wing Extremism and Terrorism in the USA*, 102; Schlatter, *Aryan Cowboys*, 83.
(72) Corcoran, *Bitter Harvest*, 45–51; Coulson and Shannon, *No Heroes*, 192; Neiwert, *In God's Country*,

236. カールの反ユダヤ主義の信条については以下を参照．Levitas, *The Terrorist Next Door*, 5, 174, 192, 215; Noble, *Tabernacle of Hate*, 130; Coates, *Armed and Dangerous*, 107–10.

(73) 以下に引用．Corcoran, *Bitter Harvest*, 52.

(74) 以下を参照．United States v. Kahl, 583 F. 2d 1351—Court of Appeals, 5th Circuit 1978, https://scholar.google.com/scholar_case?q=%22583+F.2d+1351%22&as_sdt=3,44&case=8981178823130363349&scilh=0.

(75) Coates, *Armed and Dangerous*, 104; Corcoran, *Bitter Harvest*, 43–64; Levitas, *The Terrorist Next Door*, 193–94, 205, 217; Noble, *Tabernacle of Hate*, 130; Wright, *Patriots, Politics, and the Oklahoma City Bombing*, 84.

(76) Audsley, "Posse Comitatus," 13–14; Coates, *Armed and Dangerous*, 106.

(77) Coates, *Armed and Dangerous*, 109; Noble, *Tabernacle of Hate*, 130.

(78) 手紙の全文は以下を参照．"Gordon Kahl Letter," http://www.outpost-of-freedom.com/kahl01.htm; and Corcoran, *Bitter Harvest*, 149–51. 手紙の抜粋は以下にも見られる．Coates, *Armed and Dangerous*, 107. 以下も参照．Noble, *Tabernacle of Hate*, 131.

(79) Corcoran, *Bitter Harvest*, 75–114, 170–71; Tony Spilde, "Changing Lives—in 15 Seconds," *Bismarck Tribune*, February 7, 2003, https://bismarcktribune.com/news/local/changing-lives-in-15-seconds/article_d1e97691-ea36-5a7a-978b-cc529942b019.html; Tony Spilde, "From Mild to Madness," *Bismarck Tribune*, February 9, 2003, 以下に抜粋されている．https://murderpedia.org/male.K/k/kahl-gordon.htm; Mike Albrecht, "Neighbors Remember Events of Shoot-out," *Bismarck Tribune*, February 9, 2003, https://bismarcktribune.com/news/local/neighbors-remember-events-of-shoot-out/article_e0ab237e-d51f-521c-b0c6-365a438310e4.html. 以下も参照. See also Coates, *Armed and Dangerous*, 107–8; Levitas, *The Terrorist Next Door*, 194–97; Noble, *Tabernacle of Hate*, 130–31; Stern, *A Force Upon the Plain*, 52; Wright, *Patriots, Politics, and the Oklahoma City Bombing*, 85–86.

(80) "Gordon Kahl Letter." 以下に引用されている抜粋も参照．Corcoran, *Bitter Harvest*, 152–54; Levitas, *The Terrorist Next Door*, 198–99; and, "Kahl Defense Fund Circular, 1983," 以下に引用．Belew, *Bring the War Home*, 119.

(81) 以下に引用．Art Harris, "Evader's End," *Washington Post*, June 5, 1983.

(82) カールの死の状況について最も詳しい記事としては，以下を参照．Corcoran, *Bitter Harvest*, 233–46. 以下も参照．Coulson and Shannon, *No Heroes*, 192–93; Flynn and Gerhardt, *The Silent Brotherhood*, 87–88; Levitas, *The Terrorist Next Door*, 219–20.

(83) Coates, *Armed and Dangerous*, 15–16, 140; Corcoran, *Bitter Harvest*, 248–49; Flynn and Gerhardt, *The Silent Brotherhood*, 88; Kaplan, "Right-Wing Violence in North America," 87; Levitas, *The Terrorist Next Door*, 5, 223; Manis, *The Street Agent*, 304; Michael, *Confronting Right-Wing Extremism*, 46; Neiwert, *In God's Country*, 237–38; Noble, *Tabernacle of Hate*, 131; Schlatter, *Aryan Cowboys*, 121; Simi and Futrell, *American Swastika*, 27; Stern, *A Force Upon the Plain*, 53, 57; Wright, *Patriots, Politics, and the Oklahoma City Bombing*, 98. テレビ映画*In the Line of Duty: Manhunt in the Dakotas* (1991) が製作され，ロッド・スタイガーがカール役を，マイケル・グロスが架空の捜査官リチャード・メイバリー役を演じた．https://www.imdb.com/title/tt0102112/fullcredits/.

(84) Noble, *Tabernacle of Hate*, 131. 以下も参照. Coulson and Shannon, *No Heroes*, 192; Hamm, *Terrorism as Crime*, 100; Jessica Stern, *Terror in the Name of God: Why Religious Militants Kills* (New York: HarperCollins, 2003), 26.

(85) Hamm, *Terrorism as Crime*, 100.

(86) FBI, Freedom of Information/Privacy Acts Section, "Subject: The Covenant, The Sword, The Arm of The Lord," File 100-HQ-487200, Kansas City, MO, July 2, 1982, 1, https://vault.fbi.gov/The%20Covenant%20The%20Sword%20The%20Arm%20of%20the%20Lord%20/The%20Covenant%20The%20Sword%20The%20Arm%20of%20the%20Lord%20Part%201%20of%202 または https://archive.org/deta

ils/CovenantTheSwordAndTheArmOfTheLord/page/n1/mode/2up. 以下も参照. Jessica Stern, "The Covenant, the Sword, and the Arm of the Lord" (1985), in *Toxic Terror: Assessing Terrorist Use of Chemical and Biological Weapons*, ed. J. B. Tucker (Cambridge, MA: MIT Press, 2000), 140.

(87) FBI, "The Covenant, The Sword and The Arm of The Lord; Domestic Security," Kansas City, MO, July 2, 1982; Hamm, *Terrorism as Crime*, 90; Levitas, *The Terrorist Next Door*, 205; Stern, "The Covenant, the Sword, and the Arm of the Lord," 140.

(88) FBI, "Covenant: Sword and The Arm of The Lord; Domestic Security," 以下も参照. *Bring the War Home*, 218; Flynn and Gerhardt, *The Silent Brotherhood*, 90; Hamm, *Terrorism as Crime*, 99; Levitas, *The Terrorist Next Door*, 205; Stern, "The Covenant, the Sword, and the Arm of the Lord," 145.

(89) Noble, *Tabernacle of Hate*, 10, 26–28; 以下に収録されているノーブルとのインタビュー. Stern, *Terror in the Name of God*, 14–15. 以下も参照. Levitas, *The Terrorist Next Door*, 205.

(90) 以下に引用. Noble, *Tabernacle of Hate*, 30–31. 以下のなかの Noble の引用も参照. Stern, *Terror in the Name of God*, 11. 以下も参照. Stern, "The Covenant, the Sword, and the Arm of the Lord," 145–46.

(91) FBI, "Subject: The Covenant, The Sword, The Arm of The Lord," File 100-HQ-487200, Kansas City, Missouri July 2, 1982, 1.

(92) Noble, *Tabernacle of Hate*, 73. 以下も参照. Hamm, *Terrorism as Crime*, 91.

(93) 以下の文献のなかの Coulson の引用を参照. *Tabernacle of Hate*, 22.

(94) FBI, "Subject: The Covenant, The Sword, The Arm of The Lord," 1.

(95) 以下に引用. Anti-Defamation League, *Hate Groups in America*, 52.

(96) Noble, *Tabernacle of Hate*, 101. 以下の引用も参照. Anti-Defamation League, *Hate Groups in America*, 51. 以下も参照. Belew, *Bring the War Home*, 139.

(97) 以下に引用. Noble, *Tabernacle of Hate*, 100. エリソンは改称した組織のために，剣と虹をあしらった特製の軍の記章もデザインした. 以下も参照. Stern, "The Covenant, the Sword, and the Arm of the Lord," 144–45.

(98) Noble, *Tabernacle of Hate*, 88–94. 以下も参照. Hamm, *Terrorism as Crime*, 92–93; Stern, "The Covenant, the Sword, and the Arm of the Lord," 141–44.

(99) エリソンはこう説いている.「この政府――私の政府でも，あなたの政府でもなく――このユダヤ人が支配する政府は，外国人傭兵の大軍隊を死と荒廃と専制を完成させるために送り込んでいる」「その軍はわれわれの土地で国内の蜂起を起こし，白人アメリカの住民に，無慈悲な［N ワード］野蛮人を解き放つ．政府が設けたゲットーや刑務所のなかで殺人訓練を受けた者たちだ．ユダヤ人はわれわれ白人種に宣戦布告し，人種混合を促進し，したがって神の純粋な種を汚染させてきた．このZOG〔シオニスト占領政府〕は中絶を通して白人の赤ん坊を殺している」以下に引用. Noble, *Tabernacle of Hate*, 87.

(100) Noble, *Tabernacle of Hate*, 91. 以下も参照. Stern, *Terror in the Name of God*, 18.

(101) Hamm, *Terrorism as Crime*, 94; Stern, "The Covenant, the Sword, and the Arm of the Lord," 141; Stern, *Terror in the Name of God*, 22.

(102) Noble, *Tabernacle of Hate*, 97. 以下も参照. Stern, *Terror in the Name of God*, 20–21; Hamm, *Terrorism as Crime*, 92–96; Levitas, *The Terrorist Next Door*, 205.

(103) 以下を参照. FBI News, "Hogan's Alley Turns 30: The Evolution of the FBI's Mock Training Ground," May 12, 2017, http://www.fbi.gov/news/stories/hogans-alley-turns-30; FBI Services/Training Academy, "Tactical/Hogan's Alley," https://www.fbi.gov/services/training-academy/hogans-alley; Hamm, *Terrorism as Crime*, 95.

(104) Noble, *Tabernacle of Hate*, 35. 以下も参照. Corcoran, *Bitter Harvest*, 238; Hamm, *Terrorism as Crime*, 95.

(105) FBI, "Subject: The Covenant, The Sword, The Arm of The Lord," 1–2. 以下も参照. Corcoran, *Bitter Harvest*, 35, 238; Stern, *Terror in the Name of God*, 21.

(106) Corcoran, *Bitter Harvest*, 64, 35; Levitas, *The Terrorist Next Door*, 205–6; Wright, *Patriots, Politics,*

and the Oklahoma City Bombing, 84; Hamm, *Terrorism as Crime*, 96; Stern, *Terror in the Name of God*, 21.

(107) 以下に引用. Noble, *Tabernacle of Hate*, 131–32. 以下も参照. Stern, *Terror in the Name of God*, 27.

(108) Flynn and Gerhardt, *The Silent Brotherhood*, 90–91.

(109) ibid., 88–89; Griffin, *The Fame of a Dead Man's Deeds*; Hamm, *Terrorism as Crime*, 123; Levitas, *The Terrorist Next Door*, 206; Neiwert, *In God's Country*, 56; Schlatter, *Aryan Cowboys*, 79; Singular, *Talked to Death*, 130.

(110) Lake, "Neo-Nazi Terrorism in the United States." 以下も参照. Belew, *Bring the War Home*, 26; Hamm, *Terrorism as Crime*, 134.

(111) Anti-Defamation League, *Extremism on the Right*, 54; Belew, *Bring the War Home*, 26; Laura Smith, "Armed Resistance, Lone Wolves, and Media Messaging: Meet the Godfather of the 'Alt-Right,'" *Timeline*, November 6, 2017, https://medium.com/timeline/louis-beam-white-supremacy-history-20d028315d; Southern Poverty Law Center, "Louis Beam," https://www.splcenter.org/fighting-hate/extremist-files/individual/louis-beam.

(112) Smith, "Armed Resistance, Lone Wolves, and Media Messaging."

(113) ibid.; Belew, *Bring the War Home*, 30–32; Southern Poverty Law Center, "Louis Beam."

(114) Louis Beam, "Forget? Hell No!," in *Essays of a Klansman*, 1983.

(115) Smith, "Armed Resistance, Lone Wolves, and Media Messaging"; Southern Poverty Law Center, "Louis Beam."

(116) Belew, *Bring the War Home*, 33.

(117) ibid., 32–40. 以下も参照. Anti-Defamation League, *Extremism on the Right*, 54; Smith, "Armed Resistance, Lone Wolves, and Media Messaging"; Southern Poverty Law Center, "Louis Beam."

(118) Belew, *Bring the War Home*, 35–36; Southern Poverty Law Center, "David Duke," https://www.splcenter.org/fighting-hate/extremist-files/individual/david-duke.

(119) 以下を参照. Gavin Haynes, "The White Polo Shirt: How the Alt-Right Co-opted a Modern Classic," *Guardian*, August 30, 2017; Booth Moore, "White Nationalist Uniform of Polo Shirts Takes Center Stage in Charlottesville," *Hollywood Reporter*, August 14; Cam Wolf, "The New Uniform of White Supremacy," *GQ*, August 17, 2017.

(120) 以下に引用. Smith, "Armed Resistance, Lone Wolves, and Media Messaging." 以下も参照. Belew, *Bring the War Home*, 40–53; Southern Poverty Law Center, "Louis Beam."

(121) ibid., 53–54, 107. 以下も参照. Anti-Defamation League, *Extremism on the Right*, 55; Dees, *Gathering Storm*, 39; Levitas, *The Terrorist Next Door*, 290; Martinez, *Brotherhood of Murder*, 57; Smith, "Armed Resistance, Lone Wolves, and Media Messaging"; Southern Poverty Law Center, "Louis Beam."

(122) Dees, *Gathering Storm*, 39.

(123) Anti-Defamation League, *Extremism on the Right*, 55; Southern Poverty Law Center, "Louis Beam." 以下も参照. Louis Beam, "Address to the Aryan Nations," in "Patriotism, the Pacific Northwest and the Ku Klux Klan," Contents of Case 2, Foley Library, Gonzaga University, Spokane, WA, https://researchguides.gonzaga.edu/c.php?g=1023670&p=7447531; Smith, "Armed Resistance, Lone Wolves, and Media Messaging."

(124) Louis Beam, "Leaderless Resistance," *Inter-Klan Newsletter and Survival Alert* (c. Spring/Summer 1983, probably May), https://simson.net/ref/leaderless/1983.inter-klan_newsletter.pdf.

(125) 以下に引用. Chip Berlet, "Leaderless Resistance Publishing History—The Amoss Version—1953 & 1962," *Chip Berlet's Home on the Internet*, https://www.chipberlet.us/leaderless-resistance-publishing-history/. エイモスの戦時中の功績と戦後のキャリアについて詳しくは以下も参照. "Ulius L. Amoss papers, 1941–1963," the "Summary" and "Historical Note," http://archiveswest.orbiscascade.org/ark:/80444/xv35579; Anthony Cave Brown, *Wild Bill Donovan: The Last Hero* (New York: Times,

1982), 597; and Douglas Waller, *Wild Bill Donovan: The Spymaster Who Created the OSS and Modern American Espionage* (New York: Free Press, 2011), 154–55.

(126) Beam, "Leaderless Resistance," 12–13. 以下も参照．Stern, *A Force Upon the Plain*, 36.

(127) Louis R. Beam Jr., "An Ode to Gordon Kahl," in *Inter-Klan Newsletter and Survival Alert* (c. Spring/Summer 1983), 10. 以下も参照．Schlatter, *Aryan Cowboys*, 121.

(128) Louis Beam, "ADDRESS TO THE ARYAN NATIONS CONGRESS" (1983), 7, in Collected Materials on White Nationalism, courtesy of Dr. Emily Clark, Gonzaga University, https://researchguides.gonzaga.edu/c.php?g=1023670&p=7447531. 以下も参照．Coulson and Shannon, *No Heroes*, 193; Neiwert, *In God's Country*, 57.

(129) Flynn and Gerhardt, *The Silent Brotherhood*, 89.

(130) Southern Poverty Law Center, "Louis Beam—In His Own Words: Speech at the 1983 Aryan World Congress," n.d., https://www.splcenter.org/fighting-hate/extremist-files/individual/louis-beam.

(131) 以下に引用．Flynn and Gerhardt, *The Silent Brotherhood*, 90. 以下も参照．Belew, *Bring the War Home*, 105; Coulson and Shannon, *No Heroes*, 193.

(132) Anti-Defamation League, *Computerized Networks of Hate: An ADL Fact Finding Report* (New York: Anti-Defamation League of B'nai B'rith, January 1984), 1, https://archive.org/details/ComputerizedNetworksOfHate/mode/2up; Belew, *Bring the War Home*, 120. David Lowe, "Computerized Networks of Hate," *USA Today*, July 1985, https://archive.org/details/ComputerizedNetworksOfHate/page/n11/mode/2up.

(133) Belew, *Bring the War Home*, 105–6. 以下も参照. Anti-Defamation League, Computerized Networks of Hate, 5; Chip Berlet, "When Hate Went Online," Chip Berlet's Home on the Internet, April 28, 2001, rev. July 4, 2008, http://www.researchforprogress.us/topic/34691/when-hate-went-online/; 元文書のスキャンも参照．http://simson.net/ref/leaderless/berlet_when_hate_went_online.pdf; Lowe, "Computerized Networks of Hate"; Stern, "The Covenant, the Sword, and the Arm of the Lord," 147.

(134) Yoshihito Sakurai, Atsushi Oikawa, and Norihisa Hatakeyama, "IEEE Milestone Dedication Ceremony for International Standardization of G3 Facsimile,"〔櫻井義人／老川淳／畠山範久「G3 ファクシミリの国際標準化の功績による『IEEE マイルストーン』認定記念式典開催報告」〕NTT Technical Review 10, no. 8 (2012), https://www.ntt-review.jp/archive/ntttechnical.php?contents=ntr201208in2.html.〔日本語版 jounal.ntt.co.jp/backnumber2/1207/files/jn201207056〕

(135) 現在の価値に換算すると $3,315 に相当する．"Apple II and ///—UK pricelist from 1983," https://jesperalsed.com/vintageapple/product/apple-ii-and-uk-pricelist-from-1983/; In2013Dollars, https://www.in2013dollars.com/us/inflation/1983?amount=12https://jesperalsed.com/vintageapple/product/apple-ii-and-uk-pricelist-from-1983/81.

(136) James Grahame, "Getting Online: The Hayes Smartmodem," *Retro Thing: Vintage Gadgets & Technology*, https://www.retrothing.com/2009/03/hayes-smartmodem.html.

(137) "Nazi BBS a Challenge to Hackers," 2600: *The Monthly Journal of the American Hacker* 2, no. 3 (March 1985): 1, http://www.vtda.org/pubs/2600/2600_2-3.pdf. 以下も参照．Berlet, "When Hate Went Online," 1, 4.

(138) ibid., 1. 以下も参照. Anti-Defamation League, *Computerized Networks of Hate*, 1; Berlet, "When Hate Went Online," 3; Wayne King, "Link by Computer Used by Rightists," *New York Times*, February 15, 1985; Lowe, "Computerized Networks of Hate."

(139) Grahame, "Getting Online." 以下も参照. N. Z. Bear, "When 300 Baud Was the Bomb," *Salon*, May 31, 2002, https://www.salon.com/2002/05/31/back_in_the_day/.

(140) Beam, "Leaderless Resistance." 以下も参照．Louis Beam, "LEADERLESS RESISTANCE," *The Seditionist* 12 (February 1992, final ed.), この概念についてより詳細で包括的な説明については以下を参照．http://www.louisbeam.com/leaderless.htm.

(141) Louis Beam, "COMPUTER AND THE AMERICAN PATRIOT," *Inter-Klan Newsletter & Survival Alert*, c. April/May 1984, https://simson.net/ref/leaderless/1984.inter-klan_newsletter.pdf.

(142) 以下に引用. Anti-Defamation League, *Computerized Networks of Hate*, 2. 以下も参照. Berlet, "When Hate Went Online," 4–5; Coates, *Armed and Dangerous*, 206–7; Dees, *Gathering Storm*, 40; King, "Link by Computer Used by Rightists"; Lowe, "Computerized Networks of Hate"; Martinez, *Brotherhood of Murder*, 57.

(143) Lowe, "Computerized Networks of Hate."

(144) Belew, *Bring the War Home*, 105; Coulson and Shannon, *No Heroes*, 193; Manis, *The Street Agent*, 282; Schlatter, *Aryan Cowboys*, 79.

(145) Singular, *Talked to Death*, 130–32. 以下も参照. Coulson and Shannon, *No Heroes*, 193.

(146) "Robert Jay Mathews' Last Letter."

(147) Lake, "Neo-Nazi Terrorism in the United States." 同じ主張は以下にも見られる. Corcoran, *Bitter Harvest*, 37. 以下も参照. Suall and Lowe, "The Hate Movement Today," 353.

(148) 以下に引用. Griffin, *The Fame of a Dead Man's Deeds*. 以下も引用. Coulson and Shannon, *No Heroes*, 193; Martinez, *Brotherhood of Murder*, 40–41; Michael, *Confronting Right-Wing Extremism and Terrorism in the USA*, 101.

(149) Coulson and Shannon, *No Heroes*, 193; Manis, *The Street Agent*, 279; Martinez, *Brotherhood of Murder*, 25–26; Schlatter, *Aryan Cowboys*, 79.

(150) ibid.; Hamm, *Terrorism as Crime*, 125; Martinez, *Brotherhood of Murder*, 41; Singular, *Talked to Death*, 134–35.

(151) 以下に引用. Manis, *The Street Agent*, 280. 以下も参照. Belew, *Bring the War Home*, 114; Coulson and Shannon, *No Heroes*, 193; Hamm, *Terrorism as Crime*, 125–26.

(152) Manis, *The Street Agent*, 281–82.

(153) Flynn and Gerhardt, *The Silent Brotherhood*, xii–xiii, 86–87, 112, 139–40; Hamm, *Terrorism as Crime*, 119–22, 124–25.

(154) Coates, *Armed and Dangerous*, 45.

(155) ibid., 43–44; Corcoran, *Bitter Harvest*, 32; Flynn and Gerhardt, *The Silent Brotherhood*, xii–xiii, 58–59, 177, 214–15; Hamm, *Terrorism as Crime*, 125; Wayne King, "Right-Wing Extremists Seek to Recruit Farmers," *New York Times*, September 20, 1985; Schlatter, *Aryan Cowboys*, 82. "A Letter from Richard Scutari, The Unbroken Warrior, dated 12 December 2014," Facebook post on Richard Scutari, the Unbroken Warrior Facebook page, January 17, 2015, https://www.facebook.com/theunbrokenwarrior/posts/892506194133622:0.

(156) Belew, *Bring the War Home*, 115; Coates, *Armed and Dangerous*, 43–44; Flynn and Gerhardt, *The Silent Brotherhood*, xiii, 184–89; Hamm, *Terrorism as Crime*, 125.

(157) ibid.; Corcoran, *Bitter Harvest*, 32; Flynn and Gerhardt, *The Silent Brotherhood*, xii, 214–15; Hamm, *Terrorism as Crime*, 124, 133–34; Levitas, *The Terrorist Next Door*, 225–28; King, "Right-Wing Extremists Seek to Recruit Farmers"; Singular, *Talked to Death*, 177–88.

(158) Anti-Defamation League, "14 Words," https://www.adl.org/education/references/hate-symbols/14-words; Southern Poverty Law Center, "David Lane," https://www.splcenter.org/fighting-hate/extremist-files/individual/david-lane. 以下も参照. Meagan Day, "Welcome to Hayden Lake, Where White Supremacists Tried to Build Their Homeland: The Troubling Rise of the Aryan Nations Compound," *Timeline*, November 4, 2016, https://medium.com/timeline/white-supremacist-rural-paradise-fb62b74b29e0; George Michael, "David Lane and the Fourteen Words," *Totalitarian Movements and Political Religions* 10, no. 1 (July 2009): 43–61.

(159) Belew, *Bring the War Home*, 113–15; Flynn and Gerhardt, *The Silent Brotherhood*, xiii, 60–61; Hamm, *Terrorism as Crime*, 123; Schlatter, *Aryan Cowboys*, 82; Chad Sokol, "Gary Lee Yarbrough,

Onetime Bodyguard of Aryan Nations Founder, Dies in Prison," *Spokesman-Review*, April 6, 2018.
(160) ibid., 20–32, 117, 128. 以下も参照．Schlatter, *Aryan Cowboys*, 83.
(161) Hamm, *Terrorism as Crime*, 123.
(162) Belew, *Bring the War Home*, 116; Dees, *Gathering Storm*, 139; Hamm, *Terrorism as Crime*, 116; Neiwert, *In God's Country*, 57, 121; Levitas, *The Terrorist Next Door*, 336; Martinez, *Brotherhood of Murder*, 37; Michael, *Confronting Right-Wing Extremism and Terrorism in the USA*, 98, 100; Noble, *Tabernacle of Hate*, 155; Schlatter, *Aryan Cowboys*, 77–79, 81; Stern, "The Covenant, the Sword, and the Arm of the Lord," 147; Stern, *A Force Upon the Plain*, 20; Stock, *Rural Radicals*, 173–74; Wright, *Patriots, Politics, and the Oklahoma City Bombing*, 88.
(163) Singular, *Talked to Death*, 134.
(164) Flynn and Gerhardt, *The Silent Brotherhood*, 294–95; Manis, *The Street Agent*, 299; Hamm, *Terrorism as Crime*, 129, 146.
(165) Martinez, *Brotherhood of Murder*, 18; Coates, *Armed and Dangerous*, 49; Coulson and Shannon, *No Heroes*, 197, 188; Manis, *The Street Agent*, 286, 275–76.
(166) Coates, *Armed and Dangerous*, 50; Dees, *Gathering Storm*, 142; Manis, *The Street Agent*, 286; Singular, *Talked to Death*, 135; Stern, *A Force Upon the Plain*, 16, 53, 138.
(167) Manis, *The Street Agent*, 281.
(168) Noble, *Tabernacle of Hate*, 155.
(169) Suall and Lowe, "The Hate Movement Today," 354. 以下も参照. Flynn and Gerhardt, *The Silent Brotherhood*, 268–69; "Former KKK Leader Robert Miles Dead at 67," UPI, August 18, 1992; Singular, *Talked to Death*, 208.
(170) Anti-Defamation League, *Hate Groups in America*, 113.
(171) 以下に引用．Flynn and Gerhardt, *The Silent Brotherhood*, 90–91. 以下も参照．Singular, *Talked to Death*, 232–33.
(172) Noble, *Tabernacle of Hate*, 155.
(173) Associated Press, "10 Members of The Order Convicted: Neo-Nazis Guilty of Racketeering, Armored-Car Robberies," *Los Angeles Times*, December 31. 1985; Bennett, *The Party of Fear*, 349; Manis, *The Street Agent*, 363–67; Neiwert, *In God's Country*, 59; Stern, *A Force Upon the Plain*, 56.
(174) Belew, *Bring the War Home*, 123–24; James Coates, "Writer's Exposé Left Him Exposed," *Chicago Tribune*, September 19, 1985, https://www.chicagotribune.com/news/ct-xpm-1985-09-19-8503030757-story.html; Flynn and Gerhardt, *The Silent Brotherhood*, 144–45, 192–93, 195, 203–7, 221, 338–39; Dees, *Gathering Storm*, 144; Coulson and Shannon, *No Heroes*, 195–96; Hamm, *Terrorism as Crime*, 133–35; Martinez, *Brotherhood of Murder*, 92–93; Michael, *Confronting Right-Wing Extremism and Terrorism in the USA*, 100; Neiwert, *In God's Country*, 58–59; Stern, *A Force Upon the Plain*, 55; "Death List Names Given to U.S. Jury," *New York Times*, September 17, 1985; Schlatter, *Aryan Cowboys*, 80; Singular, *Talked to Death*, 216–17, 224–27, 230; Wright, *Patriots, Politics, and the Oklahoma City Bombing*, 89.
(175) Belew, *Bring the War Home*, 132.
(176) Coates, "Writer's Exposé Left Him Exposed"; Flynn and Gerhardt, *The Silent Brotherhood*, 145; Hamm, *Terrorism as Crime*, 133–34, 145; Levitas, *The Terrorist Next Door*, 294–95.
(177) Belew, *Bring the War Home*, 118–19; Dees, *Gathering Storm*, 142; Hamm, *Terrorism as Crime*, 127; Neiwert, *In God's Country*, 57; Stern, *A Force Upon the Plain*, 55.
(178) Flynn and Gerhardt, *The Silent Brotherhood*, 123–25.
(179) Belew, *Bring the War Home*, 122; Dees, *Gathering Storm*, 143; Manis, *The Street Agent*, 295, 363–64; Stern, "The Covenant, the Sword, and the Arm of the Lord," 148.
(180) Belew, *Bring the War Home*, 126, 131–32; Flynn and Gerhardt, *The Silent Brotherhood*, 217–18,

225–43; Manis, *The Street Agent*, 320–25; Singular, *Talked to Death*, 238–39; United Press International, "6 Gunmen Hold Up Brink's Truck and Escape with Sacks of Loot," *New York Times*, July 20, 1984.

(181) Flynn and Gerhardt, *The Silent Brotherhood*, 249; Hamm, *Terrorism as Crime*, 140; Singular, *Talked to Death*, 239.

(182) Belew, *Bring the War Home*, 122, 126, 134, 143; Dees, *Gathering Storm*, 143; Flynn and Gerhardt, *The Silent Brotherhood*, 53, 249, 271–72; Hamm, *Terrorism as Crime*, 139–40; Manis, *The Street Agent*, 249, 285–86, 298; Michael, *Confronting Right-Wing Extremism and Terrorism in the USA*, 100–1; MSNBC, "The Rachel Maddow Show, Transcript 8/14/17: White America Has a Chronic Nazi Problem," http://www.msnbc.com/transcripts/rachel-maddow-show/2017-08-14; Neiwert, *In God's Country*, 58; Schlatter, *Aryan Cowboys*, 80, 189n97; Singular, *Talked to Death*, 207–8; Southern Poverty Law Center, "Frazier Glenn Miller," https://www.splcenter.org/fighting-hate/extremist-files/individual/frazier-glenn-miller; Stern, *A Force Upon the Plain*, 55.

(183) Belew, *Bring the War Home*, 133–34; Dees, *Gathering Storm*, 143.

(184) Belew, *Bring the War Home*, 134.

(185) ibid., 126, 134, 143.

(186) Hamm, *Terrorism as Crime*, 140.

(187) Belew, *Bring the War Home*, 122; Manis, *The Street Agent*, 285–86, 298; Hamm, *Terrorism as Crime*, 128–29; Michael, *Confronting Right-Wing Extremism and Terrorism in the USA*, 100–1; Neiwert, *In God's Country*, 57; Stern, *A Force Upon the Plain*, 55.

(188) Flynn and Gerhardt, *The Silent Brotherhood*, 261; Hamm, *Terrorism as Crime*, 131, 142–43; Manis, *The Street Agent*, 326; Schlatter, *Aryan Cowboys*, 80, 189n97.

(189) Manis, *The Street Agent*, 331–32; Hamm, *Terrorism as Crime*, 145.

(190) "Robert Jay Mathews' Last Letter"; Coulson and Shannon, *No Heroes*, 197–207; Hamm, *Terrorism as Crime*, 145–48; Manis, *The Street Agent*, 326–37.

(191) Belew, *Bring the War Home*, 124, 128; Coulson and Shannon, *No Heroes*, 199; Dees, *Gathering Storm*, 144; Hamm, *Terrorism as Crime*, 148–49; Manis, *The Street Agent*, 330, 345–49; Flynn and Gerhardt, *The Silent Brotherhood*, 221–24, 302, 303, 330–31, 333–47; 以下に収録されているウィリアム・ピアースとのインタビュー. Michael, *Confronting Right-Wing Extremism and Terrorism in the USA*, 102; Neiwert, *In God's Country*, 58; Singular, *Talked to Death*, 230–31, 242–43; Stern, *A Force Upon the Plain*, 55–56.

(192) Belew, *Bring the War Home*, 128, 134; Coulson and Shannon, *No Heroes*, 199; Hamm, *Terrorism as Crime*, 149–50; Manis, *The Street Agent*, 342–49; Singular, *Talked to Death*, 282.

(193) Singular, *Talked to Death*, 252.

(194) 以下に引用. Singular, *Talked to Death*, 251–56. 以下も参照. Noble, *Tabernacle of Hate*, 157–62; 以下に抜粋. Manis, *The Street Agent*, 349–51. 以下も参照. Belew, *Bring the War Home*, 129; Coulson and Shannon, *No Heroes*, 200–1; Hamm, *Terror as Crime*, 150–51.

(195) Coulson and Shannon, *No Heroes*, 201–7; Manis, *The Street Agent*, 352–61; Oliver "Buck" Revell and Dwight Williams, *A G-Man's Journal* (New York: Pocket, 1998), 218. 以下も参照. Belew, *Bring the War Home*, 128; Hamm, *Terrorism as Crime*, 152–53; Schlatter, *Aryan Cowboys*, 80.

(196) Noble, *Tabernacle of Hate*, 162. 以下も参照. Simi and Futrell, *American Swastika*, 27.

第３章　人種間戦争

(1) Wayne King, "Links of Anti-Semitic Band Provoke 6-State Parley," *New York Times*, December 27, 1984; Robert L. Jackson and Ronald J. Ostrow, "Law in War on Far-Right Sect: White Supremacists Tied to Western Crime Spree," *Los Angeles Times*, January 21, 1985; Mary Thornton and T. R. Reid, "Aryan Group, Jail Gangs Linked: FBI Reports on White Supremacist Organization," *Washington Post*, December 18, 1984.

（2）U.S. District Court, Western Division of Washington at Seattle, United States of America v. Bruce Carroll Pierce, et al., No. CR85-001M, July 18, 1985.

（3）以下に引用．Jackson and Ostrow, "Law in War on Far-Right Sect."

（4）Sgt. Allen D. Hines, "Trooper Jimmie E. 'Jim' Linegar, Badge #865, EOW … April 15, 1985," (no date), https://www.mshp.dps.missouri.gov/MSHPWeb/UltimateSacrifice/OfficerPages/documents/Linegar.pdf. 以下も参照．"Slaying Suspect Tate Seized in Missouri Hills," *Los Angeles Times*, April 21, 1995; Kathleen Belew, *Bring the War Home: The White Power Movement and Paramilitary America* (Harvard University Press, 2018), 131–32; James Coates, *Armed and Dangerous: The Rise of the Survivalist Right* (Hill & Wang, 1987), 140–41; James Coates, "Neo-Nazis Indicted in Bizarre Crime Spree," *Chicago Tribune*, April 16, 1985; Kevin Flynn and Gary Gerhardt, *The Silent Brotherhood: Inside America's Racist Underground* (Free Press, 1989), 286, 398; Mark S. Hamm, *Terrorism as Crime: From Oklahoma City to Al-Qaeda and Beyond* (New York University Press, 2007), 109; Jessica Stern, "The Covenant, the Sword, and the Arm of the Lord" (1985), in *Toxic Terror: Assessing Terrorist Use of Chemical and Biological Weapons*, ed. J. B. Tucker (MIT Press, 2000), 149–50; UPI, "Neo-Nazi David Tate, who is serving a life prison …," March 3, 1986.

（5）Flynn and Gerhardt, *The Silent Brotherhood*, xiii, 108–9.

（6）ibid.; "David Tate | Gary Yarbrough's Blog, "MORE INFIGHTING? WHAT'S WRONG WITH YOU?! Another Scolding by David C. Tate," December 18, 2019, https://susan1219.wordpress.com/tag/david-tate/; Coates, *Armed and Dangerous*, 140–41; and Kerry Noble, *Tabernacle of Hate* (Prescott, Ontario: Voyageur, 1998), 17.

（7）"Slaying Suspect Tate Seized in Missouri Hills"; Belew, *Bring the War Home*, 131; Coates, *Armed and Dangerous*, 140–41; Danny O. Coulson and Elaine Shannon, *No Heroes: Inside the FBI's Secret Counter-Terror Force* (New York: Pocket, 199), 252; Hamm, *Terrorism as Crime*, 109.

（8）"Slaying Suspect Tate Seized in Missouri Hills"; Coates, *Armed and Dangerous*, 141–42; Flynn and Gerhardt, *The Silent Brotherhood*, 287, 386, 398; Hamm, *Terrorism as Crime*, 109–10; Hines, "Trooper Jimmie E. "Jim" Linegar"; Stern, "Covenant, Sword, and Arm of the Lord," 150; Noble, *Tabernacle of Hate*, 17.

（9）FBI Records: The Vault, Memorandum, from SAC, Little Rick, to Director, FBI Subject: The Covenant, Sword, And Arm of The Lord (CSA), Domestic Security, August 8, 1983; Memorandum, Supervisor [name redacted] to SAC (100A-4858), Subject: The Covenant, The Sword, And The Arm of The Lord; DS/T, March 29, 1985; Memorandum, from J. W. Hicks to Mr. Geer, Re: The Covenant, The Sword, And The Arm of The Lord; Domestic Security—Terrorism OO: Little Rock, May 2, 1985; Memorandum, from ASAC Danny O. Coulson to SAC, Washington Field, Subject: Covenant, Sword, And The Arm of The Lord (CSA); Domestic Terrorism, May 8, 1985; Memorandum, from ASAC Danny O. Coulson to SAC, Washington Field, The Covenant, The Sword, And The Arm of The Lord; Domestic Security/Terrorism, May 20, 1985; Little Rock Field Office, Memorandum, Subject: The Covenant, The Sword, And The Arm of The Lord; Domestic Security—Terrorism, July 29, 1985; Part I, https://vault.fbi.gov/The%20Cov-enant%20The%20Sword%20The%20Arm%20of%20the%20Lord%20/The%20Cove-nant%20The%20Sword%20The%20Arm%20of%20the%20Lord%20Part%201%20of%202/view; Little Rock Field Office, Memorandum, Subject: The Covenant, The Sword, And The Arm of The Lord; Domestic Security/Terrorism, July 2, 1985; Little Rock Field Office, December 29, 1987; Little Rock Field Office, Memorandum [sender and recipient redacted], Subject: The Covenant, The Sword, And The Arm of The Lord (DS/T), January 12, 1988 Part II, https://vault.fbi.gov/The%20Covenant%20The%20Sword%20The%20Arm%20of%20the%20Lord%20/The%20Covenant%20The%20Sword%20The%20Arm%20of%20the%20Lord%20Part%202%20of%202/view. 以下も参照．Hamm, *Terrorism as Crime*, 110; Belew, *Bring the War Home*, 132; Coulson and Shannon,

No Heroes, 252; Morris Dees with James Corcoran, *Gathering Storm: America's Militia Threat* (New York: HarperCollins, 1996), 24; Noble, *Tabernacle of Hate*, 17–18, 165; Oliver "Buck" Revell and Dwight Williams, *A G-Man's Journal: A Legendary Career Inside the FBI—from the Kennedy Assassination to the Oklahoma City Bombing* (New York: Pocket, 1998), 218–219; UPI, "Neo-Nazi David Tate."

(10) FBI Records: The Vault, Little Rock Field Office, Memorandum, Subject: The Covenant, The Sword, And The Arm of The Lord; Domestic Security/Terrorism, September 7, 1984; May 20, 1985; July 2, 1985; December 29, 1987, Part I, https://vault.fbi.gov/The%20Covenant%20The%20Sword%20The%20Arm%20of%20the%20Lord%20/The%20Covenant%20The%20Sword%20The%20Arm%20of%20the%20Lord%20Part%201%20of%202/view; July 2, 1987, Part II, https://vault.fbi.gov/The%20Covenant%20The%20Sword%20The%20Arm%20of%20the%20Lord%20/The%20Covenant%20The%20Sword%20The%20Arm%20of%20the%20Lord%20Part%202%20of%202/view. 以下も参照. Coulson and Shannon, *No Heroes*, 312; Noble, *Tabernacle of Hate*, 22; Revell and Williams, *A G-Man's Journal*, 219; Stern, "Covenant, Sword, and Arm of the Lord," 150.

(11) FBI Records: The Vault, Memorandum, Supervisor [name redacted] to SAC (100A- 4858), Subject: The Covenant, The Sword, And The Arm of The Lord; DS/T, March 29, 1985.

(12) Noble, *Tabernacle of Hate*, 17, 163, 166. 以下も参照. Hamm, *Terrorism as Crime*, 110–11.

(13) Coulson and Shannon, *No Heroes*, 257, 264; Noble, *Tabernacle of Hate*, 22.

(14) 以下に引用. Hamm, *Terrorism as Crime*, 111. 以下も参照. Noble, *Tabernacle of Hate*, 22.

(15) Noble, *Tabernacle of Hate*, 14–15, 163–65.

(16) 以下を参照. CBC (Canada), "The Survivalists; Shopping for Doomsday," The Fifth Estate (1981), https://www.youtube.com/watch?v=oYHUiL9HI5g.

(17) Noble, *Tabernacle of Hate*, 23, 163; Revell and Williams, *A G-Man's Journal*, 219; Stern, "Covenant, Sword, and Arm of the Lord," 139, 155.

(18) FBI Records: The Vault, FBI Laboratory Division, May 1, 1985, attachment The Covenant, The Sword, The Arm Of The Lord; Domestic Security/Terrorism, May 20, 1985; FBI Records: The Vault, Memorandum, from ASAC Danny O. Coulson to SAC, Washington Field, Subject: Covenant, Sword, And The Arm of The Lord (CSA); Domestic Security/Terrorism, May 8, 1985; FBI Records: The Vault, Memorandum, From J. W. Hicks to Mr. Geer, Re: The Covenant, The Sword, And The Arm of The Lord; Domestic Security—Terrorism OO: Little Rock, May 2, 1985, https://vault.fbi.gov/The%20Cove-nant%20The%20Sword%20The%20Arm%20of%20the%20Lord%20/The%20Cove-nant%20The%20Sword%20The%20Arm%20of%20the%20Lord%20Part%201%20of%202/view; ibid., Little Rock Field Office, The Covenant, The Sword, And The Arm of The Lord; Domestic Security/Terrorism, December 29, 1987;, Part II, https://vault.fbi.gov/The%20Covenant%20The%20Sword%20The%20Arm%20of%20the%20Lord%20/The%20Covenant%20The%20Sword%20The%20Arm%20of%20the%20Lord%20Part%202%20of%202/view; Coulson and Shannon, *No Heroes*, 263–313, 111–14; George Michael, Confronting Right-Wing Extremism and Terrorism in the USA (London: Routledge, 2003), 143; Noble, *Tabernacle of Hate*, 169; Revell and Williams, *A G-Man's Journal*, 219–21.

(19) 以下に引用. Coulson and Shannon, *No Heroes*, 311.

(20) ibid., 312; FBI Records: The Vault, Little Rock Field Office, Memorandum, Subject: The Covenant, The Sword, And The Arm of The Lord; Domestic Security/Terrorism, July 2, 1987, Part II, https://vault.f bi.gov/The%20Covenant%20The%20Sword%20The%20Arm%20of%20the%20Lord%20/The%20Covenant%20The%20Sword%20The%20Arm%20of%20the%20Lord%20Part%202%20of%202/view; "Ellison Trial Begins Monday," Associated Press, July 14, 1985, https://apnews.com/article/5abfc20488f8935f3757d0545add01ec; Katherine Bishop, "Plot Against U.S. Described In Court," *New York Times*, February 28, 1988; Hamm, *Terrorism as Crime*, 100; Noble, *Tabernacle of Hate*, 103, 173; Stern, "Covenant, Sword, and Arm of the Lord," 139, 150–56. スターンとのインタビューで, ノーブルは特定の

都市が選び出されていたことは否定していた．Stern, "Covenant, Sword, and Arm of the Lord," 151.

（21）Coulson and Shannon, *No Heroes*, 312.

（22）国防総合大学（ワシントンDC）の生物化学兵器の専門家Dr. Seth Carusとの電子メール通信，2020年10月5日．Richard C. Dart, "Hydroxocabalamin for Acute Poisoning: New Data from Preclinical and Clinical Studies; New Results from the Prehospital Emergency Setting," *Clinical Toxicology* 44, suppl. 1, nos. 1-3 (2006): 1-3; Stern, "Covenant, Sword, and Arm of the Lord," 153-54, 156. これらすべてが以下のブリューの文献の主張と矛盾する．Belew, *Bring the War Home*, 179.

（23）以下に引用．Stern, "Covenant, Sword, and Arm of the Lord," 151.

（24）Coulson and Shannon, *No Heroes*, 313.

（25）Belew, *Bring the War Home*, 171; James Coates and Stephen Franklin, "'Underground' of Racist Leaders Coordinated Crimes, FBI Tapes Show," *Washington Post*, December 28, 1987; Wayne King, "20 Held in 7 States in Sweep of Nazis Arming for 'War' on U.S.," *New York Times*, March 3, 1985.

（26）Belew, *Bring the War Home*, 171.

（27）ibid.; James Coates, "U.S. Aims to Break Neo-Nazis," *Chicago Tribune*, April 26, 1987.

（28）Iver Peterson, "White Supremacists Meet in Quest for Homeland," *New York Times*, July 14, 1986.

（29）メッガーの最近の死亡記事は彼を「白人至上主義運動の最も影響力あるリーダーのひとり」と表現した．Concepción de León, "Tom Metzger, Notorious White Supremacist, Dies at 82," *New York Times*, November 12, 2020.

（30）ウィズローは運動を離れ，翌年には白人至上主義と縁を切った．それ以降は，人種差別と反ユダヤ主義をはっきりと非難した．James Alfred Aho, *The Politics of Righteousness: Idaho Christian Patriotism* (Seattle: University of Washington Press, 2014), 33; Jim Mulvaney, "'Skinheads' Founder Now 'Sorry for What I've Done,'" *Chicago Sun-Times*, July 27, 1993, https://web.archive.org/web/20140921122235/http://www.highbeam.com/doc/1P2-4181798.html.

（31）Steve Green, "White Supremacists Meet in Idaho," UPI, July 12, 1986.

（32）以下に引用．Peterson, "White Supremacists Meet in Quest for Homeland."

（33）以下に引用．Flynn and Gerhardt, *The Silent Brotherhood*, 388.

（34）State v. Dorr, 120 Idaho 441, 816 P.2d 998 (1991), July 1, 1991, 441-45, https://cite.case.law/idaho/120/441/; Coates, *Armed and Dangerous*, 261; Flynn and Gerhardt, *The Silent Brotherhood*, 388; Charles W. Hall, "Former Neo-Nazi Had Troubled MD. Past," *Washington Post*, February 26, 1987; Edward B. Havens, "One Neo-Nazi Guilty of Murder, Two of Counterfeiting," UPI, February 5, 1987; David A. Neiwert, *In God's Country: The Patriot Movement and the Pacific Northwest* (Pullman: Washington State University Press, 2019), 60-61; Eric Scigliano, "He Was Not Following Orders," *Seattle Weekly*, October 9; Brent L. Smith, *Terrorism in America: Pipe Bombs and Pipe Dreams* (Albany: State University of New York Press, 1994), 77-79; Wallace Turner, "3 in Racist Group Held on Counterfeiting Charges," *New York Times*, October 4, 1986; Stuart A. Wright, *Patriots, Politics, and the Oklahoma City Bombing* (Cambridge: Cambridge University Press, 2007), 93-94; Glen Warchol, "Coeur d'Alene Bombing Suspects Arraigned," UPI, October 1, 1987; Bernie Wilson, "URGENT—3 Linked to Aryan Nations Arrested," AP, October 3, 1986.

（35）State v. Dorr, 442-43; Smith, *Terrorism in America*, 78-79; Warchol, "Coeur d'Alene Bombing Suspects Arraigned."

（36）Sam Meddis, "Neo-Nazis Weakened, FBI Says," *USA Today*, February 18, 1985.

（37）"Wanted by FBI: Thomas George Harrelson," Identification Order 5023, November 8, 1986, https://www.ebay.com/itm/ARYAN-NATION-LEADER-NEO-NAZI-THOMAS-HARRELSON-FBI-WANTED-POSTER-PLS-OFFER-/224135654820; "Most Wanted: Thomas George Harrelson—Former Ten Most Wanted Fugitive #407," https://www.fbi.gov/wanted/topten/topten-history/hires_images/FBI-407-ThomasGeorgeHarrelson.jpg/view; "Thomas Harrelson," Unsolved Mysteries, https://

unsolvedmysteries.fandom.com/wiki/Thomas_Harrelson; "Suspect in Bank Robberies One of FBI's Most Wanted," *Los Angeles Times*, November 30, 1986; "Man Arrested for Bank Robbery on FBI Fugitives List," Associated Press, February 20, 1987; Coates, "U.S. Aims To Break Neo-Nazis"; Wayne King, "Neo-Nazi Is Focus of Searching by F.B.I.," *New York Times*, August 18, 1986; and Gerald Kopplin, "Suspected White Supremacist to Face Bank Robbery Charges," United Press International, February 24, 1987.

(38) David H. Bennett, *The Party of Fear: The American Far Right from Nativism to the Militia Movement* (New York: Vintage, 1995), 448; "Eight Suspects Have Been Arrested in a White Supremacist Plot," UPI, December 16, 1986; Flynn and Gerhardt, *The Silent Brotherhood*, 389; Andy Hall, "Secret War: 'Patriots' Have Loose Ties to Rightists Nationwide," *Arizona Republic*, December 21, 1986; Thomas J. Knudson, "Right-Wing Group Accused of Bank Robbery Plot," *New York Times*, December 17, 1986; Daniel Levitas, *The Terrorist Next Door: The Militia Movement and the Radical Right* (New York: Thomas Dunne, 2002), 289–90; Brent L. Smith, Kelly R. Damphousse, and Paxton Roberts, *Pre-Incident Indicators of Terrorist Incidents: The Identification of Behavioral, Geographic, and Temporary Patterns of Preparatory Conduct* (Washington, DC: Department of Justice, May 2006), appendix C, "Case Study Narratives: 1.1 Arizona Patriots," 1; Kenneth S. Stern, *A Force Upon the Plain: The American Militia Movement and the Politics of Hate* (New York: Simon & Schuster, 1996), 185, 191; Wright, *Patriots, Politics, and the Oklahoma City Bombing*, 94–95.

(39) "Ty Hardin: Biography," IMDb, https://www.imdb.com/name/nm0362249/bio; Levitas, *The Terrorist Next Door*, 289. 以下も参照. Bennett, *The Party of Fear*, 448; "Eight Suspects Have Been Arrested in a White Supremacist Plot"; Smith et al., *Pre-Incident Indicators of Terrorist Incidents*, 1; Smith, *Terrorism in America*, 80; Wright, *Patriots, Politics, and the Oklahoma City Bombing*, 94.

(40) 以下に引用. "Ty Hardin: Biography."

(41) Hall, "Secret War: 'Patriots' Have Loose Ties to Rightists Nationwide"; Levitas, *The Terrorist Next Door*, 289; Wright, *Patriots, Politics, and the Oklahoma City Bombing*, 92.

(42) Wayne F. Manis, *The Street Agent: After Taking on the Mob, the Klan, and the Aryan Nations, He Walks Softly and Carries a .357 Magnum—The True Story* (Palisades, NY: History Publishing, 2014), 394, 315; Wright, *Patriots, Politics, and the Oklahoma City Bombing*, 92.

(43) Belew, *Bring the War Home*, 214; Levitas, *The Terrorist Next Door*, 289; Smith, *Terrorism in America*, 80; Wright, *Patriots, Politics, and the Oklahoma City Bombing*, 94–95.

(44) Belew, *Bring the War Home*, 171; Flynn and Gerhardt, *The Silent Brotherhood*, 389; Hall, ""Secret War: 'Patriots' Have Loose Ties to Rightists Nationwide"; Levitas, *The Terrorist Next Door*, 289; Neiwert, *In God's Country*, 134; Smith, *Terrorism in America*, 80–81; Wright, *Patriots, Politics, and the Oklahoma City Bombing*, 94–95.

(45) 以下に引用. Belew, *Bring the War Home*, 171, 214.

(46) Evelyn A. Schlatter, *Aryan Cowboys: White Supremacists and the Search for a New Frontier, 1970–2000* (Austin: University of Texas Press, 2006), 41. 以下も参照. Hall, "Secret War: 'Patriots' Have Loose Ties to Rightists Nationwide."

(47) Smith et al., *Pre-Incident Indicators of Terrorist Incidents*, 3–4.

(48) Stern, *A Force Upon the Plain*, 191; Klanwatch, *False Patriots: The Threat of Antigovernment Extremists* (Montgomery, AL: Southern Poverty Law Center, 1996), 21.

(49) James Coates and Stephen Franklin, "Court Records Detail Neo-Nazis' Network," *Chicago Tribune*, December 27, 1987. 以下も参照. Anti-Defamation League, *Extremism on the Right: A Handbook* (New York: Anti-Defamation League, 1983), 116–17; Belew, *Bring the War Home*, 171–72; "Covenant (CSA)—the Rock Star," GlobalSecurity.org, https://www.globalsecurity.org/military/world/para/csa-1.htm.

(50) District Court for the Western District of Arkansas, Fort Smith Division: United States of America

v. Robert Edward Miles, et al. Trial Testimony of Robert E. Miles, 1988, no. 87-20008-01-14; Belew, *Bring the War Home*, 171–72; Coates and Franklin, "'Underground' of Racist Leaders Coordinated Crimes"; Bill Morlin, "Former Butler Associate, Klan Leader Remain at Large," *Spokesman-Review Spokane Chronicle*, April 25, 1987; Risks International, *Weekly Risk Assessment* 4, no. 18 (May 1, 1987).

(51) "18 U.S.C. § 2384—U.S. Code—Unannotated Title 18. Crimes and Criminal Procedure § 2384. Seditious Conspiracy," *FindLaw*, https://codes.findlaw.com/us/title-18-crimes-and-criminal-procedure/18-usc-sect-2384.html; Richard Perez-Pena, "The Terror Conspiracy: The Charges; A Gamble Pays Off as the Prosecution Uses an Obscure 19th-Century Law," *New York Times*, October 2, 1995.

(52) United States of America v. Robert Edward Miles et al.; Stephen E. Atkins, *Encyclopedia of Right-Wing Extremism in Modern American History* (Santa Barbara, CA: ABC-CLIO, 2011), 215; Belew, *Bring the War Home*, 172–73; Bishop, "Conspiracy Trial of 14 White Supremacists Begins"; Coulson and Shannon, *No Heroes*, 533; "Fort Smith Sedition Trial of 1988," *Encyclopedia of Arkansas*; Morlin, "Former Butler Associate, Klan Leader Remain at Large."

(53) "Fort Smith Sedition Trial of 1988," *Encyclopedia of Arkansas; Bill Simmons*, "Defendants All Acquitted in Sedition Trial," *Journal News* (White Plains, NY), April 8, 1988.

(54) Atkins, *Encyclopedia of Right-Wing Extremism*, 215; Belew, *Bring the War Home*, 181; Chip Berlet, "Were Feds Duped by White Supremacist and Alleged Killer Frazier Glenn Miller?," *American Prospect*, May 21, 2014; "Fort Smith Sedition Trial of 1988," *Encyclopedia of Arkansas*; "Juror Falls in Love With Ex-defendant," *The Oklahoman* (Oklahoma City), September 13, 1988; Simmons, "Defendants All Acquitted in Sedition Trial"; "Embedded: The Terrorist," National Public Radio, October 30, 2019.

(55) AP, "13 Supremacists Are Not Guilty of Conspiracies," *New York Times*, April 8, 1988; Atkins, *Encyclopedia of Right-Wing Extremism*, 215; Belew, *Bring the War Home*, 173–79; Berlet, "Were Feds Duped by White Supremacist and Alleged Killer Frazier Glenn Miller?"; Coulson and Shannon, *No Heroes*, 533.

(56) Belew, *Bring the War Home*, 179; Coulson and Shannon, *No Heroes*, 533; Simmons, "Defendants All Acquitted in Sedition Trial."

(57) Anti-Defamation League, "ADL Releases Backgrounder on White Supremacist Kansas Shooter Frazier Glenn Miller," April 14, 2014, https://www.adl.org/news/press-releases/adl-releases-backgrounder-on-white-supremacist-kansas-jewish-community-shooter; Coates, "U.S. Aims To Break Neo-Nazis"; Southern Poverty Law Center, "Frazier Glenn Miller," https://www.splcenter.org/fighting-hate/extremist-files/individual/frazier-glenn-miller; "Embedded: The Terrorist," National Public Radio; Morlin, "Former Butler Associate, Klan Leader Remain at Large."

(58) "Archive: April 6, 1987 letter from Frazier Glenn Miller, 'Declaration of War, April 6, 1987,'" *Springfield News Leader* (Springfield, MO), April 14, 2014, https://www.news-leader.com/story/news/local/ozarks/2014/04/14/archive-april-6-1987-letter-from-frazier-glenn-miller/7708641/.

(59) Glenn Miller, *A White Man Speaks Out: The Former Leader of the Largest Active White Rights Group in the United States, Speaks Out for White America* (1999), 61–64, 100–101, https://heavy.com/wp-content/uploads/2014/04/awmso.pdf.

(60) Mark Berman, "White Supremacist Sentenced to Death for Killing Three People Near Jewish Facilities," *Washington Post*, November 10, 2015; Berlet, "Were Feds Duped by White Supremacist and Alleged Killer Frazier Glenn Miller?"; David Helling, Judy Thomas, and Mark Morris, "Records Suggest That F. Glenn Miller Jr. Was Once in Witness Protection Program," *Wichita Eagle* (Kansas), April 15, 2014.

(61) Stephen E. Atkins, *Encyclopedia of Right-Wing Extremism in Modern American History* (Santa

Barbara, CA: ABC-CLLIO, 2011), 215; Katherine Bishop, "Conspiracy Trial of 14 White Supremacists Begins," *New York Times*, February 18, 1988; Noble, *Tabernacle of Hate*, 132.

(62) 以下に引用. Bishop, "Conspiracy Trial of 14 White Supremacists Begins." 以下も参照. "Fort Smith Sedition Trial of 1988," *Encyclopedia of Arkansas*.

(63) Coulson and Shannon, *No Heroes*, 533.

(64) Atkins, *Encyclopedia of Right-Wing Extremism*, 215; "Fort Smith Sedition Trial of 1988," *Encyclopedia of Arkansas*.

(65) Belew, *Bring the War Home*, 179; Noble, *Tabernacle of Hate*, 197.

(66) 以下に引用. AP, "13 Supremacists Are Not Guilty of Conspiracies."

(67) 以下に引用. Simmons, "Defendants All Acquitted in Sedition Trial."

(68) Bruce Hoffman, *Recent Trends and Future Prospects of Terrorism in the United States* (Santa Monica, CA: RAND Corporation, May 1988, R-3618), 48.

(69) Belew, *Bring the War Home*, 191.

(70) Associated Press, "Utah Radio Station Cancels 'Aryan Nations Hour,'" *New York Times*, December 17, 1987; Howard Rosenberg, "Neo-Nazis Cloud the Utah Air: 'Aryan Nations' to Debut Over Tiny Salt Lake City Station," *Los Angeles Times*, November 24, 1987. United Press International, September 23, 1987, 以下に引用, Hoffman, *Recent Trends*, 52.

(71) Arie Perliger, *American Zealots: Inside Right-Wing Domestic Terrorism* (New York: Columbia University Press, 2020), 48–49, 51–53; Irwin Suall et al., *ADL Special Report: Shaved for Battle: Skinheads Target America's Youth* (New York: Anti-Defamation League of B'nai B'rith, November 1987), 2–4; Belew, *Bring the War Home*, 194–95; Bennett, *The Party of Fear*, 433–34; Smith, *Terrorism in America*, 91; Cheryl Sullivan, "White Supremacists, Neo-Nazi Drive to Recruit US Youth Has Some Success Among 'Skinheads,'" *Christian Science Monitor*, August 14, 1987.

(72) Bennett, *The Party of Fear*, 434; Bill Buford, *Among the Thugs* (New York: Vintage, 1993), 141–52; Robert Forbes and Eddie Stampton, *The White Nationalist Skinhead Movement: UK & USA, 1979–1993* (Minneapolis, MN: Feral House, 2015), 9–41; Suall et al., *ADL Special Report: Shaved for Battle*, 2.

(73) Michael Connelly, "Arrests of Teen Members of 'Skinhead' Faction Spell End of Spree of 'Hate Crimes,' Police Say," *Los Angeles Times*, November 1, 1987; "Extremist Admits Gang's Racial Attack," *Los Angeles Times*, July 30, 1987; George Hackett and Pamela Abramson, "Skinheads on the Rampage," *Newsweek*, September 7, 1987; Dennis McLellan, "Ganging Up: 'Skinhead' Groups of White Youths Appear on Rise," *Los Angeles Times*, November 30, 1987; Perliger, *American Zealots*, 50–51; Suall et al., *ADL Special Report: Shaved for Battle*, 1–22; Sullivan, "White Supremacists"; "Terrorism Charges Dropped Against Reputed Skinhead Leader," United Press International, December 1, 1987; "Seven Reputed 'Skinheads' Indicted," United Press International, February 19, 1988.

(74) "Man Arrested in Vandalism of Jewish Businesses," AP, November 14, 1987; Christian Picciolini, *White American Youth: My Descent Into America's Most Violent Hate Movement—and How I Got Out* (New York: Hachette, 2017), 57–58.

(75) Suall et al., *ADL Special Report: Shaved for Battle*, 4–6; Sullivan, "White Supremacists."

(76) 以下に引用. Suall and Lowe, *The Hate Movement Today*, 360.

(77) Church of Jesus Christ Christian, *The Way: A Prison Outreach Newsletter by the Church of Jesus Christ Christian* 1 (June 1987): 1; Smith, *Terrorism in America*, 90–91.

(78) Church of Jesus Christ Christian, *The Way: A Prison Outreach Newsletter by the Church of Jesus Christ Christian* 2 (September–October 1987).

(79) 以下を参照. Louis Beam, "Leaderless Resistance," *The Seditionist* 12 (final ed., February 1992), http://www.louisbeam.com/leaderless.htm. 以下も参照. Klanwatch/Militia Task Force, *False Patriots: The Threat of Antigovernment Extremists* (Montgomery, AL: Southern Poverty Law Center, 1996), 40.

(80) FBI Counterterrorism Division Intelligence Assessment, *State of the Domestic White Nationalist Extremist Movement in the United States* (Washington, DC: Federal Bureau of Investigation, December 13, 2006), 5, https://archive.org/details/foia_FBI_Monograph-State_of_Domestic_White_Nationalist_Extremist_Movement_in_the_U.S./mode/2up.

(81) Levitas, *The Terrorist Next Door*, 72. 以下も参照. Anti-Defamation League, *Extremism on the Right*, 86; Wright, *Patriots, Politics, and the Oklahoma City Bombing*, 58, 62.

(82) 以下を参照. Ernie Lazar FOIA Collection, "GALE, William Potter HQ 1," 〔以下「FOIAC/GWPHQ1」と略記〕 https://archive.org/details/GaleWilliamP.HQ1/page/n1/mode/2up; "GALE, William Potter—San Diego 100-13121," https://archive.org/details/GALEWilliamPotterSanDiego1001312175pp; GALE, William Potter = HQ 62-05253, Misc Serials, https://archive.org/details/galewilli ampotter hq62105253miscserials/page/n17/mode/2up; "GALE, William Potter—Committee of the States-San Francisco 100-63097 and 100A-80325," December 22, 1984, https://archive.org/details/galewilliampottercommitteeofthestatessanfrancisco10063097and100a80325/page/n1/mode/2up; "GALE, William Potter—Ministry of Christ Church=HQ157-289, April 3, 1975, https://archive.org/details/galewilliampotterministryofchristchurchhq15728219/page/n1/mode/2up; "GALE, William Potter—Ministry of Christ Church = Los Angeles 157-7775," May 1, 1973, https://archive.org/details/galewilliampotterministryofchristchurchlosangeles1577775/page/n5/mode/2up.

(83) FOIAC/GWPHQ1 Letter, From: Director, FBI (Hoover) To: Kenneth O'Donnell, Special Assistant to the President, June 7, 1963, 29–30, https://archive.org/details/GaleWilliamP.HQ1/page/n27/mode/2up.

(84) 以下に引用. FOIAC/GWPHQ1 "Interview with Mrs. William Potter Gale," Los Angeles FBI Field Office, January 13, 1964. 以下も参照. FOIAC/GWPHQ1 "William Potter Gale: Racial Matters," Report by SA Harry L. Griffin, Los Angeles Field Office, July 24, 1963, いずれも https://archive.org/details/GaleWilliamP.HQ1/page/n90/mode/1up.

(85) FOIAC/GWPHQ1FBI AIRTEL communication, From: SAC, San Diego To: Director, FBI, December 23, 1958, https://archive.org/details/GaleWilliamP.HQ1/page/n1/mode/2up.

(86) FOIAC/GWPHQ1 "Christian Defense League," FBI date-stamped January 12, 1959, https://archive.org/details/GaleWilliamP.HQ1/page/n5/mode/2up.

(87) FOIAC/GWPHQ1 "William Potter Gale: Racial Matters," Report by SA Harry L. Griffin, Los Angeles Field Office, July 24, 1963, https://archive.org/details/GaleWilliamP.HQ1/page/n62/mode/1up. 以下も参照. FOIAC/GWPHQ1 "WILLIAM POTTER GALE," Los Angeles Field Office, January 13, 1964, https://archive.org/details/GaleWilliamP.HQ1/page/n150/mode/1up; FOIAC/GWPHQ1 Report by SA Harry L. Griffin, Los Angeles Field Office, May 25, 1964.

(88) 以下に引用. FOIAC/GWPHQ1 Letter, From: Director, FBI (Hoover) To: Kenneth O'Donnell, Special Assistant to the President, June 7, 1963, https://archive.org/details/GaleWilliamP.HQ1/page/n41/mode/2up.

(89) FOIAC/GWPHQ1 "GALE, William Potter—Ministry of Christ Church—HQ 157-28219," containing AIRTEL Communication, From: Special Agent-in-Charge, Los Angeles To: FBI DIRECTOR (J. Edgar Hoover), September 24, 1963, https://archive.org/details/galewilliampotterministryofchristchurchhq15728219/page/n69/mode/2.

(90) FOIAC/GWPHQ1 Letter, From: Director, FBI (Hoover) To: Kenneth O'Donnell, Special Assistant to the President, June 7, 1963.

(91) FOIAC/GWPHQ1 "GALE, William Potter—Ministry of Christ Church—HQ 157-28219," AIRTEL Communication, From: Special Agent-in-Charge, Los Angeles To: FBI DIRECTOR (J. Edgar Hoover), September 24, 1963.

(92) "Baptist Street Church Bombing," FBI—History: Famous Cases and Criminals (no date), https://www.

fbi.gov/history/famous-cases/baptist-street-church-bombing. 以下も参照. FBI, Freedom of Information and Privacy Acts, Subject: Birmingham, Alabama, Sixteenth Street Baptist Church Bombing/ September 15, 1963, part 9 of 11, "Sixteenth (16th Street Church Bombing," FBI Records: The Vault (no date) Urgent Teletype from SAC, Atlanta to SACS, El Paso and Birmingham, September 21, 1963, https://vault.fbi.gov/16th%20Street%20Church%20Bombing%20/16th%20Street%20Church%20 Bombing%20Part%2037%20of%2051.

(93) FOIAC/GWPHQ1https://archive.org/details/GALEWilliamPotterSanDiego1001312175pp/page/n7/mode/2up, "William Potter Gale: Racial Matters," Report by SA Harry L. Griffin, Los Angeles Field Office, July 24, 1963, https://archive.org/details/GaleWilliamP.HQ1/page/n104/mode/1up.

(94) FOIAC/GWPHQ1 "GALE, William Potter—Ministry of Christ Church—HQ 157-28219," AIRTEL Communication, From: Special Agent-in-Charge, Los Angeles To: FBI DIR (J. Edgar Hoover), September 24, 1963, https://archive.org/details/galewilliampotterministryofchristchurchhq15728219/page/n69/mode/2.

(95) FOIAC/GWPHQ1 "William Potter Gale: Racial Matters," Report by SA Harry L. Griffin, L.A. Field Office, July 24, 1963, https://archive.org/details/GaleWilliamP.HQ1/page/n107/mode/1up; FOIAC/GWPHQ1 Memorandum From: SAC, L.A. Field Office To: Director, FBI (Hoover), June 16, 1964; FOIAC/GWPHQ1 Memorandum, SA John C. O'Neill to U.S. Secret Service, L.A.; 115th INTC, Region II, Pasadena; FIO, Los Angeles; OSI, District 18, Maywood, October 6, 1964.

(96) FOIAC/GWPHQ1 "William Potter Gale: Racial Matters," Report by SA Harry L. Griffin, Los Angeles Field Office, July 24, 1963; FOIAC/GWPHQ1 "GALE, William Potter—San Diego 100-13121," WILLIAM POTTER GALE—RACIAL MATTERS, July 24, 1963.

(97) FOIAC/GWPHQ1 "Gale, William Potter HQ 1," Letter, From: Director, FBI (Hoover) To: Kenneth O'Donnell, Special Assistant to the President, June 7, 1963.

(98) FOIAC/GWPHQ1 https://archive.org/details/galewilliampotterhq62105253miscserials/page/n17/mode/2up, Memorandum, L.A. Field Office, Subject: WILLIAM POTTER GALE, January 22, 1964.

(99) FOIAC/GWPHQ1 Memorandum, Re: Christian Defense League, Federal Bureau of Investigation, Miami, Florida, February 3, 1964. 以下も参照. ADL, "Christian Identity," (no date), https://www.adl.org/resources/backgrounders/christian-identity.

(100) FOIAC/GWPHQ1 https://archive.org/details/GaleWilliamP.HQ1/page/n1/mode/2up, HQ1 Memorandum, Miami Field Office, FBI February 3, 1964; and, Letter, from Richard Girnt Butler, National Director to Dear Christian, January 23, 1964.

(101) FOIAC/GWPHQ1 Memorandum: WILLIAM POTTER GALE," L.A. Field Office, July 25, 1963.

(102) FOIAC/GWPHQ1 Attachment, SAC, Miami Field Office to Director, FBI (Hoover), February 26, 1964 National Headquarters, Christian Defense League, Membership Application Pledge (no date).

(103) FOIAC/GWPHQ1 AIRTEL, SAC, L.A. Field Office to Director, FBI (Hoover), January 14, 1964.

(104) FOIAC/GWPHQ1 Memorandum: WILLIAM POTTER GALE," L.A. Field Office, March 5, 1964.

(105) FOIAC/GWPHQ1 IDENTITY GROUP, aka Ministry of Christ Church, Memorandum, FBI Los Angeles Field Office, March 5, 1975 Appendix: Identify Group: Characterization Of Subversive Organization; Extremist Matter—White Hate Group (revised August 16, 1974).

(106) FOIAC/GWPHQ1 Ministry of Christ Church, Sacramento Field Office "William Potter Gale," May 16, 1973.

(107) FOIAC/GWPHQ1 Ministry of Christ Church, Sacramento Field Office "William Potter Gale," August 24, 1973.

(108) FOIAC/GWPHQ1 Sacramento Field Office "William Potter Gale," "Sheriffs Posse Comitatus—Detroit 157-10687," 以下に引用, "Law of the Land" (n.d.), https://archive.org/details/SheriffsPosseComitatusDetroit15710687. 以下も参照. "Posse Comitatus," Federal Bureau of Investigation, Sheriff's Posse Comitatus,

Detroit File Number: 100A-43113, June 6, 1974; and "The Posse Comitatus by the authority of The Constitution Of The United States" (n.d.), 1.

(109) 以下に引用. FOIAC/GWPHQ1 Memorandum, FBI Portland [Oregon] Field Office to U.S. Attorney, Portland, et al. June 6, 1974; 4. 以下も参照. FOIAC/GWPHQ1 Ministry of Christ Church, Sacramento Field Office "William Potter Gale," GALE, William Potter—Ministry of Christ Church = Los Angeles 157-7775, "Manual of Christian Common Law for Christians ... and their Posses (no date), https://archive.org/details/galewilliampotterministryofchristchurchlosangeles1577775/page/n3/mode/2up.

(110) FOIAC/GWPHQ1 IDENTITY GROUP, aka Ministry of Christ Church, Memorandum, FBI Los Angeles Field Office, March 5, 1975, Appendix: Identify Group: Characterization Of Subversive Organization; Extremist Matter—White Hate Group (revised August 16, 1974).

(111) FOIAC/GWPHQ1 William Potter Gale, "How To Protect Yourself From The Internal Revenue Service (on your income tax)," (no date).

(112) Levitas, *The Terrorist Next Door*, 3–4.

(113) James Corcoran, *Bitter Harvest: The Birth of Paramilitary Terrorism in the Heartland* (New York: Penguin, 1995), 30; Christopher Hewitt, *Understanding Terrorism in America: From the Klan to Al Qaeda* (London: Routledge, 2003), 73.

(114) Paul de Armond, "The Law Applied," *Albion Monitor/Features*, April 15, 1996 at: www.albionmonitor.com/freemen/ci-view.html.

(115) Wright, *Patriots, Politics, and the Oklahoma City Bombing*, 64.

(116) Levitas, *The Terrorist Next Door*, 120. 以下も参照. Sean Anderson and Stephen Sloan, *Historical Dictionary of Terrorism* (Metuchen, NJ: Scarecrow, 1995), 290; Perliger, *American Zealots*, 64.

(117) Wright, *Patriots, Politics, and the Oklahoma City Bombing*, 64.

(118) Corcoran, *Bitter Harvest*, 5–23.

(119) 以下に引用. Megan Rosenfeld, "Dodge City Showdown Racist, Anti-Semitic Radio Broadcasts Alleged," *Washington Post*, May 7, 1983. 以下も参照. "Obituaries: William Gale; Led Several Racist Groups," *Los Angeles Times*, May 4, 1988.

(120) 以下に引用. Corcoran, *Bitter Harvest*, 31.

(121) 以下に引用. Anti-Defamation League, *Extremism on the Right*, 87. 以下も参照. Bennett, *The Party of Fear*, 447–48.

(122) Levitas, *The Terrorist Next Door*, 284; "Obituaries: William Gale"; "Posse Comitatus Leader, Six Associates, Held Without Bond," Associated Press, October 30, 1986.

(123) 以下に引用. Levitas, *The Terrorist Next Door*, 286.

(124) ibid, 284; "Obituaries: William Gale"; "Posse Comitatus Leader, Six Associates, Held Without Bond."

(125) Levitas, *The Terrorist Next Door*, 3.

(126) Schlatter, *Aryan Cowboys*, 105–6.

(127) Levitas, *The Terrorist Next Door*, 2–3.

(128) ibid., 10–21, 63–65, 298.

第 4 章　危険な武装勢力

(1) David Cunningham, *Klansville, U.S.A.: The Rise and Fall of the Civil Rights-Era Ku Klux Klan* (Oxford: Oxford University Press, 2013), 24; Arnold Forster and Benjamin Epstein, *The Troublemakers: An Anti-Defamation League Report* (Garden City, NY: Doubleday, 1952), 112; Linda Gordon, *The Second Coming of the KKK: The Ku Klux Klan of the 1920s and the American Political Tradition* (New York: Liveright, 2017), 2, 217n4; Patsy Sims, *The Klan* (New York: Dorset, 1978), 2; "William Simmons of Ku Klux Klan; First Imperial Wizard of the Organization Dies—Left It in 20's After a Row Responsible for Founding Law-Abiding, He Claimed," *New York Times*, May 22, 1945.

(2) Sims, *The Klan*, 2–3, 12. 以下も参照. Cas Mudde, *The Far Right Today* (Polity, 2019), 46.

(3) Gordon, *The Second Coming of the KKK*, 3.

(4) ibid., 195; Anna Diamond, "The 1924 Law That Slammed the Door on Immigrants and the Politicians Who Pushed It Back Open," *Smithsonian Magazine*, May 19, 2020; Office of the Historian, "The Immigration Act of 1924 (The Johnson-Reed Act)," U.S. Department of State, https://history.state.gov/milestones/1921-1936/immigration-act.

(5) British Pathé, "40,000 Ku Klux (1925)," April 13, 2014, https://www.youtube.com/watch?v=BnI8SUQPB4k; Terence McArdle, "The Day 30,000 White Supremacists in KKK Robes Marched in the Nation's Capital," *Washington Post*, August 11, 2018; Sims, *The Klan*, 2.

(6) Daniel Byman, "White Supremacy, Terrorism, and the Failure of Reconstruction in the United States," International Security 46, no. 1 (Summer 2021): 53–103.

(7) Bryan Greene, "Created 150 Years Ago, the Justice Department's First Mission Was to Protect Black Rights," *Smithsonian Magazine*, July 1, 2020.

(8) Ron Chernow, *Grant* (Penguin, 2017), 705–10; Cunningham, *Klansville, U.S.A.*, 19–22; Eric Foner, *The Second Founding: How the Civil War and Reconstruction Remade the Constitution* (Norton, 2019), 119–21; National Security Council, *National Strategy for Countering Domestic Terrorism* (White House, June 2021), 5, https://www.whitehouse.gov/wp-content/uploads/2021/06/National-Strategy-for-Countering-Domestic-Terrorism.pdf; Office of the Historian, Office of Art & Archives, "The Ku Klux Klan Act of 1871," United States House of Representatives, History, Art & Archives, https://history.house.gov/Historical-Highlights/1851-1900/hh_1871_04_20_KKK_Act/; Sims, *The Klan*, 4; Leonard Zeskind, *Blood and Politics: The History of the White Nationalist Movement from the Margins to the Mainstream* (Farrar Straus Giroux, 2009), 37.

(9) "In Old California (1910)," Silent Era, January 21, 2007, http://www.silentera.com/PSFL/data/I/InOldCalifornia1910.html; American Mutoscope & Biograph Co., Light Cone: Distribution, Exhibition and Conservation of Experimental Film, https://lightcone.org/en/group-4-american-mutoscope-biograph-co.

(10) Thomas D. Clark, introduction to Thomas Dixon Jr., *The Clansman: A Historical Romance of the Ku Klux Klan* (Lexington: University Press of Kentucky, 1970), 1–2.

(11) A. Scott Berg, *Wilson* (New York: G. P. Putnam's Sons, 2013), 347–48; Roger Ebert, "The Birth of a Nation," RogerEbert.com, March 30, 2003, https://www.rogerebert.com/reviews/great-movie-the-birth-of-a-nation-1915.

(12) Berg, *Wilson*, 348; Scott Kirsner, *Inventing the Movies: Hollywood's Epic Battle Between Innovation and the Status Quo, from Thomas Edison to Steve Jobs* (CinemaTech, 2008), 13.

(13) Pauline Kael, *For Keeps* (New York: Plume/Penguin, 1996), 172–73. 同様の主張をしている以下も参照. Ebert, "The Birth of a Nation."

(14) Berg, *Wilson*, 94, 308, 349. 以下も参照. Ebert, "The Birth of a Nation"; Gordon, *The Second Coming of the KKK*, 11; Sims, *The Klan*, 12; Zeskind, *Blood and Politics*, 38.

(15) Steve Oney, *And the Dead Shall Rise: The Murder of Mary Phagan and the Lynching of Leo Frank* (New York: Pantheon, 2003).

(16) Albert S. Lindemann, *The Jew Accused: Three Anti-Semitic Affairs (Dreyfus, Beilis, Frank), 1894–1915* (Cambridge: Cambridge University Press, 1993), 235–71. 以下も参照. Anti-Defamation League, "Remembering Leo Frank," August 12, 2015, https://www.adl.org/resources/backgrounders/remembering-leo-frank.

(17) Lindemann, *The Jew Accused*, 271–72; Anti-Defamation League, "Remembering Leo Frank"; Jacob Bogage, "Leo Frank Was Lynched for a Murder He Didn't Commit. Now Neo-Nazis Are Trying to Rewrite History," *Washington Post*, May 22, 2017.

(18) C. Vann Woodward, *Tom Watson: Agrarian Rebel* (Oxford: Oxford University Press, 1963), 431–50; Carol Pierannunzi, "Thomas E. Watson (1856–1922)," in *Georgia Encyclopedia: History & Archaeology, Late Nineteenth Century, 1877–1900*, July 14, 2020, https://www.georgiaencyclopedia.org/articles/history-archaeology/thomas-e-watson-1856-1922.
(19) 以下に引用．Woodward, *Tom Watson*, 445.
(20) The People v. Leo Frank Teacher's Guide (New York: Anti-Defamation League, 2009), https://www.adl.org/sites/default/files/people-v-leo-frank-teachers-guide-the.pdf.
(21) Charles O. Jackson, "William J. Simmons: A Career in Ku Kluxism," *Georgia Historical Quarterly* 50, no. 4 (December 1966): 351–52. 以下も参照．DeNeen L. Brown, "The Preacher Who Used Christianity to Revive the Ku Klux Klan," *Washington Post*, April 10, 2018; Gordon, *The Second Coming of the KKK*, 12; "The 20th Century Ku Klux Klan in Alabama," *Alabama Moments in American History*, http://www.alabamamoments.alabama.gov/sec46det.html; Keith S. Hébert, "Ku Klux Klan in Alabama from 1915–1930," *Encyclopedia of Alabama*, March 30, 2023; "William Simmons of Ku Klux Klan."
(22) Brown, "The Preacher Who Used Christianity to Revive the Ku Klux Klan." 以下も参照. Cunningham, *Klansville, U.S.A.*, 24; Gordon, *The Second Coming of the KKK*, 12.
(23) Jackson, "William J. Simmons," 353.
(24) Desmond Ang, "Birth of a Nation: Media and Racial Hate," Faculty Research Working Paper Series, Harvard Kennedy School, Cambridge, MA, November 2020, RWP20-038, 10, https://scholar.harvard.edu/ang/publications/birth-nation-media-and-racial-hate. 以下も参照．Claire Haley, "Stone Mountain: Carving Fact from Fiction," Atlanta History Center, November 18, 2022, https://www.atlantahistorycenter.com/blog/stone-mountain-a-brief-history/; Sims, *The Klan*, 4.
(25) 以下に引用. Jackson, "William J. Simmons," 351. 以下も参照. "The 20th Century Ku Klux Klan in Alabama"; "William Simmons of Ku Klux Klan."
(26) Gordon, *The Second Coming of the KKK*, 40, 97, 141; Sims, *The Klan*.
(27) National Museum of African American History & Culture, Smithsonian; Colonel William Joseph Simmons, Imperial Wizard, *The Ku Klux Klan: Yesterday Today and Forever* (c. 1916), 1.
(28) Forster and Epstein, *The Troublemakers*, 111; Mudde, *The Far Right Today*, 46.
(29) 以下に引用．Forster and Epstein, *The Troublemakers*, 111.
(30) Ang, "Birth of a Nation: Media and Racial Hate," 4–5, 15, 23; Gordon, *The Second Coming of the KKK*, 2–4, 10–12, 96; Katherine Lennard, "Old Purpose, 'New Body': The Birth Of A Nation and the Revival of the Ku Klux Klan," *Journal of the Gilded Age and Progressive Era* 14, no. 4 (October 2015): 616; Sims, *The Klan*, 4.
(31) 以下に引用．"William Simmons of Ku Klux Klan."
(32) ibid.; 以下に引用．Ang, "Birth of a Nation: Media and Racial Hate," 10.
(33) 以下に引用．"William Simmons of Ku Klux Klan."
(34) Cunningham, *Klansville, U.S.A.*, 26; Gordon, *The Second Coming of the KKK*, 15–16, 191–94.
(35) Cunningham, *Klansville, U.S.A.*, 26–32; Sims, *The Klan*, 3.
(36) Cunningham, *Klansville, U.S.A.*, 32; Zeskind, *Blood and Politics*, 39.
(37) Debbie Elliott, "Remembering Birmingham's 'Dynamite Hill' Neighborhood," National Public Radio: Code Sw!tch, July 6, 2013.
(38) Cunningham, *Klansville, U.S.A.*, 4.
(39) Anti-Defamation League of B'nai B'rith, *Hate Groups in America: A Record of Bigotry and Violence*, rev. ed. (New York: Anti-Defamation League of B'nai B'rith), 4.
(40) Cheri Seymour, *Committee of the States: Inside the Radical Right* (Mariposa, CA: Camden Place Communications, 1987). 以下も参照. Anti-Defamation League, *The Militia Movement* (2001), https://www.adl.org/education/resources/backgrounders/militia-movement, 4–5.

(41) Anti-Defamation League, *The Militia Movement*, 4.
(42) Daniel Levitas, *The Terrorist Next Door: The Militia Movement and the Radical Right* (New York: Thomas Dunne, 2002), 284-85.
(43) David H. Bennett, *The Party of Fear: The American Far Right from Nativism to the Militia Movement* (New York: Vintage, 1995), 325.
(44) Ernie Lazar FOIA Collection, "Gale CSA 2 Memorandum," SAC, Sacramento to SAC, Indianapolis, September 12, 1986, https://archive.org/details/galewilliampottercommitteeofthestatessanfrancisco10063097and100a80325/page/n63/mode/2up.
(45) Anti-Defamation League, *The Militia Movement*, 4.
(46) Ernie Lazar FOIA Collection, "Gale CSA 2 Memorandum," SAC, Sacramento to SAC, Indianapolis, September 12, 1986.
(47) 以下に引用. Seymour, *Committee of the States*, 288.
(48) Kathleen Belew, *Bring the War Home: The White Power Movement and Paramilitary America* (Cambridge, MA: Harvard University Press, 2018), 191.
(49) "Appendix; Volunteers for Alabama and Wallace, Also Known as Alabama Militia Volunteers," 41, in Gale HQ1 Report by Harry L. Griffin, Los Angeles Field Office, Subject; William Potter Gale/Racial Matters, July 24, 1963.
(50) U.S. Department of Justice, *Report of the Ruby Ridge Task Force to the Office of Professional Responsibility of Investigation of Allegations of Improper Governmental Conduct in the Investigation, Apprehension and Prosecution of Randall C. Weaver and Kevin L. Harris*, June 10, 1994, 22-24, https://www.justice.gov/sites/default/files/opr/legacy/2006/11/09/rubyreportcover_39.pdf. 以下も参照. Douglas O. Linder, "The Ruby Ridge (Randy Weaver) Trial: An Account," University of Missouri Kansas City School of Law, https://www.famous-trials.com/rubyridge/1152-home; Wayne F. Manis, *The Street Agent: After Taking on the Mob, the Klan, and the Aryan Nations, He Walks Softly and Carries a .357 Magnum—The True Story* (Palisades, NY: History Publishing, 2014), 414-15; David A. Neiwert, *In God's Country: The Patriot Movement and the Pacific Northwest* (Pullman: Washington State University Press, 2019), 63; Evelyn A. Schlatter, *Aryan Cowboys: White Supremacists and the Search for a New Frontier, 1970-2000* (University of Texas Press, 2006), 134-36; Kenneth S. Stern, *A Force Upon the Plain: The American Militia Movement and the Politics of Hate* (New York: Simon & Schuster, 1996), 19; Jess Walter, *Ruby Ridge: The Truth and Tragedy of the Randy Weaver Family* (Harper Perennial, 2002); Stuart A. Wright, *Patriots, Politics, and the Oklahoma City Bombing* (Cambridge University Press, 2007), 140-41; Zeskind, *Blood and Politics*, 301.
(51) "Boundary County, Idaho Population, 2023," https://worldpopulationreview.com/us-counties/id/boundary-county-population.
(52) 以下に引用. Walter, *Ruby Ridge*, 45; 以下も参照. 22-24. Belew, *Bring the War Home*, 186; Morris Dees with James Corcoran, *Gathering Storm: America's Militia Threat* (New York: HarperCollins, 1996), 10-13; Linder, "The Ruby Ridge (Randy Weaver) Trial"; Neiwert, *In God's Country*, 63; Naomi E. Pearson, "Fringe Religion and the Far-Right: Dangerous Behavior Patterns Among Christian Millennialists," *Inquiries Journal* 11, no. 3 (Fall 2019); U.S. Department of Justice, *Report of the Ruby Ridge Task Force*, 23.
(53) Walter, *Ruby Ridge*, 45; 以下も参照. 22-24. Belew, *Bring the War Home*, 24, 196; Pearson, "Fringe Religion and the Far-Right," 1; Schlatter, *Aryan Cowboys*, 135; Stern, *A Force Upon the Plain*, 19; Zeskind, *Blood and Politics*, 301.
(54) Walter, *Ruby Ridge*, 43; 以下も参照. 4, 13, 28-29. Belew, *Bring the War Home*, 196; Danny O. Coulson and Elaine Shannon, *No Heroes: Inside the FBI's Secret Counter-Terror Force* (New York: Pocket, 199), 393; Dees, *Gathering Storm*, 9-12; Levitas, *The Terrorist Next Door*, 302; Manis, *The Street Agent*,

415; Pearson, "Fringe Religion and the Far-Right," 1, 5–7; Stern, *A Force Upon the Plain*, 21; Catherine McNicol Stock, *Rural Radicals: Righteous Rage in the American Grain* (Ithaca, NY: Cornell, 1996), 143–44; Zeskind, *Blood and Politics*, 301.

(55) Zeskind, *Blood and Politics*, 301.

(56) Neiwert, *In God's Country*, 63; Schlatter, *Aryan Cowboys*, 136–37; Stern, *A Force Upon the Plain*, 21–22; Stock, *Rural Radicals*, 145; Walter, *Ruby Ridge*, 2, 65, 70, 74–75, 80, 95–97; Wright, *Patriots, Politics, and the Oklahoma City Bombing*, 140–41; Zeskind, *Blood and Politics*, 302.

(57) 以下に引用. U.S. Department of Justice, *Report of the Ruby Ridge Task Force*, 13, 21, 23, 25–26. 以下も参照. Linder, "The Ruby Ridge (Randy Weaver) Trial"; Manis, *The Street Agent*, 415–16; and Walter, *Ruby Ridge*, 64–65.

(58) Walter, *Ruby Ridge*, 53–54, 57–58, 60, 92–96.

(59) U.S. Department of Justice, *Report of the Ruby Ridge Task Force*, 13, 21–30. 以下も参照. Linder, "The Ruby Ridge (Randy Weaver) Trial."

(60) 以下に引用. U.S. Department of Justice, *Report of the Ruby Ridge Task Force*, 25–26, 29–30, n51; 以下も参照. 37. Belew, *Bring the War Home*, 96–97; Anne Hull, "Randy Weaver's Return from Ruby Ridge," *Washington Post*, April 30, 2001; Levitas, *The Terrorist Next Door*, 302; Linder, "The Ruby Ridge (Randy Weaver) Trial"; Manis, *The Street Agent*, 415–16; Neiwert, *In God's Country*, 63–64; Pearson, "Fringe Religion and the Far-Right," 5–8; Schlatter, *Aryan Cowboys*, 137; Stern, *A Force Upon the Plain*, 21–22; Stock, *Rural Radicals*, 144; Walter, *Ruby Ridge*, 64–65; Zeskind, *Blood and Politics*, 301–2.

(61) U.S. Department of Justice, *Report of the Ruby Ridge Task Force*, 13, 31, 36–37. 以下も参照. Bishop, "Conspiracy Trial of 14 White Supremacists Begins"; Manis, *The Street Agent*, 415; Neiwert, *In God's Country*, 64.

(62) 以下に引用. U.S. Department of Justice, *Report of the Ruby Ridge Task Force*, 13. 以下も参照. Neiwert, *In God's Country*, 64–65; Pearson, "Fringe Religion and the Far-Right," 7; Stern, *A Force Upon the Plain*, 22; Stock, *Rural Radicals*, 145.

(63) U.S. Department of Justice, *Report of the Ruby Ridge Task Force*, 2, 36. 以下も参照. Neiwert, *In God's Country*, 64–65; Pearson, "Fringe Religion and the Far-Right," 7; Stern, *A Force Upon the Plain*, 22; Stock, *Rural Radicals*, 145.

(64) U.S. Department of Justice, *Report of the Ruby Ridge Task Force*, 14. 以下も参照. Linder, "The Ruby Ridge (Randy Weaver) Trial"; Neiwert, *In God's Country*, 65.

(65) U.S. Department of Justice, *Report of the Ruby Ridge Task Force*, 14–15. 以下も参照. Belew, *Bring the War Home*, 197–98; Linder, "The Ruby Ridge (Randy Weaver) Trial"; Manis, *The Street Agent*, 416–17; Neiwert, *In God's Country*, 65; Pearson, "Fringe Religion and the Far-Right," 8; Stern, *A Force Upon the Plain*, 23–24, 31–32; Wright, *Patriots, Politics, and the Oklahoma City Bombing*, 144–45; Zeskind, *Blood and Politics*, 303.

(66) U.S. Department of Justice, *Report of the Ruby Ridge Task Force*, 16–17, italics in original. 以下も参照. Pearson, "Fringe Religion and the Far-Right," 8; Stern, *A Force Upon the Plain*, 24.

(67) Coulson and Shannon, *No Heroes*, 405. 以下も参照. Wright, *Patriots, Politics, and the Oklahoma City Bombing*, 146.

(68) U.S. Department of Justice, *Report of the Ruby Ridge Task Force*, 17–18. 以下も参照. Manis, *The Street Agent*, 417–19; Neiwert, *In God's Country*, 65–66; Wright, *Patriots, Politics, and the Oklahoma City Bombing*, 147.

(69) Stock, *Rural Radicals*, 146; Walter, *Ruby Ridge*, 246; Zeskind, *Blood and Politics*, 304.

(70) Zeskind, *Blood and Politics*, 304; Stock, *Rural Radicals*, 145; Stern, *A Force Upon the Plain*, 24–25; Wright, *Patriots, Politics and the Oklahoma City Bombing*, 146.

(71) Zeskind, *Blood and Politics*, 304.
(72) Belew, *Bring the War Home*, 198; Stern, *A Force Upon the Plain*, 25.
(73) Belew, *Bring the War Home*, 198; Stern, *A Force Upon the Plain*, 25.
(74) U.S. Department of Justice, *Report of the Ruby Ridge Task Force*, 19.
(75) Belew, *Bring the War Home*, 199; Briana Erickson, "War Hero 'Bo' Gritz Reflects on Ruby Ridge Siege 28 Years Later," *Las Vegas Review-Journal*, September 21, 2020; Dees, *Gathering Storm*, 24; Philip Oltermann, "Erase and Forget: New Documentary Reveals Life Story of the Real Rambo," *Guardian*, February 13, 2017; Neiwert, *In God's Country*, 66; Pearson, "Fringe Religion and the Far-Right," 8; Schlatter, *Aryan Cowboys*, 137–39; Stern, *A Force Upon the Plain*, 29.
(76) Manis, *The Street Agent*, 419.
(77) 以下に引用. Stern, *A Force Upon the Plain*, 30.
(78) Walter, *Ruby Ridge*, 136, 233–45. See also "A Timeline of the Ruby Ridge Standoff and Its fallout," Associated Press, August 22, 1997, https://apnews.com/article/9d100cbcc4b5202ff1de0810ce4b1869; "Fugitive's Friend Gives Up in Idaho," *New York Times*, August 31, 1992; Dees, *Gathering Storm*, 25; Manis, *The Street Agent*, 419–20; Neiwert, *In God's Country*, 66; Hatewatch Staff, "'Patriot' Conspiracy Theorist Jack McLamb Dies," Southern Poverty Law Center, January 13, 2014, https://www.splcenter.org/hatewatch/2014/01/13/patriot-conspiracy-theorist-jack-mclamb-dies; Stern, *A Force Upon the Plain*, 30–33; Stock, *Rural Radicals*, 146;, Zeskind, *Blood and Politics*, 305–6.
(79) U.S. Department of Justice, *Report of the Ruby Ridge Task Force*, 20. 以下も参照. "18 Months in Jail for Supremacist," *New York Times*, October 19, 1993; Belew, *Bring the War Home*, 196, 199–200; "Opening Statement of Louis J. Freeh, Director, Federal Bureau of Investigation Before the Subcommittee on Terrorism, Technology, and Government Information, Committee on the Judiciary, United States Senate, Washington, D.C.," Ruby Ridge Hearing, October 19, 1995, https://fas.org/irp/congress/1995_hr/s951019f.htm#reforms%20subsequent; Oliver "Buck" Revell and Dwight Williams, *A G-Man's Journal: A Legendary Career Inside the FBI—from the Kennedy Assassination to the Oklahoma City Bombing* (New York: Pocket, 1998), 467–68; Stern, *A Force Upon the Plain*, 39–41; Wright, *Patriots, Politics, and the Oklahoma City Bombing*, 148.
(80) "Another Federal Fiasco," *New York Times*, July 12, 1993.
(81) Douglas O. Linder, "Charges and the Defense Strategy in the Ruby Ridge (Weaver and Harris) Trial," *Famous Trials*, https://www.famous-trials.com/rubyridge/1146-weaverdefense; Douglas O. Linder, "The Ruby Ridge (Randy Weaver) Trial"; "The Ruby Ridge (Weaver and Harris) Trial: Selected Excerpts from the Trial Transcript," *Famous Trials*, https://www.famous-trials.com/rubyridge/1146-weaverdefense; "A Timeline of the Ruby Ridge Standoff and Its Fallout"; Pearson, "Fringe Religion and the Far-Right," 8–9; Schlatter, *Aryan Cowboys*, 139; Sam Howe Verhovek, "F.B.I. Agent to Be Spared Prosecution in Shooting," *New York Times*, June 15, 2001.
(82) Levitas, *The Terrorist Next Door*, 303.
(83) Bennett, *The Party of Fear*, 449; Robert L. Jackson, "Militant Relives Idaho Tragedy for Senators," *Los Angeles Times*, September 7, 1995; Schlatter, *Aryan Cowboys*, 140; Stock, *Rural Radicals*, 145; David C. Williams, "The Militia Movement and Second Amendment Revolution: Conjuring with the People," Digital Repository @ Maurer Law, Law Library, University of Indiana, 1996, 880, 891, 903, 928, 938, https://www.repository.law.indiana.edu/facpub/633; Zeskind, *Blood and Politics*, 301, 304, 310.
(84) 以下に引用. Stern, *A Force Upon the Plain*, 34.
(85) ibid, 27; Zeskind, *Blood and Politics*, 306–7.
(86) 以下に引用. Zeskind, *Blood and Politics*, 306.
(87)「われわれは死に物狂いで戦う. 死に物狂いで戦わなければ, この国を失うことになる」. 以下を参照.

Brian Naylor, "Read Trump's Jan. 6 Speech, a Key Part of Impeachment Trial," National Public Radio: WAMU 88.5, February 10, 2021, https://www.npr.org/2021/02/10/966396848/read-trumps-jan-6-speech-a-key-part-of-impeachment-trial.

(88) Anti-Defamation League of B'nai B'rith, *Extremism on the Right: A Handbook*, new red. ed. (New York: Anti-Defamation League of B'nai B'rith, 1988), 143; Neiwert, *In God's Country*, 67. マシューズはジャック・モアの話を聞くためにその会合に参加した．朝鮮戦争での輝かしい軍歴を持つモアは，ジョン・バーチ協会の会員だったが，その後，アイデンティティ運動に傾倒し，その傑出したメンバーのひとりになった．以下を参照．Anti-Defamation League, *Extremism on the Right*, 137–38; Southern Poverty Law Center, "Remaking the Right," *Intelligence Report*, November 12, 2003, https://www.splcenter.org/fighting-hate/intelligence-report/2003/remaking-right.

(89) 以下に引用．Newiert, *In God's Country*, 67.

(90) Zeskind, *Blood and Politics*, 310.

(91) Anti-Defamation League, *Armed and Dangerous: Militias Take Aim at the Federal Government* (New York: Anti-Defamation League, 2001), 17; Dees, *Gathering Storm*, 49; Newiert, *In God's Country*, 67; Southern Poverty Law Center, "Larry Pratt," https://www.splcenter.org/fighting-hate/extremist-files/individual/larry-pratt; Schlatter, *Aryan Cowboys*, 140; Zeskind, *Blood and Politics*, 314–17.

(92) 以下に引用．Dees, *Gathering Storm*, 50.

(93) Anti-Defamation League, *The Militia Movement* (New York: Anti-Defamation League, 2001), 5–6; Dees, *Gathering Storm*, 49–50; Levitas, *The Terrorist Next Door*, 303; Newiert, *In God's Country*, 67; Southern Poverty Law Center, "Larry Pratt."

(94) Louis Beam, "Louis Beam's Estes Park, Colorado Speech," http://www.louisbeam.com/estes.htm, http://video.google.com/videosearch?q=louis+beam&emb=0&aq=f#; Dees, Gathering Storm, 50–52. 以下も参照．Morris Dees with James Corcoran, "The Nazi Link with Militias: White Racists Play Down Their Politics to Recruit from the Middle Class," *Baltimore Sun*, June 16, 1996; Levitas, *The Terrorist Next Door*, 303; Schlatter, *Aryan Cowboys*, 140; Southern Poverty Law Center, "Louis Beam: In His Own Words—Speech at Estes Park, Colo., 1992"; "Louis Beam: In His Own Words," *Intelligence Report*, 2015; Stern, *A Force Upon the Plain*, 35.

(95) Chip Berlet and Matthew N. Lyons, *Right-Wing Populism in America: Too Close for Comfort* (New York: Guilford, 2000), 13, 15.

(96) Louis Beam, "Louis Beam's Estes Park, Colorado Speech"; Dees, *Gathering Storm*, 50–52.

(97) Dees, *Gathering Storm*, 49, 50. Newiert, *In God's Country*, 68; Schlatter, *Aryan Cowboys*, 140–41; Stern, *A Force Upon the Plain*, 35.

(98) Neiwert, *In God's Country*, 66.

(99) Schlatter, *Aryan Cowboys*, 140.

(100) Stern, *A Force Upon the Plain*, 37; Zeskind, *Blood and Politics*, 318.

(101) Belew, *Bring the War Home*, 191.

(102) Dees, *Gathering Storm*, 58; Arie Perliger, *Challengers from the Sidelines: Understanding America's Violent Far-Right* (West Point, NY: Combating Terrorism Center, November 2012), 65–68, 81–82; Zeskind, *Blood and Politics*, 310, 315–19.

(103) Anti-Defamation League, *The Militia Movement*, 6–7.

(104) U.S. Treasury Enforcement, *Report of the Department of the Treasury on the Bureau of Alcohol, Tobacco, and Firearms Investigation of Vernon Wayne Howell Also Known as David Koresh* (Washington, DC: U.S. Government Printing Office, 1993), https://ia800209.us.archive.org/17/items/reportofdepartme00unit/reportofdepartme00unit.pdf. 以下も参照．Kevin Cook, *Waco Rising: David Koresh, the FBI, and the Birth of America's Modern Militias* (New York: Henry Holt, 2023), 16, 20–21, 34–36, 42–44, 62, 129–30; Jeff Guinn, *Waco: David Koresh, the Branch Davidians, and a Legacy of Rage*

(New York: Simon & Schuster, 2023), 108–9, 117–18, 122–23, 140, 211–12.

(105) たとえば，グーグル検索をするとこのテーマについて書かれた20冊を超える書籍に130万以上の「ヒット」があり，ほかにも以下のような多くのドキュメンタリーがある．*David Koresh: The Final 24, Waco Siege: Days That Shaped America, Waco: The Inside Story, Waco: The Rules of Engagement, Waco: A New Revelation, and Witness to Waco.* Netflixの連続ドラマは以下を参照．Waco, https://www.imdb.com/title/tt6040674/.

(106) Department of Justice Archives, *Report to the Deputy Attorney General on the Events at Waco, Texas: The Aftermath of the April 19 Fire* (Washington, DC: U.S. Department of Justice, updated February 14, 2018), https://www.justice.gov/archives/publications/waco/report-deputy-attorney-general-events-waco-texas-aftermath-april-19-fire. 以下も参照． Cook, *Waco Rising*, 1–2, 170–87; Jeff Guinn, *Waco*, 1–10, 203–7; James D. Tabor and Eugene V. Gallagher, *Why Waco? Cults and the Battle for Religious Freedom in America* (Berkeley: University of California Press, 1995), 2–3.

(107) Walter, *Ruby Ridge*, 299.

(108) Henry Schuster with Charles Stone, *Hunting Eric Rudolph: An Insider's Account of the Five-Year Search for the Olympic Bombing Suspect* (New York: Berkley, 2005), 168–69.

(109) Robert L. Jackson, "Militant Relives Idaho Tragedy for Senators," *Los Angeles Times*, September 7, 1995.

(110) 以下を参照. Anti-Defamation League, "ADL Report Focused on Militia Movement Six Months Before Oklahoma," *ADL on the Frontline: A Monthly Newsletter*, May/June 1995, 1, 4, https://www.adl.org/sites/default/files/on-the-frontline-may-june-1995.pdf.

(111) Bennett, *The Party of Fear*, 449.

(112) Stock, *Rural Radicals*, 146.

(113) Anti-Defamation League, *Armed and Dangerous*, 17; Steven E. Atkins, *Encyclopedia of Right-Wing Extremism in Modern American History* (Santa Barbara, CA: ABC-CLIO, 2011), 228; Barry J. Balleck, *Modern American Extremism and Domestic Terrorism: An Encyclopedia of Extremist Groups* (Santa Barbara, CA: ABC-CLIO, 2018), 364; Bennett, *The Party of Fear*, 450–51; Immanuel Ness, *Encyclopedia of American Social Movements* (London: Routledge, 2015), 4:1445.

(114) Stern, *A Force Upon the Plain*, 26. 以下も参照． Belew, *Bring the War Home*, 197–98; Stock, *Rural Radicals*, 146.

(115) Wright, *Patriots, Politics, and the Oklahoma City Bombing*, 170.

(116) Stern, *A Force Upon the Plain*, 37; Wright, *Patriots, Politics, and the Oklahoma City Bombing*, 170.

(117) Belew, *Bring the War Home*, 197. 以下も参照. Stern, *A Force Upon the Plain*, 26; Walter, *Ruby Ridge*, 147, 247.

(118) Neiwert, *In God's Country*, 52–55, 68; Schlatter, *Aryan Cowboys*, 140.

(119) Bennett, *The Party of Fear*, 450; Wright, *Patriots, Politics, and the Oklahoma City Bombing*, 170.

(120) 以下を参照. Bureau of Alcohol, Tobacco, Firearms, and Explosives, "Brady Law," July 15, 2021, https://www.atf.gov/rules-and-regulations/brady-law; Jeffrey A. Roth and Christopher S. Koper, "Impacts of the 1994 Assault Weapons Ban: 1994–96," *National Institute of Justice: Research in Brief* (Washington, DC: U.S. Department of Justice, March 1999), 11.

(121) Anti-Defamation League, "ADL Report Focused on Militia Movement Six Months Before Oklahoma," 1; Anti-Defamation League, *Armed and Dangerous*, 1; Williams, "The Militia Movement and Second Amendment Revolution," 880.

(122) 以下に引用． Anti-Defamation League, "Stand Off Against the Government—New Book Examines the Defiance of Armed Citizens," press release, June 10, 1996, https://www.adl.org/sites/default/files/press-releases-1995-1998-re-okc-bombing-militia-mvt.pdf.

(123) 以下に引用. Stern, *A Force Upon the Plain*, 72. 以下も参照. Jonathan Freedland, "Adolf's US Army:

Neo-Fascist Militia Groups Are on the March in the US, and Washington Is Their Target," *Guardian*, December 15, 1994.

(124) Stern, *A Force Upon the Plain*, 72–74. 以下も参照. Williams, "The Militia Movement and Second Amendment Revolution," 931–33; Wright, *Patriots, Politics, and the Oklahoma City Bombing*, 170.

(125) 以下に引用. Anti-Defamation League, *Armed and Dangerous*, 1.

(126) 以下に引用. Freedland, "Adolf's US Army"; Stern, *A Force Upon the Plain*, 74.

(127) Freedland, "Adolf's US Army"; Ness, *Encyclopedia of American Social Movements*, 1445; Wright, *Patriots, Politics, and the Oklahoma City Bombing*, 170–71.

(128) Freedland, "Adolf's US Army."

(129) Atkins, *Encyclopedia of Right-Wing Extremism in Modern American History*, 228; Bennett, *The Party of Fear*, 450; Stern, *A Force Upon the Plain*, 76.

(130) 以下に引用. Paul de Armond, "Leaderless Resistance: The Two-Pronged Movement Consolidates Under Identity," Public Good, June 1997, http://www.nwcitizen.com/publicgood.

(131) Stern, *A Force Upon the Plain*, 45, 75. 以下も参照. Anti-Defamation League, *The Militia Movement*, 8.

(132) Stock, *Rural Radicals*, 146–47. 以下も参照. Anti-Defamation League, *The Militia Movement*, 1.

(133) Williams, "The Militia Movement and Second Amendment Revolution," 881.

(134) 以下に引用. Anti-Defamation League, "ADL Cites Extremist Literature as a 'Paper Trail of Violence,'" press release, May 15, 1996. 以下も参照. Anti-Defamation League, *Civil Rights Division, Research and Evaluation Department, The Literature of Apocalypse: Far-Right Voices of Violence* (New York: ADL, 1996), 6–7.

(135) 以下に引用. Williams, "The Militia Movement and Second Amendment Revolution," 915.

第５章　リーダー不在の抵抗

(１) "Message from the Director," in Terrorist Research and Analytical Center, Counterterrorism Section, Intelligence Division, *Terrorism in the United States 1982–1992* (Washington, DC: U.S. Department of Justice, Federal Bureau of Investigation, 1993), 2.

(２) "Message from the Director," 13.

(３) Terrorist Research and Analytical Center, Counterterrorism Section National Security Division, *Terrorism in the United States 1994* (Washington, DC: U.S. Department of Justice, Federal Bureau of Investigation, 1995), 2.

(４) ibid., 26. 以下も参照. "N.A.A.C.P. Bombings Linked to a Wider Plot, F.B.I. Says," *New York Times*, July 30, 1993.

(５) Dale Russakoff and Serge F. Kovaleski, "An Ordinary Boy's Extraordinary Rage," *Washington Post*, July 2, 1995.

(６) "The Fork In The Road," in *April 19, 1995 9:02 a.m.: The Historical Record of the Oklahoma City Bombing Compiled by Oklahoma Today* 46, no. 1 (Winter 1996): 7.

(７) "Oklahoma City Bombing," FBI History: Famous Cases & Criminals, https://www.fbi.gov/history/famous-cases/oklahoma-city-bombing; Rick Bragg, "Terror in Oklahoma: The Children; Tender Memories of Day Care Center Are All That Remain After the Bomb," *New York Times*, May 3, 1995; Sue Mallonee et al., "Physical Injuries and Fatalities Resulting from the Oklahoma City Bombing," *JAMA: Journal of the American Medical Association* 276, no. 5 (August 7, 1996).

(８) Lou Michel and Dan Herbeck, *American Terrorist: Timothy McVeigh and the Oklahoma City Bombing* (New York: HarperCollins, 2001), 163–65, 171. 以下も参照. "McVeigh Admits Planting Okla. City Bomb," Reuters, February 28, 1997.

(９) Nancy Gibbs, "The Blood of Innocents: In the Bomb's Aftermath, Tales of Horror and Heroism,"

Time, May 1, 1995; Rob McManamy, "Oklahoma Blast Forces Unsettling Design Questions," *Engineering News Record* 234, no. 17 (May 1, 1995): 10–13. この建物には，社会保障庁，社会福祉局，一般調達局，会計検査院，国防調査局，連邦信用組合，運輸省，連邦道路管理局，合衆国陸軍，アメリカ関税局，労働省，農務省，復員軍人援護局，合衆国海兵隊，住宅都市開発局，中小企業局，麻薬取締局，シークレット・サービス，アルコール・たばこ・火器局などの政府機関や部局，そしてもちろん保育所が入っていた．爆破によってこれらの事務所は破壊され，近隣の 75 の他の建物にも被害が及んだ．

(10) Jane H. Lii, "After 15 Days, Search for Bodies Is Coming to an End," *New York Times*, May 4, 1995.

(11) Danny O. Coulson and Elaine Shannon, *No Heroes: Inside the FBI's Secret Counter-Terror Force* (New York: Pocket, 199), 497, 507, 527.

(12) Michel and Herbeck, *American Terrorist*, 36–40; John Kifner, "McVeigh's Mind," *New York Times*, December 31, 1995; Andrew Macdonald [William L. Pierce], *The Turner Diaries*, 2nd ed. (Arlington, VA: National Vanguard, 1985), back cover.

(13) ジェニファー・マクヴェイの証言，1997年5月5日，以下に引用．Douglas O. Linder, *Oklahoma City Bombing Trial* (1997), 34–35, https://famous-trials.com/oklacity/723-jennifertestimony.

(14) ティモシー・マクヴェイの裁判〔以下「TM裁判」と略記〕でのマイケル・フォーティア〔以下「マイケルF」と略記〕の証言，1997年5月12日，以下に引用．Douglas O. Linder, *Oklahoma City Bombing Trial* (1997), 3–4, https://www.famous-trials.com/oklacity/712-fortiertestimony. 以下も参照．"Closing Argument for the Prosecution in the Trial of Timothy McVeigh (Argument by Larry D. Mackey)," May 29, 1997, in Douglas O. Linder, *Oklahoma City Bombing Trial* (1997), https://www.famous-trials.com/oklacity/725-mcveighclosing, 12; Michel and Herbeck, *American Terrorist*, 58–69.

(15) John Kifner, "The Gun Network: McVeigh's World—a Special Report. Bomb Suspect Felt at Home Riding the Gun-Show Circuit," *New York Times*, July 5, 1995; Michel and Herbeck, *American Terrorist*, 56–69; Lou Michel and Dan Herbeck, "Could the Oklahoma City Bombing Have Been Prevented?," Buffalo News, April 13, 2020.

(16) 以下に引用．Michel and Herbeck, *American Terrorist*, 61.

(17) ibid., 75–86; Sally Jacobs, "The Radicalization of Timothy McVeigh," *Tulsa World*, June 10, 1995; Russakoff and Kovaleski, "An Ordinary Boy's Extraordinary Rage."

(18) Kifner, "Bomb Suspect Felt at Home Riding the Gun-Show Circuit"; Michel and Herbeck, *American Terrorist*, 88–89; Michel and Herbeck, "Could the Oklahoma City Bombing Have Been Prevented?"

(19) Michel and Herbeck, *American Terrorist*, 87–89; Tom Rhodes, "Man Charged with Oklahoma Bombing 'Had Klan Links,'" *Times* (London), March 21, 1997.

(20) Michel and Herbeck, *American Terrorist*, 87–89; Mark Hamm, "Tragic Irony: State Malfeasance and the Oklahoma City Bombing Conspiracy," *Critical Criminologist*, 1998, 4, http://sun.soci/niu/~critcrim/CC/hamm98.htm; Rhodes, "Man Charged with Oklahoma Bombing 'Had Klan Links.'"

(21) Michel and Herbeck, *American Terrorist*, 88–89.

(22) Lou Michel and Dan Herbeck, "How Oklahoma City Bomber Timothy McVeigh Changed the Fringe Right," *Buffalo News*, April 19, 2020.

(23) 以下から引用．"Letter from Timothy McVeigh to the Union-Sun & Journal," February 11, 1992, CNN Interactive: Oklahoma City Tragedy, https://web.archive.org/web/20080119111020/http://www.cnn.com/US/OKC/faces/Suspects/McVeigh/1st-letter6-15/index.html; 以下も参照. Coulson and Shannon, *No Heroes*, 508; Michel and Herbeck, *American Terrorist*, 91–92, 95–97, 98–99; Michel and Herbeck, "Could the Oklahoma City Bombing Have Been Prevented?"; Michel and Herbeck, "How Oklahoma City Bomber Timothy McVeigh Changed the Fringe Right"; Rick Pfeiffer, "Oklahoma City Bombing Quickly Linked to Timothy McVeigh 25 Years Ago," *Lockport Union Sun & Journal*, April 19, 2020.

(24) ジェニファー・マクヴェイの証言，1997年5月5日，33–35; Michel and Herbeck, *American Terrorist*,

99–108.
(25) Michel and Herbeck, *American Terrorist*, 111–13. 以下も参照. *White Patriot: Worldwide Voice of the Aryan People—This Is the Klan!* (Tuscumbia, AL: Patriot Press, no date), https://www.biblio.com/book/white-patriot-worldwide-voice-aryan-people/d/1360232328.
(26) 以下に引用. Michel and Herbeck, *American Terrorist*, 116–18.
(27) ibid., 118–19.
(28) TM裁判でのミシェル・ラウチの証言, 1997年6月10日, 以下に引用. Douglas O. Linder, *Oklahoma City Bombing Trial* (1997), 2, 8–9; Michel and Herbeck, *American Terrorist*, 119–20. 以下も参照. "Spotlight: Timothy McVeigh: Rise to Extremism," *Counterterrorism Digest* 11 (n.d.).
(29) ミシェル・ラウチの証言, 5–6, 12–13. 以下も参照. "Closing Argument for the Prosecution in the Trial of Timothy McVeigh (Argument by Larry D. Mackey)," May 29, 1997, 13–14.
(30) ジェニファー・マクヴェイの証言, 1997年5月5日, 33.
(31) ibid., 35; Hamm, "Tragic Irony: State Malfeasance and the Oklahoma City Bombing Conspiracy," 5; Kifner, "Bomb Suspect Felt at Home Riding the Gun-Show Circuit"; Michel and Herbeck, *American Terrorist*, 121–23.
(32) Michel and Herbeck, *American Terrorist*, 124–25.
(33) TM裁判でのマイケルF証言, 1997年5月12日, 9.
(34) TM裁判でのロリ・フォーティア〔以下「ロリF」と略記〕の証言, 1997年4月29日, 25, https://www.famous-trials.com/oklacity/724-loritestimony.
(35) ibid., 1997年4月29日, 7.
(36) ibid., 1997年4月29日, 7; Michel and Herbeck, *American Terrorist*, 129–35.
(37) TM裁判でのマイケルFの証言, 1997年5月12日, 6.
(38) TM裁判でのロリFの証言, 1997年4月29日, 11, 25.
(39) ジェニファー・マクヴェイの証言, 1997年5月5日, 38–39.
(40) *Waco, the Big Lie*, https://www.imdb.com/title/tt3385784/. 以下も参照. Tom Kenworthy, "FBI Agents Testify About Guns, Fertilizer at Home of Nichols," *Washington Post*, November 18, 1997; Jo Thomas, "Political Ideas of McVeigh Are Subject at Bomb Trial," *New York Times*, June 11, 1997.
(41) TM裁判でのマイケルFの証言, 1997年5月12日, 6; ロリFの証言, 1997年4月29日, 84.
(42) Timothy S. Good, *We Saw Lincoln Shot: One Hundred Eyewitness Accounts* (Jackson: University of Mississippi Press, 1995).
(43) Michel and Herbeck, *American Terrorist*, 137. 以下も参照. Michel and Herbeck, "Could the Oklahoma City Bombing Have Been Prevented?"; TM裁判でのロリFの証言, 1997年4月29日, 25–26.
(44) TM裁判でのマイケルFの証言, 1997年5月12日, 11–12; ロリFの証言, 1997年4月29日, 27. 以下も参照. OKC Bombing Trial Transcript-04/24/1997 11:39 CDT/CST, Criminal Action no. 96-CR-68, United States of America, Plaintiff vs. Timothy James McVeigh, Defendant, Reporter's Transcript (Trial to Jury, Volume 60), Joseph H. Hartzler, Special Attorney to the U.S. Attorney General, 32, https://www.oklahoman.com/article/1074825/okc-bombing-trial-transcript-04241997-1139-cdtcst.
(45) TM裁判でのロリF証言, 1997年4月29日, 26–27; Michel and Herbeck, *American Terrorist*, 141–42.
(46) TM裁判でのロリF証言, 1997年4月29日, 24–25; Michel and Herbeck, *American Terrorist*, 152.
(47) Jeffrey A. Roth and Christopher S. Koper, "Impacts of the 1994 Assault Weapons Ban: 1994–96, *National Institute of Justice: Research in Brief* (Washington, DC: U.S. Department of Justice, March 1999), 1–11, https://www.ojp.gov/pdffiles1/173405.pdf.
(48) Bureau of Alcohol, Tobacco, Firearms and Explosives, "Brady Law," https://www.atf.gov/rules-and-regulations/brady-law.
(49) Michel and Herbeck, *American Terrorist*, 159–61.
(50) マクヴェイからパポヴィッチに送った手紙(日付不明), 以下に引用. Tracy McVeigh, "The McVeigh

Letters: Why I Bombed Oklahoma," *Observer Life*, May 3, 2001. 以下も参照. "'Dear Tracy'—by Mass Killer Timothy McVeigh," *Guardian*, May 5, 2001; "US McVeigh Lawyer: Interview with Stephen Jones, McVeigh Former Lawyer," Associated Press, May 6, 2001. 以下も参照. "Interview with "Stephen Jones, McVeigh former lawyer," Associated Press Archive, June 10, 2001, https://www.youtube.com/watch?v=PBN1aOrhxi8.

(51) TM 裁判でのロリ F の証言, 1997 年 4 月 29 日, 28–30; OKC Bombing Trial Transcript-04/24/1997 11:39 CDT/CST 19; and, United States of America, Plaintiff-Appellee, v. Timothy James McVeigh, Defendant-appellant, Appeal from the United States District Court for the District of Colorado, in Decision of the Tenth Circuit Court of Appeals, Affirming the Conviction of Timothy McVeigh (n.d.), 3, http://law2.umkc.edu/faculty/projects/ftrials/mcveigh/mcveigh10thcircuit.html.

(52) TM 裁判でのマイケル F の証言, 1997 年 5 月 12 日, 15.

(53) Michel and Herbeck, *American Terrorist*, 162.

(54) TM 裁判でのマイケル F の証言, 1997 年 5 月 12 日, 21; Appeal from the United States District Court, 3; Michel and Herbeck, *American Terrorist*, 162–65.

(55) TM 裁判でのマイケル F の証言, 1997 年 5 月 12 日, 20. 以下も参照. Tim Kelsey, "The Oklahoma Suspect Awaits Day of Reckoning," *Sunday Times* (London), April 21, 1996.

(56) "McVeigh's Apr. 26 Letter to *Fox News*," *Fox News*, January 13, 2015, https://www.foxnews.com/story/mcveighs-apr-26-letter-to-fox-news.

(57) Kerry Noble, *Tabernacle of Hate* (Prescott, Ontario: Voyageur, 1998), 134–35. 以下も参照. Coulson and Shannon, *No Heroes*, 533–35; Jessica Stern, "The Covenant, the Sword, and the Arm of the Lord" (1985), in *Toxic Terror: Assessing Terrorist Use of Chemical and Biological Weapons*, ed. J. B. Tucker (MIT Press, 2000), 27; Jessica Stern, *Terror in the Name of God: Why Religious Militants Kills* (New York: HarperCollins, 2003), 27–29; Jo Thomas and Ronald Smothers, "Oklahoma City Building Was Target of Plot as Early as '83, Official Says," *New York Times*, May 20, 1995; Stuart A. Wright, *Patriots, Politics, and the Oklahoma City Bombing* (Cambridge University Press, 2007), 90–91.

(58) Michel and Herbeck, *American Terrorist*, 38–39, 59–60, 88, 124–25, 167, 288, 329–30.

(59) 以下に引用. James Brooke, "Newspaper Says McVeigh Described Role in Bombing," *New York Times*, March 1, 1997. マクヴェイは学者のスチュワート・A・ライトにも「まったく同じ返答をした」. ライトはマクヴェイ側の弁護士の鑑定人を務め, 裁判前にも裁判中にもマクヴェイと面会した. Wright, *Patriots, Politics, and the Oklahoma City Bombing*, xiii–xiv, 91. 以下も参照. Jerrold Post, "Psychological and Motivational Factors in Terrorist Decision-Making: Implications for CBW Terrorism," in *Toxic Terror*, 285. 以下も参照. Tom Kenworthy, "McVeigh 'Confession' Clouds Bombing Trial," *Washington Post*, March 3, 1997.

(60) TM 裁判でのマイケル F の証言, 1997 年 5 月 12 日 1997, 20; TM 裁判でのロリ F の証言, 1997 年 4 月 29 日, 41. 以下を参照. Appeal from the United States District Court for the District of Colorado, 3; OKC Bombing Trial Transcript-04/24/1997 11:39 CDT/CST, 31; "McVeigh Aimed to Spark Revolt, Ex-Buddy Says," *International Herald Tribune*, May 13, 1997; Michel and Herbeck, *American Terrorist*, 168–69, 223–25; Jo Thomas, "For First Time, Woman Says McVeigh Told of Bomb Plan," *New York Times*, April 30, 1997; Jo Thomas, "Friend Says McVeigh Wanted Bombing to Start an 'Uprising,'" *New York Times*, May 13, 1997.

(61) TM 裁判でのマイケル F の証言, 1997 年 5 月 12 日, 20; OKC Bombing Trial Transcript-04/24/1997 11:39 CDT/CST, 14.

(62) Michel and Herbeck, *American Terrorist*, 59, 226–28.

(63) 以下に引用. Kelsey, "The Oklahoma Suspect Awaits Day of Reckoning."

(64) TM 裁判でのマイケル F の証言, 1997 年 5 月 12 日 1997, 28. 以下も参照. Michel and Herbeck, *American Terrorist*, 226.

(65) TM裁判でのマイケルFの証言，1997年5月12日，28. 以下も参照．Michel and Herbeck, *American Terrorist*, 186–87.
(66) TM裁判でのマイケルFの証言，1997年5月12日，19–20, 27–28. 以下も参照．Bob Ricks's comments in "Crimes of the Century: Oklahoma City," CNN Transcripts, August 11, 2013, http://www.cnn.com/TRANSCRIPTS/1308/11/cotc.01.html; "Chronology: Following a Trail of Aliases and Other Clues," *New York Times*, August 13, 1995; Michel and Herbeck, *American Terrorist*, 186–88.
(67) TM裁判でのジェニファー・マクヴェイの証言，1997年5月5日，46, 51, 53. 以下も参照．Appeal from the United States District Court for the District of Colorado, 4; "Closing Argument for the Prosecution in the Trial of Timothy McVeigh (argument by Larry D. Mackey)," May 29, 1997, 13; OKC Bombing Trial Transcript-04/24/1997 11:39 CDT/CST, 19; Michel and Herbeck, *American Terrorist*, 197–98, 203–4; Jo Thomas, "In a Letter, McVeigh Told of Shifting to 'Animal,'" *New York Times*, May 9, 1997; Jo Thomas, "McVeigh Letters Before Blast Show the Depth of His Anger," *New York Times*, July 1, 1998.
(68) 以下を参照．Nitro 50–50, "Drag Racing," https://vpracingfuels.com/product/nitro-50-50/.
(69) Michel and Herbeck, *American Terrorist*, 212–19. 以下も参照．"Chronology: Following a Trail of Aliases and Other Clues"; Neil MacFarquhar, "Oklahoma City Marks 25 Years Since America's Deadliest Homegrown Attack," *New York Times*, April 19, 2020.
(70) James H. Anderson, Hans Butzer, and Charles Robert Goins, "Bombing of the Alfred P. Murrah Federal Building, 1995" in *Historical Atlas of Oklahoma*, ed. Danney Goble (Norman: University of Oklahoma Press, 2006), 222; "Chronology: Following a Trail of Aliases and Other Clues"; Michel and Herbeck, *American Terrorist*, 229–32; "McVeigh Chronology," *Frontline*, PBS, https://www.pbs.org/wgbh/pages/frontline/documents/mcveigh/mcveigh3.html.
(71) マクヴェイが1995年4月19日に着ていたTシャツは，顔写真(#95 057)とともに，オクラホマシティ・ナショナル・メモリアル＆ミュージアムに展示されている．本書の著者ひとりが2016年8月14日に訪れて写真を撮った．
(72) "Testimony of Oklahoma State Trooper Charles J. Hangar Concerning His Arrest of Timothy McVeigh on April 19, 1995 (Nichols Trial–Nov. 5, 1997)," 5–7, 13, 18–20, http://law2.umkc.edu/faculty/projects/ftrials/mcveigh/mcveigharrest.html. 以下も参照．"Closing Argument for the Prosecution in the Trial of Timothy McVeigh (argument by Larry D. Mackey)," May 29, 1997, 5–7; OKC Bombing Trial Transcript-04/24/1997 11:39 CDT/CST, 10; Coulson and Shannon, *No Heroes*, 496; Tom Kenworthy, "Anti-Government Writings in McVeigh's Car, Agent Says," *Washington Post*, April 29, 1997; Michel and Herbeck, *American Terrorist*, 226–27, 238–46; Jo Thomas, "Officer Describes His Arrest of a Suspect in the Oklahoma City Bombing," *New York Times*, April 29, 1997.
(73) 以下に引用．"Jim Norman, Case Agent, Oklahoma City Bombing Investigation: Video Transcript," FBI, https://www.fbi.gov/video-repository/newss-jim-norman-case-agent-oklahoma-city-bombing-investigation/view. 以下も参照．Appeal from the United States District Court for the District of Colorado, 4; "Closing Argument for the Prosecution in the Trial of Timothy McVeigh (argument by Larry D. Mackey)," May 29, 1997, 8; OKC Bombing Trial Transcript-04/24/1997 11:39 CDT/CST, 30; Coulson and Shannon, *No Heroes*, 492–502; Michel and Herbeck, *American Terrorist*, 247–55.
(74) U.S. Department of Justice, "#439 Oklahoma Bombing Indictment Statement: Attorney General's Statement," August 10, 1995, https://www.justice.gov/archive/opa/pr/Pre_96/August95/439.txt.html.
(75) "Witness, Jurors Weep at Bomb Trial," *Orange County Register*, April 26, 1997; Jo Thomas, "At Bomb Trial, Tearful Stories of Terrible Day," *New York Times*, April 26, 1997.
(76) United States District Court for the District of Colorado, the Honorable Richard P. Matsch, Criminal Action No. 96-CR-68-M, United States of America, Plaintiff, v. Timothy J. McVeigh, Defendant, Brief of the United States Opposed Stay of Execution, Sean Connelly, Special Attorney to the U.S. District

Attorney, United States Department of Justice Archives, https://www.justice.gov/archives/opa/brief-united-states-opposing-stay-execution; Appeal from the United States District Court for the District of Colorado, 4. 以下も参照. "The McVeigh Jury Speaks," *New York Times*, June 3, 1997; Jo Thomas, "McVeigh Jury Decides on Sentence of Death in Oklahoma Bombing," *New York Times*, June 14, 1997.

(77) "The Oklahoma Bombing Conspirators," http://law2.umkc.edu/faculty/projects/ftrials/mcveigh/conspirators.html; MacFarquhar, "Oklahoma City Marks 25 Years Since America's Deadliest Homegrown Attack."

(78) OKC Bombing Trial Transcript-04/24/1997 11:39 CDT/CST, 4, 6; 以下も参照. 7–8, 17, 24, 28–29.

(79) ジェニファー・マクヴェイの証言, 1997年5月5日, 34, 51; TM裁判でのマイケルFの証言, 1997年5月12日, 4, 41.

(80) "Closing Argument for the Prosecution in the Trial of Timothy McVeigh (argument by Larry D. Mackey)," May 29, 1997, 12–13.

(81) OKC Bombing Trial Transcript-04/24/1997 11:39 CDT/CST, 11; "Closing Argument for the Prosecution in the Trial of Timothy McVeigh (argument by Larry D. Mackey)," May 29, 1997, 6. 以下も参照. Coulson and Shannon, *No Heroes*, 507; Kenworthy, "Anti-Government Writings In McVeigh's Car, Agent Says"; Thomas, "Officer Describes His Arrest of a Suspect in the Oklahoma City Bombing."

(82) Louis Beam, "Louis Beam's Estes Park, Colorado Speech," http://www.louisbeam.com/estes.htm, http://video.google.com/videosearch?q=louis+beam&emb=0&aq=f#.

(83) Michel and Herbeck, *American Terrorist*, 176.

(84) 以下に引用. Marc Fisher and Phil McCombs, "The Book of Hate," *Washington Post*, April 25, 1995.

(85) 銃器ショーでマクヴェイと会った人々は, マクヴェイが「つねにその本を持っていた」ことを覚えていた.「彼はそれをショーで売っていた. 迷彩服のポケットに何冊か入れていた. 定価は10ドルだったが, 彼は5ドルで売った. 改宗者を探しているように見えた」以下に引用. Kifner, "Bomb Suspect Felt at Home Riding the Gun-Show Circuit."

(86) Kifner, "Bomb Suspect Felt at Home Riding the Gun-Show Circuit"; Beam, "Louis Beam's Estes Park, Colorado Speech"; "Closing Argument for the Prosecution in the Trial of Timothy McVeigh (argument by Larry D. Mackey)," May 29, 1997, 12–13; OKC Bombing Trial Transcript-04/24/1997 11:39 CDT/CST, 7, 8, 12, 33; MacFarquhar, "Oklahoma City Marks 25 Years Since America's Deadliest Homegrown Attack."

(87) Anti-Defamation League, "Louis Beam," 5, https://www.adl.org/sites/default/files/documents/assets/pdf/combating-hate/Louis-Beam.pdf; Heidi Beirich and Mark Potok, "40 to Watch: Leaders of the Radical Right," *SPLC Intelligence Report*, November 12, 2003, https://www.splcenter.org/fighting-hate/intelligence-report/2003/40-watch-leaders-radical-right.

(88) 以下に引用. Kathleen Belew, *Bring the War Home: The White Power Movement and Paramilitary America* (Cambridge, MA: Harvard University Press, 2018), 231; 210, 212, 234も参照; Daniel Levitas, *The Terrorist Next Door: The Militia Movement and the Radical Right* (New York: Thomas Dunne, 2002), 324–25; Leonard Zeskind, *Blood and Politics: The History of the White Nationalist Movement from the Margins to the Mainstream* (New York: Farrar Straus Giroux, 2009), 413–16.

(89) Kevin Jack Riley and Bruce Hoffman, *Domestic Terrorism: A National Assessment of State and Local Preparedness* (Santa Monica, CA: RAND Corporation, MR-505J, 1995), x, 16–17. 以下も参照. Brian Michael Jenkins, et al., *Intelligence Constraints of the 1970s and Domestic Terrorism: Executive Summary* (RAND Corporation, R-29239-DOJ, 1982), iii, 1–2, 21–22; Brian Michael Jenkins, et al., *Intelligence Constraints of the 1970s and Domestic Terrorism, vol. 1: Effects on the Incidence, Investigation, and Prosecution of Terrorist Activity* (RAND Corporation, N-1901-DOJ, 1982), v, 106–8;

Oliver "Buck" Revell and Dwight Williams, *A G-Man's Journal: A Legendary Career Inside the FBI—from the Kennedy Assassination to the Oklahoma City Bombing* (New York: Pocket, 1998), 444–46.

(90) Revell and Williams, *A G-Man's Journal*, 445–46.

(91) Anti-Defamation League, *The Militia Movement* (2001), https://www.adl.org/education/resources/backgrounders/militia-movement, 9.

(92) Klanwatch, *False Patriots: The Threat of Antigovernment Extremists* (Montgomery, AL: Southern Poverty Law Center, 1996), 5; 以下も参照, 34–35, 58–68; Morris Dees with James Corcoran, *Gathering Storm: America's Militia Threat* (New York: HarperCollins, 1996), 199.

(93) Bruce Hoffman, "American Right-Wing Extremism," *Jane's Intelligence Review* 7, no. 7 (July 1995): 329.

(94) FBI, "Domestic Terrorism: The Sovereign Citizen Movement," April 13, 2010, https://www.fbi.gov/news/stories/2010/april/sovereigncitizens_041310/domestic-terrorism-the-sovereign-citizen-movement.

(95) Counterterrorism Threat Assessment and Warning Unit, National Security Division, *Terrorism in the United States* 1996 (Washington, DC: U.S. Department of Justice, Federal Bureau of Investigation, 1997), 7–8, 13–14; Counterterrorism Threat Assessment and Warning Unit, National Security Division, *Terrorism in the United States* 1997 (Washington, DC: U.S. Department of Justice, Federal Bureau of Investigation, 1998), 11–12; James Brooke, "Officials Say Montana 'Freemen' Collected $1.8 Million in Scheme," *New York Times*, March 29, 1996; Lori Linzer and David Rosenberg, *Vigilante Justice* (New York: Anti-Defamation League, 1997), iii–iv, 1–6; Zeskind, *Blood and Politics*, 361–62.

(96) Counterterrorism Threat Assessment and Warning Unit, *Terrorism in the United States 1996*, 6–8, 13–14; Counterterrorism Threat Assessment and Warning Unit, *Terrorism in the United States 1997*, 8; "Freemen, FBI Standoff Drags On," CNN, March 28, 1996; Levitas, *The Terrorist Next Door*, 325; David A. Neiwert, *Alt-America: The Rise of the Radical Right in the Age of Trump* (New York: Verso, 2017), 61–62; Schlatter, *Aryan Cowboys: White Supremacists and the Search for a New Frontier*, 146–58; Lorna Thackeray, "The Freeman Standoff," *Billings Gazette*, March 25, 2006; Zeskind, *Blood and Politics*, 408–12.

(97) Levitas, *The Terrorist Next Door*, 324–25; Schlatter, *Aryan Cowboys*, 153–58.

(98) Anti-Defamation League, *The Militia Movement* (2001), 8, 12; "Cover Story: Hate Thy Neighbor: Local Author Daniel Levitas Exposes the History and Hypocrisy of the Militant White Supremacist Movement," *Creative Loafing*, November 27, 2002, https://creativeloafing.com/content-184623-cover-story-hate-thy-neighbor; Nella Van Dyke and Sarah A. Soule, "Structural Social Change and the Mobilizing Effect of Threat: Explaining Levels of Patriot and Militia Organizing in the United States," *Social Problems* 49, no. 4 (November 2002): 500, https://www.jstor.org/stable/10.1525/sp.2002.49.4.497; Wright, *Patriots, Politics, and the Oklahoma City Bombing*, 211–14.

(99) "FBI Point Man Robert Blitzer Discusses Agency's Work with Extremist Groups," *Intelligence Report* (SPLC), December 15, 1998, 5.

(100) Dahleen Glanton and Tribune reporter, "Atlanta Debates How Golden It Was," *Chicago Tribune*, September 21, 2009. 以下も参照, Peter Applebome, "So, You Want to Hold an Olympics," *New York Times*, August 4, 1996; "Atlanta 1996 Olympic Games," Encyclopedia Britannica.

(101) Marie Brenner, "American Nightmare: The Ballad of Richard Jewell," *Vanity Fair*, February 1997, 100–7, 151–65; Scott Freeman, "Fallout: An Oral History of the Olympic Park Bombing," *Atlanta Magazine*, July 1, 2011; "Olympic Park Bombing," Clinton Digital Library, Clinton Presidential Library & Museum, https://clinton.presidentiallibraries.us/olympic-park.

(102) 当時『ロサンゼルス・タイムズ』紙の記者だったRobin Wrightとの電話での会話から，1996年7月.

(103) "Eric Rudolph: A Profile," *Washington Post*, December 12, 1998; Freeman, "Fallout: An Oral History

of the Olympic Park Bombing."
(104) Federal Bureau of Investigation, U.S. Department of Justice, "Eric Rudolph Charged in Centennial Olympic Park Bombing," October 14, 1998, https://www.justice.gov/archive/opa/pr/1998/October/477crm.htm; U.S. Department of Justice, "Eric Robert Rudolph to Plead Guilty to Serial Bombing Attacks in Atlanta and Birmingham; Will Receive Life Sentences," April 8, 2005, https://web.archive.org/web/20130414003813/http://www.justice.gov/opa/pr/2005/April/05_crm_176.htm.
(105) Terrorist Threat Assessment and Warning Unit, National Security Division, *Terrorism in the United States 1998* (U.S. Department of Justice, Federal Bureau of Investigation, 1999), 3.
(106) Henry Schuster with Charles Stone, *Hunting Eric Rudolph: An Insider's Account of the Five-Year Search for the Olympic Bombing Suspect* (New York: Berkley, 2005), 58–61, 334.
(107) Schuster with Stone, *Hunting Eric Rudolph*, 112–13, 120, 191–92, 199–200, 203–7, 297. 以下も参照. Anti-Defamation League, "Backgrounder: Eric Robert Rudolph," June 5, 2003, https://www.adl.org/resources/backgrounders/backgrounder-eric-robert-rudolph.
(108) Eric Rudolph, *Between the Lines of Drift: The Memoirs of a Militant*, 3rd ed. (Army of God, 2015), 145, http://www.armyofgod.com/EricLinesOfDrift1_18_15.pdf. 以下も参照. Jon Elliston, "Bomber Eric Rudolph's Memoir Published by Virginia-Based Army of God," *Carolina Public Press*, December 18, 2013.
(109) Schuster with Stone, *Hunting Eric Rudolph*, 110–42.
(110) ibid., 253, 259; Freeman, "Fallout: An Oral History of the Olympic Park Bombing."
(111) Schuster with Stone, *Hunting Eric Rudolph*, 143.
(112) ibid. 113; Jeffrey Gettleman with David M. Halbfinger, "Suspect in '96 Olympic Bombing and 3 Other Attacks Is Caught," *New York Times*, June 1, 2003.
(113) Rudolph, *Between the Lines of Drift*, 177.
(114) Federal Bureau of Investigation, "Eric Rudolph Charged in Centennial Olympic Park Bombing," October 14, 1998.
(115) Federal Bureau of Investigation, "Eric Rudolph: FBI Ten Most Wanted Fugitive," History: Famous Cases & Criminals, https://www.fbi.gov/history/famous-cases/eric-rudolph. 以下も参照. Sue Anne Pressley, "Bomb Suspect Is Outfoxing His Pursuers," *Washington Post*, July 22, 1998.
(116) U.S. Department of Justice, "Eric Robert Rudolph to Plead Guilty to Serial Bombing Attacks in Atlanta and Birmingham; Will Receive Life Sentences," April 8, 2005; Maryanne Vollers, "Inside Bomber Row," *Time*, November 5, 2006.
(117) Jay Reeves, "Rudolph Gets 2 Life Terms in Abortion Clinic Attack," *Washington Post*, July 19, 2005.
(118) "Law: Full Text of Eric Rudolph's Confession," National Public Radio, April 14, 2005.
(119) 以下を参照. Michael German, "Behind the Lone Terrorists, a Pack Mentality," *Washington Post*, June 5, 2005; Henry Schuster, "Lone Wolves: Solitary Threats Harder to Hunt," CNN, February 1, 2005.
(120) Jeffrey Simon, *Lone Wolf Terrorism: Understanding the Growing Threat* (Amherst, MA: Prometheus, 2016), 256–57.
(121) 以下を参照. Henry Schuster, "Why Did Rudolph Do It? Question Lingers After Plea Deal Reached," CNN; Shaila Dewan, "Bomber Offers Guilty Pleas, and Defiance," *New York Times*, April 14, 2005.
(122) Andrew Blejwas, Anthony Griggs, and Mark Potok, "Almost 60 Terrorist Plots Uncovered in the U.S. Since the Oklahoma City Bombing," *SPLC Intelligence Report*, 2005 Summer Issue/July 27, 2005, https://www.splcenter.org/fighting-hate/intelligence-report/2005/almost-60-terrorist-plots-uncovered-us-oklahoma-city-bombing. 以下も参照. Bruce Hoffman, *Inside Terrorism* (New York: Columbia University Press, 2017), 112–14.

第６章　再燃した人種差別

（1）Morgan Winsor, "2009 vs. 2017: Comparing Trump's and Obama's Inauguration Crowds," *ABC News*, January 25, 2017.
（2）"President Barack Obama's Inaugural Address," White House, January 21, 2009.
（3）Sonia Scherr, "Hate Groups Claim Obama Win Is Sparking Recruitment Surge," Southern Poverty Law Center, November 6, 2008, https://www.splcenter.org/hatewatch/2008/11/06/hate-groups-claim-obama-win-sparking-recruitment-surge.
（4）例として以下を参照．Tommy De Seno, "Obama's to Blame for the Birther Movement," *Fox News*, July 29, 2009; Gregory Krieg, "14 of Trump's Most Outrageous 'Birther' Claims—Half from After 2011," CNN, September 16, 2016.
（5）Jeff Zeleny, "Secret Service Guards Obama, Taking Unusually Early Step," *New York Times*, May 4, 2007; Barack Obama, *A Promised Land* (New York: Viking, 2020), 137.
（6）Matthew Bigg, "Election of Obama Provokes Rise in U.S. Hate Crimes," Reuters, November 24, 2008.
（7）Mark Potok, "The Year in Hate and Extremism," *Intelligence Report*, Spring 2013, March 4, 2013, https://www.splcenter.org/fighting-hate/intelligence-report/2013/year-hate-and-extremism.
（8）"Antigovernment Movement," Southern Poverty Law Center, https://www.splcenter.org/fighting-hate/extremist-files/ideology/antigovernment.
（9）VAOK, https://virginiaoathkeepers.org/.
（10）Sam Jackson, *Oath Keepers: Patriotism and the Edge of Violence in a Right-Wing Antigovernment Group* (New York: Columbia University Press, 2020), 31. 1878年に制定されたポッセ・コミタトゥス法は陸軍だけに適用される法だった．1956年に修正され，空軍も含まれるようになった．したがって，「法の執行のために陸軍または空軍を一部でも意図的に使用することは，憲法または議会制定法によって明確な権限が与えられないかぎり違法とする．［…］法的例外には，蜂起の鎮圧のため，または連邦の権威を行使するために，大統領に軍事力の使用を認める法律，［…］また，司法省が連邦，州，地方の警察に，情報，装備，人員を提供することを認める法律が含まれる」以下を参照．Jennifer K. Elsea, *The Posse Comitatus Act and Related Matters: The Use of the Military to Execute Civilian Law* (Washington, DC: Congressional Research Service, R42659, November 6, 2018), iii. 以下も参照．Joseph Nunn, "The Posse Comitatus Act Explained," Brennan Center for Justice, October 14, 2021, https://www.brennancenter.org/our-work/research-reports/posse-comitatus-act-explained.
（11）David Neiwert, *Alt-America: The Rise of the Radical Right in the Age of Trump* (New York: Verso, 2017), 152.
（12）例として以下を参照．Jacqueline Best, "How the 2008 Financial Crisis Helped Fuel Today's Right-Wing Populism," *Conversation*, October 1, 2018; Ben McGrath, "The Movement: The Rise of Tea Party Activism," *New Yorker*, January 24, 2010; Liz Halloran, "What's Behind the New Populism?," National Public Radio, The Tea Party in America, February 5, 2010; David Barstow, "Tea Party Lights Fuse for Rebellion on Right," *New York Times*, February 15, 2010.
（13）Eric Kleefeld, "Tea Party Activist and Senate Candidate: 'If We Don't See New Faces, I'm Cleaning My Guns and Getting Ready for the Big Show' (VIDEO)," *Talking Points Memo*, January 26, 2010.
（14）Office of Intelligence and Analysis Assessment (U//FOUO), *Rightwing Extremism: Current Economic and Political Climate Fueling Resurgence in Radicalization and Recruitment* (Washington, DC: Department of Homeland Security, IA-0257-09, April 7, 2009), 8, https://fas.org/irp/eprint/rightwing.pdf.
（15）ibid., 3, 7–9.
（16）「報告書は正しく，将来を正確に予想していたことがわかる．現在，右翼または白人至上主義の活動が全米で増加している」．ジャネット・ナポリターノは数年後にそう語った．Zolan Kanno-Youngs and Nicole Hong, "Biden Steps Up Federal Efforts to Combat Domestic Extremism," *New York Times*,

April 4, 2021. 以下も参照. Daryl Johnson, "I Warned of Right-Wing Violence in 2009. Republicans Objected. I Was Right," *Washington Post*, August 21, 2017; Matt Kennard, *Irregular Army: How the US Military Recruited Neo-Nazis, Gang Members, and Criminals to Fight the War on Terror* (London: Verso, 2015), 39; Brett Murphy, Will Carless, Marisa Kwiatkowski, and Tricia L. Nadolny, "A 2009 Warning About Right-Wing Extremism Was Engulfed by Politics. There Are Signs It's Happening Again," *USA Today*, January 27, 2021.

(17) 以下を参照. "Former DHS Analyst Daryl Johnson on How He Was Silenced for Warning of Far-Right Militants in U.S.," *Democracy Now!*, August 9, 2012; Ben Wofford, "The GOP Shut Down a Program That Might Have Prevented Dallas and Baton Rouge," *Politico*, July 24, 2016.

(18) Heidi Beirich, "Inside the DHS: Former Top Analyst Says Agency Bowed to Political Pressure," Southern Poverty Law Center, June 17, 2011, https://www.splcenter.org/fighting-hate/intelligence-report/2011/inside-dhs-former-top-analyst-says-agency-bowed-political-pressure. 以下も参照. Neiwert, *Alt-America*, 15.

(19) Kirsti Haga Honningsøy and Kristine Ramberg Aasen, "'Du har allerede drept pappaen min, jeg er for ung til å dø,'" *NRK*, July 24, 2011, https://www.nrk.no/norge/_jeg-er-for-ung-til-a-do_-1.7725593.

(20) Åsne Seierstad, *One of Us: The Story of Anders Breivik and the Massacre in Norway* (New York: FSG, 2015), 294.

(21) Seierstad, *One of Us*, 370; Anna Doble, "Norway's Lost Leaders," Channel 4, July 26, 2011.

(22) Andrew Berwick [pseud.], "2083: A European Declaration of Independence," 2011.

(23) ibid., 15.

(24) Michael Schwirtz and Matthew Saltmarsh, "Oslo Suspect Cultivated Parallel Life to Disguise 'Martyrdom Operation,'" *New York Times*, July 24, 2011.

(25) Berwick, "2083," 1382.

(26) Seierstad, *One of Us*, 27.

(27) ibid., 26.

(28) ibid., 154.

(29) ibid., 221.

(30) Ingrid Melle, "The Breivik Case and What Psychiatrists Can Learn from It," *World Psychiatry* 12, no. 1 (2013): 16–21.

(31) Mark Lewis and Sarah Lyall, "Norway Mass Killer Gets the Maximum: 21 Years," *New York Times*, August 24, 2012; "Norway Killer Breivik Tests Limits of Lenient Justice System," *Voice of America*, January 22, 2022.

(32) Pete Simi and Robert Futrell, *American Swastika: Inside the White Power Movement's Hidden Spaces of Hate* (Boulder, CO: Rowman & Littlefield, 2015), 1; Caroline Porter, Ben Kesling, and Nathan Koppel, "Shooter Linked to Hate Group," *Wall Street Journal*, August 6, 2012.

(33) Marilyn Elias, "Sikh Temple Killer Wade Michael Page Radicalized in Army," Southern Poverty Law Center, November 11, 2012, https://www.splcenter.org/fighting-hate/intelligence-report/2012/sikh-temple-killer-wade-michael-page-radicalized-army.

(34) ibid.; Simi and Futrell, *American Swastika*, iii.

(35) Kennard, *Irregular Army*, 18, 22, 39, 180; William Branigin and Dana Priest, "3 White Soldiers Held in Slaying of Black Couple," *Washington Post*, December 9, 1995.

(36) David Holthouse, "Several High Profile Racist Extremists Serve in the U.S. Military," Southern Poverty Law Center, August, 11 2006, https://www.splcenter.org/fighting-hate/intelligence-report/2006/several-high-profile-racist-extremists-serve-us-military.

(37) Holthouse, "Several High Profile Racist Extremists Serve in the U.S. Military."

(38) ibid.

(39) Mark Potok, "Extremism and the Military," Southern Poverty Law Center, August 11, 2006, https://www.splcenter.org/fighting-hate/intelligence-report/2006/extremism-and-military.
(40) Jeff McCausland, "Inside the U.S. Military's Battle with White Supremacy and Far-Right Extremism," *NBC News*, May 25, 2019.
(41) Kennard, *Irregular Army*, 24–29.
(42) Potok, "Extremism and the Military."
(43) Holthouse, "Several High Profile Racist Extremists Serve in the U.S. Military."
(44) FBI Counterterrorism Division, "White Supremacist Recruitment of Military Personnel Since 9/11," *Federal Bureau of Investigation Intelligence Assessment*, July 7, 2008, https://documents.law.yale.edu/sites/default/files/White%20Supremacist%20Recruitment%20of%20Military%20Personnel%20Since%209-11-ocr.pdf.
(45) Porter et al., "Shooter Linked to Hate Group"; Leo Shane III and Megan McCloskey, "Sikh Temple Shooter Was Army Veteran, White Supremacist," *Stars and Stripes*, August 6, 2012.
(46) Rick Romell, "Shooter's Odd Behavior Did Not Go Unnoticed," *Milwaukee Journal Sentinel*, August 6, 2012.
(47) Brian Levin, "Exclusive: Interview with Professor Who Extensively Studied Alleged Wisconsin Mass Killer," *Huffington Post*, August 7, 2012.
(48) Daniel Koehler, "A Threat from Within? Exploring the Link Between the Extreme Right and the Military," ICCT-The Hague, September 2019, https://www.icct.nl/sites/default/files/import/publication/ICCT-Koehler-A-Threat-from-Within-Exploring-the-Link-between-the-Extreme-Right-and-the-Military.pdf.
(49) James McPherson, *Battle Cry of Freedom: The Civil War Era* (New York: Oxford University Press, 1988), 406, 458.
(50) "Prominent Neo-Nazi Proclaims Wade Michael Page Was Heroic," *SITE Intelligence Group*, August 8, 2012, https://ent.siteintelgroup.com/Far-Right-/-Far-Left-Threat/prominent-neo-nazi-proclaims-wade-michael-page-was-heroic.html.
(51) "White Supremacists Concerned Sikh Temple Massacre Looks Badly on Them," *SITE Intelligence Group*, August 6, 2012, https://ent.siteintelgroup.com/Far-Right-/-Far-Left-Threat/white-supremacists-concerned-sikh-temple-massacre-looks-badly-on-them.html.
(52) Robbie Brown, "Anti-Obama Protest at Ole Miss Turns Unruly," *New York Times*, November 7, 2012.
(53) "Hammerskins Denigrate President Obama, Lament His Re-election," *SITE Intelligence Group*, November 7, 2012, https://ent.siteintelgroup.com/Jihadist-News/hammerskins-denigrate-president-obama-lament-his-re-election.html.
(54) Laura Bauer, Dave Helling, and Brian Burnes, "Man with History of Anti-Semitism Jailed in Fatal Shooting of Three at Johnson County Jewish Centers," *Kansas City Star*, May 16, 2014; Heidi Beirich, "Frazier Glenn Miller, Longtime Anti-Semite, Arrested in Center Murders," Southern Poverty Law Center, April 13, 2014, https://www.splcenter.org/news/2014/04/13/frazier-glenn-miller-longtime-anti-semite-arrested-kansas-jewish-community-center-murders; Tony Rizzo, "Federal Hate-Crime Charges, State Charges Likely in Overland Park Shootings," *Kansas City Star*, May 16, 2014.
(55) "Glenn Miller: Prominent Member of Neo-Nazi Forum," *SITE Intelligence Group*, April 14, 2014, https://ent.siteintelgroup.com/Far-Right-Far-Left-Threat/glenn-miller-prominent-member-of-neo-nazi-forum.html.
(56) 以下に引用．Steven Yaccino and Dan Barry, "Bullets, Blood and Then Cry of 'Heil Hitler,'" *New York Times*, April 14, 2014.
(57) "Neo-Nazis Celebrate JCC Shooting in Kansas," *SITE Intelligence Group*, April 14, 2014, https://ent.

siteintelgroup.com/Far-Right-Far-Left-Threat/neo-nazis-celebrate-jcc-shooting-respond-to-claims-that-forum-member-is-responsible.html.

(58) "InSITE: Violence on Forum Linked to JCC Shooter," *SITE Intelligence Group*, April 18, 2014, https://ent.siteintelgroup.com/Far-Right-/-Far-Left-Threat/insite-violence-on-forum-linked-to-jcc-shooter.html.

(59) "Skinhead Forum Responds to Overland Parks Shooting," *SITE Intelligence Group*, April 16, 2014, https://ent.siteintelgroup.com/Far-Right-/-Far-Left-Threat/skinhead-forum-responds-to-overland-parks-shooting.html.

(60) Elle Moxley, "Why KCUR Refers to the Accused JCC Shooter as Frazier Glenn Cross," KCUR: NPR in Kansas City, March 4, 2015, https://www.kcur.org/community/2015-03-04/why-kcur-refers-to-the-accused-jcc-shooter-as-frazier-glenn-cross. 以下も参照. David Helling, Judy Thomas, and Mark Morris, "Records Suggest That F. Glenn Miller Jr. Was Once in Witness Protection Program," *Wichita Eagle* (Kansas), April 15, 2014, https://www.kansas.com/news/article1140256.html.

(61) "Overland Park Shooter A Supporter of Anders Breivik and Utoya Massacre," *SITE Intelligence Group*, April 14, 2014, https://ent.siteintelgroup.com/Far-Right-Far-Left-Threat/overland-park-shooter-a-supporter-of-anders-breivik-and-utoya-massacre.html.

(62) Anthony McCann, *Shadowlands: Fear and Freedom at the Oregon Standoff—A Western Tale of America in Crisis* (New York: Bloomsbury, 2019), 42, *passim*. 以下も参照. Neiwert, *Alt-America*, 161–77; "Elmer Stewart Rhodes," Southern Poverty Law Center, https://www.splcenter.org/fighting-hate/extremist-files/individual/elmer-stewart-rhodes.

(63) McCann, Shadowlands; Barry J. Balleck, *Modern American Extremism and Domestic Terrorism: An Encyclopedia of Extremists and Extremist Groups* (Santa Barbara: ABC-CLIO, 2018), 55.

(64) "Forum Members Brace for Confrontation at Bundy Ranch," *SITE Intelligence Group*, April 11, 2014, https://ent.siteintelgroup.com/Far-Right-Far-Left-Threat/forum-members-brace-for-confrontation-at-bundy-ranch.html.

(65) Adam Nagourney, "A Defiant Rancher Savors the Audience That Rallied to His Side," *New York Times*, April 23, 2014.

(66) Neiwert, *Alt-America*, 167.

(67) Daryl Johnson, *Hateland: A Long, Hard Look at America's Extremist Heart* (Amherst, MA: Prometheus, 2019), 160.

(68) Dana Liebelson, "Inside the Unraveling of Las Vegas Shooting Spree Suspect Jerad Miller," *Mother Jones*, June 9, 2014; "A Look Inside the Lives of Shooters Jerad Miller, Amanda Miller," *Las Vegas Sun*, June 9, 2014.

(69) 以下に引用. Neiwert, *Alt-America*, 177–78. 以下も参照. "Las Vegas Shooting Couple Had Been Booted from Bundy Ranch as 'Too Radical,'" *ABC News*, June 10, 2014.

(70) 以下に引用. Neiwert, *Alt-America*, 179.

(71) 以下の投稿と動画を参照. "A Look Inside the Lives of Shooters Jerad Miller, Amanda Miller."

(72) "'Anti-Government' Killers Put Swastika, Flag on Metro Police Officer's Body," *Las Vegas Sun*, June 9, 2014.

(73) Alex Schmid and Janny De Graaf, *Violence as Communication: Insurgent Terrorism and the Western News Media* (Beverly Hills, CA: Sage, 1982).

(74) 例として以下を参照. Bruce Hoffman and Jacob Ware, "July 22: A Pivotal Day in Terrorism History," *War on the Rocks*, July 22, 2021.

(75) Brian M. Jenkins, "International Terrorism: A New Mode of Conflict," in *International Terrorism and World Security*, ed. David Carlton and Carlo Schaerf (London: Croom Helm, 1975), 16.

(76) Kathleen Belew, *Bring the War Home: The White Power Movement and Paramilitary America*

(Cambridge, MA: Harvard University Press, 2018), 120.

(77) Helen Pidd, "Anders Breivik 'Trained' for Shooting Attacks by Playing Call of Duty," *Guardian*, April 19, 2012.

(78) Seierstad, *One of Us*, 130, 153, 155.

(79) 以下に引用. ibid., 155.

(80) ibid., 169.

(81) "White Supremacists Urge to Use Facebook to 'Awaken' Whites," *SITE Intelligence Group*, April 8, 2013, https://ent.siteintelgroup.com/Far-Right-Far-Left-Threat/white-supremacists-urge-to-use-facebook-to-awaken-whites.html.

(82) Jerrold Post, Cody McGinnis, and Kristen Moody, "The Changing Face of Terrorism in the 21st Century: The Communications Revolution and the Virtual Community of Hatred," *Behavioral Sciences & the Law* 32, no. 3 (2014): 330.

(83) Talia Lavin, *Culture Warlords: My Journey into the Dark Web of White Supremacy* (New York: Hachette, 2020), 105.

(84) "White Supremacists & Neo-Nazis Offer Initial Reactions to Lack of Indictment and Unrest in Ferguson," *SITE Intelligence Group*, November 25, 2014, https://ent.siteintelgroup.com/Far-Right-Far-Left-Threat/white-supremacists-neo-nazis-offer-initial-reactions-to-lack-of-indictment-and-unrest-in-ferguson.html.

(85) Cas Mudde, *The Far Right Today* (Cambridge: Polity, 2019), 4.

(86) Ian Cobain and Matthew Taylor, "Far-Right Terrorist Thomas Mair Jailed for Life for Jo Cox Murder," *Guardian*, November 23, 2016.

(87) "White Supremacists: Merkel 'Should be Hung' Following Reiteration of Refugee Stance," *SITE Intelligence Group*, December 14, 2015, https://ent.siteintelgroup.com/Far-Right-Far-Left-Threat/white-supremacists-merkel-should-be-hung-following-reiteration-of-refugee-stance.html.

(88) "White Supremacists Wish for Deaths of Chancellor Merkel and German Politicians," *SITE Intelligence Group*, November 25, 2015, https://ent.siteintelgroup.com/Far-Right-Far-Left-Threat/white-supremacists-wish-for-deaths-of-chancellor-merkel-and-german-politicians.html.

(89) "Syrian Refugees Being Sent to Idaho Angers White Supremacists," *SITE Intelligence Group*, July 31, 2015, https://ent.siteintelgroup.com/Far-Right-/-Far-Left-Threat/syrian-refugees-being-sent-to-idaho-angers-white-supremacists.html.

(90) "Announcement That US Will Accept More Refugees Infuriates White Supremacists," *SITE Intelligence Group*, September 21, 2015, https://ent.siteintelgroup.com/Far-Right-Far-Left-Threat/announcement-that-us-will-accept-more-refugees-infuriates-white-supremacists.html.

(91) J. M. Berger, "How ISIS Games Twitter," *Atlantic*, June 16, 2014.

(92) UN Office on Drugs and Crime, "Foreign Terrorist Fighters," https://www.unodc.org/unodc/en/terrorism/expertise/foreign-terrorist-fighters.html; Ryan Browne and Barbara Starr, "US Military Official: 50 ISIS Foreign Fighters Captured Since November," CNN Politics, December 12, 2017, https://www.cnn.com/2017/12/12/politics/isis-foreign-fighters-captured-syria-iraq/index.html.

(93) Peter Bergen, *United States of Jihad: Investigating America's Homegrown Terrorists* (New York: Broadway, 2016), 287.

(94) Jessica Stern and J. M. Berger, ISIS: *The State of Terror* (New York: HarperCollins, 2015); Jessica Stern and J. M. Berger, "Smart Mobs, Ultraviolence, and Civil Society: ISIS Innovations," *Lawfare*, March 23, 2015, https://www.lawfareblog.com/smart-mobs-ultraviolence-and-civil-society-isis-innovations.

(95) "Islamic State of Iraq and the Levant and Its Supporters Encouraging Attacks Against Law Enforcement and Government Personnel," *U.S. Department of Homeland Security and Department of*

Justice Federal Bureau of Investigation Joint Intelligence Bulletin, October 11, 2014, https://www.aclu.org/documents/dhs-fbi-joint-intelligence-bulletin-islamic-state-iraq-and-levant-and-its-supporters.

(96) Jacob Davey and Julia Ebner, "'The Great Replacement': The Violent Consequences of Mainstreamed Extremism," Institute for Strategic Dialogue, July 2019, https://www.isdglobal.org/wp-content/uploads/2019/07/The-Great-Replacement-The-Violent-Consequences-of-Mainstreamed-Extremism-by-ISD.pdf.

(97) T. K. Wilson, *Killing Strangers: How Political Violence Became Modern* (Oxford: Oxford University Press, 2020), 215.

(98) Rachel Kaadzi Ghansah, "A Most American Terrorist: The Making of Dylann Roof," *GQ*, August 21, 2017.

(99) Neiwert, *Alt-America*, 20.

(100) Timothy M. Phelps, "Dylann Roof Tried to Kill Himself During Attack, Victim's Son Says," *Los Angeles Times*, June 20, 2015.

(101) Dylann Roof, "rtf88," June 2015.

(102) Ghansah, "A Most American Terrorist."

(103) Lenny Bernstein, Sari Horwitz, and Peter Holley, "Dylann Roof's Racist Manifesto: 'I Have No Choice,'" *Washington Post*, June 20, 2015.

(104) 例として以下を参照. Jamelle Bouie, "The Deadly History of 'They're Raping Our Women,'" *Slate*, June 18, 2015.

(105) Scott Ellsworth, "Tulsa Race Massacre," Oklahoma Historical Society, https://www.okhistory.org/publications/enc/entry.php?entry=TU013.

(106) "Getting Away with Murder," *American Experience*. 以下も参照. William Bradford Huie, "The Shocking Story of Approved Killing in Mississippi," *Look*, January 1956, http://www.shoppbs.pbs.org/wgbh/amex/till/sfeature/sf_look_confession.html.

(107) Roof, "rtf88."

(108) Ida B. Wells, *Southern Horrors and Other Writings: The Anti-Lynching Campaign of Ida B. Wells, 1892–1900*, 2nd ed., ed. Jacqueline Jones Royster (Boston: Bedford/St. Martin's, 2016), 74.

(109) Mark Berman, "'I Forgive You.' Relatives of Charleston Church Shooting Victims Address Dylann Roof," *Washington Post*, June 19, 2015.

(110) Maxine Bernstein, "Ammon Bundy to Challenge Authority of Feds to Prosecute Oregon Standoff Defendants," *The Oregonian*, April 25, 2016.

(111) "White Supremacists Hail Finicum as Hero, Speculate Assassination," *SITE Intelligence Group*, January 27, 2016, https://ent.siteintelgroup.com/Far-Right-Far-Left-Threat/white-supremacists-hail-finnicum-as-hero-speculate-assassination.html.

(112) Ashley Fantz, Joe Sutton, and Holly Yan, "Armed Group's Leader in Federal Building: 'We Will Be Here as Long as It Takes,'" CNN, January 4, 2016.

(113) Liam Stack, "Wildlife Refuge Occupied in Protest of Oregon Ranchers' Prison Terms," *New York Times*, January 2, 2016.

(114) McCann, *Shadowlands*, 28; Thomas Gibbons-Neff, "Meet the Veterans Who Have Joined the Oregon Militiamen," *Washington Post*, January 4, 2016.

(115) United States of America, Plaintiff, v. Ryan W. Payne, Defendant, Case No. 2:16-CR-00046-GMN-PAL, Order Re: Motion to Reopen Detention Hearing (ECF No. 1208), December 29, 2016, 4, https://casetext.com/case/united-states-v-payne-99.

(116) Washington State Legislature, House of Representatives, House of Representatives Investigation Report Regarding Re. Matt Shea, December 1, 2019, https://leg.wa.gov/House/InvestigationReport/Pages/default.aspx; 以下も参照. Jason Wilson, "Republican Matt Shea 'Participated in Act of Domestic

Terrorism,' Says Report," *Guardian*, December 20, 2019.

(117) 以下に引用. Vanessa Romo, "Washington Legislator Matt Shea Accused of 'Domestic Terrorism,' Report Finds," National Public Radio—WAMU 88.5, December 20, 2019.

(118) Jim Camden and Chad Sokol, "Rep. Matt Shea Expelled from GOP Caucus After Investigation Finds He Engaged in Domestic Terrorism," *Spokesman-Review*, December 19, 2019.

(119) "White Supremacists Hail Finicum as Hero, Speculate Assassination."

(120) "White Supremacists Support Standoff in Burns, Oregon," *SITE Intelligence Group*, January 3, 2016, https://ent.siteintelgroup.com/Far-Right-Far-Left-Threat/white-supremacists-support-standoff-in-burns-oregon.html.

(121) "Skinheads Discuss Second American Revolution," *SITE Intelligence Group*, April 8, 2016, https://ent.siteintelgroup.com/Far-Right-Far-Left-Threat/skinheads-discuss-second-american-revolution.html.

第 7 章 運動のグローバル化

(1) Marie-Hélène Hétu, "How Alexandre Bissonnette—and Other Mass Shooters—Could Be Stopped Before They Kill," CBC, October 19, 2019.

(2) Dan Bilefsky, "Quebec Mosque Shooter Was Consumed by Refugees, Trump and Far Right," *New York Times*, May 5, 2018.

(3) "R. c. Bissonnette, 2019 QCCS 354 (CanLII)," *CanLII*, February 8, 2019.

(4) Shelley Hepworth, Vanessa Gezari, Kyle Pope, Cory Schouten, Carlett Spike, David Uberti, and Pete Vernon, "Covering Trump: An Oral History of an Unforgettable Campaign," *Columbia Journalism Review*, November 22, 2016.

(5) "Alexandre Bissonnette Searched Online for Trump More Than 800 Times Before Killing Six Men at Mosque," *National Observer*, April 16, 2018.

(6) Justin Trudeau (@JustinTrudeau), Twitter, January 28, 2017, 3:20 PM, https://twitter.com/justintrudeau/status/825438460265762816.

(7) "R. c. Bissonnette, 2019 QCCS 354 (CanLII)."

(8) CNN, "Donald Trump Doubles Down on Calling Mexicans 'Rapists,'" YouTube video, June 25, 2015, https://www.youtube.com/watch?v=Jaz1J0s-cL4&ab_channel=CNN.

(9) BBC News, "Donald Trump Wants 'Total' Halt to Muslims Coming to US," YouTube video, December 8, 2015, https://www.youtube.com/watch?v=mo_nYQ6ItWM&ab_channel=BBCNews.

(10) James Fallows, "Trump Time Capsule #19: 'Appreciate the Congrats,'" *Atlantic*, June 12, 2016.

(11) Derek Robertson, "How an Obscure Conservative Theory Became the Trump Era's Go-to Nerd Phrase," *Politico*, February 25, 2018.

(12) David Neiwert, *Alt-America: The Rise of the Radical Right in the Age of Trump* (Verso, 2017), 271. 以下も参照. Jared Taylor, "Is Trump Our Last Chance?," *American Resistance*, August 21, 2015.

(13) "White Supremacists Support Trump's Call to Ban Muslims, Split on Candidacy," *SITE Intelligence Group*, December 8, 2015, https://ent.siteintelgroup.com/Far-Right-Far-Left-Threat/white-supremacists-support-trump-s-call-to-ban-muslims-split-on-candidacy.html.

(14) "White Supremacists and Neo-Nazis Celebrate Violence at Trump Rally," *SITE Intelligence Group*, November 23, 2015, https://ent.siteintelgroup.com/Far-Right-Far-Left-Threat/white-supremacists-and-neo-nazis-celebrate-violence-at-trump-rally.html.

(15) "White Supremacists Applaud Trump Presidential Victory, Call It a Win for 'Nationalism,'" *SITE Intelligence Group*, November 9, 2016, https://ent.siteintelgroup.com/Far-Right-Far-Left-Threat/white-supremacists-applaud-trump-presidential-victory-call-it-a-win-for-nationalism.html.

(16) 以下を参照. James Mason, *Siege*, digital ed., rev. 1 (ironmarch.org), June 2, 2015; James Mason, Articles and Interviews, 3rd ed. (Dark Foreigner, 2018).

(17) "Documenting Hate: New American Nazis," *Frontline*, November 20, 2018, https://www.pbs.org/wgbh/frontline/film/documenting-hate-new-american-nazis/.
(18) Stephen Piggott, "White Nationalists and the So-Called 'Alt-Right' Celebrate Trump's Victory," Southern Poverty Law Center, November 9, 2016, https://www.splcenter.org/hatewatch/2016/11/09/white-nationalists-and-so-called-alt-right-celebrate-trumps-victory.
(19) Eric Bradner, "Alt-Right Leader: 'Hail Trump! Hail Our people! Hail Victory!,'" CNN, November 22, 2016.
(20) "White Supremacists Laud the Presidential Appointments of Reince Priebus and Stephen K. Bannon," *SITE Intelligence Group*, November 14, 2016, https://ent.siteintelgroup.com/Far-Right-/-Far-Left-Threat/white-supremacists-laud-the-presidential-appointments-of-reince-priebus-and-stephen-k-bannon.html.
(21) "Militia Blog Claims That Without Action, 'the Trumpening' Will Be Wasted," *SITE Intelligence Group*, December 9, 2016, https://ent.siteintelgroup.com/Far-Right-Far-Left-Threat/militia-blog-claims-that-without-action-the-trumpening-will-be-wasted.html.
(22) "U.S. Anti-Semitic Incidents Spike 86 Percent So Far in 2017 After Surging Last Year, ADL Finds," Anti-Defamation League, April 24, 2017, https://www.adl.org/news/press-releases/us-anti-semitic-incidents-spike-86-percent-so-far-in-2017; "Ten Days After: Harassment and Intimidation in the Aftermath of the Election," Southern Poverty Law Center, November 29, 2016, https://www.splcenter.org/20161129/ten-days-after-harassment-and-intimidation-aftermath-election.
(23) 奇妙なことに，彼はバーニー・サンダース候補を支持する多くの投稿をシェアしてもいた．"Facebook Profile of Alleged Oregonian Murderer Praises Timothy McVeigh, Wishes Violence on Hillary Clinton," *SITE Intelligence Group*, May 28, 2017, https://ent.siteintelgroup.com/Far-Right-/-Far-Left-Threat/facebook-profile-of-alleged-oregonian-murderer-praises-timothy-mcveigh-wishes-violence-on-hillary-clinton.html.
(24) Philip N. Howard, Bharath Ganesh, Dimitra Liotsiou, John Kelly, and Camille François, *The IRA, Social Media and Political Polarization in the United States, 2012–2018* (Oxford: University of Oxford, 2019), https://digitalcommons.unl.edu/cgi/viewcontent.cgi?article=1004&context=senatedocs. さらに詳しくは以下を参照. Peter Pomerantsev, *This Is Not Propaganda: Adventures in the War Against Reality* (New York: PublicAffairs, 2019).
(25) Office of the Director of National Intelligence and Office of the Director of the National Intelligence Council, "Background to 'Assessing Russian Activities and Intentions in Recent US Elections': The Analytic Process and Cyber Incident Attribution," January 6, 2017, https://www.dni.gov/files/documents/ICA_2017_01.pdf; Marshall Cohen, "Trump Versus US Intelligence on Russian Election Interference," CNN, July 19, 2018.
(26) Special Counsel Robert S. Mueller, *Report on the Investigation Into Russian Interference in the 2016 Presidential Election*, vol. 1, March 2019, https://www.justice.gov/archives/sco/file/1373816/download.
(27) Alex Woodward, "'Fake News': A Guide to Trump's Favourite Phrase—and the Dangers It Obscures," *Independent*, October 2, 2020.
(28) P. W. Singer and Emerson T. Brooking, *Like War: The Weaponization of Social Media* (Boston: Eamon Dolan/Houghton Mifflin Harcourt, 2018), 131.
(29) Heidi Beirich, "Domestic Terror Threat Remains Serious Five Years After Sikh Massacre," Southern Poverty Law Center, August 4, 2017, https://www.splcenter.org/news/2017/08/04/domestic-terror-threat-remains-serious-five-years-after-sikh-massacre.
(30) Michael Signer, *Cry Havoc: Charlottesville and American Democracy Under Siege* (New York: Public Affairs, 2020), 3–4, 120–21, 125, 135, 151, 201, 214, 219–20, 231. 以下も参照. Terry McAuliffe, *Beyond*

Charlottesville: Taking a Stand Against White Nationalism (New York: Thomas Dunne, 2019), 1–2, 55–56, 60, 90–91.

(31) 以下に引用. McAuliffe, *Beyond Charlottesville*, 55.

(32) *Triumph of the Will*, dir. Leni Riefenstahl (1935; Reichsparteitag-Film), at: https://www.imdb.com/title/tt0025913/.

(33) 以下に引用. McAuliffe, *Beyond Charlottesville*, 79–80; and in Signer, *Cry Havoc*, 205–6.

(34) McAuliffe, *Beyond Charlottesville*, 98–100; Signer, *Cry Havoc*, 211–13.

(35) "Ryan Kelly of the *Daily Progress*, Charlottesville, Va.," The Pulitzer Prizes, February 24, 2023, https://www.pulitzer.org/winners/ryan-kelly-daily-progress.

(36) Signer, *Cry Havoc*, 211, 220.

(37) 以下に引用. McAuliffe, *Beyond Charlottesville*, 99. 以下も参照. Neal Augenstein, "Prosecutors Use Hitler Image Texted to Mother in James Alex Fields Murder Trial," WTOP, December 4, 2018.

(38) 以下に引用. James Pilcher, "Charlottesville Suspect's Beliefs Were 'Along the Party Lines of the Neo-Nazi Movement,' Ex-teacher Says," *USA Today*, August 13, 2017.

(39) 以下に引用. Signer, *Cry Havoc*, 213. 以下も参照. Dan Merica, "Trump Condemns 'Hatred, Bigotry and Violence on Many Sides' in Charlottesville," CNN, August 13, 2017.

(40) *NBC News*, "Trump's Full, Heated Press Conference on Race and Violence in Charlottesville (Full)," YouTube video, August 15, 2017, https://www.youtube.com/watch?v=QGKbFA7HW-U&ab_channel=NBCNews.

(41) Z. Byron Wolf, "Trump's Defense of the 'Very Fine People' at Charlottesville White Nationalist March has David Duke Gushing," CNN, August 15, 2017.

(42) Libby Nelson, "'Why We Voted for Donald Trump': David Duke Explains the White Supremacist Charlottesville Protests," *Vox*, August 12, 2017.

(43) "White Supremacists Revitalized by President Trump's Additional Comments Regarding Charlottesville," *SITE Intelligence Group*, August 16, 2017, https://ent.siteintelgroup.com/Far-Right-Far-Left-Threat/white-supremacists-revitalized-by-president-trump-s-additional-comments-regarding-charlottesville.html.

(44) David A. Graham, Adrienne Green, Cullen Murphy, and Parker Richards, "An Oral History of Trump's Bigotry," *Atlantic*, June 2019.

(45) Joe Biden, "Joe Biden for President: America Is an Idea," YouTube video, April 25, 2019, https://www.youtube.com/watch?v=VbOU2fTg6cI&ab_channel=JoeBiden.

(46) "David Duke: In His Own Words," Anti-Defamation League, January 3, 2013, https://www.adl.org/news/article/david-duke-in-his-own-words.

(47) Andrew Berwick, "2083: A European Declaration of Independence," 2011, 851.

(48) Julia Ebner, *Going Dark: The Secret Social Lives of Extremists* (London: Bloomsbury Publishing, 2020), 175–76.

(49) Cam Wolf, "The New Uniform of White Supremacy," *GQ*, August 17, 2017.

(50) Bill Chappell, "Trump Pardons Ranchers Dwight and Steven Hammond Over 2012 Arson Conviction," *NPR*, July 10, 2018.

(51) Antonia Blumberg, "This Woman Escaped the Nazis Once. Now She's Fighting Nazism Again," *HuffPost*, August 14, 2017.

(52) Hawes Spencer and Richard Pérez-Peña, "Murder Charge Increases in Charlottesville Protest Death," *New York Times*, December 14, 2017.

(53) Richard Gonzales, "Florida Man Who Mailed Bombs to Democrats, Media Gets 20 Years in Prison," NPR-WAMU 88.5, August 5, 2019.

(54) 以下に引用. Madeline Holcombe, "Pipe Bomb Suspect Writes to Judge That the 16 Devices He

Mailed Were Only Meant for Intimidation," CNN, April 3, 2019.

(55) 以下に引用. Jack Date, "Mail Bomber Cesar Sayoc Obsessed with Trump, Fox News, Chilling New Court Filings Show," *ABC News*, July 23, 2019.

(56) David Frum, "A President Who Condones Political Violence," *Atlantic*, October 26, 2018.

(57) "UPDATE: In Wake of New 'Suspicious Devices' Sent to Targets, White Supremacists Continue Celebrating Attempt on George Soros," *SITE Intelligence Group*, October 24, 2018, https://ent.siteintelgroup.com/Far-Right-Far-Left-Threat/update-in-wake-of-new-suspicious-devices-sent-to-targets-white-supremacists-continue-celebrating-attempt-on-george-soros.html. 非難をそらすような意見は以下にも見られる. "UPDATE: As More Suspicious Devices Addressed to Various Figures Appear, White Supremacists Persist in Deflection," *SITE Intelligence Group*, October 25, 2018, https://ent.siteintelgroup.com/Far-Right-/-Far-Left-Threat/update-as-more-suspicious-devices-addressed-to-various-figures-appear-white-supremacists-persist-in-deflection.html.

(58) U.S. Department of Justice, "Kroger Shooter Sentenced to Life in Prison for Hate Crime Murders," *Justice News*, June 24, 2021; Neil Vigdor, "Man Who Killed Two in Racial Attack at Kroger Gets Life," *New York Times*, December 18, 2020.

(59) 以下に引用. Dylan Lovan, "'Whites Don't Shoot Whites,' Suspected Gunman Told Man After Killing 2 Black Customers at Kentucky Kroger," *Chicago Tribune*, October 25, 2018. 以下も参照. Vigdor, "Man Who Killed Two in Racial Attack at Kroger Gets Life."

(60) Neil Vigdor, "Man Who Killed Two in Racial Attack at Kroger Gets Life."

(61) U.S. Department of Justice, "Pennsylvania Man Charged with Federal Hate Crimes for Tree of Life Synagogue Shooting," *Justice News*, October 31, 2018.

(62) Jessica Kwong, "Robert Bowers Gab Before Synagogue Shooting: 'Screw Your Optics, I'm Going In,'" *Newsweek*, October 27, 2018.

(63) Rita Katz, *Saints and Soldiers: Inside Internet-Age Terrorism, from Syria to the Capitol Siege* (New York: Columbia University Press, 2022), 51.

(64) 以下を参照. Bruce Hoffman, Jacob Ware, and Ezra Shapiro, "Assessing the Threat of Incel Violence," *Studies in Conflict & Terrorism* 43, no. 7 (April 2020): 565–87.

(65) Pete Williams, "Gunman Who Attacked Florida Yoga Studio Gave Off Decades of Warning Signs, Secret Service Finds," *NBC News*, March 15, 2022; Steve Hendrix, "He Always Hated Women. Then He Decided to Kill Them," *Washington Post*, June 7, 2019.

(66) Andrew Hay, "Kansas Militia Men Blame Trump Rhetoric for Mosque Attack Plan," Reuters, October 30, 2018; United States District Court for the District of Kansas, "United States of America v. Patrick Stein," October 29, 2018, https://www.documentcloud.org/documents/5023695-Patrick-Stein-Sentencing-Memo.

(67) Louis Beam, "Leaderless Resistance," *The Seditionist* 12, final ed. (February 1992), http://www.louisbeam.com/sedition.htm.

(68) U.S. Department of Justice, U.S. Attorney's Office, District of Maryland, "Christopher Hasson Facing Federal Indictment for Illegal Possession of Silencers, Possession of Firearms by a Drug Addict and Unlawful User, and Possession of a Controlled Substance," February 27, 2019, https://www.justice.gov/usao-md/pr/christopher-hasson-facing-federal-indictment-illegal-possession-silencers-possession. 以下も参照. Patricia Kime, "Trial Date Set for Coast Guard Officer Who Allegedly Maintained 'Hit List,'" *Military.com*, August 22, 2019, https://www.military.com/daily-news/2019/08/22/trial-date-set-coast-guard-officer-who-allegedly-maintained-hit-list.html.

(69) Tom Cleary, "Christopher Hasson Hit List: Coast Guard LT Targeted Democrats, Media, Feds Say," *Heavy*, February 19, 2019. 以下に引用. Lynh Bui, "'I Am Dreaming of a Way to Kill Almost Every Last Person on Earth': A Self-Proclaimed White Nationalist Planned a Mass Terrorist Attack, the

Government Says," *Washington Post*, February 20, 2019.
(70) United States District Court for the District of Maryland, "United States of America v. Christopher Paul Hasson, Motion for Detention Pending Trial," https://int.nyt.com/data/documenthelper/625-us-v-Hasson/be7a4841596aba86cce4/optimized/full.pdf.
(71) United States District Court for the District of Maryland, "United States of America v. Christopher Paul Hasson, Motion for Detention Pending Trial."
(72) ibid.
(73) Bui, "'I Am Dreaming of a Way to Kill Almost Every Last Person on Earth.'"
(74) 18 U.S.C. § 2339B (1996), "Providing material support or resources to designated foreign terrorist organizations," https://www.law.cornell.edu/uscode/text/18/2339B. See also 18 U.S.C. § 2339A, "Providing material support to terrorists," (1994), https://www.law.cornell.edu/uscode/text/18/2339A.
(75) U.S. Department of Justice, U.S. Attorney's Office, District of Maryland, "Christopher Hasson Sentenced to More Than 13 Years in Federal Prison on Federal Charges of Illegal Possession of Silencers, Possession of Firearms by an Addict to and Unlawful User of a Controlled Substance, and Possession of a Controlled Substance," January 31, 2020, https://www.justice.gov/usao-md/pr/christopher-hasson-sentenced-more-13-years-federal-prison-federal-charges-illegal.
(76) *"Ko tō tātou kāinga tēnei"—Royal Commission of Inquiry Into the Terrorist Attack on Christchurch Masjidain on 15 March 2019*, December 8, 2020, part 4, chap. 5, https://christchurchattack.royalcommission.nz/.
(77) Shereena Qazi, "40 Years After Escaping War, Afghan Killed in Christchurch Mosque," Al Jazeera, March 16, 2019; Shamim Homayun, "An Ordinary Man with Extraordinary Values: Haji-Daoud, a Victim of the Christchurch Terror Attacks," *Stuff*, March 18, 2019.
(78) *"Ko tō tātou kāinga tēnei,"* part 4, chap. 2.
(79) 以下を参照. Imogen Richards, "A Dialectical Approach to Online Propaganda: Australia's United Patriots Front, Right-Wing Politics, and Islamic State," *Studies in Conflict & Terrorism* 42, nos. 1–3 (January–March 2019): 46–49, 52–56; Shannon Molloy, "The New Extremist Threat in Australia: Right-Wing Groups Who Have ASIO's Attention," *news.com.au*, January 4, 2019.
(80) *"Ko tō tātou kāinga tēnei,"* part 4, chap. 3.
(81) Brenton Tarrant, "The Great Replacement: Towards a New Society," March 2019.
(82) *"Ko tō tātou kāinga tēnei,"* part 1, chap. 2, https://christchurchattack.royalcommission.nz/.
(83) Tarrant, "The Great Replacement."
(84) Jacinda Ardern, "How to Stop the Next Christchurch Massacre," *New York Times*, May 11, 2019; "Facebook: New Zealand Attack Video Viewed 4,000 Times," BBC, March 19, 2019.
(85) Kevin Roose, "A Mass Murder of, and for, the Internet," *New York Times*, March 15, 2019.
(86) Tarrant, "The Great Replacement."
(87) Jason Burke, "Norway Mosque Attack Suspect 'Inspired by Christchurch and El Paso Shootings,'" *Guardian*, August 11, 2019.
(88) Jason Hanna and Darran Simon, "The Suspect in Poway Synagogue Shooting Used an Assault Rifle and Had Extra Magazines, Prosecutors Said," CNN, April 30, 2019; Elliot Spagat and Julie Watson, "John Earnest—Physics Teacher's Son, Celebrated Pianist, 8chan User, Synagogue Shooting Suspect," Associated Press, April 30, 2019.
(89) John Earnest, "An Open Letter," April 2019.
(90) Toni McAllister, "Arson and Hate Crime Suspected in Escondido Mosque Fire," *Times of San Diego*, March 24, 2019.
(91) Graham Macklin, "The El Paso Terrorist Attack: The Chain Reaction of Global Right-Wing Terror," *CTC Sentinel* 12, no. 11 (December 2019), https://ctc.westpoint.edu/el-paso-terrorist-attack-chain-

reaction-global-right-wing-terror/.

(92) Burke, "Norway Mosque Attack Suspect 'Inspired by Christchurch and El Paso Shootings.'"

(93) Lizzie Dearden (@lizziedearden), Twitter, August 11, 2019, 3:07 PM, https://twitter.com/lizziedearden/status/1160628753258692608.

(94) Brennpunkt: Philips vei til terror, "Episode 1: 10. august 2019," *NRK TV*, https://tv.nrk.no/serie/brennpunkt-philips-vei-til-terror/sesong/1/episode/1/avspiller.

(95) ibid.; *"Ko tō tātou kāinga tēnei,"* part 2, chap. 8.

(96) Bruce Hoffman and Jacob Ware, "Is 3-D Printing the Future of Terrorism?," *Wall Street Journal*, October 25, 2019.

(97) Halle manifesto, as seen by authors.

(98) "Expert on the Effect of 'Cascading Terrorism,'" MSNBC, June 29, 2016.

(99) ロンドンのキングスカレッジの「過激化・政治的暴力に関する国際センター(the International Centre for the Study of Radicalisation and Political Violence)」が,ハレの事件でマニフェストを閲覧できる機会を与えてくれたことに感謝する.

(100) 以下を参照. Sebastian Herrera and Sarah E. Needleman, "Live Stream of Germany Shooting Turns Spotlight to Amazon's Twitch," *Wall Street Journal*, October 10, 2019.

(101) Kevin Roose, "'Shut the Site Down,' Says the Creator of 8chan, a Megaphone for Gunmen," *New York Times*, August 4, 2019.

(102) Kari Paul, Luke Harding, and Severin Carrell, "Far-Right Website 8kun Again Loses Internet Service Protection Following Capitol Attack," *Guardian*, January 15, 2021.

(103) Zack Beauchamp, "Accelerationism: The Obscure Idea Inspiring White Supremacist Killers Around the World," *Vox*, November 18, 2019.

(104) Jason Dearen and Michael Kunzelman, "Deadly Shooting Ends Friendships Forged in Neo-Nazi Group," AP, August 22, 2017.

(105) さらに詳しくは以下を参照. Jacob Ware, "Siege: The Atomwaffen Division and Rising Far-Right Terrorism in the United States," ICCT-The Hague, July 2019, https://www.icct.nl/publication/siege-atomwaffen-division-and-rising-far-right-terrorism-united-states.

(106) Brett Barrouquere, "White Separatist Gary Lee Yarbrough, One-Time Security Chief for the Order, Dies in Federal Prison," Southern Poverty Law Center, April 2, 2018, https://www.splcenter.org/hatewatch/2018/04/02/white-separatist-gary-lee-yarbrough-one-time-security-chief-order-dies-federal-prison.

(107) 例として以下を参照. Jacob Ware, "Fighting Back: The Atomwaffen Division, Countering Violent Extremism, and the Evolving Crackdown on Far-Right Terrorism in America," *Journal for Deradicalization* 25 (Winter 2020/21).

(108) "Maryland Neo-Nazis Accused of Discussing Bringing Firearms to Pro-Gun Rally in Virginia," *Fox 5 News*, January 16, 2020.

(109) Eradicate Hate Global Summit, "Undercover in the Far Right," YouTube video, September 21, 2022, https://www.youtube.com/watch?v=2awTHrqByO0&ab_channel=EradicateHateGlobalSummit; Paul Solotaroff, "He Spent 25 Years Infiltrating Nazis, the Klan, and Biker Gangs," *Rolling Stone*, January 30, 2022.

(110) Louis Beam, "Leaderless Resistance," *The Seditionist* 12, final ed. (February 1992), http://www.louisbeam.com/sedition.htm.

(111) Howard Altman, "How to Spot Neo-Nazis in the Military? Brandon Russell Case Shows How Hard It Is," *Tampa Bay Times*, June 4, 2018. 以下も参照. A.C. Thompson, "An Atomwaffen Member Sketched a Map to Take the Neo-Nazis Down. What Path Officials Took Is a Mystery," *PBS Frontline*, November 20, 2018.

(112) 以下を参照. A. C. Thompson, Ali Winston, and Jake Hanrahan, "Ranks of Notorious Hate Group Include Active-Duty Military," *ProPublica*, May 3, 2018; Daniel Villarreal, "Navy Kicks Out Alleged Recruiter for Neo-Nazi Group Atomwaffen Division After Investigation," *Newsweek*, April 17, 2020; Tim Lister, "The Nexus Between Far-Right Extremists in the United States and Ukraine," *CTC Sentinel* 13, no. 4 (April 2020), https://ctc.westpoint.edu/the-nexus-between-far-right-extremists-in-the-united-states-and-ukraine/; "U.S. Army Specialist with Links to Neo-Nazi Group Pleads Guilty," Anti-Defamation League, February 11, 2020, https://www.adl.org/resources/blog/us-army-specialist-links-neo-nazi-group-pleads-guilty; Janet Reitman, "How Did a Convicted Neo-Nazi Release Propaganda from Prison?" *Rolling Stone*, May 25, 2018; Oleksiy Kuzmenko, "'Defend the White Race': American Extremists Being Co-Opted by Ukraine's Far-Right," *BellingCat*, February 15, 2019; Mack Lamoureux and Ben Makuch, "Member of a Neo-Nazi Terror Group Appears to Be Former Canadian Soldier," *Vice*, August 2, 2018; Christopher Mathias, "Exclusive: Army Investigating Soldier's Alleged Leadership in Neo-Nazi Terror Group," *HuffPost*, May 3, 2019; U.S. District Court, District of Nevada, "United States of America v. Conor Climo, Complaint," https://www.documentcloud.org/documents/6318397-Conor-Climo.html.

(113) Thompson et al., "Ranks of Notorious Hate Group Include Active-Duty Military."

(114) Christopher Mathias, "Exposed: Military Investigating 4 More Servicemen for Ties to White Nationalist Group," *HuffPost*, April 27, 2019.

(115) Jeff Schogol, "White Supremacist Group Leader Is Former Marine Corps Recruiter," *Marine Corps Times*, August 15, 2017.

(116) Ben Makuch and Mack Lamoureux, "Neo-Nazi Terror Leader Said to Have Worked with U.S. Special Forces," *Vice*, September 24, 2020.

(117) Daniel De Simone and Ali Winston, "Neo-Nazi Militant Group Grooms Teenagers," BBC, June 22, 2020.

(118) Ryan Thorpe, "Homegrown Hate," *Winnipeg Free Press*, August 21, 2019.

(119) Ben Makuch, Mack Lamoureux, and Zachary Kamel, "Neo-Nazi Terror Group Harbouring Missing Ex-Soldier: Sources," *Vice*, December 5, 2019; Eradicate Hate Global Summit, "Undercover in the Far Right."

(120) Mike Hellgren, "FBI Arrest U.S. Army Veteran, 2 Other Suspected White Supremacists On Federal Firearms Charges In Maryland," *CBS Baltimore*, January 16, 2020.

(121) James Silver, Andre Simons, and Sarah Craun, "A Study of the Pre-Attack Behaviors of Active Shooters in the United States Between 2000–2013," Federal Bureau of Investigation, 2018, https://www.fbi.gov/file-repository/pre-attack-behaviors-of-active-shooters-in-us-2000-2013.pdf/view.

(122) Lauren Richards, Peter Molinaro, John Wyman, and Sarah Craun, "Lone Offender: A Study of Lone Offender Terrorism in the United States (1972–2015)," National Center for the Analysis of Violent Crime, Behavioral Analysis Unit, FBI, November 13, 2019, 17, https://www.fbi.gov/news/stories/fbi-releases-lone-offender-terrorism-report-111319.

(123) Mona Chalabi, "What Percentage of Americans Have Served in the Military?," *FiveThirtyEight*, March 19, 2015.

(124) Christopher Mathias, "Exclusive: Phrase 'White Nationalists' Cut from Measure to Screen Military Enlistees," *HuffPost*, December 19, 2019.

(125) "White Supremacy in the Military," C-SPAN, February 11, 2020, https://www.c-span.org/video/?469238-1/white-supremacy-military.

(126) Jeff McCausland, "Inside the U.S. Military's Battle with White Supremacy and Far-Right Extremism," *NBC News*, May 25, 2019.

(127) Daniel Koehler, "A Threat from Within? Exploring the Link Between the Extreme Right and the

Military," ICCT-The Hague, September 2019, https://www.researchgate.net/publication/336412400_A_Threat_from_Within_Exploring_the_Link_between_the_Extreme_Right_and_the_Military.
(128) McCausland, "Inside the U.S. Military's Battle with White Supremacy and Far-Right Extremism."
(129) Dave Philipps, "White Supremacism in the U.S. Military, Explained," *New York Times*, February 27, 2019.
(130) "White Supremacy in the Military."
(131) Bruce Hoffman, "Back to the Future: The Return of Violent Far-Right Terrorism in the Age of Lone Wolves," *War on the Rocks*, April 2, 2019.
(132) Tarrant, "The Great Replacement," March 2019.
(133) さらに詳しくは以下を参照. Mark S. Hamm and Ramón Spaaij, *The Age of Lone Wolf Terrorism* (New York: Columbia University Press, 2017), 60–61.
(134) Graham Macklin, "The Christchurch Attacks: Livestream Terror in the Viral Video Age," *CTC Sentinel* 12, no. 6 (July 2019).
(135) Cynthia Miller-Idriss, *Hate in the Homeland: The New Global Far Right* (Princeton, NJ: Princeton University Press, 2020), 154.
(136) Ware, "Siege."
(137) "National Socialist Order Program," 本書著者が確認.
(138) Kory Grow, "Charles Manson: How Cult Leader's Twisted Beatles Obsession Inspired Family Murders," *Rolling Stone*, August 9, 2019.
(139) Jessica Stern and J. M. Berger, *ISIS: The State of Terror* (New York: HarperCollins, 2015), 72, 114.
(140) Patrik Hermansson, "The British Hand: New Extreme Right Terror Cell Exposed," *Hope Not Hate*, September 27, 2020, https://hopenothate.org.uk/2020/09/27/british-hand/.
(141) Michael Kunzelman and Jari Tanner, "He Led a Neo-Nazi Group Linked to Bomb Plots. He Was 13," ABC News, April 11, 2020.
(142) 何人かの医師が, アーサーズは自閉症とうつ病の両方を患っていたと証言した. 弁護士によれば, サム・ウッドワードはアスペルガー症候群だった. ブランドン・ラッセルは, 彼の母親によれば, 自閉症スペクトラム障害で, 注意欠陥障害でもあった. 以下を参照. Dan Sullivan, "Experts: One-Time Neo-Nazi Charged in Double Murder has Autism, Schizophrenia," *Tampa Bay Times*, December 19, 2019; Justin Jouvenal, "Va. Teen Accused of Killing Girlfriend's Parents to Be Tried as an Adult," *Washington Post*, September 24, 2019; Luke Money, "Newport Man Accused of Murdering Blaze Bernstein Denies Hate Crime," *Daily Pilot*, August 22, 2018; "Florida Neo-Nazi Leader Gets 5 Years for Having Explosive Material," *NBC News*, January 9, 2018.
(143) "Florida Neo-Nazi Leader Gets 5 Years for Having Explosive Material."
(144) Rachel Weiner, "After Renouncing White Supremacist Ideology, Virginia Man Sentenced to Year in Prison," *Washington Post*, February 28, 2020.
(145) Christian Picciolini, *Breaking Hate: Confronting the New Culture of Extremism* (New York: Hachette, 2020), 75.
(146) Tarrant, "The Great Replacement."
(147) "Six Hurt in 'Anti-Refugee' Hotel Arson Attack," *The Local*, April 7, 2016; "Swedish Mosque Hit by Arson in Eskilstuna, Injuring Five," BBC, December 25, 2014.
(148) "Killer Spent Two Weeks Planning School Attack," *The Local*, March 8, 2016.
(149) Richards et al., "Lone Offender," 47-48.
(150) 例として以下を参照. Anti-Defamation League, *A Dark & Constant Rage: 25 Years of Right-Wing Terrorism in the United States* (New York: Anti-Defamation League, 2017).
(151) Rachel Chason, Annette Nevins, Annie Gowen, and Hailey Fuchs, "As His Environment Changed, Suspect in El Paso Shooting Learned to Hate," *Washington Post*, August 9, 2019.

(152) Patrick Crusius, "The Inconvenient Truth," August 2019.
(153) James Mason, Siege, rev. 1, June 2, 2015 (ironmarch.org), 92.
(154) "Olathe, Kansas, Shooting Suspect 'Said He Killed Iranians,'" BBC, February 28, 2017.
(155) Maggie Vespa, "'Go Back to Saudi Arabia': Muslim, Black Communities Watching MAX Attack Trial Closely," KGW8, February 18, 2020.
(156) Michael E. Miller, "Hunting Black Men to Start a 'Race War,'" *Washington Post*, December 27, 2019.
(157) "Teenage Neo-Nazis Jailed Over Terror Offences," BBC, June 18, 2019.
(158) Tess Owen, "White Supremacists Built a Website to Doxx Interracial Couples—and It's Going to Be Hard to Take Down," *Vice*, May 13, 2020.
(159) Kimball Perry, "Mo. Executes White Supremacist Serial Killer Franklin," *USA Today*, November 20, 2013. David Cay Johnston, "William Pierce, 69, Neo-Nazi Leader, Dies," *New York Times*, July 24, 2002.
(160) 例として以下を参照. "Nazi Court to Try First Foreign Jew for 'Rassenschande,'" *Jewish Telegraphic Agency*, November 3, 1935.
(161) Laura Wagner, "Accused Planned Parenthood Shooter: 'I'm A Warrior for the Babies,'" NPR, December 9, 2015.
(162) "Neo-Nazi Telegram Channel Offers Alternative to Mass Shooting Strategy, Including Violence Against 'High-Profile' Targets," *SITE Intelligence Group*, March 18, 2020, https://ent.siteintelgroup.com/Far-Right-/-Far-Left-Threat/neo-nazi-telegram-channel-offers-alternative-to-mass-shooting-strategy-including-violence-against-high-profile-targets.html.
(163) Department of Homeland Security, *Strategic Framework for Countering Domestic Terrorism and Targeted Violence* (Washington, DC: Department of Homeland Security, September 2019).
(164) Homeland Security Committee Events, "Confronting the Rise in Anti-Semitic Domestic Terrorism, Part II," YouTube video, February 26, 2020, https://www.youtube.com/watch?v=BTOW8iWoR2E&ab_channel=HomelandSecurityCommitteeEvents.

第８章 アメリカの大虐殺

(1) Russell Muirhead and Nancy L. Rosenblum, *A Lot of People Are Saying: The New Conspiracism and the Assault on Democracy* (Princeton, NJ: Princeton University Press, 2020), 2.
(2) Peter Pomerantsev, *This Is Not Propaganda: Adventures in the War Against Reality* (New York: Public Affairs, 2019), 49.
(3) "Dr Duke & Mark Collett of UK Explode the ZioMedia induced Myths of Covid and the Zio-stablishment devastating Reponses to False Covid Idol it created!," davidduke.com, February 26, 2021.
(4) Nicolas Guilhot, "Why Pandemics Are the Perfect Environment for Conspiracy Theories to Flourish," *The Conversation*, April 6, 2020, https://theconversation.com/why-pandemics-are-the-perfect-environment-for-conspiracy-theories-to-flourish-135475.
(5) "Missouri Neo-Nazi Connected to Hospital Bomb Plot Discussed Attacking Infrastructure, Weaponizing Coronavirus in Chat Groups," *SITE Intelligence Group*, March 26, 2020, https://ent.siteintelgroup.com/Far-Right-/-Far-Left-Threat/timothy-wilson-coronavirus.html.
(6) Matt Zapotosky, "Terrorism Laws May Apply If People Intentionally Spread Coronavirus, Justice Dept. Says," *Washington Post*, March 25, 2020.
(7) Office of the Attorney General, "Man Charged with Terroristic Threats for Allegedly Coughing on Food Store Employee and Telling Her He Has Coronavirus," *The State of New Jersey*, March 24, 2020.
(8) "Missouri Neo-Nazi Connected to Hospital Bomb Plot Discussed Attacking Infrastructure."
(9) Jared Keller, "Navy Vet Allegedly Planned to Bomb Hospital Over Government's COVID-19 Response," *Military.com*, April 16, 2020.
(10) Nick R. Martin, "Radio Active," *The Informant*, July 29, 2020.

(11) Adam Goldman, "Man Suspected of Planning Attack on Missouri Hospital Is Killed," *New York Times*, March 25, 2020.

(12) 以下に引用. United States District Court for the District of Kansas, United States of America v. Jarrett William Smith, Case No. 19-mj-5105-ADM, August 21, 2019, https://extremism.gwu.edu/sites/g/files/zaxdzs2191/f/Jarrett%20William%20Smith%20Criminal%20Complaint; see also Max McCoy, "Speaking of White Supremacists, Remember These Boys Who Did Not Make Kansas Proud," *Kansas Reflector*, October 4, 2020; United States Attorney's Office, District of Kansas, "Guilty Plea: Solider at Fort Riley Described How to Make Explosive Devices," February 10, 2020, https://www.justice.gov/usao-ks/pr/guilty-plea-soldier-fort-riley-described-how-make-explosive-devices.

(13) United States Attorney's Office, District of Kansas, "Former Fort Riley Soldier Sentenced for Distributing Info on Napalm, IEDS," August 19, 2020, https://www.justice.gov/usao-ks/pr/former-fort-riley-soldier-sentenced-distributing-info-napalm-ieds.

(14) Ben Collins and Brandy Zadrozny, "In Trump's 'LIBERATE' Tweets, Extremists See a Call to Arms," *NBC News*, April 17, 2020.

(15) Collins and Zadrozny, "In Trump's 'LIBERATE' Tweets, Extremists See a Call to Arms."

(16) "Neo-Nazi Venue Posits Statements from President as Call for Violent Action, Encourages Attacks on State Politicians," *SITE Intelligence Group*, April 27, 2020, https://ent.siteintelgroup.com/Far-Right-Far-Left-Threat/praising-president-s-support-of-quarantine-protests-as-call-to-action-neo-nazi-venue-encourages-attacks-on-state-politicians.html.

(17) Lois Beckett, "Armed Protesters Demonstrate Against Covid-19 Lockdown at Michigan Capitol," *Guardian*, April 30, 2020.

(18) "'All Kinds of Riots Are Coming,' Prominent White Nationalist Threatens Amid Michigan Anti-Lockdown Protests," *SITE Intelligence Group*, May 1, 2020, https://ent.siteintelgroup.com/Far-Right-Far-Left-Threat/all-kinds-of-riots-are-coming-prominent-white-nationalist-threatens-amid-michigan-anti-lockdown-protests.html.

(19) 例として以下を参照. Libor Jany, "Minneapolis Police Say 'Umbrella Man' Was a White Supremacist Trying to Incite George Floyd Rioting," *Star Tribune*, July 28, 2020; "Far-Right Promotes Infiltration Tactics to Subvert BLM Protests," *SITE Intelligence Group*, June 2, 2020, https://ent.siteintelgroup.com/Far-Right-/-Far-Left-Threat/far-right-promotes-infiltration-tactics-to-subvert-blm-protests.html.

(20) Jany, "Minneapolis Police Say 'Umbrella Man' Was a White Supremacist."

(21) "Exploiting Chaos of Riots, Prominent Neo-Nazi Group Calls for Attacks Against Black Protesters," *SITE Intelligence Group*, June 2, 2020, https://ent.siteintelgroup.com/Far-Right-Far-Left-Threat/exploiting-chaos-of-riots-prominent-neo-nazi-group-calls-for-attacks-against-black-protesters.html.

(22) 例として以下を参照. Neil MacFarquhar, Alan Feuer, and Adam Goldman, "Federal Arrests Show No Sign That Antifa Plotted Protests," *New York Times*, June 11, 2020; Meg Kelly and Elyse Samuels, "Who Caused the Violence at Protests? It Wasn't Antifa," *Washington Post*, June 22, 2020.

(23) 法的には, 国務長官だけがテロ組織を指定できる. そして, 対象は国内組織ではなく外国の組織でなければならない.「外国テロ組織（FTO）は国務長官が移民国籍法（INA）の修正第219条に基づいて指定する外国の組織である」Bureau of Counterterrorism, "Foreign Terrorist Organizations," U.S. Department of State, https://www.state.gov/foreign-terrorist-organizations/. 以下も参照. Maggie Haberman and Charlie Savage, "Trump, Lacking Clear Authority, Says U.S. Will Declare Antifa a Terrorist Group," *New York Times*, June 10, 2020.

(24) "Extremists Are Using Facebook to Organize for Civil War Amid Coronavirus," *Tech Transparency Project*, April 22, 2020.

(25) Cassie Miller, "The 'Boogaloo' Started as a Racist Meme," *SPLC: Hatewatch*, June 5, 2020.

(26) Jared Thompson, "Examining Extremism: The Boogaloo Movement," Center for Strategic and

International Studies, June 30, 2021, https://www.csis.org/blogs/examining-extremism/examining-extremism-boogaloo-movement.

(27) Hollie McKay, "Antifa Arrests Coming, Concerns Over Riots Heading to Suburbia, Government Source Says," *Fox News*, June 2, 2020.

(28) 以下に引用. Betsy Woodruff Swan and Natasha Bertrand, "'Domestic Terrorist Actors' Could Exploit Floyd Protests, DHS Memo Warns," *Politico*, June 1, 2020.

(29) Gisela Pérez de Acha, Kathryn Hurd, and Ellie Lightfoot, "'I Felt Hate More Than Anything': How an Active Duty Airman Tried to Start a Civil War," *Frontline*, April 13, 2021.

(30) Office of Public Affairs, "Two Defendants Charged with Murder and Aiding and Abetting in Slaying of Federal Protective Service Officer at Oakland Courthouse Building," U.S. Department of Justice, June 16, 2020, https://www.justice.gov/opa/pr/two-defendants-charged-murder-and-aiding-and-abetting-slaying-federal-protective-service; Neil MacFarquhar and Thomas Gibbons-Neff, "Air Force Sergeant with Ties to Extremist Group Charged in Federal Officer's Death," *New York Times*, June 16, 2020; Dan Noyes and Amanda del Castillo, "Federal Officer Shooting Suspects Steven Carrillo, Robert Justus 'Came to Oakland to Kill Cops,' FBI Says," ABC 7, June 17, 2020.

(31) "Phoenix Raven," Air Mobility Command, https://www.amc.af.mil/About-Us/Fact-Sheets/Display/Article/144021/phoenix-raven/.

(32) Erik Maulbetsch, "Denver Police Seized Assault Rifles from Anti-Government Gun Activists at Friday Night Protest," *Colorado Times Recorder*, May 31, 2020.

(33) Andrew Blankstein, Tom Winter, and Brandy Zadrozny, "Three Men Connected to 'Boogaloo' Movement Tried to Provoke Violence at Protests, Feds Say," *NBC News*, June 3, 2020.

(34) Michelle L. Price and Scott Sonner, "Army Reservist, Navy and Air Force vets Plotted to Terrorize Vegas Protests, Prosecutors Charge," *Military Times*, June 4, 2020.

(35) Brett Barrouquere "Three Nevada 'Boogaloo Bois' Arrested by FBI in Plot," Southern Poverty Law Center, June 9, 2020, https://www.splcenter.org/hatewatch/2020/06/09/three-nevada-boogaloo-bois-arrested-fbi-firebombing-plot; Jack Date, "Feds Charge 3 Self-Identified 'Boogaloo' Adherents Plotting Violence at Black Lives Matter Protest," *ABC News*, June 3, 2020.

(36) Natasha Bertrand, "Intel Report Warns That Far-Right Extremists May Target Washington, D.C.," *Politico*, June 19, 2020.

(37) Andrew Blankstein, Tom Winter, and Brandy Zadrozny, "Three Men Connected to 'Boogaloo' Movement Tried to Provoke Violence at Protests, Feds Say," *NBC News*, June 3, 2020.

(38) FBI Counterterrorism Analysis Section, "Sovereign Citizens: A Growing Threat to Law Enforcement," *FBI Law Enforcement Bulletin*, https://leb.fbi.gov/2011/september/sovereign-citizens-a-growing-domestic-threat-to-law-enforcement; "Sovereign Citizens Movement," Southern Poverty Law Center, https://www.splcenter.org/fighting-hate/extremist-files/ideology/sovereign-citizens-movement. 以下も参照. Caitlin Dickson, "Sovereign Citizens Are America's Top Cop-Killers," *Daily Beast*, November 25, 2014.

(39) FBI, "Domestic Terrorism: The Sovereign Citizen Movement."

(40) FBI Counterterrorism Analysis Section, "Sovereign Citizens: A Growing Threat to Law Enforcement."

(41) "Far-Right Forum Suggests First Targeting Police When the Supposed 'Bloody Uprising' Comes," *SITE Intelligence Group*, July 1, 2019, https://ent.siteintelgroup.com/Far-Right-Far-Left-Threat/far-right-forum-suggests-first-targeting-police-when-the-supposed-bloody-uprising-comes.html.

(42) "Neo-Nazi Group with History of Violent Incitements Targets Political Enemies, Law Enforcement in Latest Propaganda," *SITE Intelligence Group*, April 27, 2020, https://ent.siteintelgroup.com/Far-Right-/-Far-Left-Threat/neo-nazi-group-with-history-of-violent-incitements-targets-federal-law-

enforcement-in-latest-propaganda.html.
(43) McKay, "Antifa Arrests Coming."
(44) "NICS Firearm Background Checks: Month/Year," Federal Bureau of Investigation, https://www.fbi.gov/file-repository/nics_firearm_checks_-_month_year.pdf/view.
(45) "Anonymous," May 2, 2020, 4Chan discussion thread, 本書筆者が2020年3月2日にアクセス; baeldraca, "Banning the O9A," *Order of 9 Angles*, March 2, 2020, http://www.o9a.org/2020/03/banning-the-o9a/; baeldraca, "The O9A, National Socialism, and Nihilism," *Order of 9 Angles*, April 4, 2020, http:www.o9a.org/2020/04/the-o9a-national-socialism-and-nihilism/; baeldraca, "The O9A: Beyond Nihilism and Anarchism," *Order of Nine Angles*, April 20, 2002; "Concerning Propagandists in the Age of the Internet," *Order of 9 Angles*, n.d., https://www.o9a.org/wp-content/uploads/propaganda-internet-v3a.pdf; "O9A Ideology at Core of 'RapeWaffen' Group Implicated in Recent Neo-Nazi Terrorist Plot," *SITE Intelligence Group*, June 24, 2020; "Revealing the Hidden O9A," n.d., http:www.o9a.org/the-hidden-o9A/; Nick Lowles, "Order of Nine Angles," *Hope Not Hate*, February 16, 2019, https://hopenothate.org.uk/2019/02/16/state-of-hate-2019-order-of-nine-angles/; "Two Types of Satanism," *Order of 9 Angles*, n.d., http:www.o9a.org/the-two-types-of-satanism/.
(46) 以下に引用. Office of Public Affairs, "U.S. Army Soldier Charged with Terrorism Offenses for Planning Deadly Ambush on Service Members in His Unit," U.S. Department of Justice, June 22, 2020, https://www.justice.gov/opa/pr/us-army-soldier-charged-terrorism-offenses-planning-deadly-ambush-service-members-his-unit.
(47) 以下に引用. U.S. Attorney's Office, Southern District of New York, "U.S. Army Soldier Pleads Guilty to Attempting to Murder Fellow Service Members in Deadly Ambush," U.S. Department of Justice, June 24, 2022, https://www.justice.gov/usao-sdny/pr/us-army-soldier-pleads-guilty-attempting-murder-fellow-service-members-deadly-ambush.
(48) James L. Jones, "Extremists Don't Belong in the Military," *Atlantic*, October 17, 2020.
(49) Wilmington Police Department, "Professional Standards Internal Investigation," June 11, 2020, 2, https://www.wilmingtonnc.gov/home/showdocument?id=12012. 以下も参照. Paul Blest, "'Wipe 'Em Off the Fucking Map': 3 Cops Were Caught on Camera Fantasizing About Killing Black People," *Vice*, June 25, 2020.
(50) Tess Owen, "The U.S. Military Has a Boogaloo Problem," *Vice*, June 24, 2020.
(51) "'This Man Is Epic': Far-Right Praises Kenosha Protest Shooter," *SITE Intelligence Group*, August 26, 2020, https://ent.siteintelgroup.com/Far-Right-/-Far-Left-Threat/this-man-is-epic-far-right-praises-kenosha-protest-shooter.html.
(52) Rita Katz, "Violent Protests Are a Neo-Nazi Fever Dream Come True," *Daily Beast*, September 3, 2020.
(53) Seth G. Jones, Catrina Doxsee, Nicholas Harrington, Grace Hwang, and James Suber, "The War Comes Home: The Evolution of Domestic Terrorism in the United States," Center for Strategic and International Studies, October 22, 2020, https://www.csis.org/analysis/war-comes-home-evolution-domestic-terrorism-united-states.
(54) Amy B. Wang, "'ALL LIVES SPLATTER': Sheriff 's Office Apologizes for Facebook Post of Car Hitting Protesters," *Washington Post*, September 12, 2017.
(55) Sam Jackson, "The Long, Dangerous History of Right-Wing Calls for Violence and Civil War," *Washington Post*, September 11, 2020.
(56) "Neo-Nazi Telegram Channel Offers Alternative to Mass Shooting Strategy, Including Violence Against 'High-Profile' Targets," *SITE Intelligence Group*, March 18, 2020, https://ent.siteintelgroup.com/Far-Right-/-Far-Left-Threat/neo-nazi-telegram-channel-offers-alternative-to-mass-shooting-strategy-including-violence-against-high-profile-targets.html.

(57) "Far-Right Chat Group Showed Disappointment in El Paso Shooter for Not Killing 'High-Value Targets,'" *SITE Intelligence Group*, August 5, 2019, https://ent.siteintelgroup.com/Far-Right-/-Far-Left-Threat/far-right-chat-group-showed-disappointment-in-el-paso-shooter-for-not-killing-high-value-targets.html.

(58) "White Supremacists Encourage Continued Violence Against Officials," *SITE Intelligence Group*, January 20, 2011, https://ent.siteintelgroup.com/Far-Right-Far-Left-Threat/white-supremacists-encourage-continued-violence-against-elected-officals.html.

(59) Joshua Benton, "The New Jersey Shooting Suspect Left a Pro-Trump Paper Trail," *The Atlantic*, July 21, 2020.

(60) Neil Vigdor, "Man Charged with Making Death Threats to Nancy Pelosi in Coronavirus Rant," *New York Times*, March 26, 2020.

(61) Kate Bennett and Evan Perez, "Nation's Top Coronavirus Expert Dr. Anthony Fauci Forced to Beef Up Security as Death Threats Increase," CNN, April 2, 2020.

(62) Will Sommer, "A QAnon Devotee Live-Streamed Her Trip to N.Y. to 'Take Out' Joe Biden," *Daily Beast*, April 30, 2020.

(63) "Far-Right Users Discuss Article Labeling Far-Right Ideology as Main Threat at Protests," *SITE Intelligence Group*, July 17, 2020, https://ent.siteintelgroup.com/Far-Right-Far-Left-Threat/far-right-users-discuss-article-labeling-far-right-ideology-as-main-threat-at-protests.html.

(64) Matthew Alcoke, "The Evolving and Persistent Terrorism Threat to the Homeland," Washington Institute, November 19, 2019.

(65) 以下を参照. Lois Beckett, "QAnon: A Timeline of Violence Linked to the Conspiracy Theory," *Guardian*, October 16, 2020.

(66) Michael A. Jensen and Sheehan Kane, "QAnon-Inspired Violence in the United States: An Empirical Assessment of a Misunderstood Threat," in *Behavioral Sciences of Terrorism and Political Aggression* (2021).

(67) Frank Donnelly, "The Day QAnon and the NYC Mafia Collided: It's Been 3 Years Since the Murder of Mob Boss Francesco Cali and Uncertainty Surrounds Case," *SI Live*, March 25, 2022, https://www.silive.com/crime-safety/2022/03/the-day-qanon-and-the-nyc-mafia-collided-its-been-3-years-since-the-murder-of-francesco-cali-and-questions-remain.html.

(68) Zachary Kamel, Mack Lamoureux, Ben Makuch, "'Eco-Fascist' Arm of Neo-Nazi Terror Group, The Base, Linked to Swedish Arson," *Vice*, January 29, 2020.

(69) Samantha Stern, Jacob Ware, and Nicholas Harrington, "Terrorist Targeting in the Age of Coronavirus," *International Counter-Terrorism Review* 1, no. 3 (June 2020).

(70) 以下に引用. Meagan Flynn, "Engineer Intentionally Crashes Train Near Hospital Ship *Mercy*, Believing in Weird Coronavirus Conspiracy, Feds Say," *Washington Post*, April 2, 2020.

(71) Jennifer Lee, "Confronting the Invisibility of Anti-Asian Racism," Brookings Institution, May 18, 2022; OCA National Center, "COVID-19 and the Rise in Anti-Asian Hate," *OCA Advocate*, https://www.aapihatecrimes.org/facts; "Two Years and Thousands of Voices: What Community-Generated Data Tells Us About Anti-AAPI Hate," Stop AAPI Hate, July 2022, https://stopaapihate.org/year-2-report/.

(72) Aggie J. Yellow Horse et al., "Stop AAPI Hate National Report, 3/19/20–6/30/21," Stop AAPI Hate, https://stopaapihate.org/wp-content/uploads/2021/08/Stop-AAPI-Hate-National-Report-Final.pdf.

(73) Alcoke, "The Evolving and Persistent Terrorism Threat to the Homeland."

(74) Daveed Gartenstein-Ross and Madeleine Blackman, "Fluidity of the Fringes: Prior Extremist Involvement as a Radicalization Pathway," *Studies in Conflict & Terrorism* 45, no. 7 (2022): 555–78.

(75) Farah Pandith and Jacob Ware, "Teen Terrorism Inspired by Social Media Is on the Rise. Here's

What We Need to Do," *NBC News*, March 22, 2021.

(76) Seth Jones, Catrina Doxsee, Grace Hwang, and Jared Thompson, "The Military, Police, and the Rise of Terrorism in the United States," Center for Strategic and International Studies, April 12, 2021, https://www.csis.org/analysis/military-police-and-rise-terrorism-united-states.

(77) 以下に引用. Marianna Spring, "'Stop the Steal': The Deep Roots of Trump's 'Voter Fraud' Strategy," *BBC News*, November 23, 2020.

(78) Atlantic Council's DFRLab, "#StopTheSteal: Timeline of Social Media and Extremist Activities Leading to 1/6 Insurrection," *Just Security*, February 10, 2021.

(79) 以下に引用. Marhsall Cohen, "Trump Spreads New Lies About Foreign-Backed Voter Fraud, Stoking Fears of a 'Rigged Election' This November," *CNN Politics*, June 22, 2020.

(80) 以下に引用. Terrance Smith, "Trump Has Longstanding History of Calling Elections 'Rigged' If He Doesn't Like the Results," *ABC News*, November 11, 2020.

(81) Eugene Kiely and Rem Rieder, "Trump's Repeated False Attacks on Mail-In Ballots," *FactCheck*, September 25, 2020, https://www.factcheck.org/2020/09/trumps-repeated-false-attacks-on-mail-in-ballots/; Amy Sherman, "Fact Check: Did Trump Vote by Mail for the 2020 Election?," *Austin American-Statesman*, January 15, 2022.

(82) Morgan Chalfant, "Trump: 'The Only Way We're Going to Lose This Election Is If the Election Is Rigged,'" *The Hill*, August 17, 2020.

(83) Elise Thomas, "Qanon Deploys 'Information Warfare' to Influence the 2020 Election," *Wired*, February 17, 2020.

(84) Muirhead and Rosenblum, *A Lot of People Are Saying*, 3.

(85) "The Proud Boys' actions belie their disavowals of bigotry: Rank-and-file Proud Boys and leaders regularly spout white nationalist memes and maintain affiliations with known extremists." "Proud Boys," Southern Poverty Law Center, https://www.splcenter.org/fighting-hate/extremist-files/group/proud-boys.

(86) "Backgrounder: Proud Boys," Anti-Defamation League, November 2, 2018, https://www.adl.org/resources/backgrounder/proud-boys-0.

(87) CNBC Television, "President Donald Trump: White Supremacist Group Proud Boys Should 'Stand Back and Stand By,'" YouTube video, September 30, 2020, https://www.youtube.com/watch?v=JZk6VzSLe4Y&ab_channel=CNBCTelevision.

(88) 著者によるスクリーンショット.

(89) 著者によるスクリーンショット.

(90) Atlantic Council's DFRLab, "#StopTheSteal."

(91) "Deposition of Jeremy Bertino," Select Committee to Investigate the January 6th Attack on the U.S. Capitol, U.S. House of Representatives, April 26, 2022, https://www.govinfo.gov/content/pkg/GPO-J6-TRANSCRIPT-CTRL0000082294/pdf/GPO-J6-TRANSCRIPT-CTRL0000082294.pdf.

(92) "Trump Praises QAnon Supporters: 'I Understand They Like Me Very Much,'" *Axios*, August 19, 2020.

(93) Jessica Guynn, "Trump Believes QAnon Claim It's Fighting Pedophiles, Refuses to Disavow Extremist Conspiracy Theory," *USA Today*, October 15, 2020.

(94) Craig Timberg, "Trump's Comments on Conspiracy Theory Are Celebrated: 'This Was the Biggest Pitch for QAnon I've Ever Seen,'" *Washington Post*, October 16, 2020.

(95) Ben Collins, Brandy Zadrozny, Tom Winter, and Corky Siemaszko, "Whitmer Conspiracy Allegations Tied to 'Boogaloo' Movement," *NBC News*, October 8, 2020.

(96) Andrew Feather, "FBI: Suspect in Whitmer Kidnapping Had History of Violent, Threatening Social Media Posts," WWMT, October 29, 2020, https://wwmt.com/news/local/fbi-suspect-in-whitmer-

kidnapping-had-history-of-violent-threatening-social-media-posts.
(97) Ken Bensinger and Jessica Garrison, "Watching the Watchmen," *Buzzfeed News*, July 20, 2021.
(98) Gus Burns, "Accused Whitmer Kidnapping Plotters Attended BLM Rally to Protect Protesters from Police, Attorney Says," *MLive*, March 5, 2021, https://www.mlive.com/public-interest/2021/03/accused-whitmer-kidnapping-plotters-attended-blm-rally-to-protect-protesters-from-police-attorney-says.html.
(99) Richard N. Haass (@RichardHaass), September 1, 2020, 8:53 AM, https://twitter.com/RichardHaass/status/1300778731913519104.
(100) Bruce Hoffman and Jacob Ware, "The Terrorist Threat from the Fractured Far Right," *Lawfare*, November 1, 2020.
(101) Jeff Seldin, "Trump Renews 'Rigged Election' Claim Against All Evidence," *Voice of America*, November 13, 2020.
(102) Jaclyn Peiser, "Twitter Bans Steve Bannon for Video Suggesting Violence Against Fauci, FBI Director Wray," *Washington Post*, November 6, 2020; Frank Figliuzzi (@FrankFigliuzzi1), November 5, 2020, 5:56 PM, https://twitter.com/FrankFigliuzzi1/status/1324485819042705408.
(103) Spencer S. Hsu and Dan Morse, "Christopher Krebs Sues Trump Campaign, Lawyer Joe diGenova for Defamation," *Washington Post*, December 8, 2020.
(104) Joshua Zitser, "Pro-Trump Lawyer Lin Wood Insists He Is Not Insane After Tweeting That Mike Pence Should Face Execution by Firing Squad," *Business Insider*, January 2, 2021.
(105) Atlantic Council's DFRLab, "#StopTheSteal."
(106) Dan Barry and Sheera Frenkel, "'Be There. Will Be Wild!': Trump All but Circled the Date," *New York Times*, January 6, 2021.
(107) Betsy Woodruff Swan, "'The Intelligence Was There': Law Enforcement Warnings Abounded in the Runup to Jan. 6," *Politico*, October 7, 2021; Ellie Quinlan Houghtaling, "Revealed: Secret Service Knew of Disturbing Neo-Nazi Threats Before Jan. 6," *Daily Beast*, September 22, 2022.
(108) "Hearing on Challenge to Rep. Marjorie Taylor Greene's Candidacy," C-SPAN, April 22, 2022, https://www.c-span.org/video/?519623-101/hearing-challenge-rep-marjorie-taylor-greenes-candidacy&live=&vod=.
(109) Devlin Barrett and Matt Zapotosky, "FBI Report Warned of 'War' at Capitol, Contradicting Claims There Was No Indication of Looming Violence," *Washington Post*, January 12, 2021.
(110) Craig Timberg, "Gallows or Guillotines? The Chilling Debate on TheDonald.win Before the Capitol Siege," *Washington Post*, April 15, 2021.
(111) "Final Report: Select Committee to Investigate the January 6th Attack on the United States Capitol," 117th Congress, Second Session, House Report 117-663, December 22, 2022, 61, https://www.govinfo.gov/content/pkg/GPO-J6-REPORT/pdf/GPO-J6-REPORT.pdf.
(112) David Neiwert, *Alt-America: The Rise of the Radical Right in the Age of Trump* (New York: Verso, 2017), 373.
(113) Atlantic Council's DFRLab, "#StopTheSteal."
(114) "Day of Rage: How Trump Supporters Took the U.S. Capitol | Visual Investigation," *New York Times*, YouTube video, July 1, 2021, https://www.youtube.com/watch?v=jWJVMoe7OY0&ab_channel=TheNewYorkTimes.
(115) Josh Gerstein, "Aide's Testimony That Trump Was Told of Weapons Could Boost Civil Suits," *Politico*, June 28, 2022.
(116) ibid.
(117) Brian Naylor, "Read Trump's Jan. 6 Speech, a Key Part of Impeachment Trial," NPR, February 10, 2021, https://www.npr.org/2021/02/10/966396848/read-trumps-jan-6-speech-a-key-part-of-

impeachment-trial.
(118) "Trump Tried to Grab Steering Wheel to Go to U.S. Capitol Jan 6—Witness," Reuters, June 28, 2022; Margaret Hartmann, "Turns Out the Secret Service Repeatedly Defied Trump on January 6," *Intelligencer*, October 12, 2022.
(119) Amanda Holpuch, "US Capitol's Last Breach Was More Than 200 Years Ago," *Guardian*, January 6, 2021.
(120) January 6th Committee (@January6thCmte), September 15, 2022, 5:05 PM, https://twitter.com/January6thCmte/status/1570519072319709184.
(121) Jordan Fischer (@JordanOnRecord), October 6, 2022, 10:57 AM, https://twitter.com/jordanonrecord/status/1578036716136714241; Kathleen Belew (@kathleen_belew), February 8, 2021, 9:52 PM, https://twitter.com/kathleen_belew/status/1358972035377029123.
(122) Holmes Lybrand and Hannah Rabinowitz, "Oath Keeper Testifies About Mass of Guns Allegedly Stored Near DC on January 6," CNN, October 12, 2022.
(123) Nicole Austin-Hillery and Victoria Strang, "Racism's Prominent Role in January 6 US Capitol Attack," Human Rights Watch, January 5, 2022, https://www.hrw.org/news/2022/01/05/racisms-prominent-role-january-6-us-capitol-attack.
(124) Andrew H. Kydd and Barbara F. Walter, "The Strategies of Terrorism," *International Security* 31, no. 1 (Summer 2006): 66.
(125) Ford Fischer (@FordFischer), January 8, 2021, 11:38 AM, https://twitter.com/FordFischer/status/1347583539865395201.
(126) "Day of Rage."
(127) "Capitol Rioters' Causes of Death Released; Capitol Officer's Still 'Pending,'" Fox 5 Washington, DC, April 7, 2021.
(128) "Day of Rage."
(129) "Musk Lifts Donald Trump's Twitter ban," BBC, November 20, 2022.
(130) Guy Rosen and Monika Bickert, "Our Response to the Violence in Washington," Facebook, January 6, 2021, https://about.fb.com/news/2021/01/responding-to-the-violence-in-washington-dc/.
(131) 例として以下を参照. Julia Ainsley, "Extremists Discussed Plans to 'Remove Democratic Lawmakers': FBI-Homeland Security Bulletin," *NBC News*, March 3, 2021.
(132) U.S. District Court for the District of Columbia, "United States of America v. Ethan Nordean, Joseph Biggs, Zachary Rehl, and Charles Donohue, First Superseding Indictment," https://s3.documentcloud.org/documents/20518041/3-10-21-us-v-ethan-nordean-joseph-biggs-zachary-rehl-charles-donohoe-superseding-indictment.pdf.
(133) Alan Feuer (@alanfeuer), March 25, 2021, 6:50 AM, https://twitter.com/alanfeuer/status/1375037486074892289.
(134) Ryan J. Reilly, "Court Document in Proud Boys Case Laid Out Plan to Occupy Capitol Buildings on Jan. 6," *NBC News*, June 15, 2022.
(135) Spencer S. Hsu, "Video Released of Garage Meeting of Proud Boys, Oath Keepers Leaders," *Washington Post*, May 24, 2022.
(136) Daniel A. Cox, "After the Ballots Are Counted: Conspiracies, Political Violence, and American Exceptionalism," Survey Center on American Life, February 11, 2021, https://www.americansurveycenter.org/research/after-the-ballots-are-counted-conspiracies-political-violence-and-american-exceptionalism/.
(137) Cole Bunzel (@colebunzel), April 15, 2021, 1:28 PM, https://twitter.com/colebunzel/status/1382747626521563140.
(138) "1 Big Thing: Scoop ... Trump Blames Antifa for Riot," *Axios*, January 12, 2021.

(139) William Cummings, "Chris Miller, Defense Secretary on Jan. 6, Sees 'Cause and Effect' Between Trump's Words and Capitol Riot," *USA Today*, March 12, 2021.
(140) U.S. District Court for the District of Columbia, "United States of America v. Ethan Nordean, Joseph Biggs, Zachary Rehl, and Charles Donohue, First Superseding Indictment"; "Day of Rage"; Jennifer Peltz, "Marine Veteran Among Two Proud Boys Facing Federal Conspiracy Charges in Capitol Riot," *Marine Corps Times*, January 31, 2021.
(141) Jan Wolfe, "'He Invited Us': Accused Capitol Rioters Blame Trump in Novel Legal Defense," Reuters, February 2, 2021.
(142) Drew Harwell (@drewharwell), January 13, 2021, 2:22 PM, https://twitter.com/drewharwell/status/1349436733889404928.
(143) "How Concerned Is the Military About Insider Threats in the National Guard?," *PBS NewsHour*, January 18, 2021.
(144) Jake Bleiberg and Jim Mustian, "Capitol Rioters Hold Out Long-Shot Hope for a Trump Pardon," AP, January 19, 2021.
(145) Colby Itkowitz, "Trump Falsely Claims Jan. 6 Rioters Were 'Hugging and Kissing' Police," *Washington Post*, March 26, 2021.
(146) Glenn Kessler, Salvador Rizzo, and Meg Kelly, "Fact Checker: Analysis: In Four Years, President Trump Made 30,573 False or Misleading Claims," *Washington Post*, January 20, 2021; Glenn Kessler, Salvador Rizzo, and Meg Kelly, *Donald Trump and His Assault on Truth: The President's Falsehoods, Misleading Claims, and Flat-Out Lies* (New York: Scribner, 2020).
(147) Fiona Hill, "The Kremlin's Strange Victory," *Foreign Affairs*, November/December 2021.
(148) Adam Goldman, Katie Benner, and Zolan Kanno-Youngs, "How Trump's Focus on Antifa Distracted Attention from the Far-Right Threat," *New York Times*, January 30, 2021.
(149) Benjamin Siegel, "DHS Whistleblower Testifies Before House Intelligence Committee," *ABC News*, December 11, 2020.
(150) "Rep. Rodney Davis: 'This Would Have Been a Massacre' If Not for Capitol Police," CBS Chicago, June 14, 2017.
(151) 以下を参照. ADL Center for Extremism, "Murder and Extremism in the United States 2021," https://www.adl.org/murder-and-extremism-2021.
(152) Peter Bergen and David Sterman, "Terrorism in America After 9/11: What Is the Threat to the United States Today?" *New America*, September 10, 2021.
(153) Luis Martinez, "Inside Look at How 25,000 National Guardsmen Are Arriving in Washington, DC," *ABC News*, January 16, 2021.
(154) Elizabeth Neumann, "Far-Right Extremists Went Mainstream Under Trump. The Capitol Attack Cements His Legacy," *USA Today*, February 15, 2021.
(155) "Did Trump and Biden Swap Bodies???," *Daily Beast*, January 22, 2021.
(156) "Capitol Hill Siege," GW Program on Extremism, https://extremism.gwu.edu/Capitol-Hill-Siege; Spencer S. Hsu, Peter Hermann, and Emily Davies, "Two Arrested in Assault on Police Officer Brian D. Sicknick, Who Died After Jan. 6 Capitol Riot," *Washington Post*, March 21, 2021.
(157) Daniel L. Byman and Mark Pitcavage, "Identifying and Exploiting the Weaknesses of the White Supremacist Movement," Brookings Institution, April 2021.
(158) Barbara Sprunt, "7 GOP Senators Voted to Convict Trump. Only 1 Faces Voters Next Year," NPR, February 15, 2021.
(159) Alex Rogers and Manu Raju, "McConnell Blames Trump but Voted Not Guilty Anyway," CNN, February 13, 2021; Pilar Menendez, "McConnell Unleashes on 'Shameful' Trump—Moments After Voting 'Not Guilty,'" *Daily Beast*, February 13, 2021; Ben Leonard, "'Practically and Morally

Responsible': McConnell Scorches Trump—but Votes to Acquit," *Politico*, February 13, 2021.

(160) "(U) Domestic Violent Extremism Poses Heightened Threat in 2021," Office of the Director of National Intelligence, March 1, 2021, https://www.dni.gov/files/ODNI/documents/assessments/UnclassSummaryofDVEAssessment-17MAR21.pdf.

(161) Pilar Menendez, "'Fuck All of You!': Capitol Rioter Raises Hell During Off-the-Rails Court Hearing," *Daily Beast*, May 6, 2021.

(162) "'Let the Race War Commence': Far-Right Community Outraged by 'Martyr' Chauvin's Guilty Verdict in Murder of George Floyd," *SITE Intelligence Group*, April 20, 2021, https://ent.siteintelgroup.com/Far-Right-/-Far-Left-Threat/let-the-race-war-commence-far-right-community-outraged-by-martyr-chauvin-s-guilty-verdict-in-murder-of-george-floyd.html.

(163) "'Saint Kyle Walks': Emboldened by Rittenhouse Acquittal, Far Right Urges Whites to 'Fight Harder,'" *SITE Intelligence Group*, November 19, 2021, https://ent.siteintelgroup.com/Far-Right-Far-Left-Threat/saint-kyle-walks-emboldened-by-rittenhouse-acquittal-far-right-urges-whites-to-fight-harder.html.

(164) National Security Council, *National Strategy for Countering Domestic Terrorism*, June 2021, https://www.whitehouse.gov/wp-content/uploads/2021/06/National-Strategy-for-Countering-Domestic-Terrorism.pdf.

(165) Josh Dawsey and Felicia Sonmez, "RNC Votes to Condemn Cheney, Kinzinger for Serving on House Committee Investigating Jan. 6 Attack on the Capitol by Pro-Trump Mob," *Washington Post*, February 3, 2022; Josh Dawsey and Felicia Sonmez, "'Legitimate Political Discourse': Three Words About Jan. 6 Spark Rift Among Republicans," *Washington Post*, February 8, 2022.

(166) Office of Public Affairs, U.S. Department of Justice, "Leader of Oath Keepers and 10 Other Individuals Indicted in Federal Court for Seditious Conspiracy and Other Offenses Related to U.S. Capitol Breach," January 13, 2022, https://www.justice.gov/opa/pr/leader-oath-keepers-and-10-other-individuals-indicted-federal-court-seditious-conspiracy-and.

(167) U.S. District Court for the District of Columbia, "United States of America v. Joshua James, Statement of Offense," https://www.justice.gov/opa/press-release/file/1479551/download.

(168) Southern Poverty Law Center, The Year in Hate & Extremism 2021, 2022, https://www.splcenter.org/sites/default/files/splc-2021-year-in-hate-extremism-report.pdf.

(169) Payton Gendron, "What You Need to Know," May 2022.

(170) "Accelerationist Neo-Nazi Propagandists Celebrate Buffalo Shooter as 'Saint,'" *SITE Intelligence Group*, May 31, 2022, https://ent.siteintelgroup.com/Far-Right-/-Far-Left-Threat/accelerationist-neo-nazi-propagandists-celebrate-buffalo-shooter-as-saint.html; "Criticizing Buffalo Shooter, Accelerationist Neo-Nazis Incite Attacks on American Jews," *SITE Intelligence Group*, June 2, 2022, https://ent.siteintelgroup.com/Far-Right-/-Far-Left-Threat/criticizing-buffalo-shooter-accelerationist-neo-nazis-incite-attacks-on-american-jews.html.

(171) "Neo-Nazi Accelerationists Call for Monthly Attacks on Anniversary of Buffalo Shooting," *SITE Intelligence Group*, May 16, 2022, https://ent.siteintelgroup.com/Far-Right-/-Far-Left-Threat/neo-nazi-accelerationists-call-for-monthly-attacks-on-anniversary-of-buffalo-shooting.html; "Neo-Nazis Continue Calls for Monthly Violent Attacks on Anniversary of Buffalo Shooting," *SITE Intelligence Group*, June 15, 2022, https://ent.siteintelgroup.com/Far-Right-/-Far-Left-Threat/neo-nazis-continue-calls-for-monthly-violent-attacks-on-anniversary-of-buffalo-shooting.html; "Recent Hate Attacks Celebrated by Neo-Nazis Marking Buffalo Shooting's Month Anniversary," *SITE Intelligence Group*, June 17, 2022, https://ent.siteintelgroup.com/Far-Right-/-Far-Left-Threat/recent-hate-attacks-celebrated-by-neo-nazis-marking-buffalo-shooting-s-month-anniversary.html.

(172) 暗殺の脅しについてさらに詳しくは以下を参照. Bruce Hoffman and Jacob Ware, "The Accelerating

Threat of the Political Assassination," *War on the Rocks*, August 24, 2022.

(173) "Senator Susan Collins Targeted After Saying She'll Vote to Confirm Ketanji Brown Jackson," *SITE Intelligence Group*, March 30, 2022, https://ent.siteintelgroup.com/Far-Right-/-Far-Left-Threat/senator-susan-collins-targeted-after-saying-she-ll-vote-to-confirm-ketanji-brown-jackson.html.

(174) "Violent Threats Made Against Arizona Attorney General After Accusations of Targeting 'Patriots,'" *SITE Intelligence Group*, May 17, 2022, https://ent.siteintelgroup.com/Far-Right-/-Far-Left-Threat/violent-threats-made-against-arizona-attorney-general-after-accusations-of-targeting-patriots.html; Michael McDaniel, "Arizona Attorney General Finds Logistical and Legal 'Concerns' After Election Probe," *Courthouse News Service*, April 6, 2022, https://www.courthousenews.com/arizona-attorney-generals-election-investigation-finds-logistical-and-legal-concerns/.

(175) "Announcement of New Gun Legislation Sparks Threats Against Participating Senators," *SITE Intelligence Group*, June 14, 2022, https://ent.siteintelgroup.com/Far-Right-/-Far-Left-Threat/threats-against-traitorous-senators-made-following-announcement-of-new-gun-legislation.html.

(176) Alan Feuer and Maggie Haberman, "Hard Right Stokes Outrage After Search of Mar-a-Lago," *New York Times*, August 30, 2022; Kim Bellware, "There Will Be 'Riots in the Street' If Trump Is Prosecuted, Graham Says," *Washington Post*, August 29, 2022.

(177) Ronny Jackson (@RonnyJacksonTX), August 8, 2022, 10:06 PM, https://twitter.com/RonnyJacksonTX/status/1556824211200647170; Jacob Ware, "The Violent Far-Right Terrorist Threat to American Law Enforcement," CFR.org, January 24, 2023, https://www.cfr.org/blog/violent-far-right-terrorist-threat-american-law-enforcement.

(178) Dareh Gregorian and Phil Helsel, "GOP Candidate for Florida House Is Booted from Twitter After Post About Shooting Federal Agents," *NBC News*, August 19, 2022.

(179) Alan Feuer, "The F.B.I. Search Ignited the Language of Violence and Civil War on the Far Right," *New York Times*, August 9, 2022.

(180) Steve Benen, "Trump Promotes Barrage of QAnon Content via Social Media Platform," *Rachel Maddow Show*, August 30, 2022.

(181) FBI National Press Office, "Statement from Director Wray," August 11, 2022, https://www.fbi.gov/news/press-releases/press-releases/statement-from-director-wray.

(182) Will Carless, "Suspect in Cincinnati FBI Breach May Have Posted on Trump's Truth Social During Incident," *USA Today*, Aug. 11, 2022; "Gunman Who Targeted FBI a Radicalized Trump Supporter, Saw Mar-a-Lago Search as Call to Arms," Anti-Defamation League, Aug. 11, 2022, https://www.adl.org/resources/blog/gunman-who-targeted-fbi-radicalized-trump-supporter-saw-mar-lago-search-call-arms.

(183) Feuer and Haberman, "Hard Right Stokes Outrage After Search of Mar-a-Lago"; Matt Dixon, "Florida Judge Who Approved FBI Search of Mar-a-Lago Faces Barrage of Antisemitic Online Attacks," *Politico*, August 12, 2022.

(184) Steven Simon and Jonathan Stevenson, "The Real Fallout from the Mar-a-Lago Search," *Politico*, August 19, 2022.

(185) U.S. District Court for the Northern District of California, "United States v. David DePape, Indictment," https://www.cand.uscourts.gov/wp-content/uploads/cases-of-interest/usa-vs-david-wayne-depape/Dig-Indictment-package-DePape-_003_.pdf.

(186) Amber Lee and KTVU Staff, "DePape in Bizarre Phone Call to KTVU Says He Should Have Been 'More Prepared,'" FOX 2 KTVU, January 27, 2023.

(187) Alex Seitz-Wald, "Republicans Who Questioned the 2020 Results Are Bringing Back an Old Norm: Admitting Defeat," *NBC News*, November 10, 2022; "'We Put Up One Heck of a Fight': Walker Concedes Senate Runoff to Warnock," Fox 5 Atlanta, December 7, 2022; Anders Hagstrom and Courtney De George, "Mehmet Oz calls John Fetterman to Officially Concede Pennsylvania Senate

Race," *Fox News*, November 9, 2022.
(188) Spencer S. Hsu and Hannah Allam, "Landmark Oath Keepers Verdict Hobbles Group, but the Movement Lives On," *Washington Post*, December 3, 2022.
(189) "Final Report: Select Committee to Investigate the January 6th Attack on the United States Capitol."
(190) Mary Clare Jalonick, "Jan. 6 Panel Shutting Down After Referring Trump for Crimes," AP, January 2, 2023.

第9章　極右テロリズムと対決する

(1) Catie Edmonson, "'So the Traitors Know the Stakes': The Meaning of the Jan. 6 Gallows," *New York Times*, June 16, 2022.
(2) "Antiterrorism And Effective Death Penalty Act Of 1996," https://www.congress.gov/bill/104th-congress/senate-bill/735; Legal Information Institute, "Antiterrorism and Effective Death Penalty Act of 1996 (AEDPA)," Cornell Law School, https://www.law.cornell.edu/wex/antiterrorism_and_effective_death_penalty_act_of_1996_(aedpa).
(3) Cynthia Miller-Idriss, *Hate in the Homeland: The New Global Far Right* (Princeton, NJ: Princeton University Press, 2020), 20.
(4) Jennifer Steinhauer, "Veterans Fortify the Ranks of Militias Aligned with Trump's Views," *New York Times*, September 11, 2021.
(5) Carl von Clausewitz, *On War*, ed. Michael Howard and Peter Paret (Princeton, NJ: Princeton University Press, 1989).
(6) Michael Signer, *Cry Havoc: Charlottesville and American Democracy Under Siege* (New York: PublicAffairs, 2020), 126–30, 141–43, 264–73; James Verini, "The Paradox of Prosecuting Domestic Terrorism," *New York Times Magazine*, February 8, 2023.
(7) M. S. Hamm and R. Spaaij, *The Age of Lone Wolf Terrorism* (Columbia University Press, 2017).
(8) Walter Laqueur and Christopher Wall, *The Future of Terrorism: ISIS, Al-Qaeda, and the Alt-Right* (New York: Thomas Dunne, 2018), 242.
(9) 例として以下を参照. Thomas Seal, "U.K. Is Toughening Up Online Harms Bill, Culture Secretary Says," *Bloomberg*, November 23, 2021; Edina Harbinja, "U.K.'s Online Safety Bill: Not That Safe, After All?," *Lawfare*, July 8, 2021, https://www.lawfareblog.com/uks-online-safety-bill-not-safe-after-all; Department for Digital, Culture, Media & Sport and Home Office, *Consultation Outcome: Online Harms White Paper: Full Government Response to the Consultation*, December 15, 2020, https://www.gov.uk/government/consultations/online-harms-white-paper/outcome/online-harms-white-paper-full-government-response.
(10) "Executive Summary," in *Consultation Outcome: Online Harms White Paper: Full Government Response to the Consultation*, December 15, 2020, https://www.gov.uk/government/consultations/online-harms-white-paper/outcome/online-harms-white-paper-full-government-response#executive-summary.
(11) 例として以下を参照. Megan Squire, "Monetizing Propaganda: How Far-Right Extremists Earn Money by Video Streaming," WebSci '21: 13th International ACM Conference on Web Science in 2021, June 21–25, 2021, New York City, https://arxiv.org/pdf/2105.05929.pdf; Tonya Riley, "Political Extremists Are Using YouTube to Monetize Their Toxic Ideas," *Mother Jones*, September 18, 2018; Rebecca Lewis, "Alternative Influence: Broadcasting the Reactionary Right on YouTube," *Data & Society*, September 18, 2018; Katherine J. Wu, "Radical Ideas Spread Through Social Media. Are the Algorithms to Blame?" *Nova*, March 28, 2019.
(12) Adam Satariano, "British Ruling Pins Blame on Social Media for Teenager's Suicide," *New York*

Times, October 1, 2022.

(13) Wu, "Radical Ideas Spread Through Social Media."

(14) Elizabeth Grimm Arsenault and Joseph Stabile, "Confronting Russia's Role in Transnational White Supremacist Extremism," *Just Security*, February 6, 2020.

(15) さらに詳しくは以下を参照. Clint Watts, *Messing with the Enemy: Surviving in a Social Media World of Hackers, Terrorists, Russians, and Fake News* (New York: Harper, 2018), 136.

(16) Watts, *Messing with the Enemy*, 156.

(17) Yochai Benkler, Robert Faris, and Hal Roberts, *Network Propaganda: Manipulation, Disinformation, and Radicalization in American Politics* (New York: Oxford University Press, 2018), 5.

(18) "Capitol Hill Siege," GW Program on Extremism, https://extremism.gwu.edu/Capitol-Hill-Siege; Michael Kunzelman, "Capitol Rioters' Social Media Posts Influencing Sentencings," AP, Dec. 11, 2021.

(19) AWD Program, 本書筆者による閲覧.

(20) *"Ko tō tātou kāinga tēnei"—Royal Commission of Inquiry Into the Terrorist Attack on Christchurch Masjidain on 15 March 2019*, December 8, 2020, part 4, chap. 4, https://christchurchattack.royalcommission.nz/.

(21) Gregory F. Treverton, *Intelligence for an Age of Terror* (Cambridge University Press, 2009), 145.

(22) "GW Extremism Tracker," George Washington Program on Extremism, (no date), https://extremism.gwu.edu/sites/g/files/zaxdzs5746/files/DecGWET2022-4.pdf.

(23) Office of Public Affairs, U.S. Department of Justice, "Second Member of "Boogaloo Bois" Pleads Guilty to Conspiracy to Provide Material Support to Hamas," May 4, 2021, https://www.justice.gov/opa/pr/second-member-boogaloo-bois-pleads-guilty-conspiracy-provide-material-support-hamas; Christina Carrega, "Two Self-Proclaimed Members of 'Boogaloo Bois' Charged with Attempting to Support Hamas," CNN, September 6, 2020.

(24) Helen Taylor, "Domestic Terrorism and Hate Crimes: Legal Definitions and Media Framing of Mass Shootings in the United States," *Journal of Policing, Intelligence and Counter Terrorism* 14, no. 3 (2019): 230; "What Is the Threat to the United States Today?," *New America*.

(25) Taylor, "Domestic Terrorism and Hate Crimes," 239.

(26) Office of Public Affairs, U.S. Department of Justice, "Neo-Nazi Leader Sentenced to Five Years in Federal Prison for Explosives Charges," January 9, 2018, https://www.justice.gov/opa/pr/neo-nazi-leader-sentenced-five-years-federal-prison-explosives-charges; "Documenting Hate: New American Nazis," *Frontline*, February 4, 2020.

(27) Rachel Weiner, "After Renouncing White Supremacist Ideology, Virginia Man Sentenced to Year in Prison," *Washington Post*, February 28, 2020.

(28) Katie Mettler and Paul Duggan, "Two Accused of Plotting Racial 'Civil War' Are Sentenced to 9 Years Each in Federal Prison," *Washington Post*, October 28, 2021; Verini, "The Paradox of Prosecuting Domestic Terrorism."

(29) Office of Public Affairs, U.S. Department of Justice, "Former Police Officer Sentenced for Attempting to Support ISIS," February 23, 2018, https://www.justice.gov/opa/pr/former-police-officer-sentenced-attempting-support-isis.

(30) U.S. Attorney's Office, Southern District of Florida, United States Department of Justice, "Man Who Attempted to Provide Material Support to ISIS Sentenced to 16 Years in Federal Prison," February 2, 2022, https://www.justice.gov/usao-sdfl/pr/man-who-attempted-provide-material-support-isis-sentenced-16-years-federal-prison.

(31) 以下に引用. U.S. Department of Justice, "Maryland Woman and Florida Man Charged Federally for Conspiring to Destroy Energy Facilities," *Justice News*, February 6, 2023, https://www.justice.gov/opa/pr/maryland-woman-and-florida-man-charged-federally-conspiring-destroy-energy-facilities. 以下も参

照. U.S. Attorney's Office, District of Maryland, "Federal Indictment Returned Charging Maryland Woman and Florida Man for Conspiring to Destroy Energy Facilities," February 14, 2023, https://www.justice.gov/usao-md/pr/federal-indictment-returned-charging-maryland-woman-and-florida-man-conspiring-destroy; Glenn Thrush and Michael Levenson, "Pair Is Charged with Plotting to 'Destroy Baltimore' by Attacking Electrical Grid," *New York Times*, February 6, 2023; Rachel Weiner, Jasmine Hilton and Dan Morse, "Duo Accused of Neo-Nazi Plot to Target Maryland Power Stations," *Washington Post*, February 6, 2023; Emily Mae Czachor and Nicole Sganga, "2 Suspects Arrested for Conspiring to Attack Baltimore Power Grid, Officials Say," *CBS News*, February 6, 2023.

(32) 例として以下を参照. Brian Michael Jenkins, "Five Reasons to Be Wary of a New Domestic Terrorism Law," *The Hill*, February 23, 2021; Nicole Narea, "Why Progressives Are Lining Up Against New Criminal Penalties for Domestic Terrorism," *Vox*, March 22, 2021; Michael German, "Why New Laws Aren't Needed to Take Domestic Terrorism More Seriously," Brennan Center for Justice, December 14, 2018, https://www.brennancenter.org/our-work/analysis-opinion/why-new-laws-arent-needed-take-domestic-terrorism-more-seriously.

(33) Ron Chernow, *Grant* (New York: Penguin, 2017), xxi, 708, 786.

(34) *National Strategy for Counterterrorism of the United States of America* (Washington, DC: The White House, October 2018), 9, https://www.dni.gov/files/NCTC/documents/news_documents/NSCT.pdf.

(35) U.S. Department of State, "Designation of the Russian Imperial Movement: Remarks by Nathan A. Sales, Coordinator for Counterterrorism," April 6, 2020, https://2017-2021.state.gov/designation-of-the-russian-imperial-movement/index.html.

(36) Aamer Madhani, "Treasury to Designate Wagner Transnational Criminal Group," AP, Jan. 20, 2023.

(37) Daniel De Simone, Andrei Soshnikov, and Ali Winston, "Neo-Nazi Rinaldo Nazzaro Running US Militant Group the Base from Russia," BBC, January 24, 2020.

(38) Emily Cochrane and Zolan Kanno-Youngs, "Biden Signs Gun Bill Into Law, Ending Years of Stalemate," *New York Times*, June 25, 2022.

(39) 例として以下を参照. "Racialists Begin Discussing Homemade Weaponry," *SITE Intelligence Group*, April 7, 2015, https://ent.siteintelgroup.com/Far-Right-/-Far-Left-Threat/racialists-begin-discussing-homemade-weaponry.html.

(40) Paul Sonne and Missy Ryan, "As He Tackles Extremism, Lloyd Austin Draws on Military's Experience Dealing with 1995 Racially Motivated Murders," *Washington Post*, January 31, 2021.

(41) Sergio Olmos, "'The Timothy McVeighs Are Still There': Fears Over Extremism in US Military," *Guardian*, January 10, 2022; Helene Cooper, "Pentagon Updates Its Rules on Extremism in the Military," *New York Times*, December 20, 2021.

(42) Chris Buckley, Myrieme Churchill, and Jacob Ware, "Fighting Demons, Healing Hatred, Restoring Hope: How to Defeat Extremism in the US Military," *Air Force Times*, November 28, 2020.

(43) Bart Jansen, "'Elephant in the Room': Police Grapple with Charges Against Officers in Jan. 6 Capitol Attack," *USA Today*, May 3, 2022. 以下も参照. Eric Westervelt, "Off-Duty Police Officers Investigated, Charged with Participating in Capitol Riot," National Public Radio: Criminal Justice Collaborative, January 15, 2021.

(44) Anti-Defamation League, *The Oath Keepers Data Leak: Unmasking Extremism in Public Life*, September 6, 2022, https://www.adl.org/resources/report/oath-keepers-data-leak-unmasking-extremism-public-life.

(45) Southern Poverty Law Center, *Oath Keepers*, https://www.splcenter.org/fighting-hate/extremist-files/group/oath-keepers; Griffin Connolly and Richard Hall, "America's Largest Militia Says It Will Refuse to Recognize Biden as President and 'Resist' His Administration," *Independent* (London), November 15, 2020.

(46) Beatrice Jin, "Biden Signed a New Hate Crimes Law—but There's a Big Flaw," *Politico*, May 20, 2021.

(47) Movement Advancement Project, *Policy Spotlight: Hate Crimes Law* (Boulder, CO: July 2021), 24–28, https://www.lgbtmap.org/file/2021-report-hate-crime-laws.pdf.

(48) Jacob Ware, "The Violent Far-Right Terrorist Threat to American Law Enforcement," CFR.org, January 24, 2023, https://www.cfr.org/blog/violent-far-right-terrorist-threat-american-law-enforcement.

(49) James Mason, *Siege*, rev. 1, June 2, 2015 (ironmarch.org), 317.

(50) "Arno Michaelis on Rejecting His Racist Past, and the Role of Unconditional Forgiveness in Creating a Life After Hate," *Forgiveness Project*, December 22, 2021, https://www.theforgivenessproject.com/arno-michaelis-on-rejecting-his-racist-past-and-the-role-of-unconditional-forgiveness-in-creating-a-life-after-hate/.

(51) Simi and Futrell, *American Swastika*.

(52) Picciolini, *White American Youth*, 41. 以下も参照. Jonathan Pieslak, *Radicalism and Music: An Introduction to the Music Cultures of al-Qa'ida, Racist Skinheads, Christian-Affiliated Radicals, and Eco-Animal Rights Militants* (Middletown, CT: Wesleyan University Press, 2015), 45–109.

(53) Picciolini, *White American Youth*, 233–34.

(54) Alessandro Orsini, *Sacrifice: My Life in a Fascist Militia* (Cornell University Press, 2017), 156.

(55) Andrew Berwick, "2083: A European Declaration of Independence," 2011, 1339–40.

(56) 例として以下を参照. "Public-Private Partnerships for Local P/CVE Position Paper," Strong Cities Network, https://www.cvereferenceguide.org/sites/default/files/resources/PPPs%20for%20Local%20PVE.pdf.

(57) "Why Countering Violent Extremism Programs Are Bad Policy," Brennan Center for Justice, September 9, 2019, https://www.brennancenter.org/our-work/research-reports/why-countering-violent-extremism-programs-are-bad-policy.

(58) P. W. Singer and Michael McConnell, "Want to Stop the Next Crisis? Teaching Cyber Citizenship Must Become a National Priority," *Time*, January 21, 2021.

(59) National Security Council, *National Strategy for Countering Domestic Terrorism* (Washington, DC: The White House, June 2021), https://www.whitehouse.gov/wp-content/uploads/2021/06/National-Strategy-for-Countering-Domestic-Terrorism.pdf.

(60) U.S. Department of Homeland Security Center for Prevention Programs and Partnerships, "Media Literacy & Critical Thinking Online," https://www.dhs.gov/sites/default/files/publications/digital_media_literacy_0.pdf; Tina Smith for U.S. Senator for Minnesota, "Klobuchar, Bennet, Slotkin Introduce Bicameral Legislation to Strengthen Media Literacy Education and Improve Personal Cybersecurity," July 8, 2022, https://www.smith.senate.gov/klobuchar-bennet-slotkin-introduce-bicameral-legislation-to-strengthen-media-literacy-education-and-improve-personal-cybersecurity/.

(61) "Illinois Now Requires Media Literacy Instruction in Its High School Curriculum," WGLT, September 14, 2022, https://www.wglt.org/2022-09-14/illinois-now-requires-media-literacy-instruction-in-its-high-school-curriculum.

(62) Jenny Gross, "How Finland Is Teaching a Generation to Spot Misinformation," *New York Times*, January 10, 2023; "RESIST 2: Counter-Disinformation Toolkit," Government Communication Service, 2021, https://gcs.civilservice.gov.uk/wp-content/uploads/2021/11/RESIST-2-counter-disinformation-toolkit.pdf.

(63) David Pitt, "One Iowa Man in Capitol Riot Released, Other Remains in Jail," *U.S. News & World Report*, January 19, 2021.

(64) ibid.

(65) Jesselyn Cook, "'I Miss My Mom': Children of QAnon Believers Are Desperately Trying to Deradicalize Their Own Parents," *Huffington Post*, February 11, 2021.
(66) Andrea Prado Tuma and Alice Huguet, *Engaging Youth with Public Policy: Middle School Lessons to Counter Truth Decay* (Santa Monica, CA: RAND Corporation, TLA387-1, 2022), 17-24, https://www.rand.org/pubs/tools/TLA387-1.html#overcoming-covid19-what-scientists-know-and-what-policy-can-tell-us; Doug Irving, "Lesson Plans for Middle School Teachers to Help Improve Media Literacy Among Students," *RAND Review*, September-October 2022, 16-18, https://www.rand.org/pubs/corporate_pubs/CPA682-13.html.
(67) 以下を参照. Mark E. Dornauer and Robert Bryce, "Too Many Rural Americans Are Living in the Digital Dark. The Problem Demands a New Deal Solution," *Health Affairs*, October 28, 2020; Emily A. Vogels, "Some Digital Divides Persist Between Rural, Urban and Suburban America," Pew Research Center, August 19, 2021; Nicol Turner Lee, James Seddon, Brooke Tanner, and Samantha Lai, "Why the Federal Government Needs to Step Up Efforts to Close the Rural Broadband Divide," *Brookings*, October 4, 2022.
(68) Federal Communications Commission, *Report*, December 26, 2018, 184, https://docs.fcc.gove/public/attachments/FCC-18-181A1.pdf.
(69) Dornauer and Bryce, "Too Many Rural Americans Are Living in the Digital Dark."
(70) 以下を参照. Lee et al., "Why the Federal Government Needs to Step Up Efforts to Close the Rural Broadband Divide"; White House, "Fact Sheet: The Bipartisan Infrastructure Deal," Briefing Room: Statements and Releases, November 6, 2021, https://www.whitehouse.gov/briefing-room/statements-releases/2021/11/06/fact-sheet-the-bipartisan-infrastructure-deal/.
(71) Dornauer and Bryce, "Too Many Rural Americans Are Living in the Digital Dark."
(72) 例として以下を参照. William A. Galston, "'This Is How It Feels to Be Sold Out by Your Country': Economic Hardship and Politics in Indiana," *Brookings*, May 18, 2016; "Victor Davis Hanson: Democrats 'Live Apartheid, Segregated Existences,'" *Fox News*, July 26, 2022.
(73) 例として以下を参照. Martha Crenshaw, "The Logic of Terrorism: Terrorist Behavior as a Product of Strategic Choice," in *Origins of Terrorism*, ed. Walter Reich (Washington, DC: Woodrow Wilson Center Press, 1998), 7-24.
(74) Chris Cillizza, "Newt Gingrich Thinks Members of the January 6 Committee Should Be Threatened with Jail Time," CNN, January 24, 2022.
(75) "President Reagan's Optimism, Courage, and Humility Remembered on 30th Anniversary of Assassination Attempt," Ronald Reagan Presidential Foundation, March 28, 2011, https://www.reaganfoundation.org/media/50862/assassination-press-release.pdf.
(76) *"Ko tō tātou kāinga tēnei."*
(77) Bryan Greene, "Created 150 Years Ago, the Justice Department's First Mission Was to Protect Black Rights," *Smithsonian Magazine*, July 1, 2020.
(78) T. K. Wilson, *Killing Strangers: How Political Violence Became Modern* (Oxford: Oxford University Press, 2020), 107.
(79) Crenshaw, "The Logic of Terrorism," 7-24.
(80) Hoffman, *Inside Terrorism*, 22-23.
(81) Laqueur and Wall, *The Future of Terrorism*, 238.